HF-Arbeitsbuch

Daten, Fakten, HF-Grundschaltungen, 50-Ohm-Technik

Überarbeitete Neuauflage

Eric T. Red

beam-Verlag

HF-Arbeitsbuch
überarbeitete Neuauflage

ISBN 3-88976-137-2
© 2005 beam-Verlag
Dipl.-Ing. Reinhard Birchel, Marburg
Alle Rechte vorbehalten
Einbandgestaltung, Bildbearbeitung, Satz und Layout:
Andree Buchholz, beam-Verlag

Druck: www.Hohnholt.com

**Lizenzausgabe mit Genehmigung des Franzis-Verlages, München
für den beam-Verlag, Marburg**

Wichtiger Hinweis:

Alle Rechte, insbesondere das Recht der Vervielfältigung, Verbreitung und Übersetzung vorbehalten. Kein Teil des Werkes darf in irgendeiner Form (durch Fotokopie, Mikrofilm, EDV, Internet oder ein anderers Verfahren) ohne schriftliche Genehmigung des Verlages verarbeitet, vervielfältigt oder verbreitet werden.

Die in diesem Buch wiedergegebenen Schaltungen und Verfahren werden ohne Rücksicht auf die Patentlage mitgeteilt. Sie sind ausschließlich für Amateur- und Lehrzwecke bestimmt und dürfen nicht gewerblich genutzt werden. Bei gewerblicher Nutzung ist vorher die Genehmigung des möglichen Lizenzinhabers einzuholen.

Alle Schaltungen und technischen Angaben in diesem Buch wurden vom Autor mit größter Sorgfalt erarbeitet bzw. zusammengestellt und unter Einschaltung wirksamer Kontrollmaßnahmen reproduziert. Trotzdem sind Fehler nicht ganz auszuschließen. Der Verlag sieht sich deshalb gezwungen, darauf hinzuweisen, daß er weder eine Garantie noch die juristische Verantwortung oder irgendeine Haftung für Folgen, die auf fehlerhafte Angaben zurückgehen, übernehmen kann. Für die Mitteilung eventueller Fehler sind Autor und Verlag jederzeit dankbar.

Vorwort

Das erste Kapitel dieses Buches geht auf die professionell favorisierte, sogenannte 50-Ohm-Technik ein. Gemeint sind hier autonome, mit einheitlich 50 Ohm Signalport-Impedanz versehene und häufig bausteinartig modular realisierte diskrete Schaltungs-Funktionen – beispielsweise Selektoren, Breitband-Mischer und Breitband-Verstärker, die sich dank genau definierbarer Betriebsparameter auf sehr übersichtliche Art und Weise miteinander verknüpfen und so leicht zu funk- und messtechnischen Systemen hoher Komplexität „addieren" lassen. Dazu gibt es zahlreiche Dimensionierungsregeln, Bemessungen, Print-Vorlagen und Bestückungspläne.

Die weiteren Kapitel befassen sich mit dem grundlegenden Design von Oszillatoren, Schmal- und Breitbandleistungsstufen, HF/VHF/UHF-Kleinsignalverstärkern und den Grundlagen des Empfänger-Designs, mit Beispielen für HF-Vorselektoren, komplettn Front-ends und ZF-Verstärker. In allen Kapitel finden sich jeweils zahlreiche Schaltungsbeispiele mit Dimensionierungshinweisen, die aus den Bereichen Sender-, Empfänger-, Transceiver- und Messtechnik stammen. Unmittelbar aus der Praxis für die Praxis. Hier ist der Amateurfunk ebenso vertreten wie das kommerzielle und militärische Metier. Das Spektrum dieser Beispiele reicht von ganz einfachen bis zu hochkomplexen Strukturen, von niedrigen Frequenzen bis hin zum GHz-Bereich. Mit ausführlichen Daten, Fakten und Bemessungen sowie verschiedentlich auch mit Print-Vorlagen und Bestückungsplänen. Davon vieles in 50-Ohm-Technik; mit der Möglichkeit zum „Zerlegen" aufwendigerer Anordnungen in ihre Sub-Funktionen, die dann individuell „verwertet" werden können. Daneben zahlreiche designerische Gesichtspunkte, Anregungen und Hinweise.

Das sechste Kapitel schließlich ist ein thematisch sehr breitbandiges „Sammelsurium" allgemeingültiger Daten, Fakten und Definitionen, mit Design-Richtschnüren, Hf-Bauelementen und rechnerischen Modi als Schwerpunkte. Auch all dieses durchweg unmittelbar praxisbezogen.

Das sehr ausführliche Inhaltsverzeichnis verdeutlicht das thematische Panorama.

Ein Buch dieser Art vermittelt dem Professional Anregungen und lässt ihn durch die Schlüssellöcher der Konkurrenz schauen. Der „Semi-Profi" erfährt so manches, was ihm bislang nur in groben Zügen bekannt wurde. Der „erfahrene OM, ständig auf der Suche nach Neuem und Anderem, dürfte ebenfalls kaum zu kurz kommen und der technisch engagierte Newcomer wird – und kann – sich zum „Zinnwärmer" hingezogen fühlen.

Ein kurzer Blick hinter die fachspezifischen Kulissen. Detailschaltungen kommerzieller und militärischer Geräte unterliegen seitens ihrer Herstellern oder/und Anwender gemeinhin striktesten Publikationssperren; begründet oder unbegründet sei dahingestellt. Nichtsdestoweniger haben wir hier derartiges Material in Hülle und Fülle – E.T.R macht's möglich....

Summa summarum: Hochinteressantes und teils sogar „hochbrisantes" Arbeitsmaterial aus der HF-Praxis für die HF-Praxis. Und interpretationsfähig auch für Leser ohne ingenieurwissenschaftlich „höhere Weihen"; über weite Strecken genügen bereits systematisch erarbeitete Grundkenntnisse und analytisches Lesen. All dies zwischen diesen beiden Buchdeckeln verpackt!

Eric T. Red
1986

Hinweis zur überarbeiteten Neuauflage

Fast jedes Fachbuch erleidet das Schicksal, dass es einmal teilweise oder völlig veraltet, weil es von der technischen Entwicklung überholt wurde. Das „HF-Arbeitsbuch" ist davon weitgehend verschont geblieben – aber eben auch nicht völlig. Zwar hat sich nichts an den nach wie vor gültigen Grundlagen geändert, jedoch lassen sich viele der in der ersten Auflage vorgestellten Schaltungen nicht mehr realisieren, da die dafür verwendeten integrierten Bausteine nicht mehr erhältlich sind. Während einzelne, diskrete Halbleiter, also z.B. hier verwendete rauscharme HF-Transistoren o.ä. meist problemlos durch ihre Nachfolger- oder modernere Äquivalenttypen ersetzt werden können, ist dies bei integrierten HF/ZF-Schaltungen meist nicht möglich. Sie sind üblicherweise zu speziell in ihren Funktionen, so dass die darauf zugeschnittenen Schaltungen in dieser Form nicht mehr realisiert werden können, da selten exakte Äquivalenttypen existieren.

Dies gilt zum Beispiel für die Mitglieder der seinerzeit sehr bekannten, bipolaren IC-Familie SL1600 von Plessey, mit der sich leicht überschaubare und kompakte Schaltungen aufbauen ließen. Weil dafür jedoch keinerlei Nachfolgertypen existieren, wurden alle entsprechenden Schaltungen aus dem Buch entfernt.

Bei dieser Gelegenheit wurde auch eine Neuordnung und Zusammenfassung der verschiedenen Schaltungsbeispiele in übersichtlichere Kapitel vorgenommen, so dass jetzt der Zugriff auf ein bestimmtes Schaltungsgebiet wesentlich einfacher und thematisch übersichtlicher ist. In dieser „bereinigten" Form kann das „HF-Arbeitsbuch" sicherlich auch weiterhin nützliche Informationen und Anregungen zur praktischen HF-Schaltungstechnik liefern.

Reinhard Birchel
2005

Wichtiger Hinweis

Die in diesem Buch wiedergegebenen Schaltungen und Verfahren werden ohne Rücksicht auf die Patentlage mitgeteilt. Sie sind ausschließlich für Amateur- und Lehrzwecke bestimmt und dürfen nicht gewerblich genutzt werden. Bei gewerblicher Nutzung ist vorher die Genehmigung des möglichen Lizenzinhabers einzuholen.

Alle Schaltungen und technischen Angaben in diesem Buch wurden vom Autor mit größter Sorgfalt erarbeitet bzw. zusammengestellt und unter Einschaltung wirksamer Kontrollmaßnahmen reproduziert. Trotzdem sind Fehler nicht ganz auszuschließen. Der Verlag sieht sich deshalb gezwungen, darauf hinzuweisen, dass er weder eine Garantie noch die juristische Verantwortung oder irgendeine Haftung für Folgen, die auf fehlerhafte Angaben zurückgehen, übernehmen kann. Für die Mitteilung eventueller Fehler sind Autor und Verlag jederzeit dankbar.

Inhalt

Vorwort 3
   Hinweis zur überarbeiteten Neuauflage 4
   Wichtiger Hinweis 4

Inhalt 5

1 50-Ohm-Technik 7
   1.1 Breitband-Übertrager 7
   1.2 Hybrid-Koppler 21
   1.3 HF-Selektoren 26
       Diplexer 42
   1.4 ZF-Quarzfilter 43
   1.5 Breitband-Diodenmischer 50
   1.6 Breitband-Kleinsignal-Verstärker 57
   1.7 Modulare Realisationen 72

2 Oszillator-Design 76
   2.1 Kriterien 76
   2.2 L/C-Oszillatoren 77
   2.3 Quarz-Oszillatoren 78
   2.4 Schaltungsbeispiele 81
       2.4.1 5,0...5,5-MHz-Steuersender für KW-Amateurband-Systeme 81
       2.4.2 Träger-Generator für 1...30 MHz 83
       2.4.3 Hochstabiler Quarzgenerator für 80 MHz 83

3 Vorverstärker 84
   3.1 Sehr rauscharmer 22-dB-Verstärker für 1...300 MHz 84
   3.2 Bidirektionaler 20-dB-Verstärker für 1...150 MHz 85
   3.3 10-dB-Verstärker für 30...900 MHz 86
   3.4 Rauscharmer 19-dB-Verstärker für 25...1000 MHz 87
   3.5 Rauscharmer 10-dB-Verstärker für 1...1400 MHz 88
   3.6 Extrem rauscharme VHF/UHF-Verstärker mit GaAs-Fets 89
   3.7 Rauscharmer S-FET-Verstärker für 14...30 MHz 91

4 HF-Leistungsverstärker 92
   4.1 Schmalband-PA-Design 92
   4.2 Linear-Leistungsverstärker 95
       4.2.1 Breitband-Treiber für +22 dBm auf 1...200 MHz 96
       4.2.2 1-W-Breitband-PA für 14...30 MHz 97
       4.2.3 20/30 W HF auf 1,6...30 MHz an 13,6 V 98
       4.2.4 50-W-Breitband-PA für 1,6...30 MHz 103
       4.2.5 75-W-Breitband-PA für 1,6...30 MHz 105
       4.2.6 180/320 W HF auf 1,6...30 MHz an 13,6 V 106
       4.2.7 300-W-Breitband-PA für 1,6...30 MHz 109

    4.2.8 35/75 W HF auf 140...160 MHz an 13,6 V **110**

5 Überlegungen zum Empfänger-Design **114**
  5.1 RX-Nachrichtenzug 1,6...30,0 MHz auf 45 MHz ZF **120**
    5.1.1 HF-Selektion, Mischer und Oszillator-Verstärker **120**
    5.1.2 ZF-Verstärker und ZF-Selektion **123**
  5.2. RX-Front-end für 0,5...30 MHz auf 41 MHz ZF **127**
  5.3. RX-Front-end für 10 kHz...30 MHz auf 81,4 MHz ZF **128**
    5.3.1 Log/lin-ZF-AGC-Prozessor für ein 81,4/1,4-MHz-System **129**
  5.4 HF-Vorselektion **135**
    5.4.1 Integrale Sub-Oktav-Bandpässe für 1,6...30 MHz **135**
    5.4.2 Integrale Sub-Oktav-Bandpässe für 2...30 MHz **135**
    5.4.3 Integrale KW-Amateurband-Filter **140**
    5.4.4 HF-Selektion für 1,5...30 MHz **140**
    5.4.5 TX/RX-HF-Selektion für 1,5...30 MHz **140**
    5.4.6 L/C-SSB/CW-Bandpässe für 30 kHz ZF **142**
    5.4.7 Reflexionsarme Mischer/ZF-Filter-Kopplung **143**
    5.4.8 Bidirektionaler selektiver 9-MHz-ZF-Verstärker **144**

6 Daten, Fakten, Definitionen **145**
  6.1 Allgemeine Arbeitshilfen **145**
  6.2 Frequenzbereiche und Funkverkehr **157**
  6.3 Bauelemente **160**
  6.4 Abkürzungen **160**

7 Literaturverzeichnis **204**

8 Index **206**

1 50-Ohm-Technik

50-Ohm-Funktionsglieder sind bewährte Standards hocheffizienter professioneller Systeme. In der Folge werden häufig verwendete 50-Ohm-Bausteine behandelt. Diese Ausführungen sind mit den notwendigen Hilfen für individuelle Bemessungen versehen, und zwar in einer weitestgehend vorbereiteten Art und Weise, die ihren Anwendern lediglich einige wenige und vor allem völlig unkomplizierte rechnerische oder/und grafische Operationen aufgibt. Anzumerken ist, dass die Mehrzahl der angeführten Funktionen auch mit von 50 Ohm abweichenden Signalport-Impedanzen ausgelegt werden kann.

1.1 Breitband-Übertrager

50-Ohm-Glieder weisen schaltungsintern häufig deutlich abweichende Impedanzen auf, die im allgemeinen in der Spanne von etwa 1…500 Ohm angesiedelt sind. Zudem stehen verschiedentlich symmetrische Signalorientierungen an. In diesem Sinne ist korrekte Anpassung bezüglich der Signalports, also 50 Ohm unsymmetrisch, herzustellen. Für diese - aber nicht nur diese - Zwecke eignen sich, in Anbetracht des vorherrschenden Verlangens nach passivem Verhalten und Breitbandigkeit, insbesondere resonanzfreie, d.h. aperiodische Übertrager nach dem konventionellen Transformator- sowie dem Leitungs-Prinzip. Ihre Arbeitsbandbreite sollte, im Interesse optimaler Funktionsweise, um einiges größer als das konkret anliegende Betriebsfrequenz-Spektrum bemessen sein. Die Wicklungen werden zumeist auf Ring-, Rohr- oder Mehrloch-Kernen aus frequenz- und leistungsspezifisch optimalen Ferriten mit relativ hoher Anfangs-Permeabilität μ_i und hohem Induktivitäts-Faktor A_L untergebracht.

Sorgfältige Dimensionierung vorausgesetzt misst die Einfügungsdämpfung A_i aller dieser Elemente kaum mehr als 0,8 dB, überwiegend 0,3…0,6 dB, und lediglich 0,1…0,3 dB bei Ausführungen mit 250 Ω/≤50 MHz. Der Welligkeitsfaktor s (Stehwellen-Verhältnis SWR) fällt zumeist mit 1,25 aus.

Zunächst zu den konventionellen Übertragern. Sie erlauben grundsätzlich beliebige Transformations-Raten $Z_ü$ und sind von daher sehr flexibel. Ihre Bandbreiten betragen bei Impedanzen ≤250 Ω bis zu etwa fünf Oktaven; darüber hinaus ist mit $Z_ü$-verfälschenden, kapazitiven Streukopplungen, deutlichen Bandbreite-Einbußen und häufig inakzeptabler A_i zu rechnen.

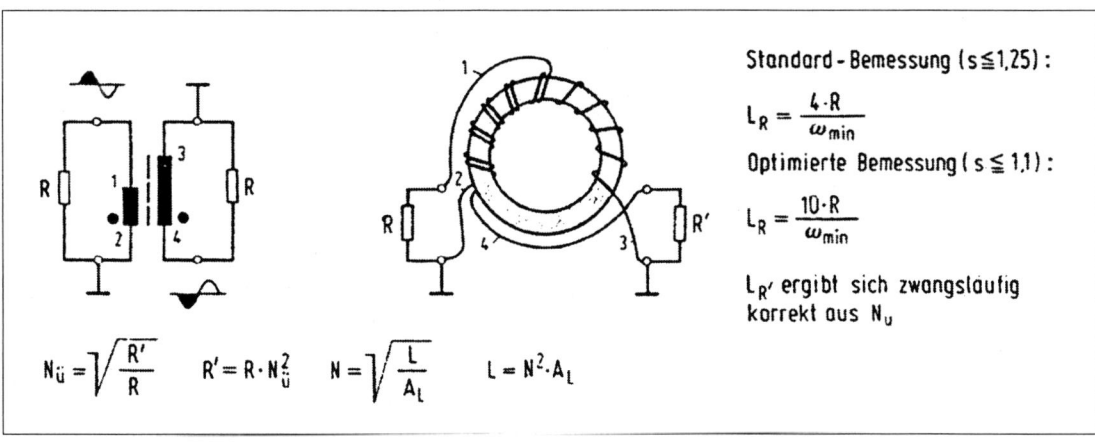

Abb. 1.1-1 Schaltung und Ringkern-Wickelschema eines konventionellen Übertragers für beliebige $Z_ü$-Raten. Die beigegebenen Bemessungshilfen sind allgemeingültig

8 50-Ohm-Technik

Abb. 1.1-2 Schaltungen und das Ringkern-Wickelschema zweier konventioneller Übertrager für $Z_Ü$ 1:|>...<4|

$$Z_{WX} = \sqrt{R \cdot R'}$$

Abb. 1.1-3 Schaltung und Ringkern-Wickelschema eines konventionellen Übertragers für $Z_Ü$ 1:4:9

Abb. 1.1-4 Schaltung und Ringkern-Wickelschema eines konventionellen Baluns für $Z_Ü$ 1:|2:2|

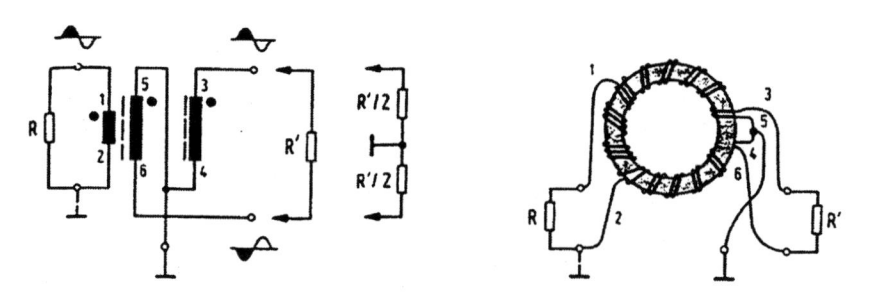

Abb. 1.1-5 Schaltung und Ringkern-Wickelschema eines konventionellen Baluns für $Z_Ü$ 1:>|2:2|

50-Ohm-Technik

Schaltung und Ringkern-Wickelschema einer Struktur für beliebige $Z_ü$-Raten gehen aus Bild 1.1-1 hervor. Gleichphasen-Übertragung ist möglich, jedoch kann es dabei zu den bereits angesprochenen Nachteilen kommen. Dieses Glied lässt sich auch beidseitig symmetrisch einsetzen.

Die dem vorangestellten Bild beigegebenen Bemessungshilfen sind allgemeingültig. Draht-Wickelstränge müssen im Interesse optimaler Kopplungs-Effizienz immer miteinander verdrillt werden; die hier wie in der einschlägigen Folge gezeichnete Parallelführung ist der Übersichtlichkeit halber gewählt worden. Ebenfalls ist auf die Polungspunkte sowie Verknüpfungen von Sub-Wicklungen komplexerer Strukturen zu achten.

Die Schaltungen und das Ringkern-Wickelschema zweier Übertrager für $Z_ü$ 1:|>1...<4| sind in Bild 1.1-2 vorgestellt. Diese Glieder benutzen eine „Quasi"-Leitung und weisen von daher besonders günstige Bandbreite-Eigenschaften auf. Ausführungen mit Koaxial-Kabel werden in Leistungsstufen favorisiert. Phasenumkehr ist nicht möglich.

Schaltung und Ringkern-Wickelschema eines Übertragers für $Z_ü$ 1:4:9 sehen wir in Bild 1.1-3. Phasenumkehr ist nicht möglich; als dafür geeignete Alternative bietet sich die Struktur in Bild 1.1-1 an.

Schaltung und Ringkern-Wickelschema eines Balun-Übertragers (Balun: Balanced unbalanced) für $Z_ü$ 1:|2:2| gehen aus Bild 1.1-4 hervor. Diese Struktur kann auch beidseitig balanciert eingesetzt werden.

Schaltung und Ringkern-Wickelschema eines Baluns für $Z_ü$ > 1:>|2:2| sind in Bild 1.1-5 vorgestellt. Wir können diese Struktur auch beidseitig balanciert betreiben.

In Bild 1.1-6 haben wir Schaltung und Ringkern-Wickelschema eines Baluns für $Z_ü$ 1:>|2:2|. Auch diese Struktur kann beidseitig balanciert eingesetzt werden.

Schaltungen und Rohrkern-Wickelschemata von Übertragern mit $Z_ü$-Freiwahl gehen aus Bild 1.1-7 hervor. Diese Anordnungen dienen der Übertragung höherer Leistungen, insbesondere bei Impedanzen von 50 Ohm in TX-Treibern und -Endstufen. Gleichphase wie Phasenumkehr sind möglich, daneben der Einsatz im Eintakt, als Balun oder beidseitig balanciert (siehe obere Skizze).

Schaltungen und Definitionen zur kapazitiven Kompensation induktiver Blindkomponenten dieser konventionellen Übertrager bezüglich ihres kritischen oberen Arbeitsfrequenz-Spektrums sind in den Bild 1.1-8...1.1-11 vorgestellt. Kriterium ist die höchste zu beaufschlagende Betriebsfrequenz auf der die Streuinduktivität L_s der jeweils höherohmigen Wicklung bei Kurzschluss der niederohmigen gemessen werden muss. Als rechnerische Angelpunkte dienen L_s sowie der spezifisch höchstzulässige s-Wert per

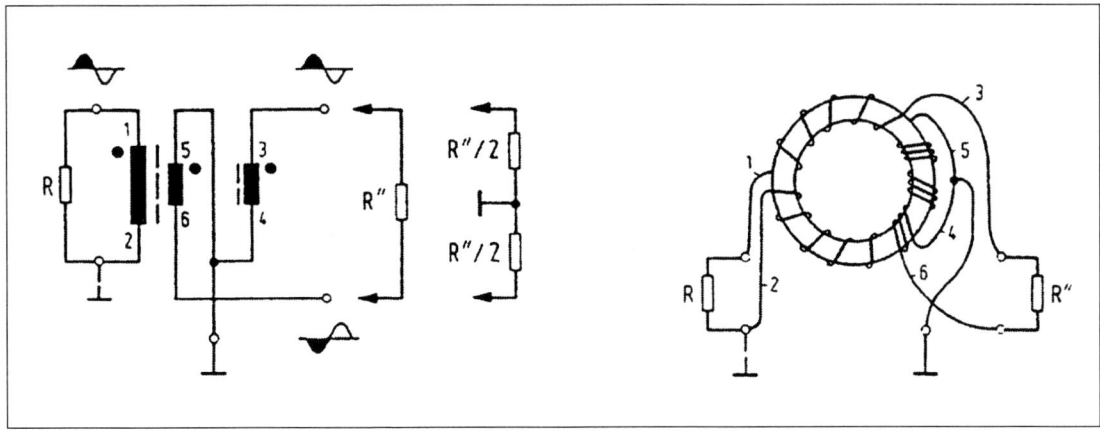

Abb. 1.1-6 Schaltung und Ringkernwickelschema eines konventionellen Baluns für $Z_Ü$ 1:<|2:2|

Diagramme. Zunächst ist L_B, dann s-bezogen C_B zu ermitteln, und schließlich werden aus letzterem beziehungsweise beiden die C_1/C_2 respektive $L_1/C_1/C_2/L_2$ errechnet; L_2 fällt in der Regel so klein aus, dass wir sie zumeist als kleinen Print realisieren oder gar ignorieren können. Bei der Kompensation von Balun-Übertragern bleibt die balancierende Mittelanzapfung der symmetrischen Wicklung unberücksichtigt (messtechnisch offen). Zur Kompensation konventioneller Übertrager sei generell angemerkt, dass sie bei Impedanzen >50 Ohm nur in Fällen äußerster Bandbreite-Ansprü-

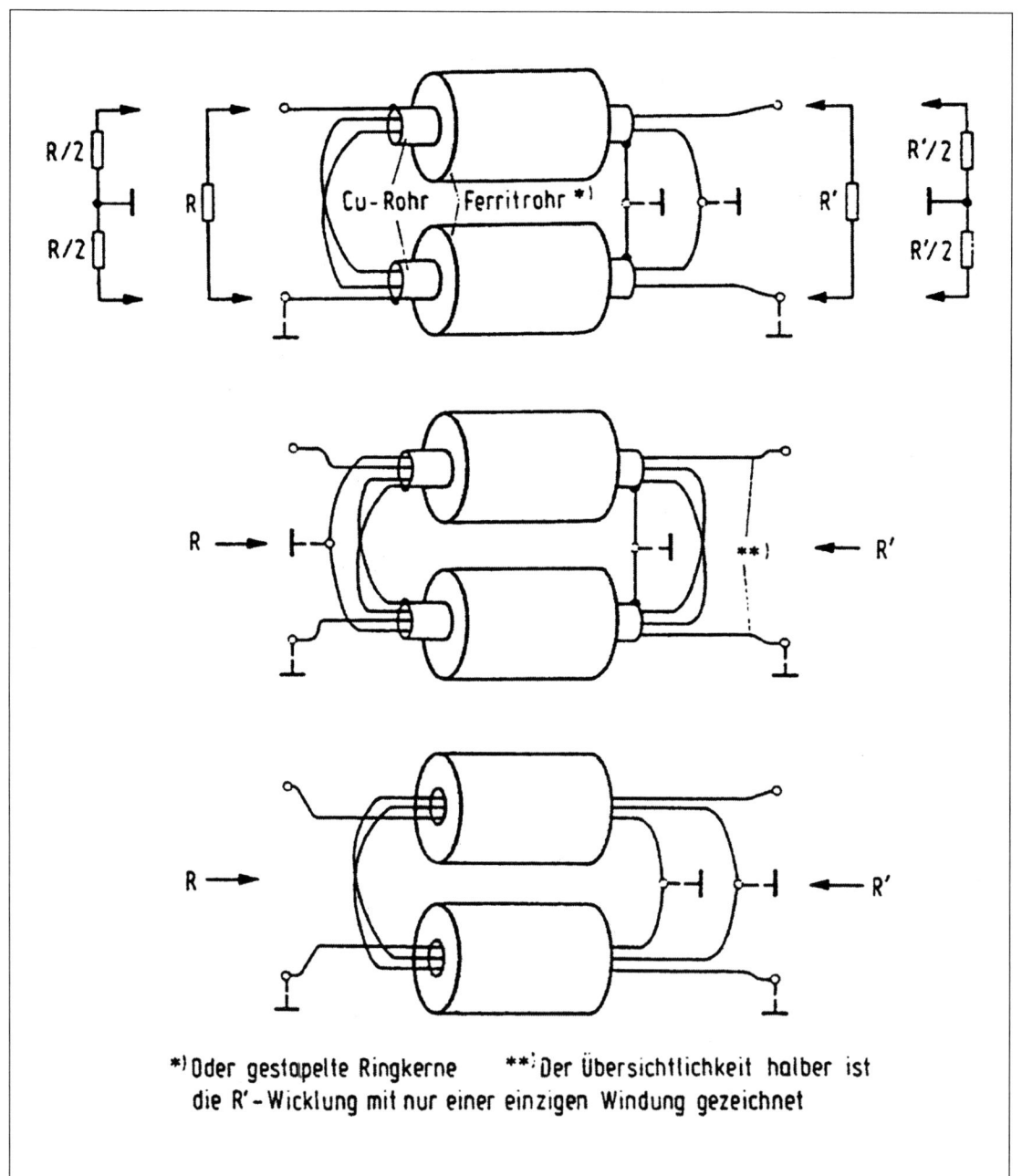

Abb. 1.1-7 Schaltung und Rohrkern-Wickelschema konventioneller Übertrager mit $Z_ü$-Freiwahl für den Transfer höherer Leistungen

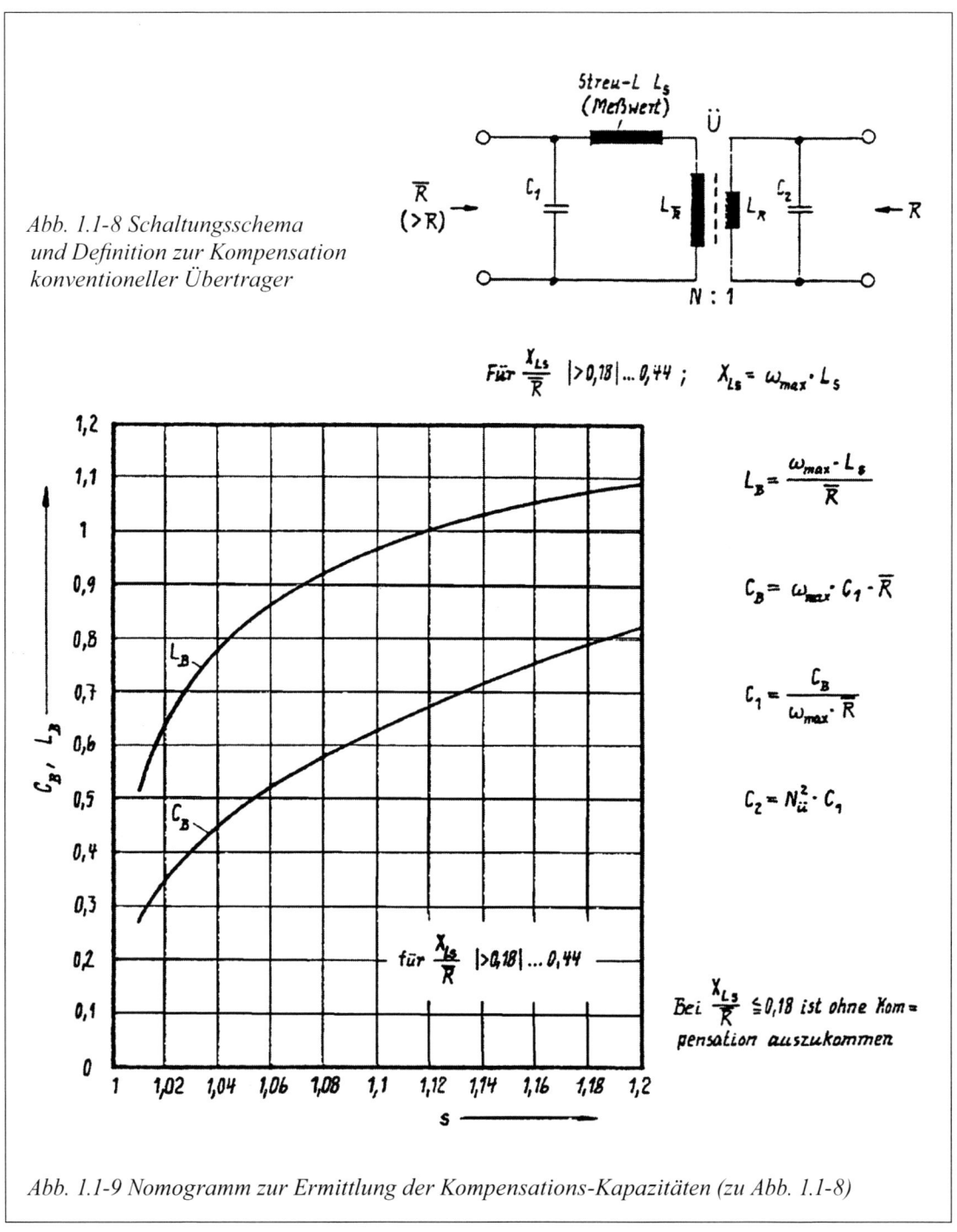

Abb. 1.1-8 Schaltungsschema und Definition zur Kompensation konventioneller Übertrager

Abb. 1.1-9 Nomogramm zur Ermittlung der Kompensations-Kapazitäten (zu Abb. 1.1-8)

che notwendig sein wird. Andererseits müssen wir Übertrager in Leistungsstufen mit Impedanzen $\ll 50\,\Omega$ allemal, d.h. auch bei geringen Bandbreite-Wünschen, kompensieren; im Bereich $<10\,\Omega$ und $f_{max} \approx 30$ MHz - typisch in der KW-Breitbandtechnik - können C_2-Werte von bis zu etwa 1 nF (!) resultieren. Vor diesem Hintergrund sollten die Wicklungs-Induktivitäten (siehe Bild 1.1-1) unbedingt so gering wie nur irgend vertretbar bemessen werden.

12 50-Ohm-Technik

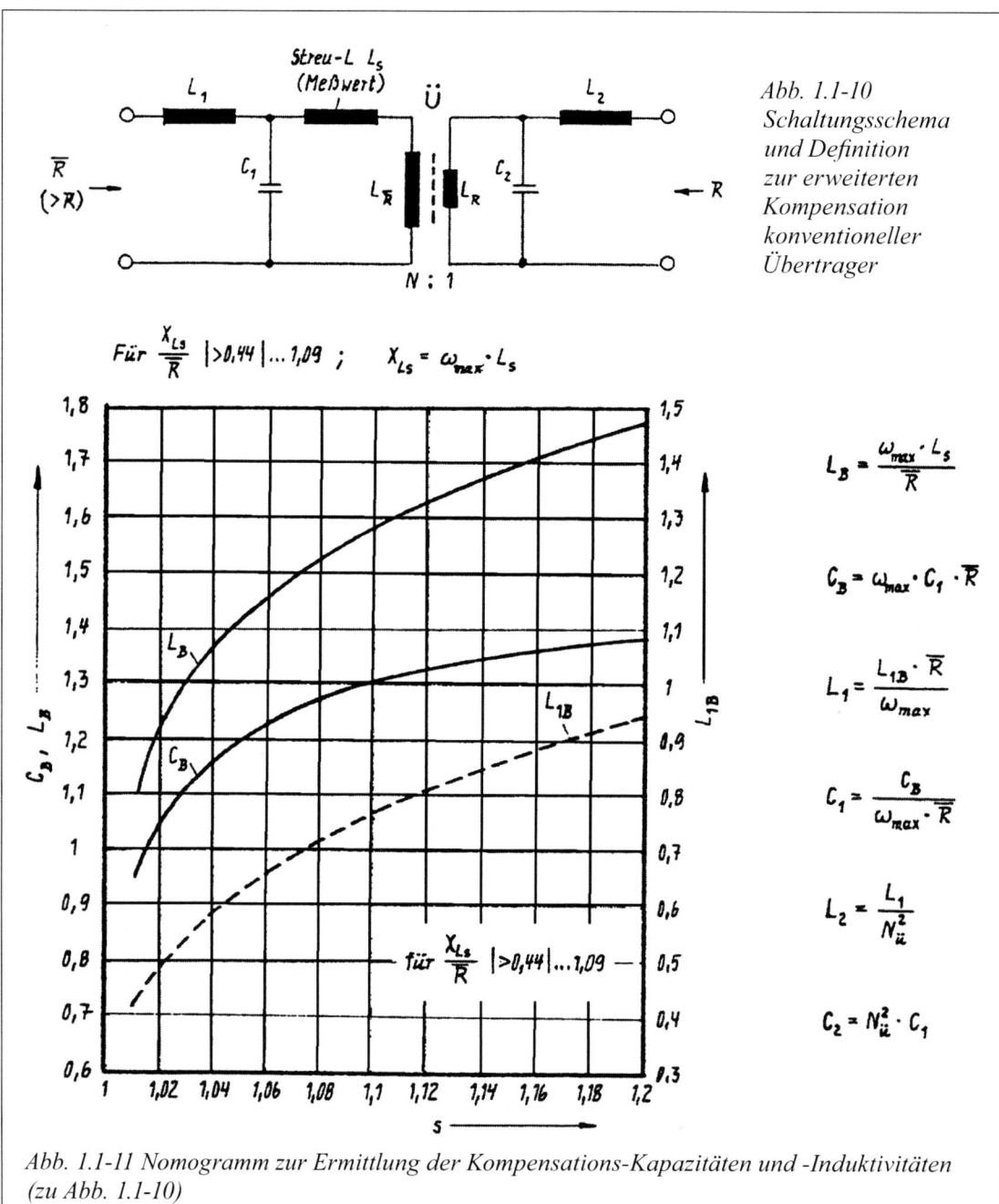

Abb. 1.1-10 Schaltungsschema und Definition zur erweiterten Kompensation konventioneller Übertrager

Abb. 1.1-11 Nomogramm zur Ermittlung der Kompensations-Kapazitäten und -Induktivitäten (zu Abb. 1.1-10)

Nun zu den Leitungs-Übertragern. Sie können - im Gegensatz zu den konventionellen Gliedern - vom Prinzip her nur mit $Z_ü$-Raten im Quadrat ganzer natürlicher Zahlen, also 1^2, 2^2, 3^2 usw. entsprechend 1:1, 1:4, 1:9 etc., realisiert werden. Diesem möglichen Nachteil steht ihr Vorteil enormer Bandbreiten von bis zu zehn Oktaven bei Impedanzen ≤500 Ω gegenüber. Die Schaltungen und das Ringkern-Wickelschema zweier Phasenumkehr-Übertrager für $Z_ü$ 1:1 gehen aus Bild 1.1-12 hervor. Gleichphase ist nicht möglich; eine entsprechende Beschaltung macht die Leitungsfunktion unwirksam. Und der verschiedentlich anzutreffende Einsatz dieser Strukturen als Balun führt

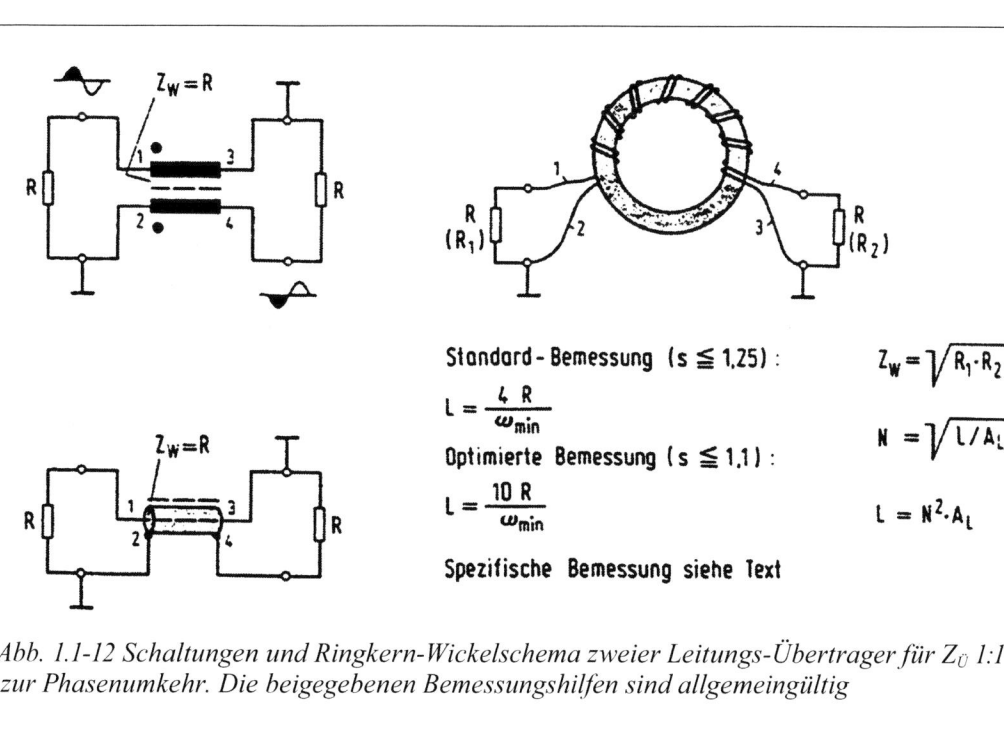

Abb. 1.1-12 Schaltungen und Ringkern-Wickelschema zweier Leitungs-Übertrager für $Z_ü$ 1:1 zur Phasenumkehr. Die beigegebenen Bemessungshilfen sind allgemeingültig

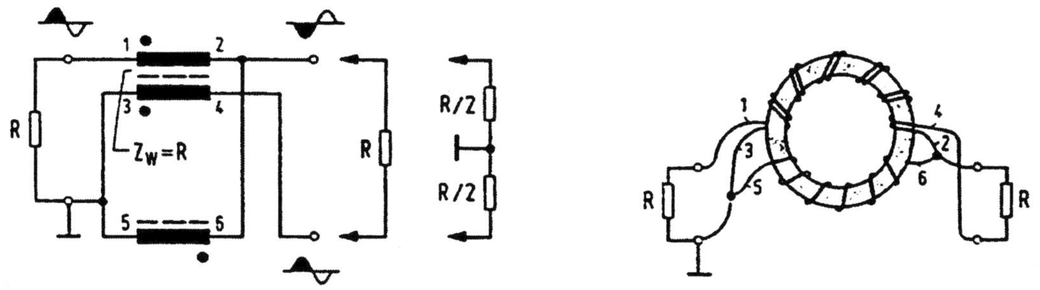

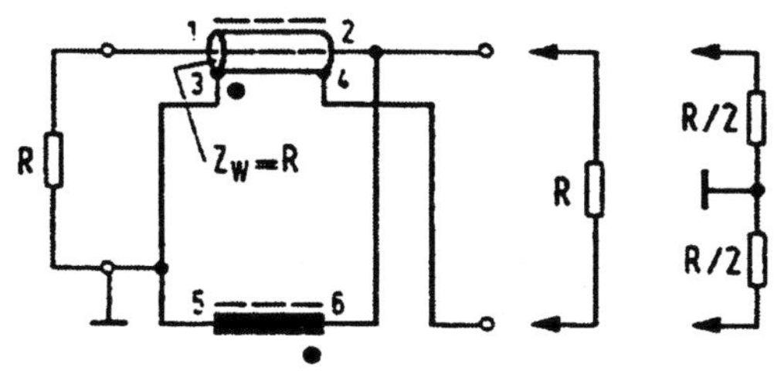

Abb. 1.1-13 Schaltungen und Ringkern-Wickelschema zweier Leitungs-Baluns für $Z_ü$ 1:1

zu unzulänglichen Ergebnissen. Ausführungen mit Koaxialkabel werden in Leistungsstufen bevorzugt.

Die dem vorangestellten Bild beigegebenen Bemessungshilfen sind allgemeingültig. Auf die Realisation des charakteristischen Leitungs-Wellenwiderstandes $Z_ü$ wird in der Folge noch eingegangen. Man beachte die Polungspunkte sowie Verknüpfungen von Sub-Wicklungen komplexerer Strukturen. In Bild 1.1-13 haben wir die Schaltungen und das Ringkern-Wickelschema zweier

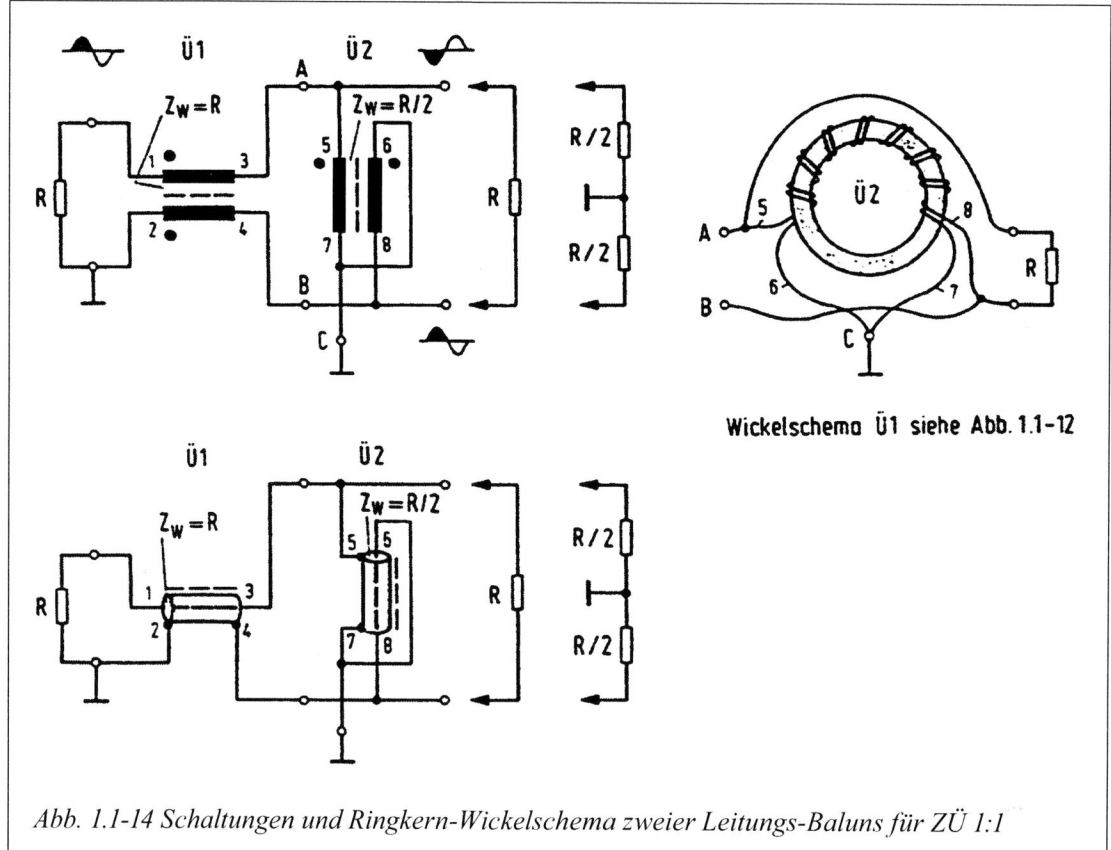

Abb. 1.1-14 Schaltungen und Ringkern-Wickelschema zweier Leitungs-Baluns für ZÜ 1:1

Baluns für 1:1. Leitung und Hilfswicklung sind jeweils mit übereinstimmenden Windungszahlen auszuführen. Optimale Realisation setzt Ringkerne voraus.

Die Schaltungen und das Ringkern-Wickelschema zweier weiterer Baluns für 1:1 sind in Bild 1.1-14 vorgestellt. Diese Anordnungen weisen eine Mittenanzapfung (C) der balancierten Seite auf (im Gegensatz zu den Strukturen in Bild 1.1-13). Die beiden Leitungen werden mit in etwa übereinstimmenden Induktivitäten bemessen und auf eigenem Kern untergebracht. Die Schaltungen und das Ringkern-Wickelschema zweier Übertrager für $Z_ü$ 1:4 gehen aus Bild 1.1-15 hervor. Phasenumkehr ist nicht möglich.

In Bild 1.1-16 haben wir die Schaltungen und das Ringkern-Wickelschema zweier Baluns für $Z_ü$ 1:|2:2|. Die beiden Leitungen im 1:4-Abschnitt müssen jeweils das Doppelte der im 1:1-Zweig anstehenden Windungszahl erhalten. Bei beidseitig balanciertem Einsatz dieser Strukturen kann ihr 1:1-Zweig entfallen. Optimale Realisationen setzen Ringkerne voraus.

Die Schaltungen und das Ringkern-Wickelschema zweier Baluns für $Z_ü$ 1:|1/8:1/8| sind in Bild 1.1-17 vorgestellt. Die beiden Leitungen im 4:1-Abschnitt müssen jeweils die Hälfte der im 1:1-Zweig anstehenden Windungszahl erhalten. Bei beidseitig balanciertem Einsatz dieser Strukturen kann ihr 1:1-Zweig entfallen. Auch hier setzen optimale Realisationen Ringkerne voraus.

Die Schaltungen und das Ringkern-Wickelschema zweier Übertrager für $Z_ü$ 1:9 gehen aus Bild 1.1-18 hervor. Die jeweilige Leitung mit den Strängen 5…8 muss im Vergleich zur korrespondierenden Leitung die doppelte Windungszahl erhalten. Gleichphase ist nicht möglich.

In Abbildung 1.1-19 haben wir die Schaltungen und das Ringkern-Wickelschema zweier Baluns

50-Ohm-Technik 15

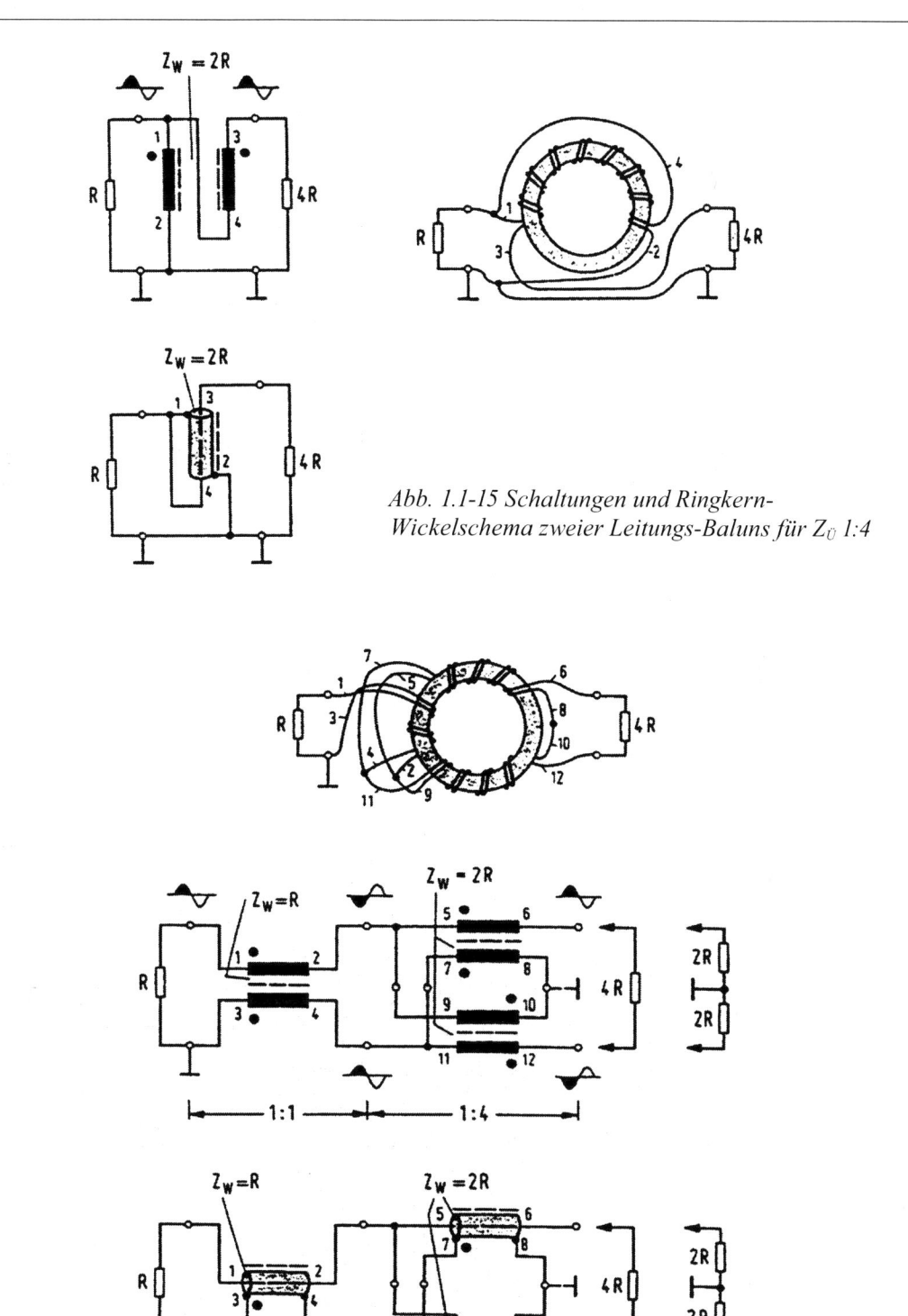

Abb. 1.1-15 Schaltungen und Ringkern-Wickelschema zweier Leitungs-Baluns für $Z_Ü$ 1:4

Abb. 1.1-16 Schaltungen und Ringkern-Wickelschema zweier Leitungs-Baluns für $Z_Ü$ 1:|2:2|

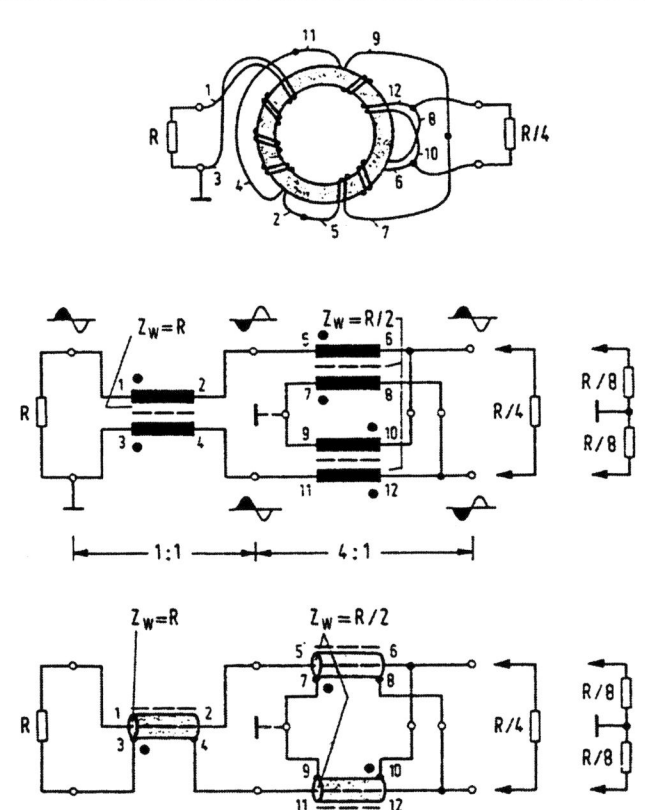

Abb. 1.1-17 Schaltungen und Ringkern-Wickelschema zweier Leitungs-Baluns für $Z_\ddot{U}$ 1:|1/8:1/8|

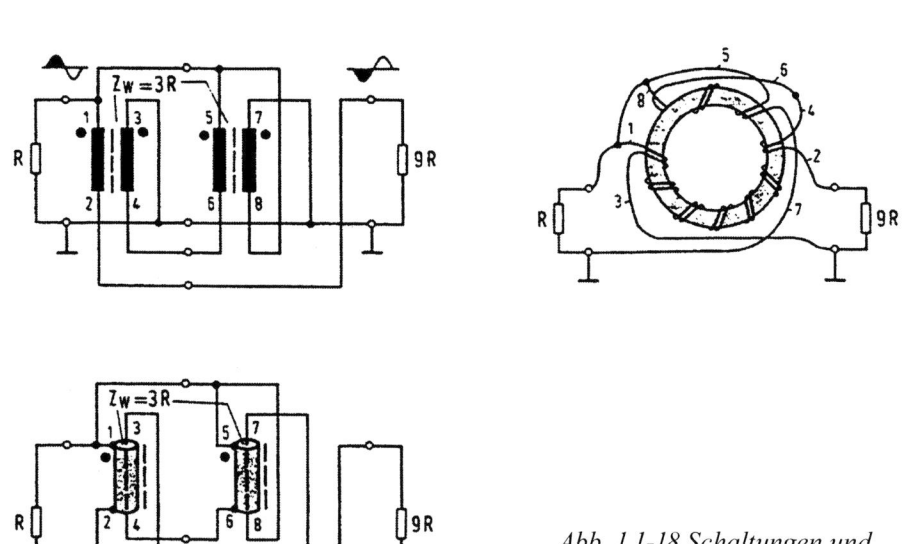

Abb. 1.1-18 Schaltungen und Ringkern-Wickelschema zweier Leitungs-Baluns für $Z_\ddot{U}$ 1:9

50-Ohm-Technik 17

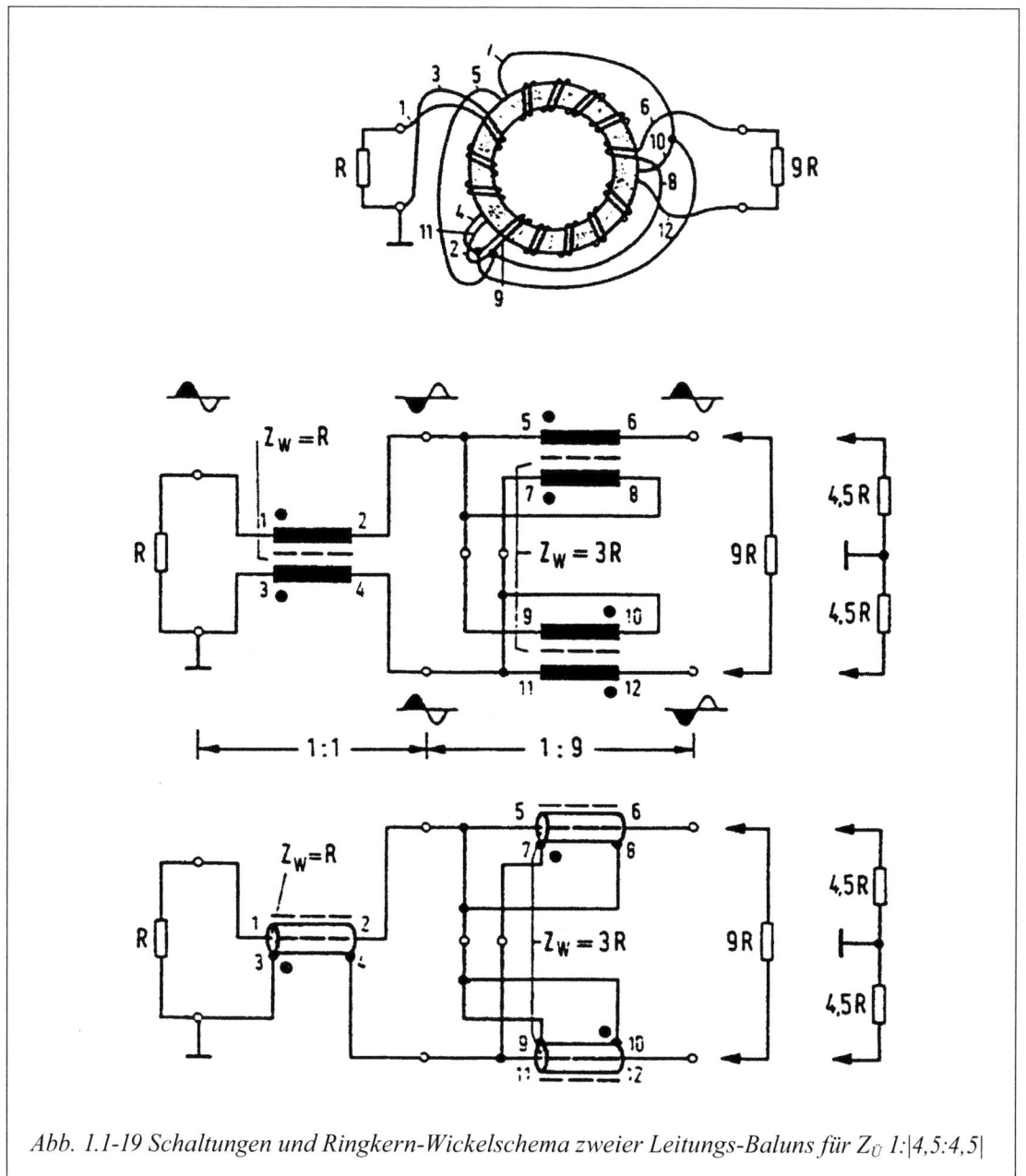

Abb. 1.1-19 Schaltungen und Ringkern-Wickelschema zweier Leitungs-Baluns für $Z_ü$ 1:|4,5:4,5|

für $Z_ü$ 1:|4,5:4,5|. Die beiden Leitungen im 1:9-Abschnitt müssen jeweils in etwa das 1,5fache der im 1:1-Zweig anstehenden Windungszahl erhalten. Bei beidseitig balanciertem Einsatz dieser Strukturen kann ihr 1:1-Zweig entfallen. Optimale Realisationen setzen Ringkerne voraus.

Die Schaltungen und das Ringkern-Wickelschema zweier Baluns für $Z_ü$ 1:|1/8:1/8| gehen aus Bild 1.1-20 hervor. Die beiden Leitungen im 9:1-Abschnitt müssen in etwa das 0,67fache der im 1:1-Zweig anstehenden Windungszahl erhalten. Bei beidseitig balanciertem Einsatz dieser Strukturen kann ihr 1:1-Zweig entfallen. Auch hier bedingen optimale Realisationen Ringkerne.

Die Schaltungen und das Ringkern-Wickelschema zweier Übertrager für $Z_ü$ 1:16 sind in Bild 1.1-21

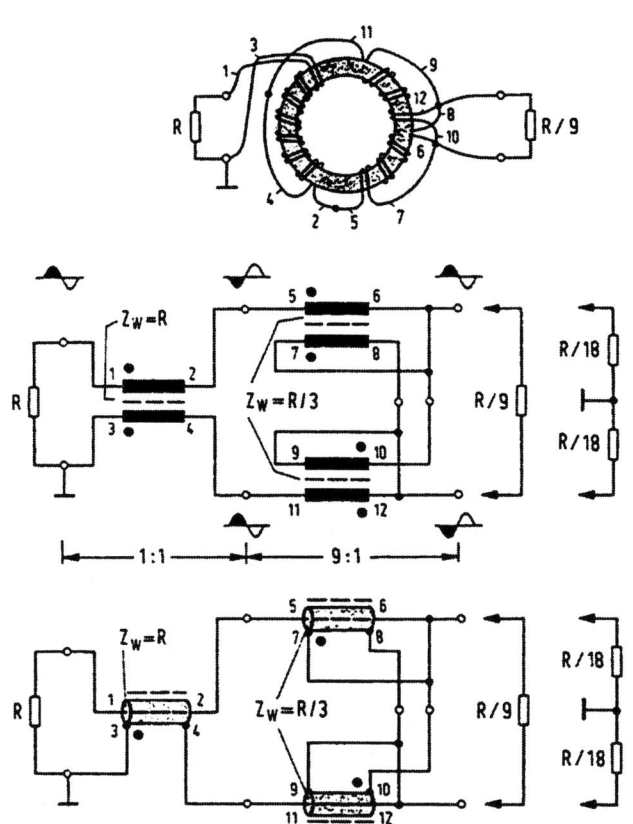

Abb. 1.1-20 Schaltungen und Ringkern-Wickelschema zweier Leitungs-Baluns für $Z_Ü$ 1:|1/18:1/18|

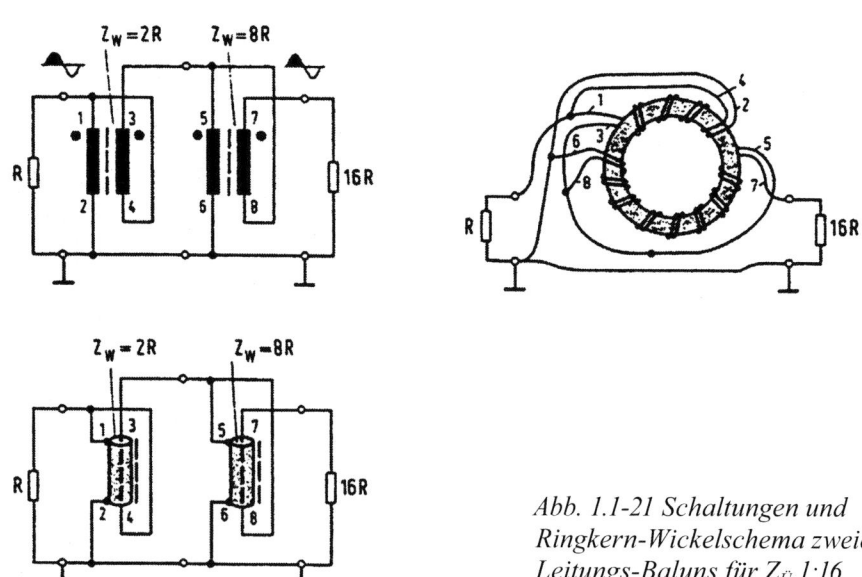

Abb. 1.1-21 Schaltungen und Ringkern-Wickelschema zweier Leitungs-Baluns für $Z_Ü$ 1:16

50-Ohm-Technik **19**

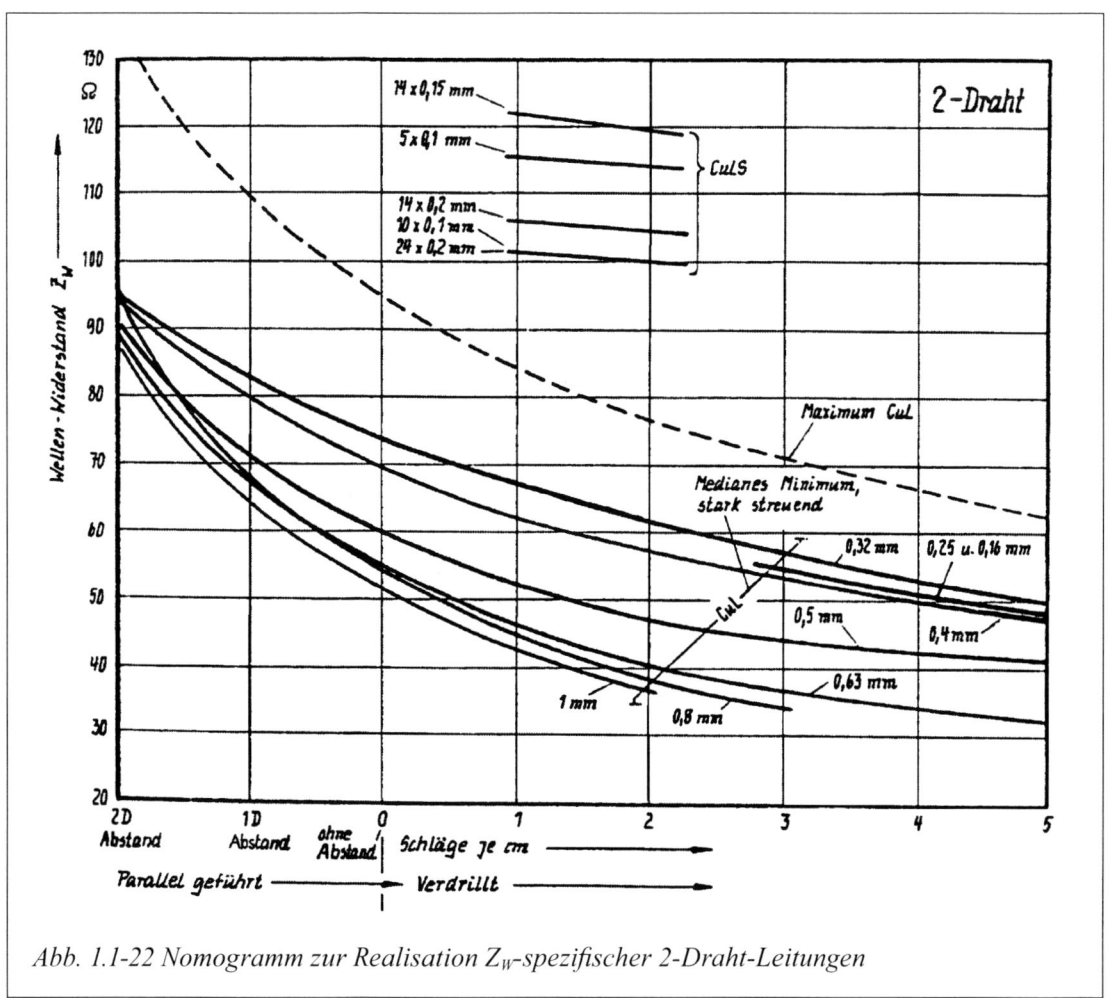

Abb. 1.1-22 Nomogramm zur Realisation Z_W-spezifischer 2-Draht-Leitungen

vorgestellt. Die Leitung an der jeweiligen 16-R-Seite muss im Vergleich zur korrespondierenden Leitung die doppelte Windungszahl erhalten. Phasenumkehr ist nicht möglich.

Bild 1.1-22 zeigt ein Nomogramm zur Realisation Z_w-spezifischer 2-Draht-(Lecher-)Leitungen. Es vermittelt allerdings lediglich Richtwerte, da der Z_w unter anderem deutlich von den Charakteristika des Isolationsmaterials abhängt. Exakte Werte können einzig messtechnisch ermittelt/bewirkt werden; nötigenfalls ist zu kompensieren.

Gemäß Bild 1.1-23 kann durch Parallelschalten zweier Leitungen deren effektiver Z_w reduziert werden; er ist der Parallelschaltung zweier entsprechender ohmscher Widerstände gleichzusetzen. Die beiden 2-Draht-Leitungen sind miteinander zu verdrillen. Verknüpfungen koaxialer Leitungen nach dem gezeichneten Schema der Kreuzkopplung bewirken gleichmäßige Belastung der beiden Stränge. Die effektive Z_w-Toleranz parallelgeschalteter Koaxial-Kabel fällt mit <10% a priori relativ gering aus; sie ist primär vom gegenseitigen Abstand der beiden Kabelschirme abhängig.

Gemäß Bild 1.1-24 kann durch Serienschaltung der Z_w zweier Koaxial-Kabel deren effektiver Z_w angehoben werden; er ist der Serienschaltung zweier entsprechender ohmscher Widerstände gleichzusetzen. Die Schirme sind unbeschaltet, d.h. HF-mäßig offen zu halten. Der effektive Z_w hat eine geringe Toleranz von <10% ; er ist auch hier primär vom gegenseitigen Abstand der beiden Kabelschirme abhängig. Vom Einsatz zweidrähtiger Äquivalenzen sei abgeraten.

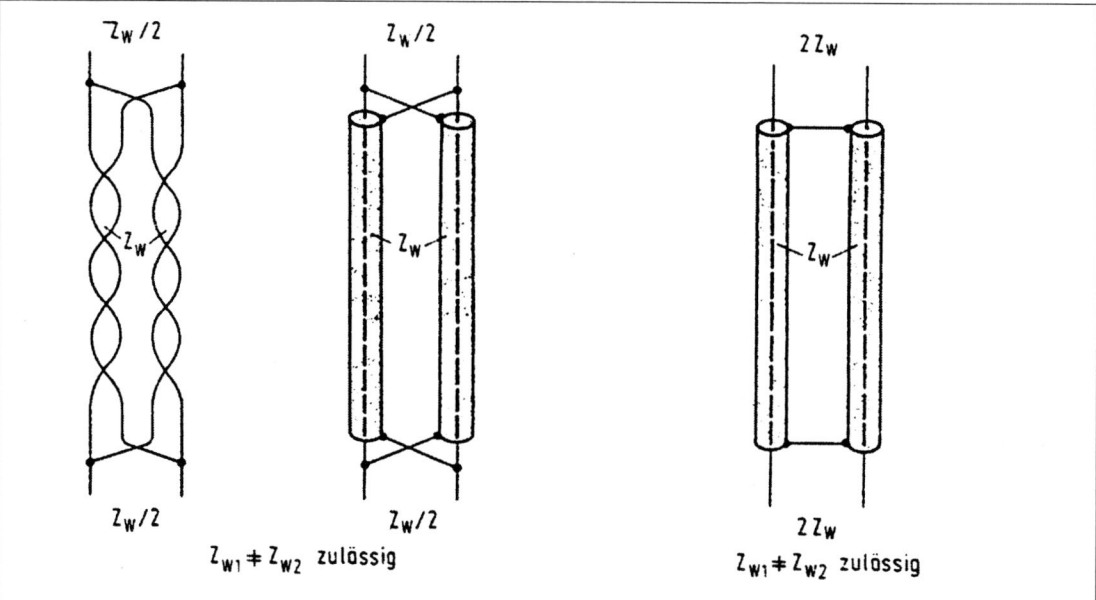

Abb. 1.1-23 Durch Parallelschalten zweier Leitungen kann deren effektiver Z_W reduziert werden

Abb. 1.1-24 Durch Serienschaltung zweier Koaxialkabel kann deren effektiver Z_W angehoben werden

In Bild 1.1-25 haben wir die Schaltungs-Schemata zur kapazitiven Kompensation induktiver Blindkomponenten dieser Leitungs-Übertrager mittels C_1 und C_2 als Kompensations-Elemente. Ihre Werte ermittelt man am vorteilhaftesten messtechnisch gestützt auf experimentellem Wege; mathematische Lösungen fallen sehr umständlich und zudem unsicher aus. Diese Maßnahmen gelten für den vorherrschenden Fall zu hoher Z_w, wie sie primär bei Impedanzen <50 Ω anzutreffen sind. Kriterium ist die höchste Betriebsfrequenz. Die typischen KW-Breitband-Anwendungen mit f_{max} ~ 30 MHz erfordern C-Werte von einigen wenigen pF bis zu etwa 100 pF; mithin können Trimmer verwendet werden. Den offerierten Modi kommt generelle Bedeutung zu, d.h. wir können sie sinngemäß auf alle in diesem Abschnitt beschriebenen Leitungs-Übertrager beziehen.

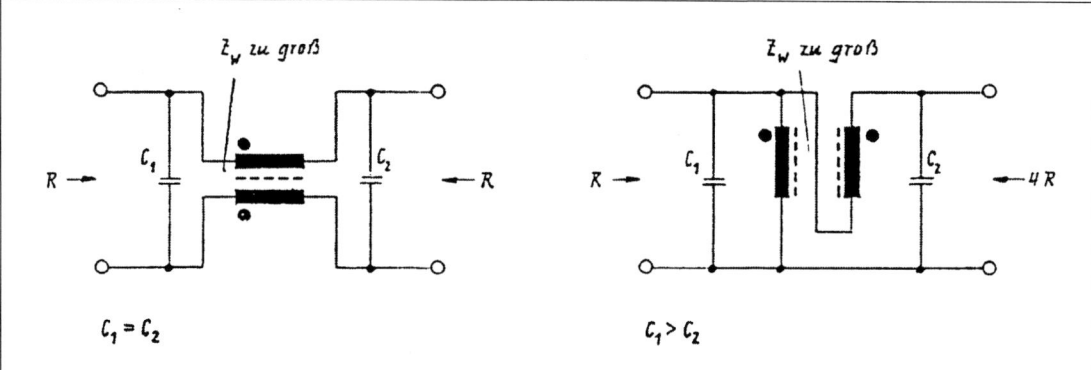

Abb. 1.1-25 Schaltungsschemata zur kapazitiven Kompensation der bei Leitungs-Übertragern in Fällen zu hoher Z_W auftretenden induktiven Parasitär-Komponenten. Diese Modi haben generelle Bedeutung

1.2 Hybrid-Koppler

Ihre Aufgaben bestehen in der rückwirkungsarmen Teilung und Summierung hochfrequenter Signale. Zudem haben sie ganz bestimmte Phasenbeziehungen der Sub-Signale untereinander herzustellen, insbesondere 0° und 0°/180° Differenz für Gleichtakt- respektive Gegentakt-Betrieb.

Hybrid-Koppler bestehen gewöhnlich aus einem oder mehreren Breitband-Übertragern der im vorangestellten Abschnitt angeführten Art sowie einem oder mehreren ohmschen Widerständen zur Absorption der aus vektoriellen Unstimmigkeiten resultierenden Energieanteile. Als Übertrager bevorzugt man Leitungs-Strukturen, die neben der wünschenswert großen Bandbreite a priori gute Phasen- und Amplituden-Balance aufweisen. Von ihnen hängt im wesentlichen auch die Interport-Entkopplung A_x, d.h. der Hybrid-Zweige gegeneinander, ab, die bei optimaler Realisation mit 30 dB/≤150 MHz ausfällt.

Vor dem gleichen Hintergrund lassen sich A_i und s quantifizieren. Als Absorptions-Widerstände dienen vorwiegend konventionelle induktionsarme Metallschicht-Elemente; Ausnahmen sind bei der Aufbereitung hoher Leistungen anzutreffen, für die zumeist Dünnfilm-Komponenten in Microstrip- oder Koaxial-Ausführung herangezogen werden.

Zunächst zu den 0°-Gliedern. Ihr phasenspezifisches Funktions-Symbol und zwei effektiv übereinstimmende Schaltungen mit jeweils zwei Split-Zweigen (R_3 und R_4) sind in Bild 1.2-1 vorgestellt. R_1, R_3 und R_4 repräsentieren Quellen und Verbraucher, R_2 ist der dem Hybrid zugeordnete Absorptions-Widerstand.

Man beachte die unterschiedlichen R-Werte. Die niedrigste Arbeitsfrequenz f_{min} misst hier im R_1-Zweig 0 Hz (!), ansonsten fällt sie übertragerspezifisch aus.

Es sind, unabhängig von den zahlreichen möglichen Konfigurationen, jeweils R_1 und R_2 sowie R_3 und R_4 gegeneinander entkoppelt.

Die in Bild 1.2-2 angeführten Schaltungen zweier 0°-Hybride mit jeweils zwei Split-Zweigen weisen übereinstimmende Port-Impedanzen auf. Ein Manko bildet verschiedentlich der Umstand, dass die Frequenzgänge der R_1-Zweige hier nicht mehr bereits mit 0 Hz einsetzen, sondern von den einschlägigen Eigenschaften der transformierenden Quasi-Leitungen bestimmt werden.

In Bild 1.2-3 haben wir die Schaltungen zweier 0°-Koppler mit jeweils vier Split-Zweigen. Auch hier stehen gleichwertige Port-Impedanzen an. Als besonderer Vorteil sind die durchweg mittels Leitungs-Übertrager möglichen Realisatio-

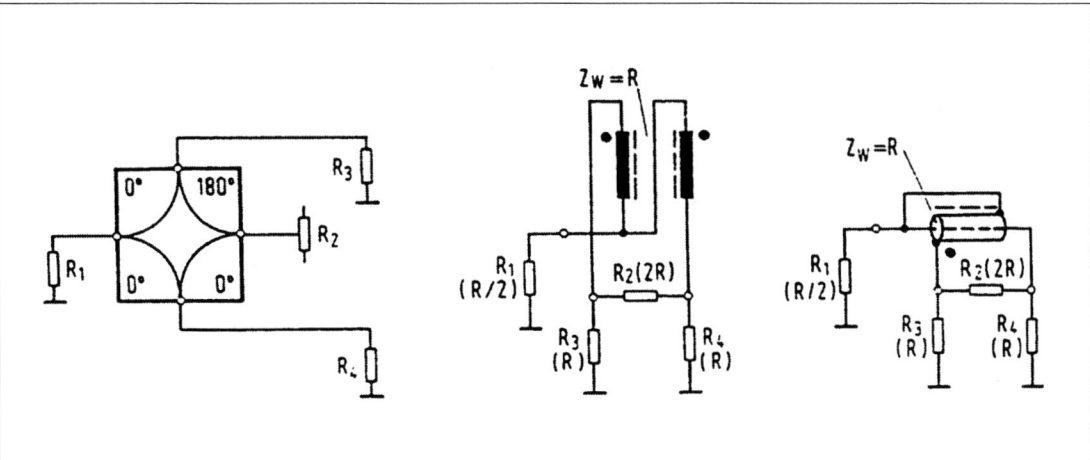

Abb. 1.2-1 Phasenspezifisches Funktions-Symbol sowie zwei Schaltungen von 0°-Hybriden mit jeweils zwei Split-Zweigen. Die Port-Impedanzen weisen unterschiedliche Werte auf

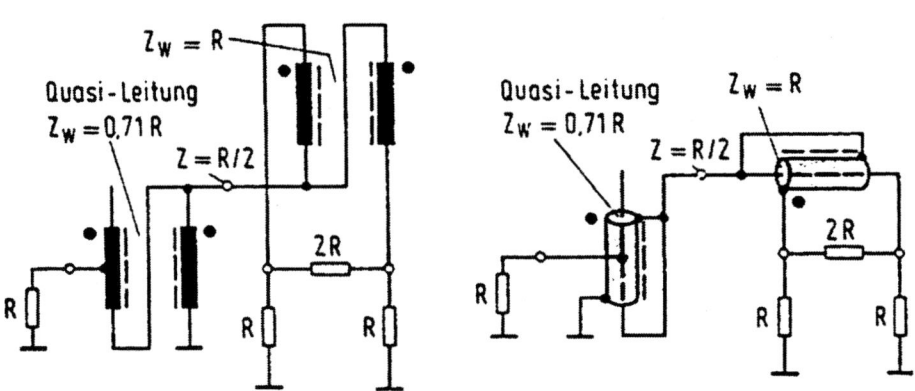

Abb. 1.2-2 Die Schaltung zweier 0°-Hybriden mit jeweils zwei Split-Zweigen und übereinstimmenden Port-Impedanzen

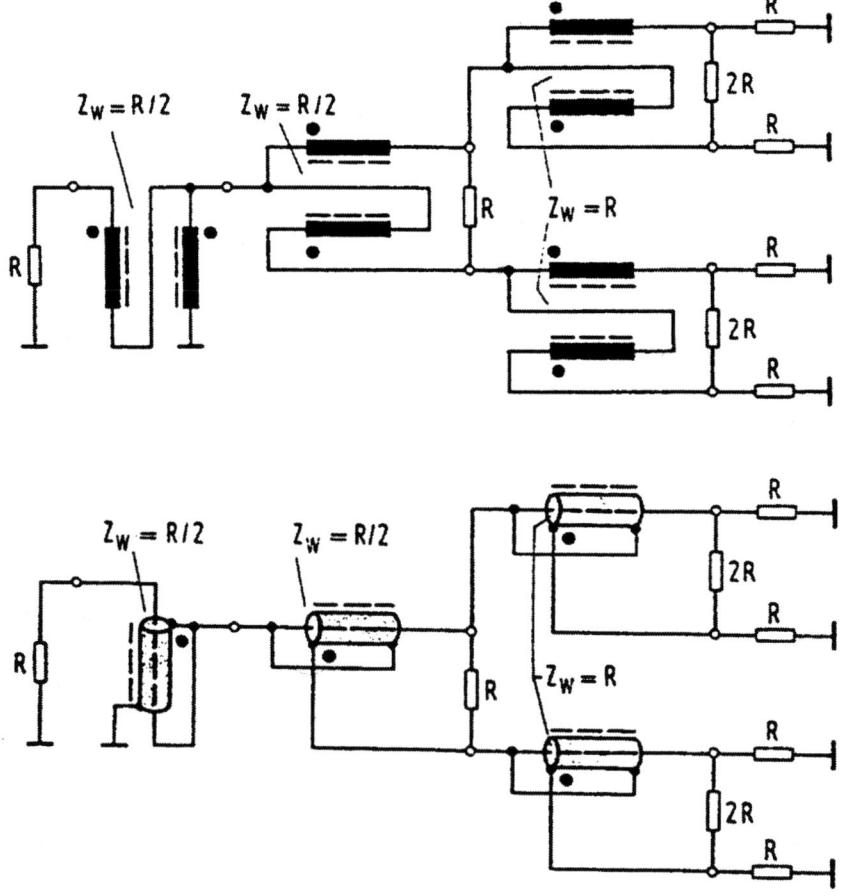

Abb. 1.2-3 Die Schaltungen zweier 0°-Hybriden mit jeweils vier Split-Zweigen und übereinstimmenden Port-Impedanzen

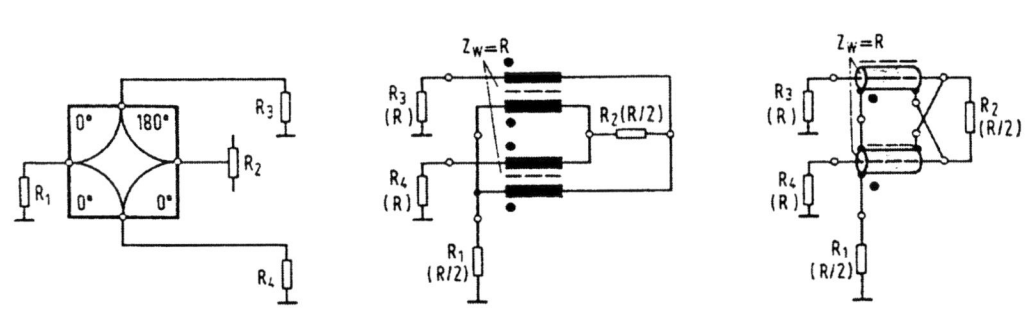

Abb. 1.2-4 Phasenspezifisches Funktions-Symbol sowie zwei Schaltungen von 0°-Hybriden mit jeweils zwei Split-Zweigen. Die Port-Impedanzen weisen unterschiedliche Werte auf

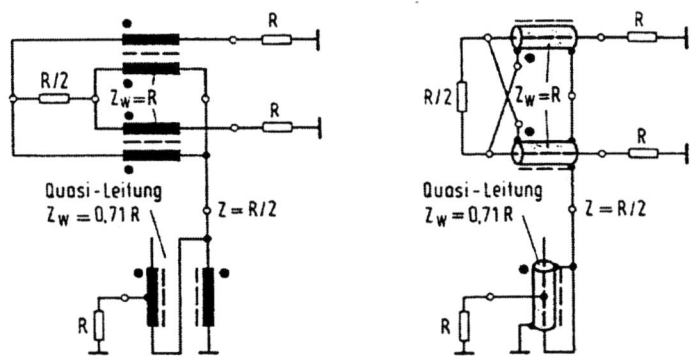

Abb. 1.2-5 Die Schaltungen zweier 0°-Hybriden mit jeweils zwei Split-Zweigen und übereinstimmenden Port-Impedanzen

nen zu notieren. Die vorangestellten sogenannten Totem-Pole-Strukturen lassen sich einzig mit geradwertiger Split-Port-Anzahl, d.h. 2, 4, 6 usw., optimal verwirklichen. Im Gegensatz dazu sind die in der Folge abgehandelten vier 0°-Glieder frei von dieser Einschränkung; erfordern allerdings etwas höheren Aufwand. Ihr phasenspezifisches Funktions-Symbol sowie zwei Schaltungen mit jeweils zwei Split-Zweigen gehen aus Bild 1.2-4 hervor. Die Ports weisen unterschiedliche Impedanzen auf.

In Bild 1.2-5 haben wir zwei weitere einschlägige 0°-Schaltungen, hier jedoch mit übereinstimmenden Port-Impedanzen.

Aus Bild 1.2-6 gehen zwei entsprechende 0°-Schaltungen mit jeweils drei Split-Zweigen und gleichwertigen Port-Impedanzen hervor. Und schließlich in Bild 1.2-7 die Schaltungen zweier einschlägiger 0°-Koppler mit jeweils vier Split-Zweigen und übereinstimmenden Port-Impedanzen.

Die in den Bild 1.2-4 bis 1.2-7 angeführten Konfigurationen werden hauptsächlich beim Transfer höherer Leistungen herangezogen; beispielsweise zur Parallelverknüpfung mehrerer PA-Module. Für derartige Anwendungen sind die in Fällen inoperativer Einheiten ausgangsseitig den Absorptions-Widerständen R_x anheimfallenden Verlustleistungen P_{tx} sowie die an den gemeinsamen Lastwiderstand R_L gelangende Nutzleistung P_0 gemäß den in Bild 1.2-8 zusammengestellten Formeln zu ermitteln. Bedingung ist relative Hochohmigkeit inoperativer Module - praxistypisch; die letzte der angeführten Definitionen zeigt auf, dass die P_{tx} R_x-spezifisch sehr unterschiedlich ausfällt. Beim Betrieb mit trägergestützten Signalen sowie im

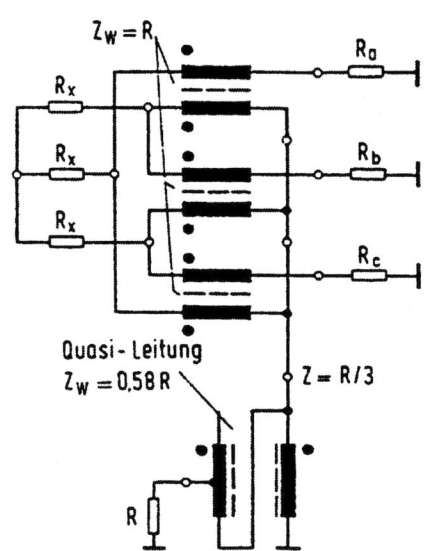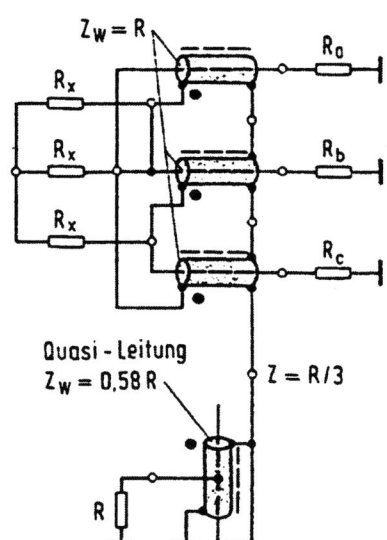

Abb. 1.2-6 Die Schaltungen zweier 0°-Hybriden mit jeweils drei Split-Zweigen und übereinstimmenden Port-Impedanzen

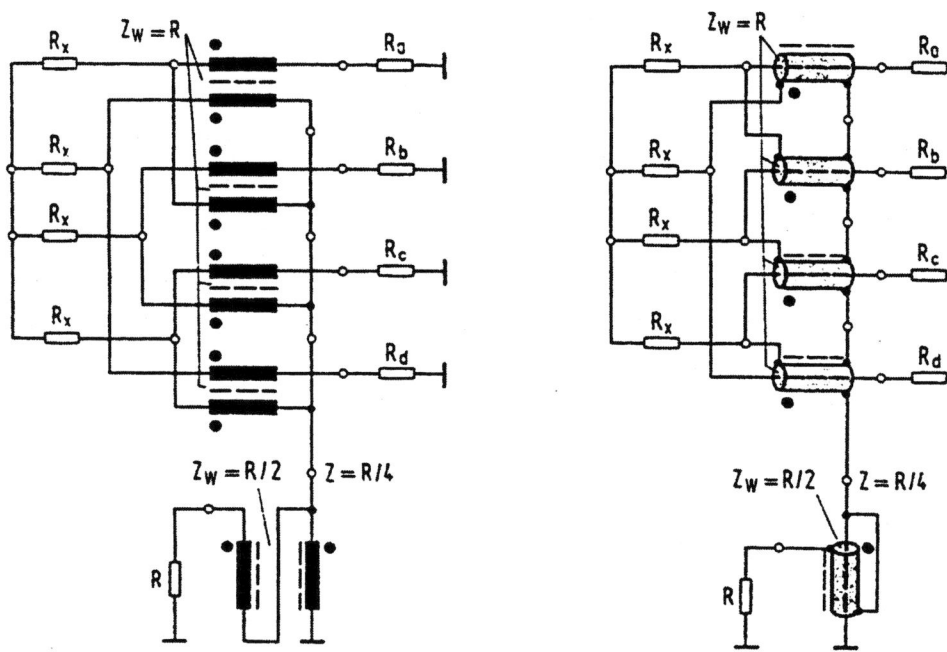

Optimale R_x für n inoperative Einheiten $R_{a...d}$: $n=1 = 0{,}56\,R$, $n=2 = R/2$, $n=3 = 0{,}38\,R$;
Bedingung: inoperative Einheiten hochohmig

Abb. 1.2-7 Die Schaltungen zweier 0°-Hybriden mit jeweils vier Split-Zweigen und übereinstimmenden Port-Impedanzen

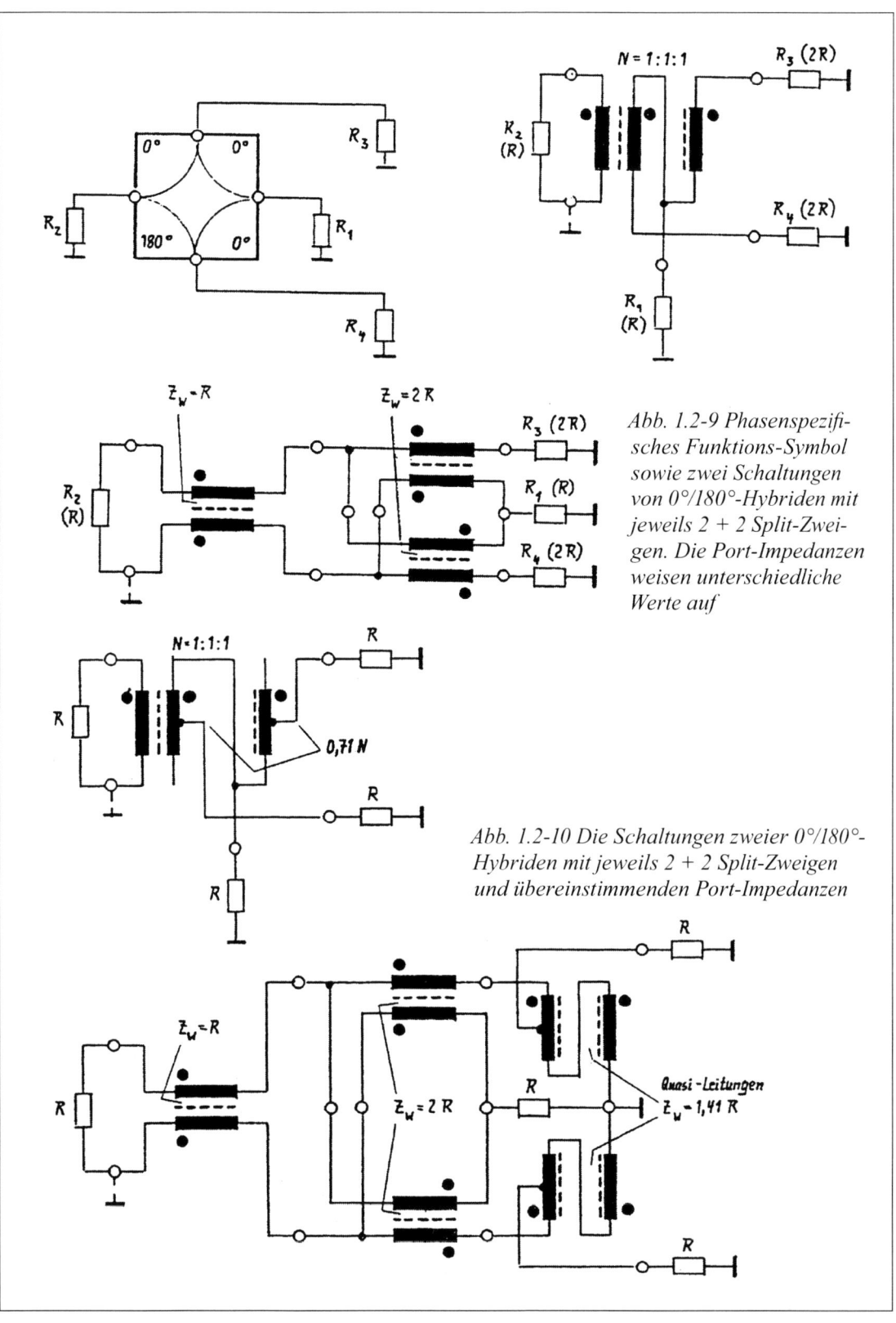

Abb. 1.2-9 Phasenspezifisches Funktions-Symbol sowie zwei Schaltungen von 0°/180°-Hybriden mit jeweils 2 + 2 Split-Zweigen. Die Port-Impedanzen weisen unterschiedliche Werte auf

Abb. 1.2-10 Die Schaltungen zweier 0°/180°-Hybriden mit jeweils 2 + 2 Split-Zweigen und übereinstimmenden Port-Impedanzen

Verlustleistung des höchstbelasteten R_x:

$$P_{tx} = P_1 \cdot \frac{R_x}{R_L}.$$

Am R_L verfügbare Leistung bei $n_{tz}=2$:

$$P_o = P_1 - P_{tx},$$

und bei $n_{tz} > 2$:

$$P_o = (P_1 \cdot n_z) - \left(P_{tx} + \frac{P_{tx}}{n_z}\right).$$

Darin sind:
n_z = Anzahl der operativen Quellen
n_{tz} = Anzahl der Quellen insgesamt
P_1 = Ausgangsleistung einer Einzelquelle
R_L = gemeinsamer Lastwiderstand
R_x = Ballast-Widerstand

Abb. 1.2-8 Definitionen zur Ermittlung der Leistungs-Absorption durch die Ballast-Widerstände sowie die summiert an einen gemeinsamen Verbraucher gelangende Leistung unter dem Einfluß inoperativer Quellen. Bedingung: Inoperative Quellen relativ hochohmig

CW muss die Belastbarkeit der R_x dem Rechenwert gleichkommen, für Sprechfunk mit unterdrücktem Träger reicht dagegen im allgemeinen bereits ein Drittel der ermittelten P_{tx} aus.

Nun zu den 0°/180°-Gliedern. Ihr phasenspezifisches Funktions-Symbol und zwei effektiv übereinstimmende Schaltungen mit jeweils 2+2 Split-Zweigen gehen aus Bild 1.2-9 hervor. Im Gegensatz zu den 0°-Strukturen steht hier R_2 als externe Komponente an. $R_1 \ldots R_4$ sind als Quellen, Verbraucher und Absorber frei wählbar. Man beachte die unterschiedlichen R-Werte. Die f_{min} des R_1-Zweiges misst hier 0 Hz, ansonsten fällt sie übertragerspezifisch aus. Zwischen R_1 und R_2 sowie R_3 und R_4 als jeweilige Split-Zweige herrscht Entkopplung; unabhängig von den zahlreichen möglichen Konfigurationen.

Sollen die Port-Impedanzen übereinstimmen, greift man zu den 0°/180°-Schaltungen gemäß Bild 1.2-10. Letztere schließt 0-Hz-Betrieb des R1-Zweiges aus, f_{min} hängt vom Frequenzgang der transformierenden Quasi-Leitungen ab.

Bei allen hier angeführten Hybrid-Kopplern, insbesondere aber den komplexeren mit mehreren Übertragern und Absorptions-Widerständen, achte man strikt auf beste elektrische Symmetrie, denn bereits geringste Nachlässigkeiten führen zu inakzeptablen Phasen- und Amplituden-Inbalancen mit dem Resultat erheblicher Verlustleistungen und signifikanter A_x-Minderungen.

1.3 HF-Selektoren

HF-Selektionsaufgaben löst man gewöhnlich mittels L/C-realisierter Tief-, Hoch- und Bandpässe. In der Folge werden einschlägige und in der Anwendung bevorzugte Filter mit Tschebyscheff-, Butterworth(Potenz-) und Elliptic-(Cauer-) Dämpfungscharakteristik behandelt.

Zur allgemeinen Orientierung werfen wir einen Blick auf Bild 1.3-1: Links der typische Dämpfungsverlauf eines Tiefpasses (TP) mit dem Durchlassbereich (DB) von der Frequenz Null bis zur Eckfrequenz, dann höherfrequent der Sperrbereich (SB) bis zur Frequenz „Unendlich". In der Mitte die Charakteristik eines Bandpasses (BP) mit dem DB zwischen der unteren und der oberen Eckfrequenz beziehungsweise unterhalb respektive oberhalb dieser die Sperrbereiche SB bis zur Frequenz Null einerseits und „Unendlich" andererseits. Rechts im Bild die Kennlinie eines Hochpasses (HP) mit dem Durchlassbereich von der Eckfrequenz bis zur Frequenz „Unendlich", unterhalb der Sperrbereich bis zur Frequenz Null.

Ein informativ vertiefender Blick gilt Bild 1.3-2: Diese über Toleranz-Schemata aufgetragenen, den Tschebyscheff- beziehungsweise Butterworth-Funktionen entsprechenden und für TP, HP und BP gleichermaßen gültigen Parameter haben ihren Bezugspunkt in der normierten Verstimmung $\Omega = 1$ entsprechend f_c bei TP und HP sowie f_{c1} und f_{c2} bei BP. Mit $\Omega < 1$ ist der Durchlassbereich DB, mit $\Omega > 1$ der Sperrbereich SB erfasst. $\Omega = 0$ bezieht sich bei TP und HP auf die Frequenz Null respektive Unendlich, bei BP auf deren geome-

50-Ohm-Technik

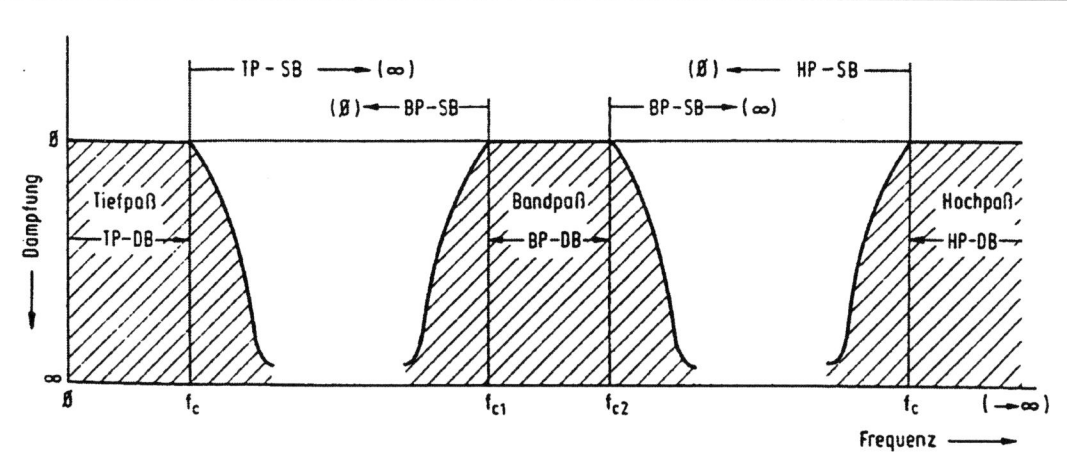

Abb. 1.3-1 Allgemeine Definition zu Tief-, Band- und Hochpässen

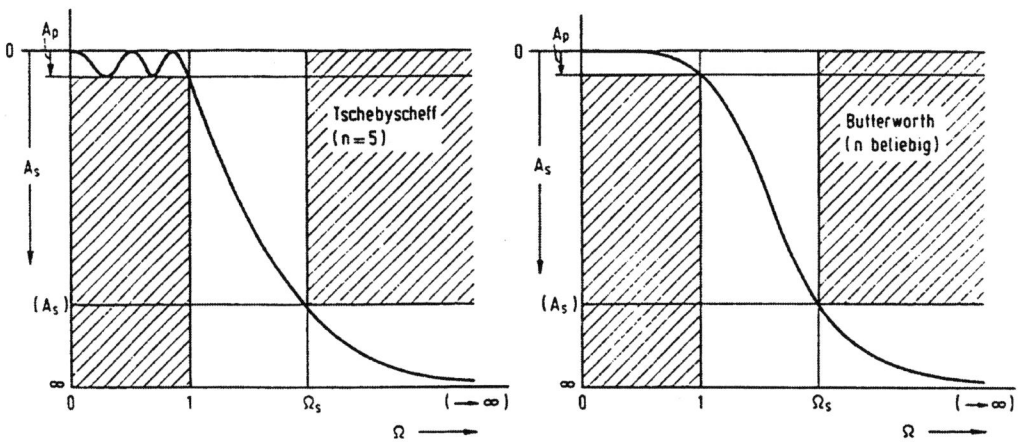

Abb. 1.3-2 Allgemein-informierend: LC-Tiefpässe, hier des Grades n = 3; d. h. der gewöhnlich geringsten praktisch befriedigenden Effizienz

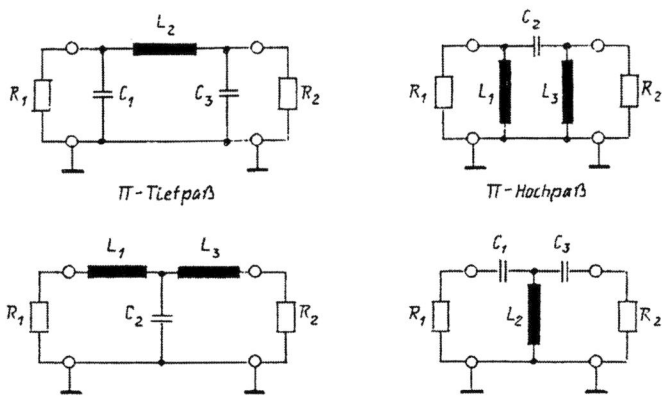

Abb. 1.3-3 Typische Parameter von Tschebyscheff- und Butterworth-Pässen. Ersteren fällt das vergleichsweise günstigste Aufwand-Effizienz-Verhältnis zu

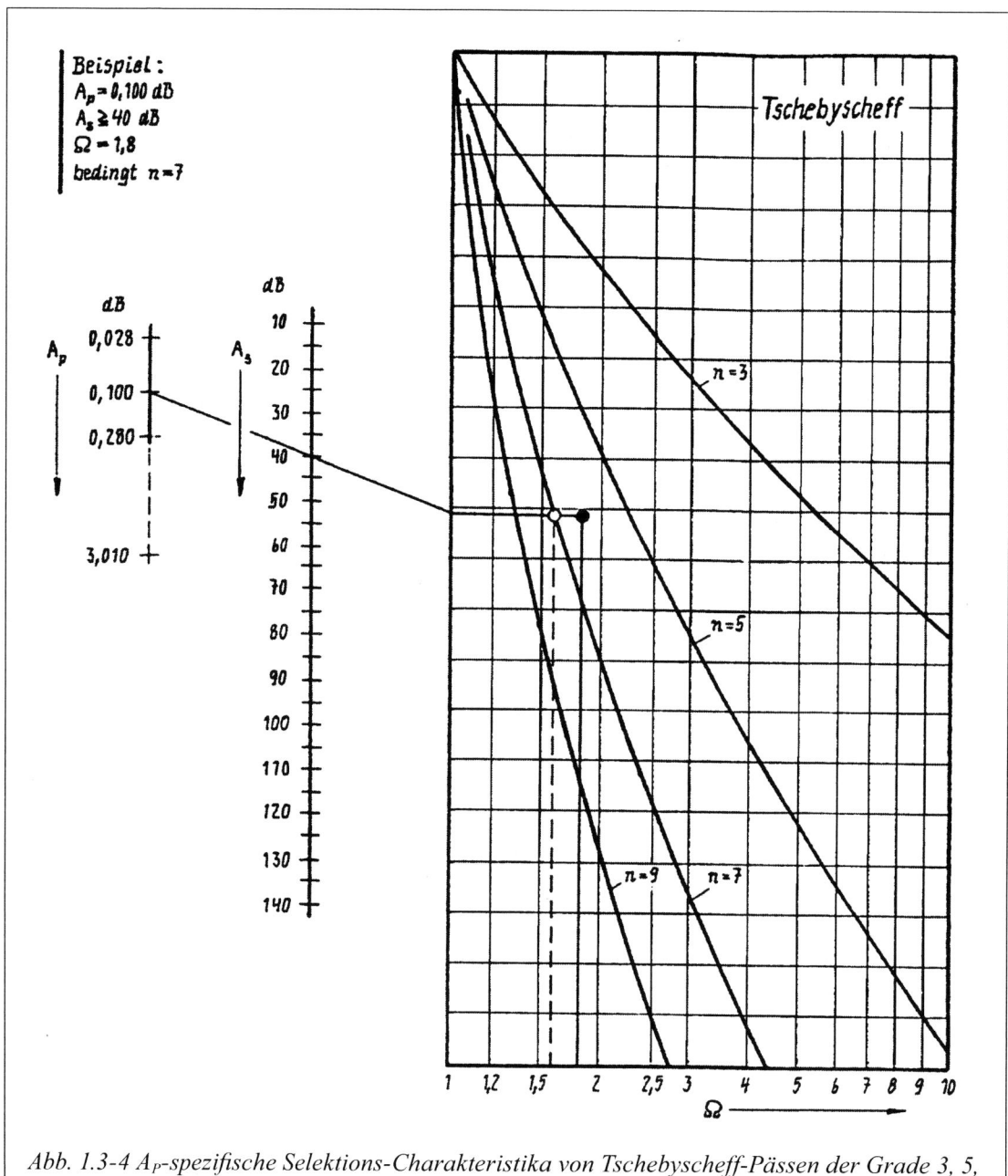

Abb. 1.3-4 A_P-spezifische Selektions-Charakteristika von Tschebyscheff-Pässen der Grade 3, 5, 7 und 9

trische Mittenfrequenz f_{mg}. Ω_s kennzeichnet die Frequenz fs im Sperrbereich, von der an eine Mindest-Sperrdämpfung A_s verlangt ist. Mit A_p wird die Welligkeit im DB angegeben.

Zunächst zu den Tiefpässen und Hochpässen. In Bild 1.3-3 haben wir ihre Schaltungs-Grundstrukturen für Tschebyscheff- und Butterworth-Charakteristik. Sie repräsentieren den Filtergrad n = 3. Mit übereinstimmender Flankensteilheit von rund 18 dB/Oktave Dämpfungsanstieg im Sperrbereich bewirkt jedes Element 6 dB/Oktave. R1 und R2 stellen Quelle und Verbraucher dar. Bei typisch n = ungerade sind sie gleichwertig zu bemessen,

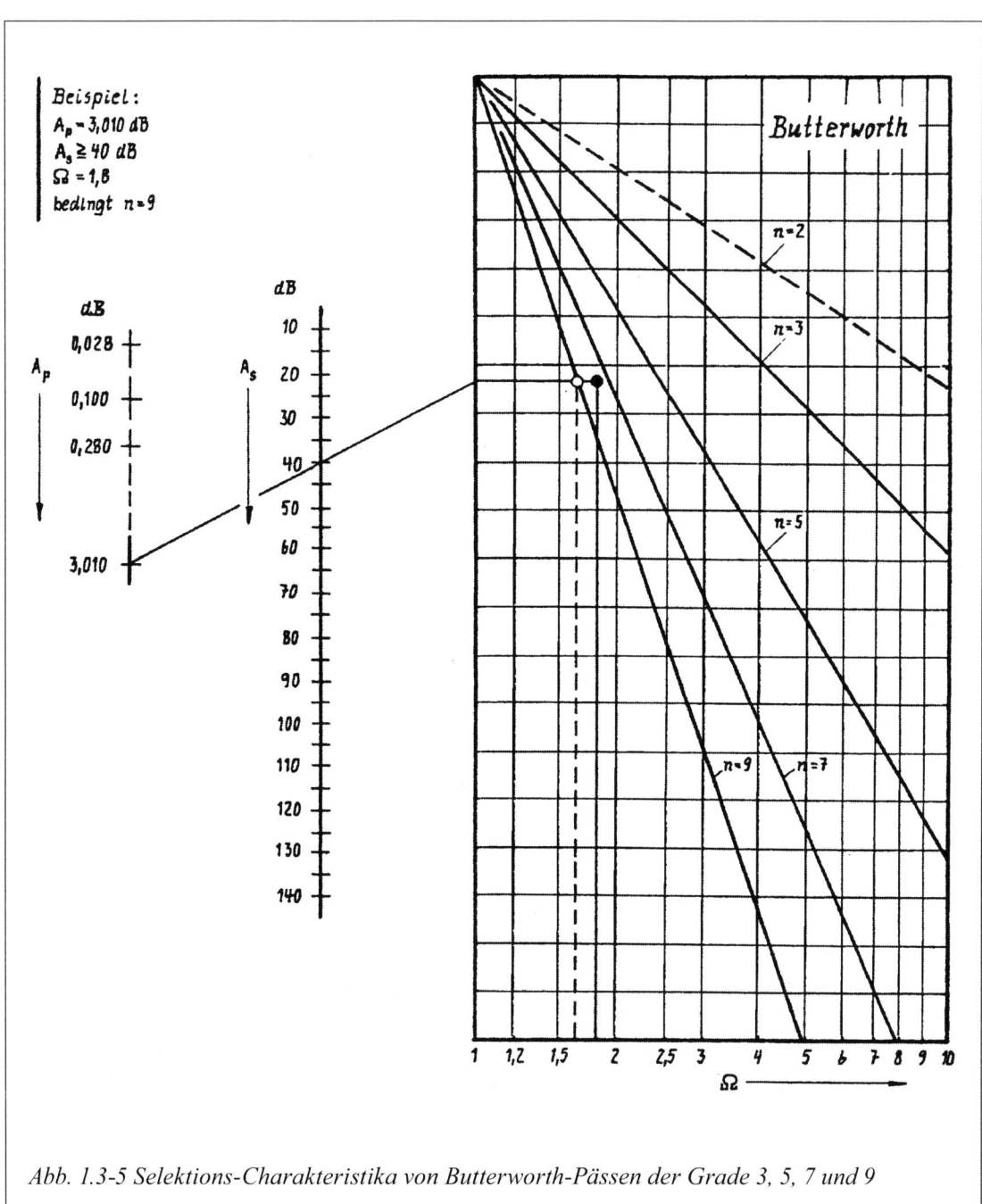

Abb. 1.3-5 Selektions-Charakteristika von Butterworth-Pässen der Grade 3, 5, 7 und 9

so dass ihre Platzierung bezüglich der Filter-Ports beliebig erfolgen kann. In der Praxis werden die A_i-günstigen spulenarmen Π-Tief- und T-Hochpässe bevorzugt.

Die in Abhängigkeit von Typ (Tschebyscheff usw.) und Grad der Filter resultierenden Selektions-Eigenschaften sind aus Bild 1.3-4 und Bild 1.3-5 für eine Auswahl bevorzugter Tschebyscheff- beziehungsweise Butterworth-Filter zu ersehen. Die Abszissen kennzeichnen Ω_s mit auf $\Omega = 1 = f_c$ normierten Vielfachen der TP-f_c respektive Bruchteilen der HP-f_c; erstere gehen unmittelbar mit $\Omega > 1$ einher, letztere stehen als Kehrwerte $1/\Omega$ an.

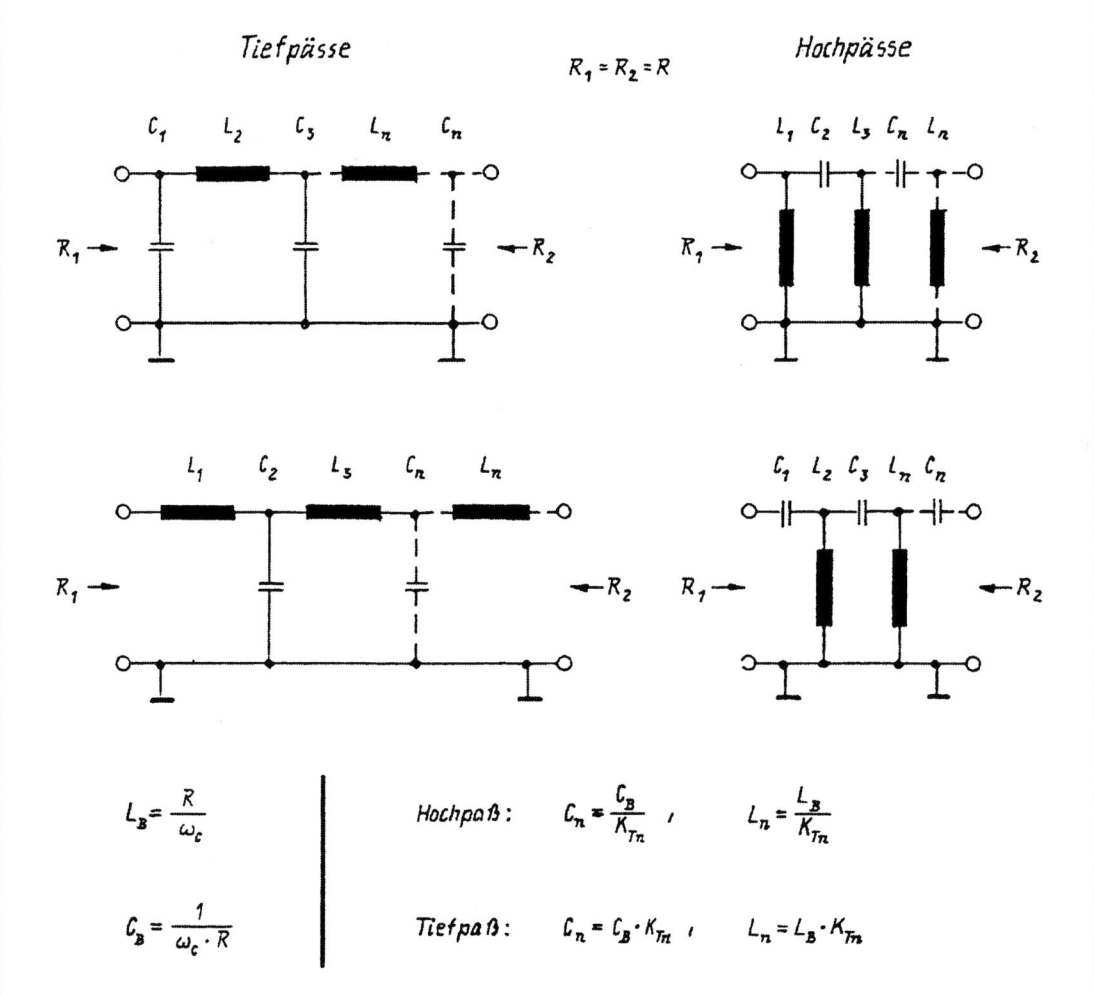

Abb. 1.3-6 Interpretierende Schaltungen und Definitionen zur Bemessung von Tschebyscheff und Butterworth-TP/HP (TP-T_e, HP-T_R bzw. TP-B_R, HP-B_R; in Verbindung mit der Tabelle 1.3-7

Zu den konkreten L/C-Werten führen die interpretierenden Schaltung in Bild 1.3-6, deren nach Funktion und Grad unterschiedlichen Bemessung aus und den entsprechenden Transfer-Koeffizienten K_T gemäß Bild 1.3-7 zu synthetisieren sind; Wir haben a) anhand der links unten in Bild 3.1-6 angeführten Formeln die beiden f_c- und R-bezogenen Basiswerte L_B und C_B zu errechnen und dann b) diese mittels der im angesprochenen Bild unten rechts platzierten Gleichungen TP/HP-, n- und K_T-spezifisch in endgültige Werte C_n und L_n umzusetzen. Die Plätze der Elemente C1, L1, Cn usw. in den Schaltbildern Bild 1.3-6 korrespondieren mit der numerischen Aufstellung in der dritten Tabellenspalte Bild 1.3-7.

Nach dem gleichen Schema verfahren wir bei Elliptic-Pässen, deren typische Charakteristika und Schaltung in Bild 1.3-8 beziehungsweise Bild 1.3-9 vorgestellt sind. Die A_s:Ω_s-Forderungen werden gewöhnlich a priori in dB ausgedrückt, da sich aufgrund der im näheren Bereich >Ω_s herrschenden Welligkeit mit Nomogrammen der weiter vorn angeführten Art kaum etwas anfangen lässt. Einschlägige Informationen über die hier angesprochenen Funktionen gehen aus den n-spezifisch

Filter		C	Transfer-Koeffizient K_T			
A_p/dB	s	L	n=3	n=5	n=7	n=9
		1	0,775	0,897	0,930	0,951
		2	1,069	1,359	1,431	1,459
		3	0,775	1,727	1,874	1,922
Tschebyscheff		4		1,359	1,634	1,696
		5		0,897	1,874	2,009
0,028	1,174	6			1,431	1,696
		7			0,930	1,922
		8				1,459
		9				0,951
		1	1,028	1,144	1,178	1,193
		2	1,147	1,371	1,423	1,443
		3	1,028	1,972	2,094	2,132
Tschebyscheff		4		1,371	1,574	1,617
		5		1,144	2,094	2,202
0,100	1,353	6			1,423	1,617
		7			1,178	2,132
		8				1,443
		9				1,193
		1	1,345	1,445	1,488	1,501
		2	1,141	1,306	1,343	1,356
		3	1,345	2,283	2,387	2,419
Tschebyscheff		4		1,306	1,451	1,481
		5		1,445	2,387	2,480
0,280	1,666	6			1,343	1,481
		7			1,488	2,419
		8				1,356
		9				1,501
		1	1,000	0,618	0,445	0,347
		2	2,000	1,618	1,247	1,000
		3	1,000	2,000	1,802	1,532
Butterworth		4		1,618	2,000	1,879
		5		0,618	1,802	2,000
3,010	5,829	6			1,247	1,879
		7			0,445	1,532
		8				1,000
		9				0,347

Abb. 1.3-7 Transfer-Koeffizienten für TP und HP der Grade 3, 5, 7 und 9 verschiedener Tschebyscheff- und Butterworth-Funktionen (zu Abb. 1.3-6)

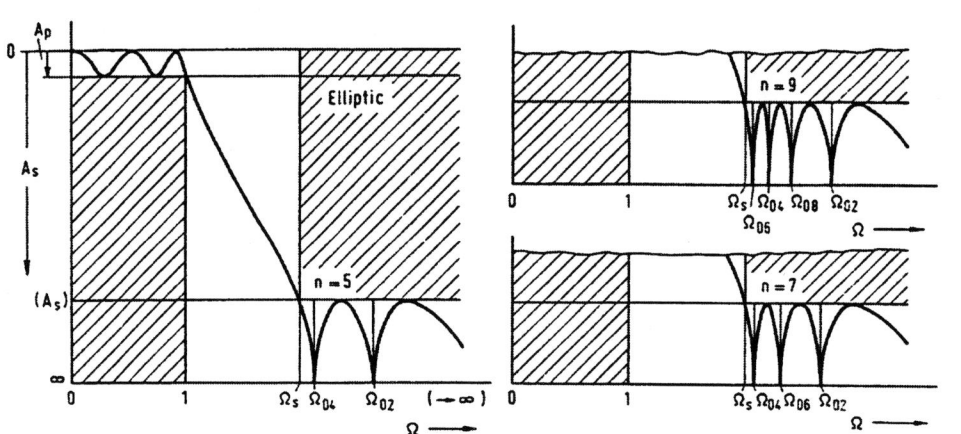

Abb. 1.3-8 Typische Parameter von Elliptic-Pässen. Verglichen mit anderen n- und A_P-identischen Funktionen fällt ihnen das günstigste Aufwand/Effizienz-Verhältnis zu

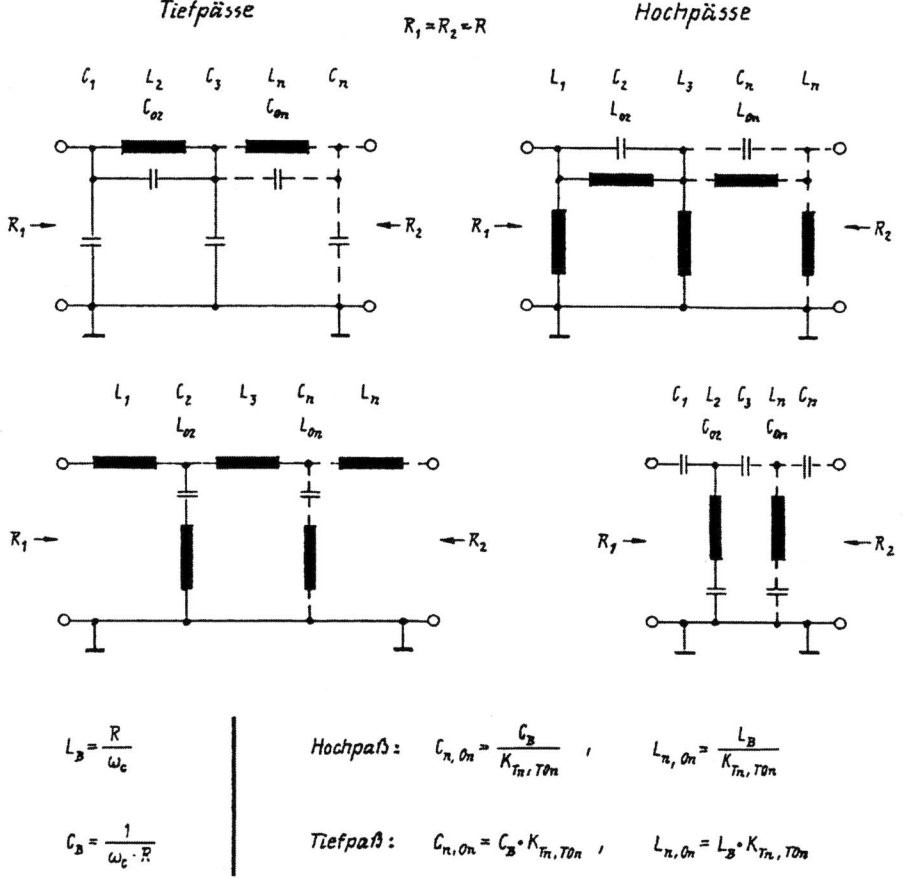

Abb. 1.3-9 Interpretierende Schaltungen und Definitionen zur Bemessung von Elliptic-TP/HP ($TP\text{-}E_n$, $HP\text{-}E_n$; in Verbindung mit den folgenden drei Tabellen)

50-Ohm-Technik **33**

Filter			Transfer-Koeffizient K_T			
A_p/dB s	A_s/dB Ω_s	C L	n		$\emptyset n$	$\Omega_{\emptyset n}$
0,028 1,174	73,8 3,072	1, 2 3, 4 5	0,874 1,660 0,829	1,327 1,256	0,029 0,077	5,132 3,221
	53,3 2,000	1, 2 3, 4 5	0,839 1,564 0,726	1,277 1,105	0,074 0,207	3,251 2,089
	37,6 1,494	1, 2 3, 4 5	0,779 1,420 0,556	1,192 0,868	0,156 0,479	2,321 1,551
0,100 1,353	79,3 3,072	1, 2 3, 4 5	1,121 1,899 1,076	1,341 1,279	0,028 0,075	5,132 3,221
	58,8 2,000	1, 2 3, 4 5	1,085 1,791 0,974	1,293 1,143	0,073 0,200	3,251 2,089
	43,1 1,494	1, 2 3, 4 5	1,024 1,627 0,810	1,214 0,931	0,153 0,446	2,321 1,551
0,280 1,666	83,9 3,072	1, 2 3, 4 5	1,431 2,200 1,384	1,278 1,225	0,030 0,079	5,132 3,221
	63,5 2,000	1, 2 3, 4 5	1,392 2,078 1,277	1,235 1,106	0,077 0,207	3,251 2,089
	47,8 1,494	1, 2 3, 4 5	1,327 1,888 1,106	1,163 0,919	0,160 0,452	2,321 1,551
	36,2 1,252	1, 2 3, 4 5	1,240 1,668 0,897	1,067 0,702	0,278 0,855	1,837 1,290

Abb. 1.3-10 Transfer-Koeffizienten für TP und HP des Grades n = 5 verschiedener Elliptic-Funktionen (zu Abb. 1.3-9)

Filter A_p/dB s	Filter A_s/dB Ω_s	C L	n	Transfer-Koeffizient K_T	$\emptyset n$	$\Omega_{\emptyset n}$
0,028 1,174	86,1 1,942	1, 2 3, 4 5, 6 7	0,902 1,697 1,638 0,814	1,382 1,379 1,251	0,041 0,184 0,137	4,211 1,984 2,413
	66,2 1,494	1, 2 3, 4 5, 6 7	0,871 1,557 1,450 0,708	1,338 1,174 1,100	0,079 0,367 0,277	3,072 1,523 1,813
	50,0 1,252	1, 2 3, 4 5, 6 7	0,826 1,372 1,218 0,561	1,272 0,918 0,901	0,138 0,674 0,513	2,391 1,271 1,471
0,100 1,353	71,8 1,494	1, 2 3, 4 5, 6 7	1,113 1,752 1,632 0,951	1,335 1,149 1,122	0,079 0,375 0,271	3,072 1,523 1,813
	55,6 1,252	1, 2 3, 4 5, 6 7	1,066 1,553 1,375 0,806	1,274 0,912 0,941	0,137 0,679 0,491	2,391 1,271 1,471
	43,6 1,133	1, 2 3, 4 5, 6 7	1,012 1,357 1,134 0,650	1,202 0,688 0,757	0,208 1,108 0,796	1,999 1,145 1,288
0,280 1,666	76,4 1,494	1, 2 3, 4 5, 6 7	1,417 2,006 1,871 1,247	1,263 1,069 1,076	0,084 0,404 0,283	3,072 1,523 1,813
	60,2 1,252	1, 2 3, 4 5, 6 7	1,367 1,785 1,579 1,096	1,207 0,856 0,914	0,145 0,723 0,506	2,391 1,271 1,471
	48,3 1,133	1, 2 3, 4 5, 6 7	1,308 1,567 1,302 0,935	1,142 0,655 0,750	0,219 1,164 0,803	1,999 1,145 1,288
	35,4 1,051	1, 2 3, 4 5, 6 7	1,211 1,280 0,963 0,700	1,034 0,407 0,528	0,353 2,190 1,440	1,655 1,059 1,147

Abb. 1.3-11 Transfer-Koeffizienten für TP und HP des Grades n = 7 verschiedener Elliptic-Funktionen (zu Abb. 1.3-9)

Filter				Transfer-Koeffizient K_T		
A_p/dB s	A_s/dB Ω_s	C L	n		$\emptyset n$	Ω_{0n}
0,028 1,174	74,0 1,252	1, 2 3, 4 5, 6 7, 8 9	0,883 1,520 1,256 1,315 0,694	1,853 1,110 0,977 1,085	0,083 0,480 0,642 0,316	2,978 1,370 1,263 1,707
	58,7 1,132	1, 2 3, 4 5, 6 7, 8 9	0,848 1,365 0,100 1,104 0,578	1,307 0,896 0,737 0,929	0,126 0,756 1,044 0,501	2,466 1,215 1,140 1,466
	42,1 1,051	1, 2 3, 4 5, 6 7, 8 9	0,787 1,148 0,687 0,841 0,393	1,219 0,617 0,447 0,701	0,203 1,340 2,007 0,890	2,009 1,100 1,056 1,267
0,100 1,353	79,6 1,252	1, 2 3, 4 5, 6 7, 8 9	1,122 1,700 1,392 1,476 0,934	1,348 1,073 0,949 1,102	0,084 0,497 0,660 0,311	2,978 1,370 1,263 1,707
	64,2 1,132	1, 2 3, 4 5, 6 7, 8 9	1,078 1,534 1,113 1,244 0,82	1,301 0,874 0,725 0,959	0,126 0,775 1,060 0,485	2,466 1,215 1,140 1,466
	47,6 1,051	1, 2 3, 4 5, 6 7, 8 9	1,025 1,303 0,769 0,948 0,642	1,220 0,614 0,454 0,749	0,203 1,346 1,974 0,832	2,009 1,100 1,056 1,267

Abb. 1.3-12 Transfer-Koeffizienten für TP und HP des Grades n = 9 verschiedener Elliptic-Funktionen (zu Abb. 1.3-9)

angelegten Tabellen Bild 1.3-10...1.3-12 hervor; in einer praxisgerechten subfunktionellen Auswahl. Diese Tabellen enthalten daneben die normierten Werte K_T und Ω_{0n}.

Eine Übersicht praxisbezogener Maßstäbe verschafft Bild 1.3-13 mit Angaben über Minimalwerte der Spulen-Leerlaufgüten Q_{oL} bezüglich f_c sowie höchstzulässige prozentuale Toleranzen der Bauteilewerte. Die genannten Q_{oL} setzen Kondensator-Leerlaufgüten Q_{oC} von > 10 x Q_{oL} voraus, eine grundsätzlich praktikable Forderung. Güteoptimale Spulen können nur bei Filter-Impedanzen ($R_1 = R_2$) in der Spanne von etwa 25...200 Ω rea-

Filter			Transfer-Koeffizient K_T			
A_p/dB s	A_s/dB Ω_s	C L	n	Øn	$\emptyset n$	$\Omega_{\emptyset n}$
0,280 1,666	84,2 1,252	1, 2 3, 4 5, 6 7, 8 9	1,425 1,940 1,577 1,687 1,227	1,270 0,990 0,878 1,053	0,089 0,538 0,713 0,326	2,978 1,370 1,263 1,707
	68,9 1,132	1, 2 3, 4 5, 6 7, 8 9	1,387 1,775 1,266 1,425 1,107	1,228 0,811 0,677 0,926	0,134 0,835 1,136 0,503	2,466 1,215 1,140 1,466
	52,3 1,051	1, 2 3, 4 5, 6 7, 8 9	1,321 1,499 0,878 1,089 0,923	1,155 0,577 0,432 0,739	0,215 1,432 2,075 0,843	2,009 1,100 1,056 1,267
	43,5 1,026	1, 2 3, 4 5, 6 7, 8 9	1,270 1,341 0,671 0,900 0,796	1,098 0,443 0,304 0,617	0,281 2,009 3,105 1,154	1,801 1,059 1,029 1,185

Fortsetzung Abb. 1.3-12

Funktion	A_p/dB	Filtergrad, Gütefaktor Q, Toleranz (%)							
		n=3		n=5		n=7		n=9	
		Q_{0L}	Tol.	Q_{0L}	Tol.	Q_{0L}	Tol.	Q_{0L}	Tol.
TP-T, HP-T	0,028 0,100 0,280	25 30 35	10 10 10	50 65 75	10 5 5	95 120 135	5 5 2	150 190 230	2 1 1
TP-B, HP-B	3,010	30	10	40	10	60	5	90	5
TP-E, HP-E	0,028 0,100 0,280	– – –	– – –	65 80 90	5 5 5	115 140 155	2 2 1	175 215 255	1 1 1

Abb. 1.3-13 Filtertypisch notwendige Spulen-Leerlaufgüten und zulässige Bauteil-Toleranzen

50-Ohm-Technik 37

Geometrische Mittenfrequenz:

$$f_{mg} = \sqrt{f_{c1} \cdot f_{c2}};$$

Untere Eckfrequenz:

$$f_{c1} = \frac{f_{mg}}{\left(\dfrac{f_{c2}}{f_{mg}}\right)};$$

Obere Eckfrequenz:

$$f_{c2} = f_{mg} \cdot \frac{f_{mg}}{f_{c1}};$$

Normierte Verstimmung:

$$\Omega_x = \frac{f^2_x - (f_{c1} \cdot f_{c2})}{f_x \cdot (f_{c2} - f_{c1})};$$

Filtergüte:

$$Q_F = \frac{f_{mg}}{B_p}$$

Darin sind:
B_p = Filter-Bandbreite (A_p-bezogen)
f_{c1} = untere Filter-Eckfrequenz (A_p-bezogen)
f_{c2} = obere Filter-Eckfrequenz (A_p-bezogen)
f_{mg} = geometrische Filter-Mittenfrequenz
f_x = beliebige Frequenz im Filter-Sperrbereich
Q_F = Filter-Güte
Ω_x = auf f_x bezogene normierte Verstimmung

Abb. 1.3-14 Elementare frequenzspezifische Definitionen für Bandpässe

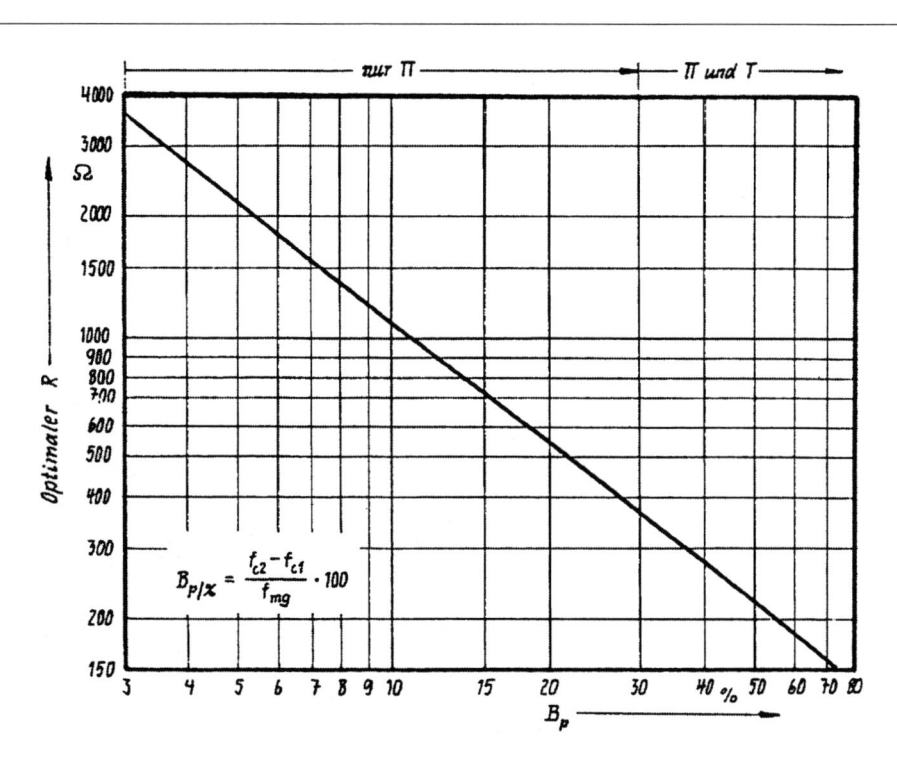

Abb. 1.3-15 Nomogramm zur Ermittlung der bandbreitespezifisch günstigsten Hochpunktimpedanz integraler Tschebyscheff- und Butterworth-Bandpässe des Grades n = 3 (in Verbindung mit Abb. 1.3-16)

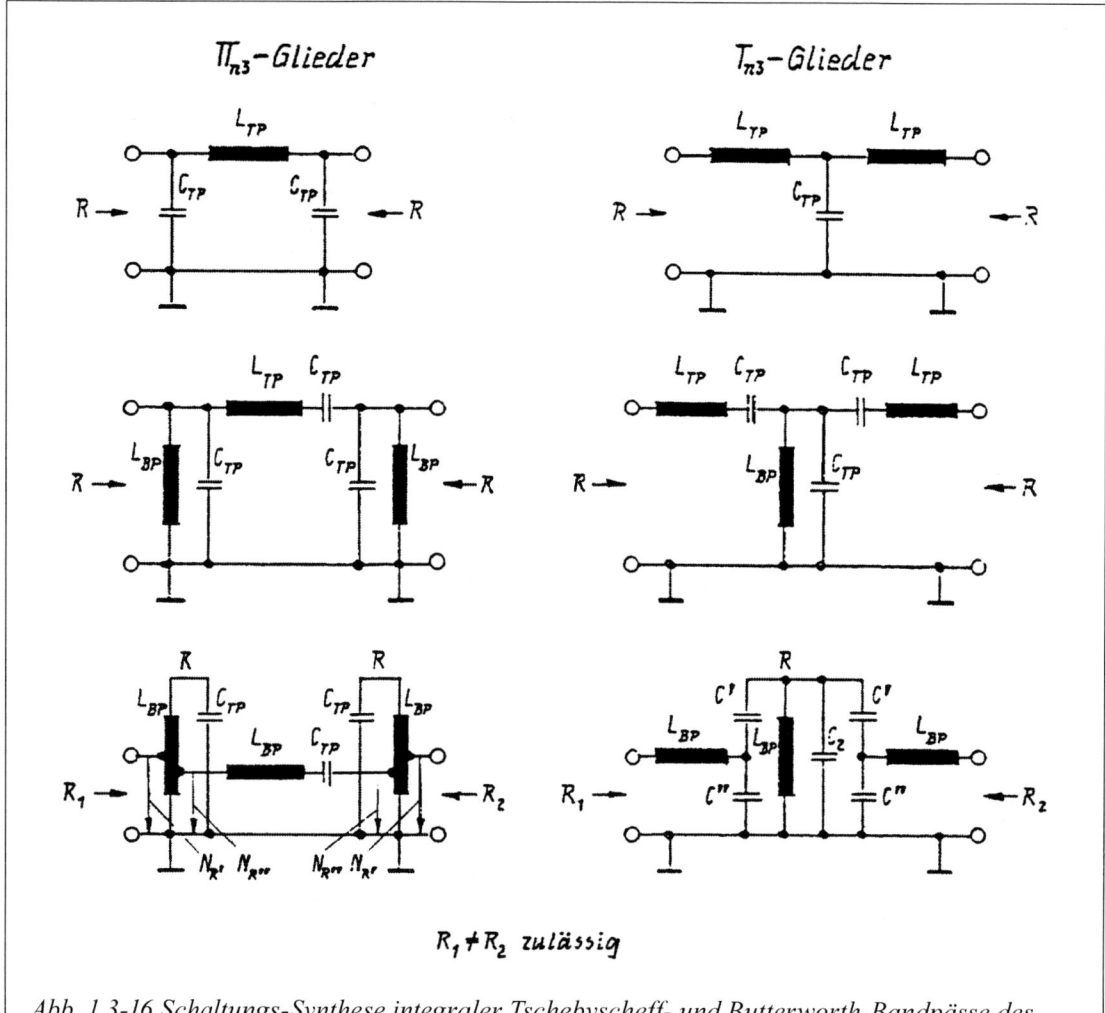

Abb. 1.3-16 Schaltungs-Synthese integraler Tschebyscheff- und Butterworth-Bandpässe des Grades n = 3 (BP-T_{n3}, BP-B_{n3} in Verbindung mit Abb. 1.3-15 und dem folgenden Bild

lisiert werden; eine allgemein kaum signifikante Einschränkung. Die beiden R sollten um nicht mehr als 5% vom Nennwert abweichen.

Nur unter der Voraussetzung, dass alle angeführten Kriterien gebührend berücksichtigt wurden, fallen die angesprochenen Pässe in der Realisierung parameterhaltig aus. Sie zeigen dann, ausgehend von f_c, über 3...6 Oktaven hinweg A_i-Werte von 0,2...0,3 dB je Induktivität plus A_p; außerhalb dieses Durchlassbereichs wird die A_i um ein geringes höher geraten.

Nun zu den Bandpässen. Wir unterscheiden zwischen Schmal- und Breitband-Funktionen mit 10% beziehungsweise >10% Durchlassbreite Bp bezüglich der f_{mg}. Schmalband-BP können aufgrund notwendigerweise relativ sehr hoher Bauteilgüten nur mit Butterworth-Charakteristik problemlos realisiert werden. In der Folge werden Strukturen der Grade 2 und 3, d. h. mit zwei respektive drei Kreisen vorgestellt. Elementare frequenzspezifische Definitionen sind in Bild 1.3-14 zusammengestellt.

Integrale 3-Kreis-Strukturen werden favorisiert; insbesondere mit der A_p = 0,1 dB nach Tschebyscheff. Als Basen dienen TP_{n3} in Π- und T-Konfiguration gemäß Bild 1.3-3, linke Spalte. Für Bp ≤30% zieht man Π-, darüber hinaus bis

1. Optimalen R ermitteln
2. Π-Oder T-Struktur wählen
3. Basis-TP bemessen für $f_c = f_{c2} - f_{c1}$ des BP
4. BP-f_{mg} ermitteln per $f_{mg} = \sqrt{f_{c1} \cdot f_{c2}}$
5. Berechnung $L_{BP} = \dfrac{1}{\omega_{mg}^2 \cdot C_{TP}}$

6.1 *Π-BP:* Längs-L an Quer-L sowie R_1 und R_2 an Quer-L transformieren

$$N_{R'} = \sqrt{\dfrac{L_{BP}}{L_{TP}}} \quad \text{bzw.} \quad N_{R'} = \sqrt{\dfrac{R_{1,2}}{R}};$$

jeweils bezogen auf die Gesamt-Windungszahl

6.2 *T-BP:* Längs-L an R transformieren ($\triangleq R_1$ und R_2 an R)

$$C' = C_{TP} \cdot \sqrt{\dfrac{R_{1,2}}{R}}, \qquad C'' = C_{TP} - C';$$

$$C_t = \dfrac{C' \cdot C''}{C' \cdot C''}, \qquad C_\pi = 2 \cdot C_t;$$

$$C_2 = C_{TP} - C_\pi;$$

mit C_t und C_π als Hilfsgrößen

Abb. 1.3-17 Design-Modi zu den Schaltungen in Abb. 1.3-16; daneben sind die weiter vorn platzierten Ausführungen über TP entsprechender A_p, als Bemessungs-Basen heranzuziehen

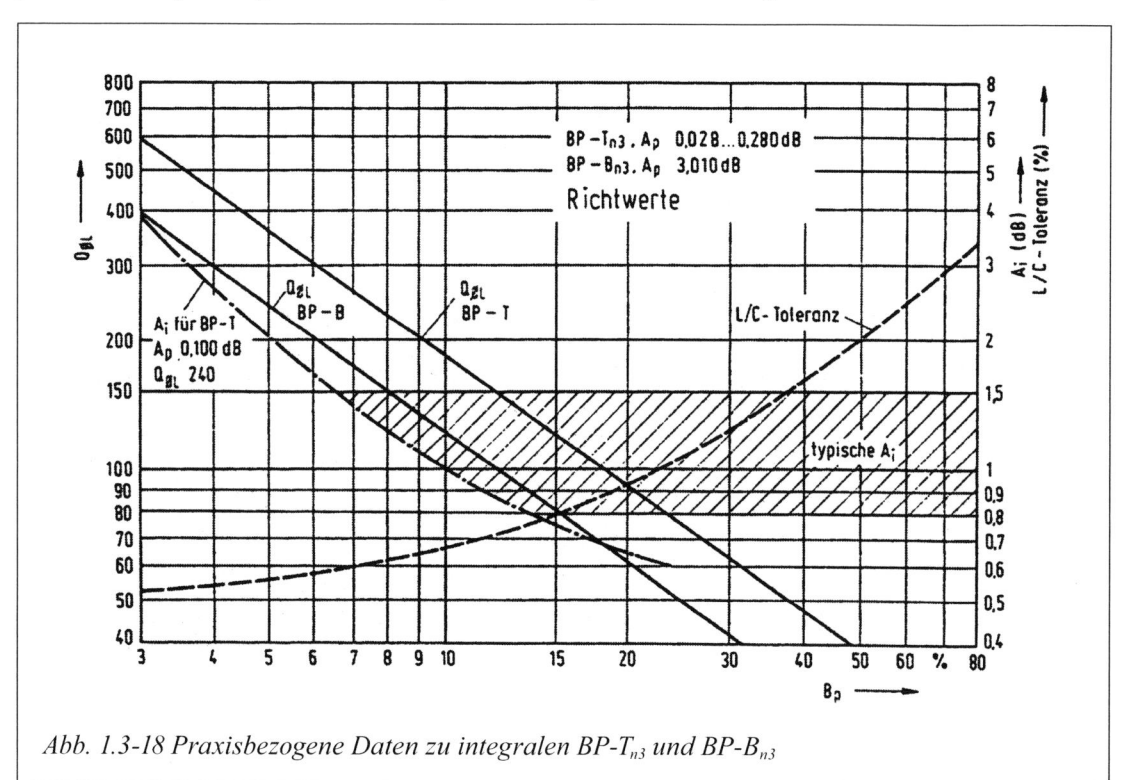

Abb. 1.3-18 Praxisbezogene Daten zu integralen BP-T_{n3} und BP-B_{n3}

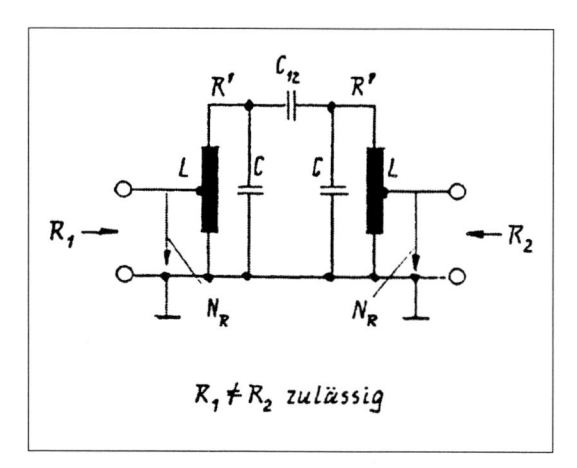

Abb. 1.3-19 Schaltung eines integralen BP-T_{n2} (in Verbindung mit folgendem Bild)

1. BP-f_{mg} ermitteln per $f_{mg}=\sqrt{f_{c1}\cdot f_{c2}}$
2. Günstiges Kreis-C errechnen $C \approx \dfrac{1}{\omega_{mg}\cdot 100}$
3. Berechnung $C_{12}=C\cdot\dfrac{B_p}{f_{mg}}\cdot\dfrac{1}{\sqrt{2}}$
4. Wirksames Kreis-C errechnen per $C'=C+\dfrac{C\cdot C_{12}}{C+C_{12}}$
5. Kreis-L ermitteln $L=\dfrac{1}{\omega^2_{mg}\cdot C'}$
6. L-Lastgüte errechnen per $Q_{LL}=\sqrt{2}\cdot\dfrac{f_{mg}}{B_p}$
7. Berechnung $R'=Q_{LL}\cdot\omega_{mg}\cdot L\cdot\left(\dfrac{Q_{0L}}{Q_{0L}-Q_{LL}}\right)\cdot 10^3$
8. R' an $R_{1,2}$ transformieren per $N_R=\sqrt{\dfrac{R_{1,2}}{R'}}$

zu etwa 70% auch T-Schaltungen heran; noch größere Bp lassen sich bei vergleichbarem Aufwand effizienter mittels TP/HP-Kaskaden realisieren. Die Selektions-Eigenschaften sind funktions-spezifisch anhand der Nomogramme

Abb. 1.3-20 Design-Modi zur Schaltung Abb. 1.3-19 für die Butterworth-Funktion

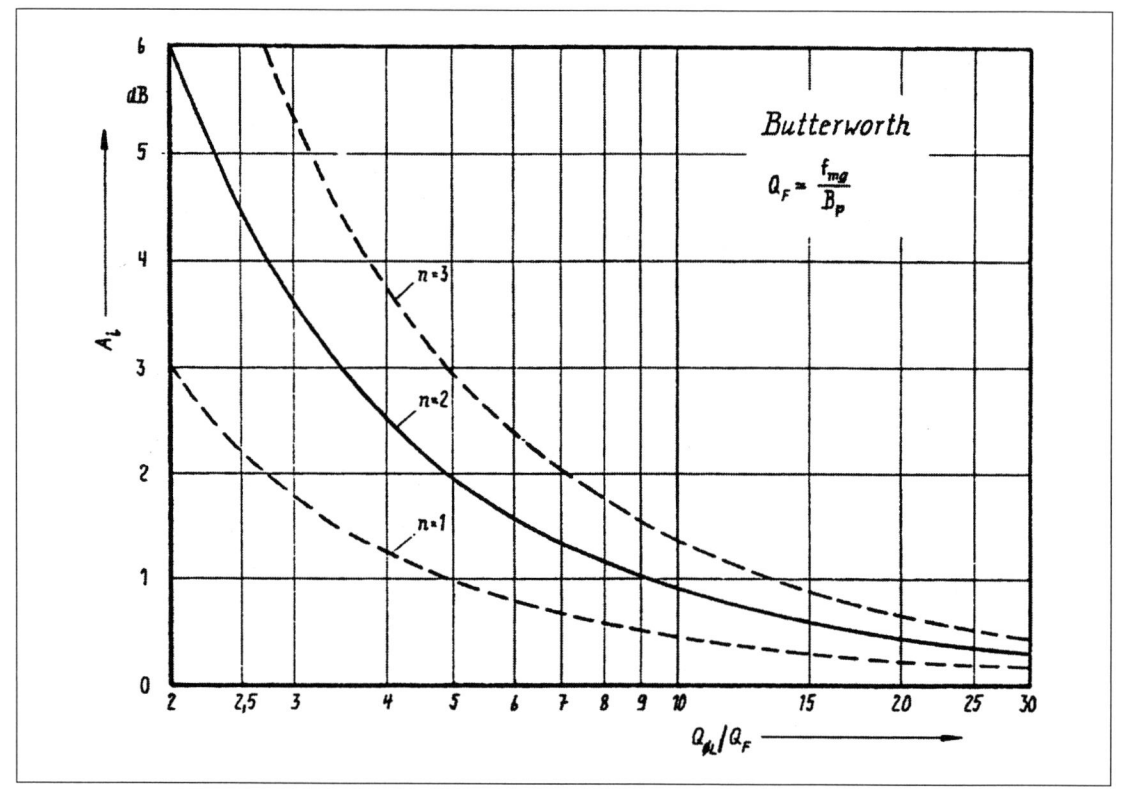

Abb. 1.3-21 Abhängigkeit der Einfügungs-Dämpfung vom Verhältnis Spulen-Leerlaufgüte/Filter bei integralen BP-B der Grad 1, 2 und 3

50-Ohm-Technik 41

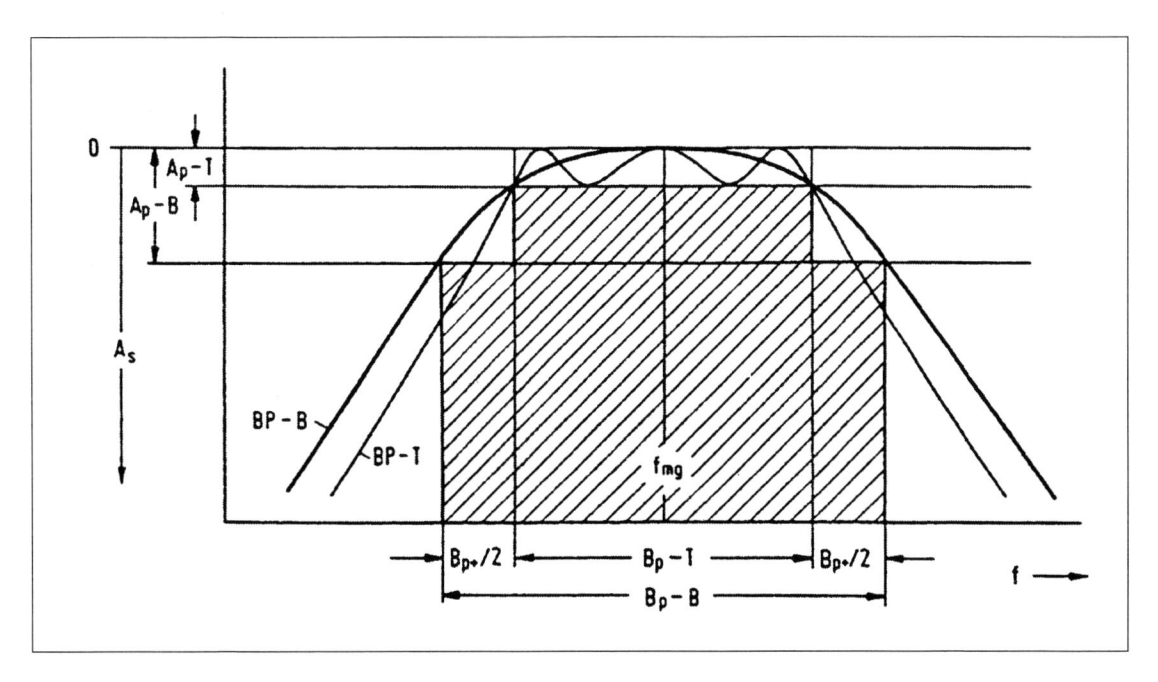

Abb. 1.3-22 Definierende Darstellung zur Kaskadierung integraler BP-B (in Verbindung mit der folgenden Tabelle)

Bild 1.3-4 und Bild 1.3-5 per n = 3 sowie $\Omega x/fx$-Definition in Bild. 1.3-14 zu ermitteln. Aus Bild 1.3-15...1.3-17 gehen die typischen Design-Modi hervor.

Bei diesen Integral-BP sind die Beziehungen zwischen Bp, Q_{oL} und $|A_p+A_i|$ sorgfältig zu berücksichtigen. Mit Bild 1.3-18 haben wir ein Konzentrat praxisbezogener Informationen; beachtenswert insbesondere die für BP-T-Strukturen geringer Bandbreite notwendigen, teils unrealistischen Q_{oL}. Die Nachteile unrealistisch hoher Q_{oL} lassen sich durch Einbringen der tatsächlichen - messtechnisch ermittelten oder geschätzten – Q_{oL} in die Berechnungen mildern oder auch eliminieren. Es genügen dann bereits Werte vom zweifachen der Filtergüte Q_F, allerdings um den Preis relativ hoher A_i.

Filter	B_{p+} bezüglich A_p/dB		
	0,028	0,100	0,280
BP-B_{n2}	3,521	2,564	1,986
BP-B_{n3}	2,315	1,866	1,570
BP-B_{n2} + BP-B_{n2}	4,394	3,200	2,456
BP-B_{n2} + BP-B_{n3}	3,597	2,653	2,078
BP-B_{n3} + BP-B_{n3}	2,683	2,163	1,820

B_{p+}-Multiplikatoren der Kaskaden-Filter gleichwertig. Gegenseitige Entkopplung der Kaskaden-Filter $\geq$ 10 dB

Abb. 1.3-23 B_i-Multiplikatoren für kaskadierte integrale BP-B (in Abb. 1.3-22)

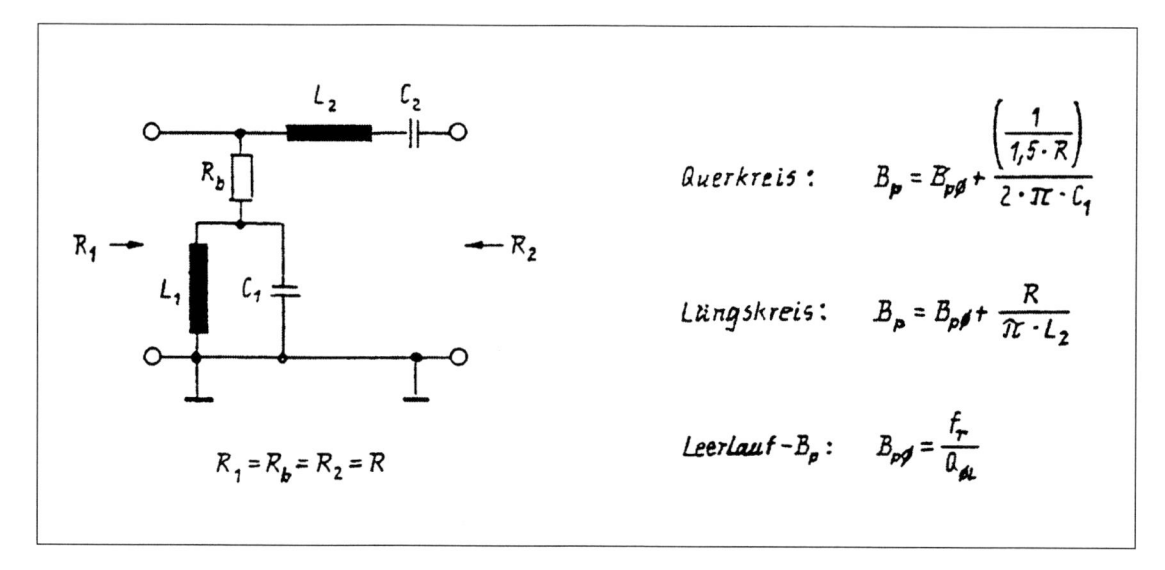

$$\text{Querkreis:} \quad B_p = B_{p0} + \frac{\left(\frac{1}{1,5 \cdot R}\right)}{2 \cdot \pi \cdot C_1}$$

$$\text{Längskreis:} \quad B_p = B_{p0} + \frac{R}{\pi \cdot L_2}$$

$$\text{Leerlauf-}B_p: \quad B_{p0} = \frac{f_r}{Q_{0L}}$$

$R_1 = R_b = R_2 = R$

Abb.1.3-24 Schaltung eines Bandpass-Diplexers mit den Bemessungshilfen

Als Beispiel sei hier eine - in Schmalband-Hf-Verstärkern häufig anzutreffende - integrale zweikreisige (n = 2) Π-Struktur vorgestellt. Die einschlägigen Bemessungs-Modi und A_i-Charakteristika dieser Bandpässe sind in Bild 1.3-19...1.3-21 zusammengestellt, und bezüglich der Selektions-Eigenschaften gibt Bild 1.3-5 (n = 2) Auskunft.

Es sei ausdrücklich vermerkt, dass die drei beziehungsweise zwei BP-Kreise, unabhängig von der jeweils gewählten B_p, stets für die f_{mg} zu bemessen sind. Die korrekte B_p ergibt sich in der Zusammenschaltung der Kreis zwangsläufig aufgrund ihrer Bedämpfung durch R_1 und R_2. Hinsichtlich der BP_{n3} ist anzufügen, dass deren f_{c1} und f_{c2} von den beiden äußeren Kreisen, Ap dagegen vom Zwischenkreis beeinflusst werden (Abgleich).

Falls wir - aufgrund spezifischer Selektions-Ansprüche - zu BP-B mit ihrer A_p von 3 dB greifen müssen, andererseits aber die A_p im Nutzsignalbereich nicht größer als Bruchteile eines dB, entsprechend den vorgestellten BP-T, ausmachen darf, ist die B_p der BP-B deutlich größer als die des aufzubereitenden Spektrums zu bemessen. Die Zusammenhänge gehen aus Bild 1.3-22 hervor; das notwendige Mehr B_{p+} ist für BP-B_{n2} und BP-B_{n3} als B_p-Multiplikatoren in Bild 1.3-23 aufgeschlüsselt. Diese Tabelle gibt zudem einschlägige Auskunft über das B_{p+} von 2er-Kaskaden aus BP-B mit A_p = 3 dB über Alles; dafür ist eine gegenseitige Entkopplung der Kaskaden-Filter $A_i \geq 10$ dB vorausgesetzt.

Bezüglich der aus TP/HP-Kaskaden zu bildenden Breitband-BP ($B_p > 70\%$) orientieren wir uns anhand der eingangs platzierten Ausführungen über die einschlägigen Funktionen. Die beiden Sub-Funktionsglieder können unmittelbar miteinander verknüpft werden. Ebenfalls unmittelbar miteinander verknüpfen können wir Integral-BP mit TP und HP.

Diplexer

Wenden wir uns nun den Diplexern zu. Sind zwei Funktionsglieder so miteinander zu verbinden, dass das eine breitbandig uniformen, das andere dagegen schmalbandig selektiven Abschluss findet, kann korrekte Anpassung nur mit Hilfe eines dieser Interfaces, BP-B-Strukturen aus L-, C- und R-Elementen, hergestellt werden; typisch sind derartige Diplexer zwischen dem Dioden-Ringmischer und dem ZF-Verstärker in einem Empfänger angeordnet. Die für derartige Anwendungsfälle bevorzugte Schaltung einschließlich der Bemessungshilfen geht aus Bild 1.3-24 hervor. Es empfehlen sich gleichwertige Kreis-B_p (-3 dB). Im Interesse geringster A_i sollten höchstmögliche Werte für Q_{0L} angestrebt werden.

1.4 ZF-Quarzfilter

Zur ZF-Selektion setzt man gewöhnlich handelsübliche Quarz- oder Monolith-Filter ein; das Angebot ist ungemein vielfältig. Einzig für gelegentliche Sonderaufgaben, beispielsweise der Vorselektion in mehrfach überlagernden Systemen, Signalverzögerung in Störimpuls-Austastern und Hauptselektion in sehr schlichten Empfängern, werden individuelle Lösungen vorzuziehen oder notwendig sein. Dabei geht es gemeinhin um Anordnungen relativ geringer Komplexität.

Vor diesem Hintergrund werden integrale Quarz-Bandpässe in Lattice-Struktur der Grade 2 und 4 mit Tschebyscheff-, Butterworth- und Gauß-Charakteristik sowie Ladder-Strukturen der Grade 2, 3 und 4 mit Tschebyscheff-Charakteristik vorgestellt. Sie sind, unter Beachtung gewisser Grenzen, durchweg mittels handelsüblicher Schwinger realisierbar, was bei komplexeren Anordnungen zumeist ausgeschlossen ist. Bezüglich einschlägiger Bandpass-Definitionen empfiehlt sich ein Blick auf die entsprechenden Ausführungen über L/C-Filter im Abschnitt 1.3.1.

Zunächst zu den Lattice-Bandpässen. Ihre Realisation findet insofern Grenzen, als mittels handelsüblicher Quarze und anhand der hier vorgestellten unkomplizierten Bemessungs-Modi lediglich B_p von etwa 0,02…0,35%, d.h. 200… 3500 Hz/MHz, bezüglich der f_{mg} möglich sind;

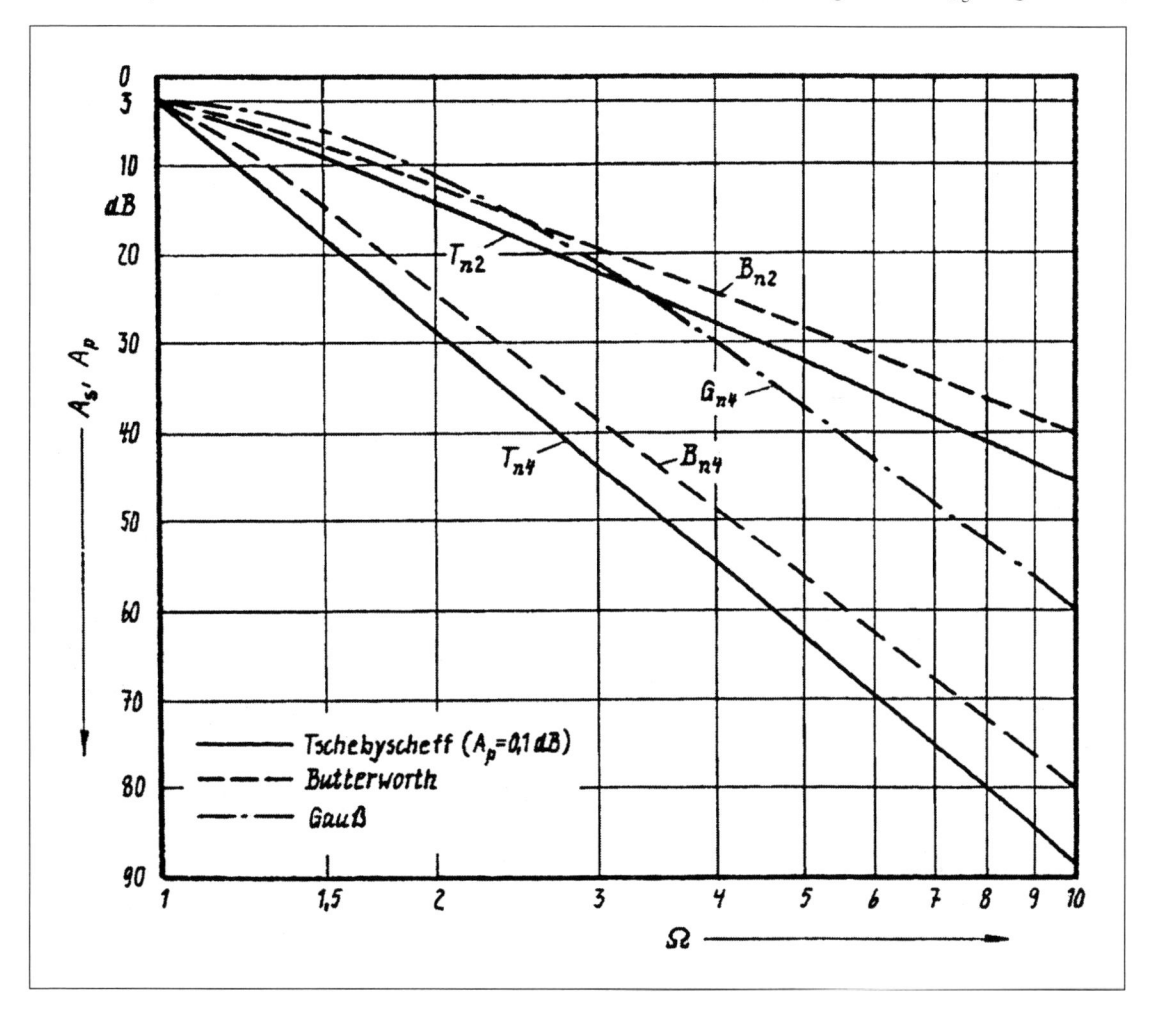

Abb. 1.4-1 Typische Parameter von Tschebyscheff-, Butterworth- und Gauss-Filtern der Grade 2 und 4

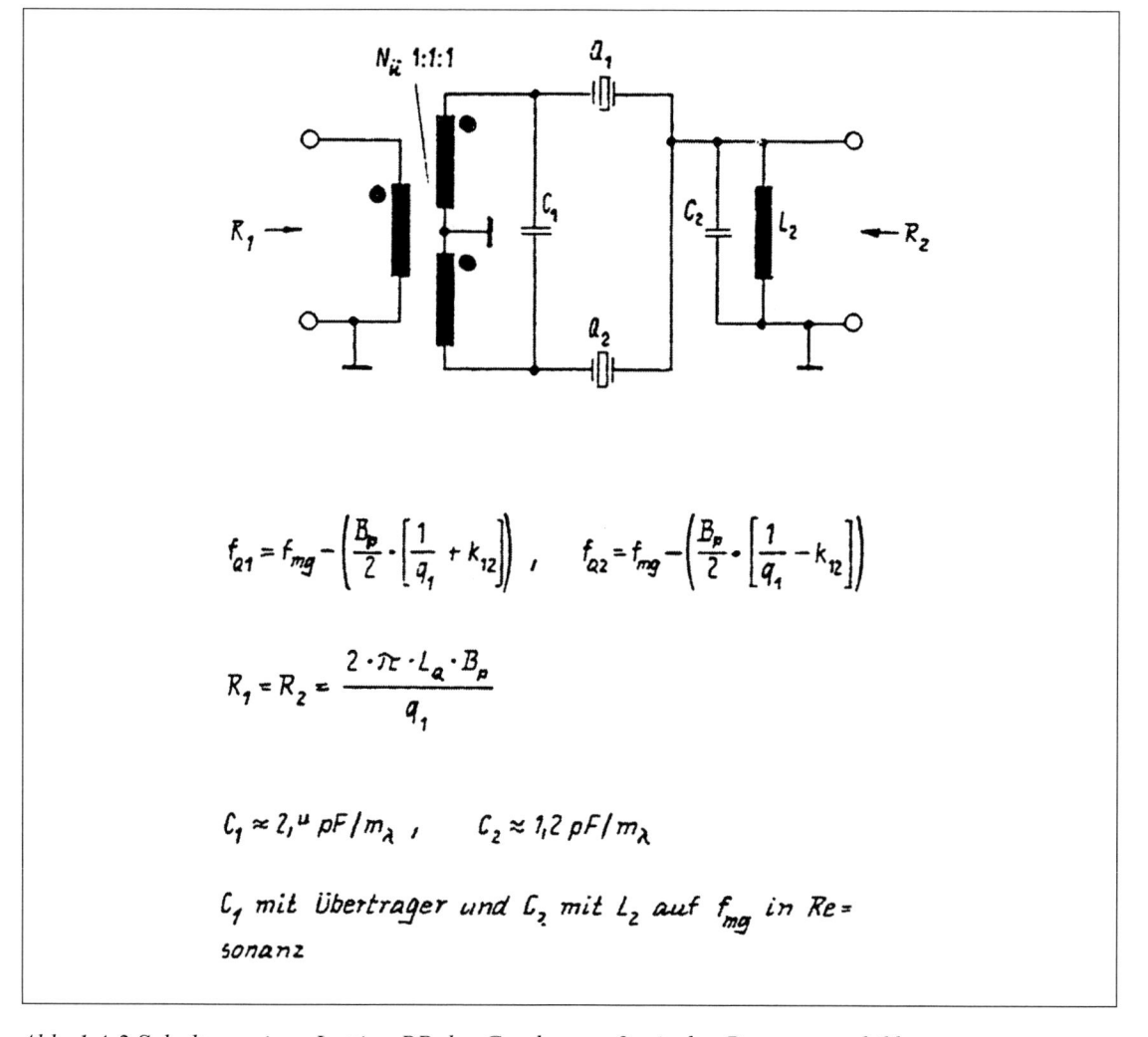

$$f_{Q1} = f_{mg} - \left(\frac{B_p}{2} \cdot \left[\frac{1}{q_1} + k_{12}\right]\right) \quad , \quad f_{Q2} = f_{mg} - \left(\frac{B_p}{2} \cdot \left[\frac{1}{q_1} - k_{12}\right]\right)$$

$$R_1 = R_2 = \frac{2 \cdot \pi \cdot L_q \cdot B_p}{q_1}$$

$$C_1 \approx 2{,}4 \, pF/m_\lambda \quad , \quad C_2 \approx 1{,}2 \, pF/m_\lambda$$

C_1 mit Übertrager und C_2 mit L_2 auf f_{mg} in Resonanz

Abb. 1.4-2 Schaltung eines Lattice-BP des Grades n = 2 mit den Bemessungshilfen

eine anwendungstypisch kaum signifikante Einschränkung.

In Bild 1.4-1 sehen wir die erwähnten Dämpfungsverläufe; man beachte hier die Bezüge f_{c1} und f_{c2} auf einheitliche und deshalb unmittelbar vergleichbare -3 dB. Aus Bild 1.4-2 und Bild 1.4-3 gehen die einschlägigen Schaltungen einschließlich ihrer Bemessungsregeln hervor. In Bild 1.4-4 dann die notwendigen k- und q-spezifischen Transfer-Koeffizienten (K_T). Über typische L/C-Werte hochqualitativer handelsüblicher Quarze informiert Bild 1.4-5. Und schließlich zeigt Bild 1.4-6 die Einschwing-Charakteristika (Sprungantwort) im Zeitbereich der angesprochenen n-4-Filterstrukturen auf.

Die Impedanzen R_1 und R_2 dieser Filter fallen gemeinhin deutlich höher als 50 aus. Zur Anpassung an geringere als die anstehenden Werte können wir bei den Übertragern die jeweils transformierende Eintakt-Wicklung mit entsprechend geringerer Windungszahl bemessen beziehungsweise die Schwingkreis-Wicklung anzapfen. Der Modus ergibt sich beispielsweise aus Bild 1.3-20; $R_1 \neq R_2$ ist zulässig.

Allgemeine Selektions-Aufgaben löst man zumeist mittels der BP-T. Bei der Signal-Verzögerung und zur Optimierung der Gruppen-Laufzeit bewirken dagegen BP-B und insbesondere BP-G günstigere Ergebnisse. Anzumerken ist, dass die angeführten BP-T zwar $A_p = 0{,}1$ dB als Bemes-

50-Ohm-Technik

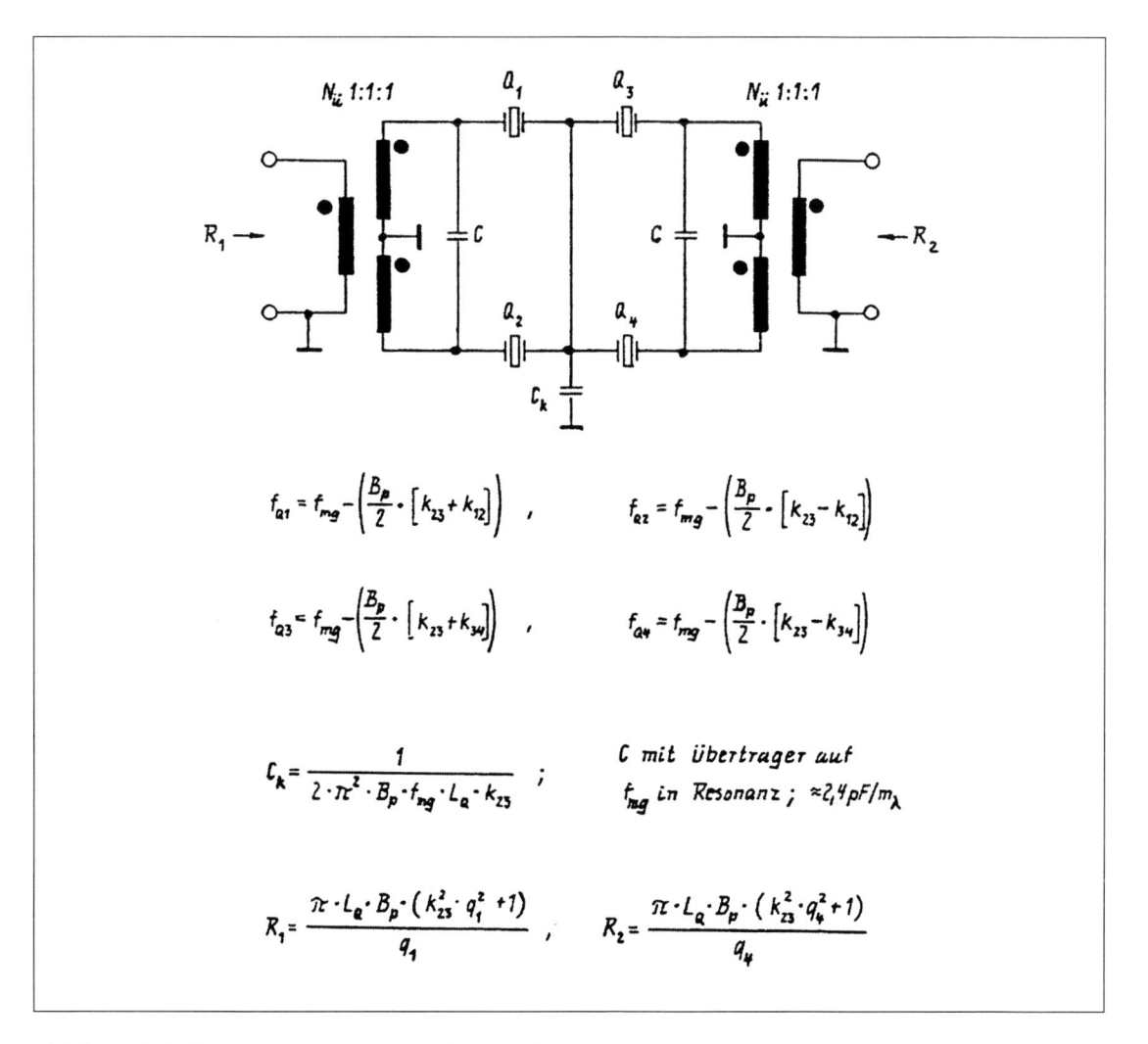

$$f_{Q1} = f_{mg} - \left(\frac{B_p}{2} \cdot [k_{23} + k_{12}]\right) \quad , \quad f_{Q2} = f_{mg} - \left(\frac{B_p}{2} \cdot [k_{23} - k_{12}]\right)$$

$$f_{Q3} = f_{mg} - \left(\frac{B_p}{2} \cdot [k_{23} + k_{34}]\right) \quad , \quad f_{Q4} = f_{mg} - \left(\frac{B_p}{2} \cdot [k_{23} - k_{34}]\right)$$

$$C_k = \frac{1}{2 \cdot \pi^2 \cdot B_p \cdot f_{mg} \cdot L_Q \cdot k_{23}} \quad ; \quad \begin{array}{l} C \text{ mit Übertrager auf} \\ f_{mg} \text{ in Resonanz}; \approx 2{,}4 pF/m_\lambda \end{array}$$

$$R_1 = \frac{\pi \cdot L_Q \cdot B_p \cdot (k_{23}^2 \cdot q_1^2 + 1)}{q_1} \quad , \quad R_2 = \frac{\pi \cdot L_Q \cdot B_p \cdot (k_{23}^2 \cdot q_4^2 + 1)}{q_4}$$

Abb.1.4-3 Schaltung eines Lattice-BP des Grades n = 4 mit den Bemessungshilfen

	n=2		n=4		
	BP-T	BP-B	BP-T	BP-B	BP-G
k_{12}	0,71	0,71	0,69	0,84	2,28
k_{23}	–	–	0,54	0,54	0,76
k_{34}	–	–	0,69	0,84	0,99
q_1	1,64	1,41	1,35	0,77	0,27
q_4	–	–	1,35	0,77	0,41
BP-T mit A_p=0,1 dB. Bezug f_{c1} und f_{c2} durchweg auf −3 dB					

Abb.1.4-4 Transfer-Koeffizienten für die BP in Abb. 1.4-2 und Abb. 1.4-3

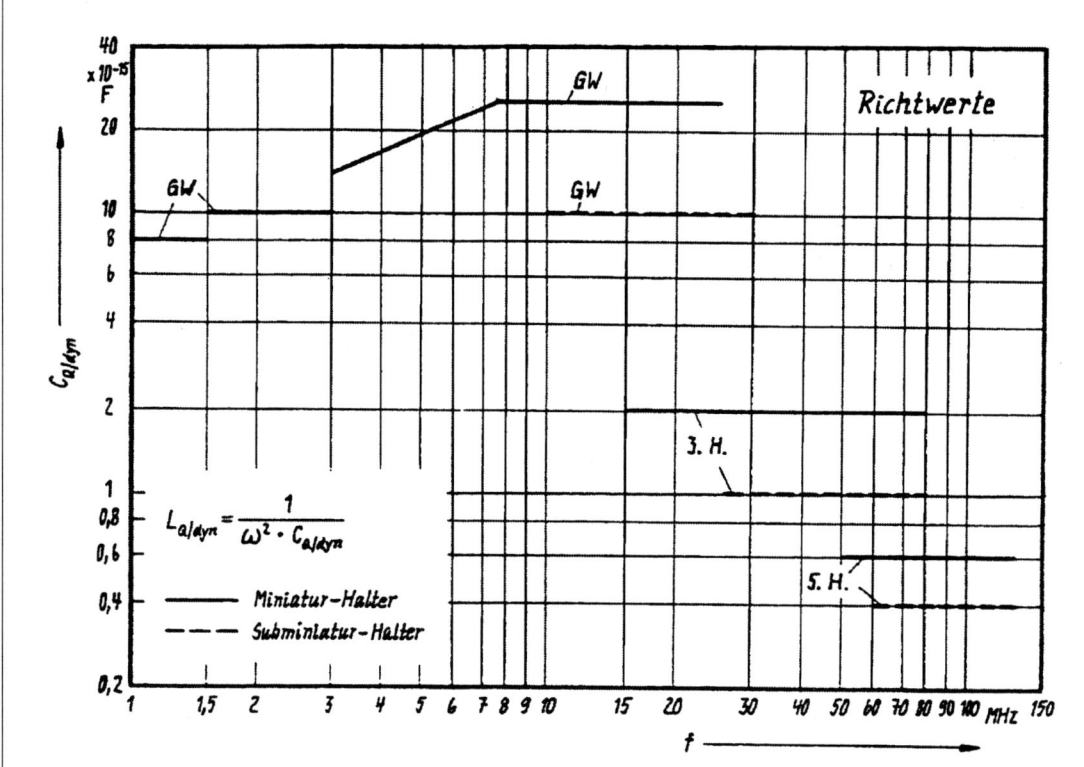

Abb. 1.4-5 Typische LC-Werte hochqualitativer handelsüblicher Schwingquarze

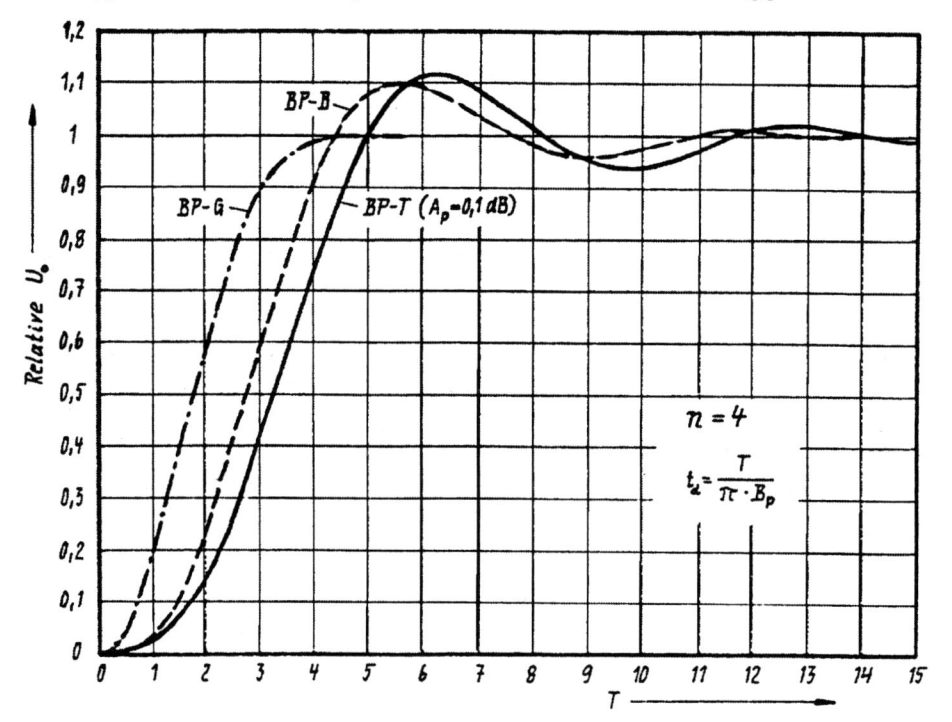

Abb. 1.4-6 Das Einschwingverhalten von Lattice-Quarzfiltern des Grades n = 4

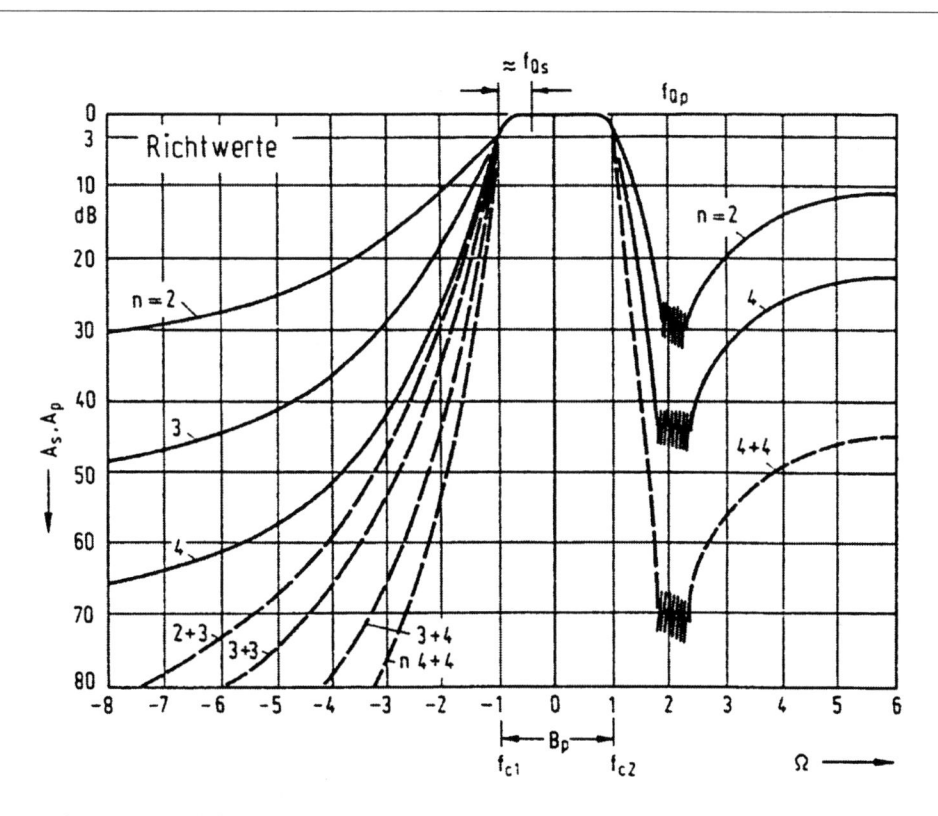

50-Ohm-Technik

Abb. 1.4-7 Typische Selektions-Charakteristika von Ladder-BP der Grade 2, 3 und 4 sowie einschläger 2er-Kaskaden

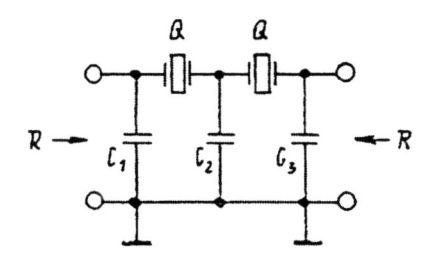

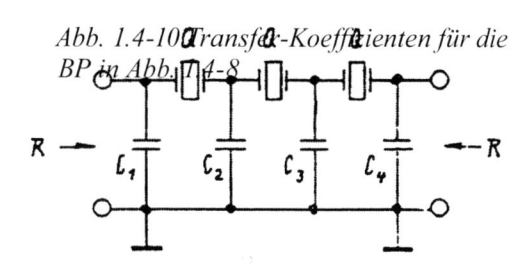

Abb. 1.4-10 Transfer-Koeffizienten für die BP in Abb. 1.4-8

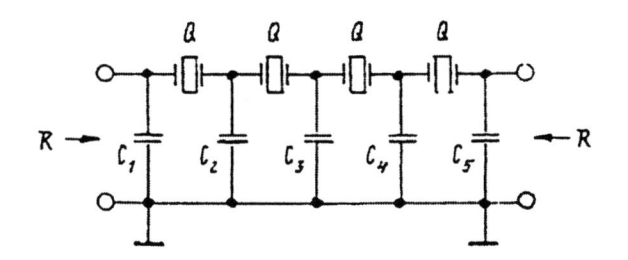

Alle f_q überein= stimmend

$$C_n = \frac{1}{\omega_q \cdot R} \cdot K_{T_n}$$

Abb. 1.4-8 Schaltungen von Ladder-BP der Grade 2, 3 und 4 mit dem Bemessungs-Modus

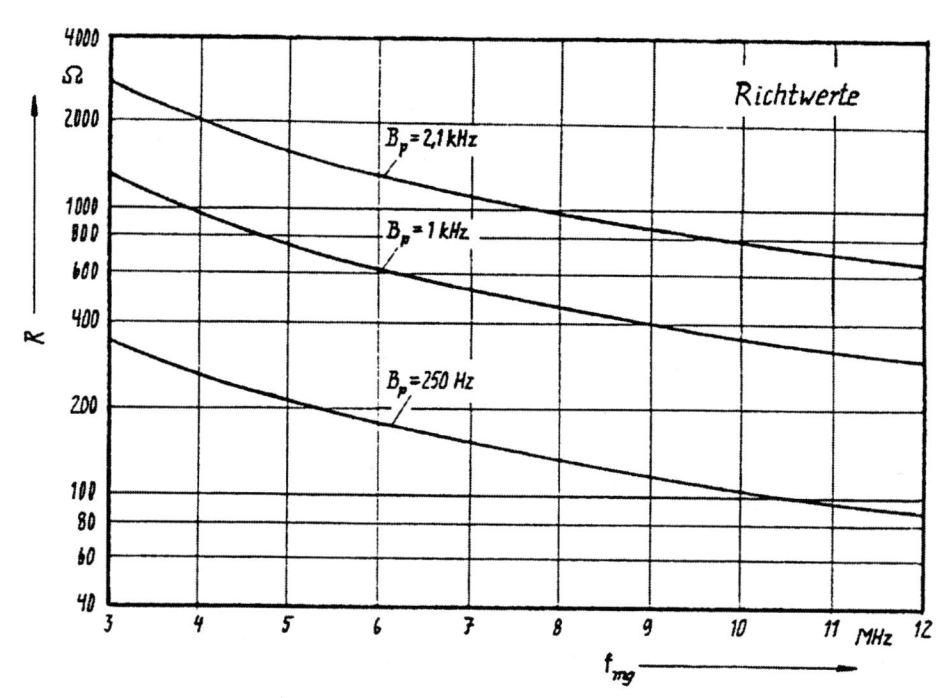

Abb. 1.4-9 Typische Port-Impedanzen der Ladder-BP in Abb. 1.4-8

C_n	Transfer-Koeffizient K_T		
	n=2	n=3	n=4
1	1,000	0,707	0,414
2	2,000	2,121	1,820
3	1,000	2,121	2,828
4		0,707	1,820
5			0,414

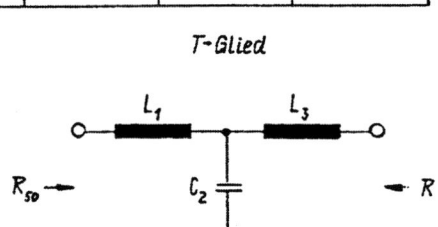

T-Glied   Π-Glied

Für $R_{50}=50\,\Omega$ und R 50...300 Ω Für $R_{50}=50\,\Omega$ und R 300...4000 Ω

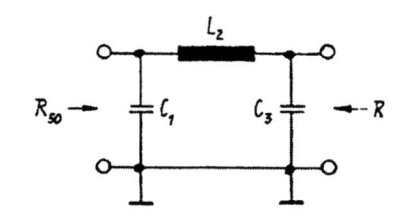

$$C_n = \frac{1}{\omega_{mg} \cdot X_{Cn}} \quad , \quad L_n = \frac{X_{Ln}}{\omega_{mg}} \quad ; \quad B_{p/-3dB} = \frac{f_{mg}}{Q_B} \quad ; \quad Q_{Bl} \geq |18 \cdot Q_B|$$

Abb. 1.4-11 Breitband-selektive Anpassglieder für Ladder-BP mit gewünschten Schnittstellen-Impedanzen (R_{50}) von 50 Ω

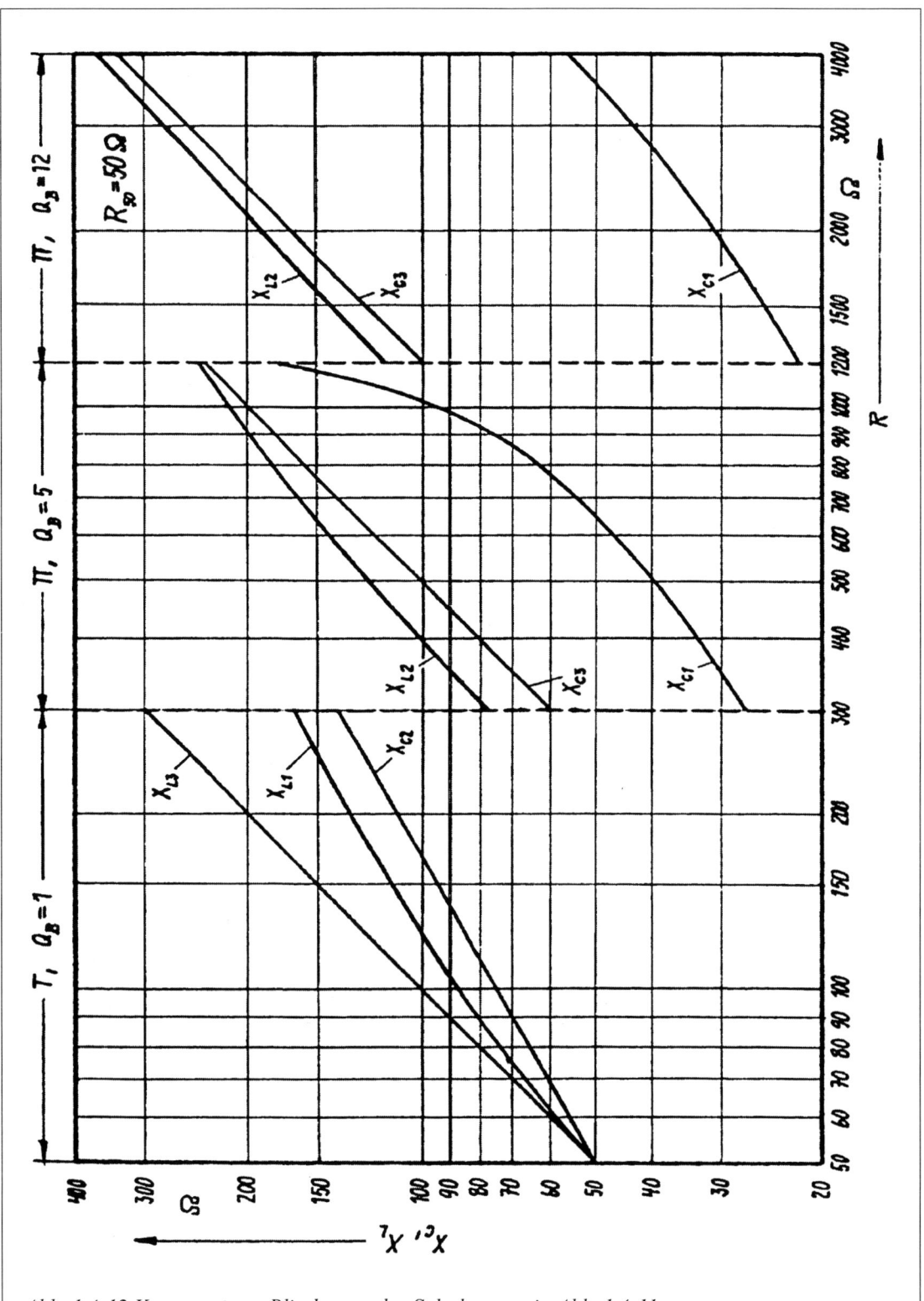

Abb. 1.4-12 Komponenten-Blindwerte der Schaltungen in Abb. 1.4-11

sungs-Grundlage haben, praktisch aber bis zu 2 dB Welligkeit aufweisen.

Nun zu den Ladder-BP. Mit ihren unsymmetrischen Selektionskurven vermögen sie im allgemeinen lediglich mäßigen Ansprüchen zu genügen. Man setzt sie primär im Spektrum von etwa 3…12 MHz ein; darunter und insbesondere darüber sind handelsübliche Quarze aufgrund ihrer typischen Parameter erfahrungsgemäß kaum geeignet. Es empfehlen sich B_p in der Spanne 0,007…0,1%, d.h. 70…1000 Hz/MHz. Für $B_p \geq 0,03\%$ können auch Schwinger relativ geringer Güte verwendet werden.

In Bild 1.4-7 haben wir die typischen Dämpfungsfunktionen der Ladder-Grade 2, 3 und 4 sowie entsprechender 2er-Kaskaden. Aus Bild 1.4-8 gehen die Schaltungen und der Bemessungs-Modus hervor. In Bild 1.4-9 dann die f_{mg}- und B_p-spezifischen Port-Impedanzen; Zwischenwerte können mit hinreichender Genauigkeit inter- und extrapoliert werden. Schließlich in Bild 1.4-10 die zur Bemessung notwendigen K_T. Zur Transformation der relativ hochohmigen Filter-Impedanzen (R) auf 50 (R_{50}) können wir uns der Schaltungen in Bild 1.4-11 bedienen, deren Komponenten-Blindwerte aus Bild 1.4-12 hervorgehen. Die A_p dieser Ladder-Strukturen ist mit 1 bis 2 dB zu kalkulieren; bei den angesprochenen 2er-Kaskaden fällt sie entsprechend höher aus. Letztere setzen ≥ 10 dB gegenseitige Entkopplung (A_x) der Einheiten voraus.

Für sämtliche hier angeführten Quarz-BP gilt gleichermaßen eine Frequenztoleranz der Schwinger von $\leq 20\%$ der Filter-B_p; beispielsweise ≤ 400 Hz für $B_p \approx 2000$ Hz. Die A_i misst mit $B_p \approx 0,025\%$ bei den Lattice-BP 1…2 dB und den Ladder-BP 0,8…1,5 dB; sie nimmt zum einen mit der Anzahl der Quarze und zum anderen in etwa umgekehrt proportional zur $B_{p/\%}$ zu, daneben hängt sie merklich von den Quarzgüten ab. Die Anpassglieder in Bild 1.4-11 weisen - je nach Anzahl der Induktivitäten - 0,3 dB respektive 0,5 dB A_i auf. Generell ist auf höchstmögliche Spulen-Leerlaufgüten Q_{0L} hinzuwirken.

1.5 Breitband-Diodenmischer

Man bevorzugt passive, insbesondere mittels der hyperschnellen Schottky-Dioden realisierte Schaltungen. Passiv bedeutet hier Einfügungsdämpfung mit dem Ergebnis der Entlastung des Folgezuges.

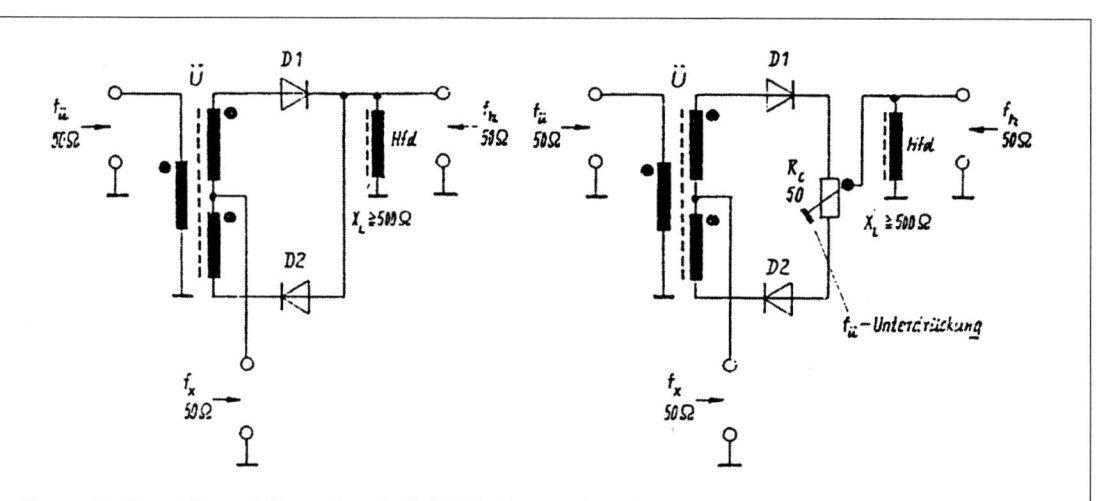

$IP_{i3} \approx +17$ dBm, $KP_i \approx +3$ dBm, $A_i \geq 10$ dB (SSB), $P_ü +11$ dBm, P_t 200 mW; Abschlüsse breitband-resistiv
D1, 2 Schottky-Dioden HP 2900 oder äquivalent; Ü mit $N_ü$ 1:1:1

Abb. 1.5-1 Schaltungen und Kennwerte zweier einfach balancierter Hochstrom-Mischer der Medium-Level-Kategorie

50-Ohm-Technik

	Parameter		Gegentakt	Doppel-Gegentakt
1	Einfügungs-dämpfung *) (dB)		10...13	5...8
2	Interport-Isolation (dB)	$f_h:f_ü$ $f_x:f_ü$ $f_h:f_x$	20 20 6	40 30 25
3	s (VSWR)	$f_ü$ f_h f_x	2,5 2,5 2,5	2,5 1,8 1,5
4	Aussteuerungs-fähigkeit		1	2
5	Oberwellen-Produkte		1	0,5
6	$f_ü$-AM-Rausch-unterdrückung (dB)		20...30	30...50

*) Bezogen auf eines von zwei Mischprodukten (SSB). Parameter 4 und 5 Relativwerte. Breitband-resistive Abschlüsse

Abb. 1.5-2 Einfach und doppelt balancierte Diodenmischer im Effizienz-Vergleich

$IP_{i3} \geq +20$ dBm
$KP_i \geq +7$ dBm
$A_i \approx 6$ dB (SSB)
$P_ü$ +13 dBm
P_t 200 mW

D1...4 Schottky-Dioden HP 2900 oder äquivalent; Ü1=Ü2 mit $N_ü$ 1:1:1

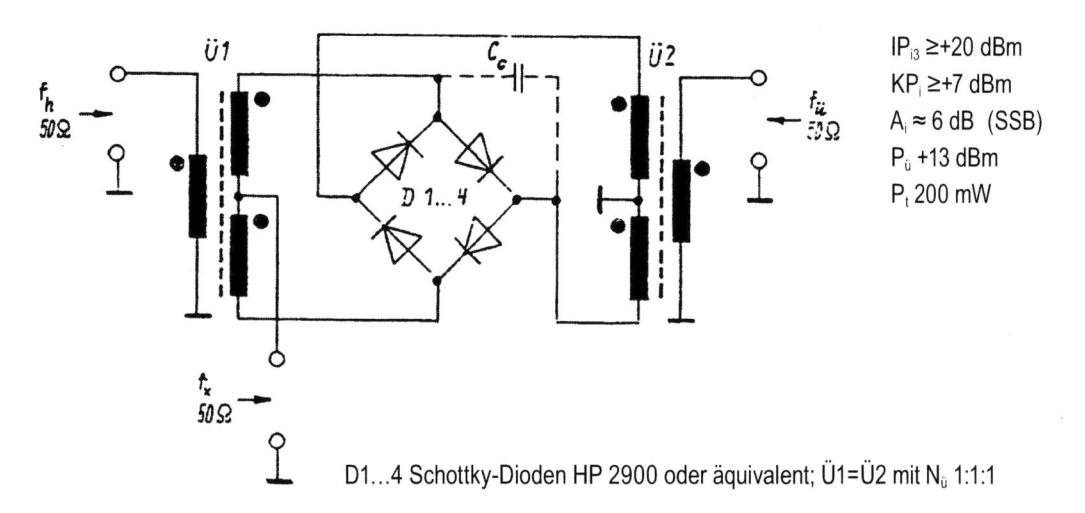

Abb. 1.5-3 Schaltung und Kennwerte eines Hochstrom-Ringmischers der Medium-Level-Klasse

Das ist vor allem in Empfängern vor der Nahselektion aus Intermodulations-Gründen wünschenswert; und in Sendern mit Mischstufen wird der Leistungsgewinn am vorteilhaftesten mittels spezifisch ausgelegter Verstärker bewirkt. Hohe Qualitätsansprüche setzen balancierte Anordnungen voraus, optimal aber sind einzig die doppelt balancierten Ringmischer.

52 50-Ohm-Technik

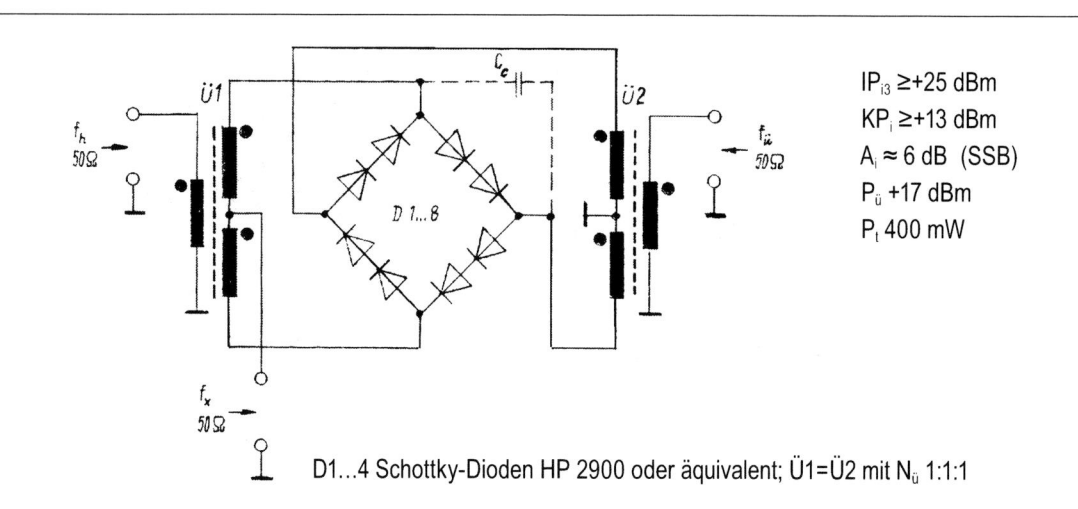

Abb. 1.5-4 Schaltung und Kennwerte eines Hochstrom-Ringmischers der High-Level-Klasse

$IP_{i3} \geq +25$ dBm
$KP_i \geq +13$ dBm
$A_i \approx 6$ dB (SSB)
$P_ü$ +17 dBm
P_t 400 mW

D1...4 Schottky-Dioden HP 2900 oder äquivalent; Ü1=Ü2 mit $N_ü$ 1:1:1

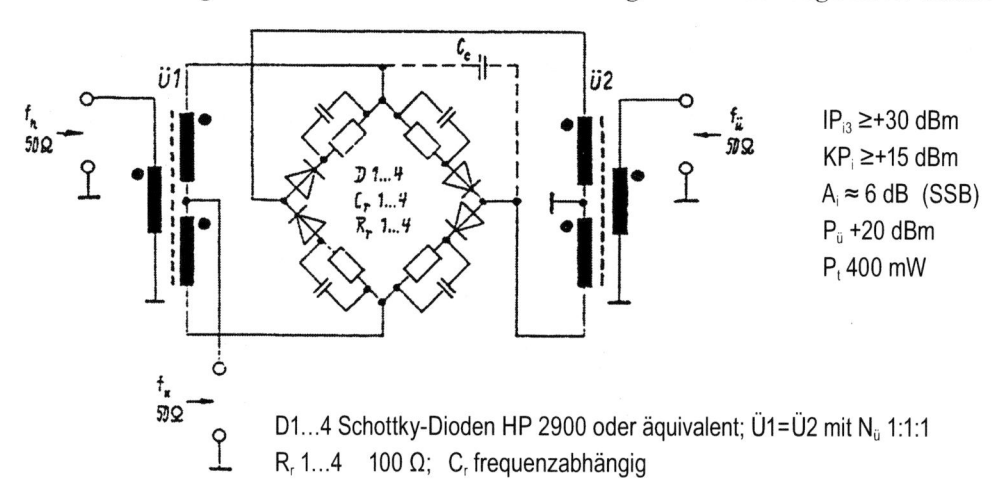

Abb. 1.5-5 Schaltung und Kennwerte eines Hochstrom-Ringmischers der Very-High-Level-Klasse

$IP_{i3} \geq +30$ dBm
$KP_i \geq +15$ dBm
$A_i \approx 6$ dB (SSB)
$P_ü$ +20 dBm
P_t 400 mW

D1...4 Schottky-Dioden HP 2900 oder äquivalent; Ü1=Ü2 mit $N_ü$ 1:1:1
R_r 1...4   100 Ω; C_r frequenzabhängig

Als Qualitätsmaßstab dient gemeinhin der Input-Intercept-Punkt 3. Ordnung IP_{I3}, daneben wird die mit diesem verknüpfte Überlagerungsleistung $P_ü$ genannt. Folgende Klassifizierungen sind gebräuchlich:

	IP_{I3}	$P_ü$
Very Low Level	+7 dBm	0 dBm
Low Level	um + 13 dBm	um + 7 dBm
Medium Level	um +20 dBm	um + 13 dBm
High Level	um +25 dBm	um + 17 dBm
Very High Level	+30 dBm	+20 dBm

Den beiden erstgenannten Kategorien kommt keine nennenswerte praktische Bedeutung mehr zu; einschlägige Aufgaben werden von ICs wahrgenommen. Die verschiedentlich anzutreffende Bezeichnung „Standard Level" bezieht sich im allgemeinen auf Low-Level-Glieder. Weitere wesentliche Kriterien sind Einfügungs-Dämpfung A_i, Eigenrauschen F_M und Interport-Entkopplung A_x. Dazu bezüglich der Ringmischer: A_i beträgt typisch 5,5...6,5 dB, wovon gemäß der fundamentalen Definition des Mischens

$$f_z = f_ü \pm f_h$$

K	Frequenzbereich *)	
	5 (0,009) ... 120 MHz	50 (5) ... 300MHz
Ü	4+4+4 W, 0,16 mm CuL. verdrillt, auf Ringkern FT-23-72	2+2+2 W, 0,16 mm CuL, verdrillt, auf Ringkern FT-23-43
C_c	1,2...6,0 pF, Lufttrimmer	0,4...3,5 pF, Lufttrimmer
C_r	1 µF/50 V, Keramik-Vielschicht	2,2 nF/50 V, Keramik-Vielschicht
R_r	100 Ω/0,33 W, Metallschicht	100 Ω/0,33 W, Metallschicht

*) Offene Werte für f_h- und f_u-Port; f_x-Port ab 0 Hz, ausgenommen Very-High-Level-Ring gemäß Klammerwerte (C_r-abhängig)

Abb. 1.5-6 Beispiele frequenzspezifischer Bemessungen der Ringmischer in den Abb. 1.5-3... 1.5-4

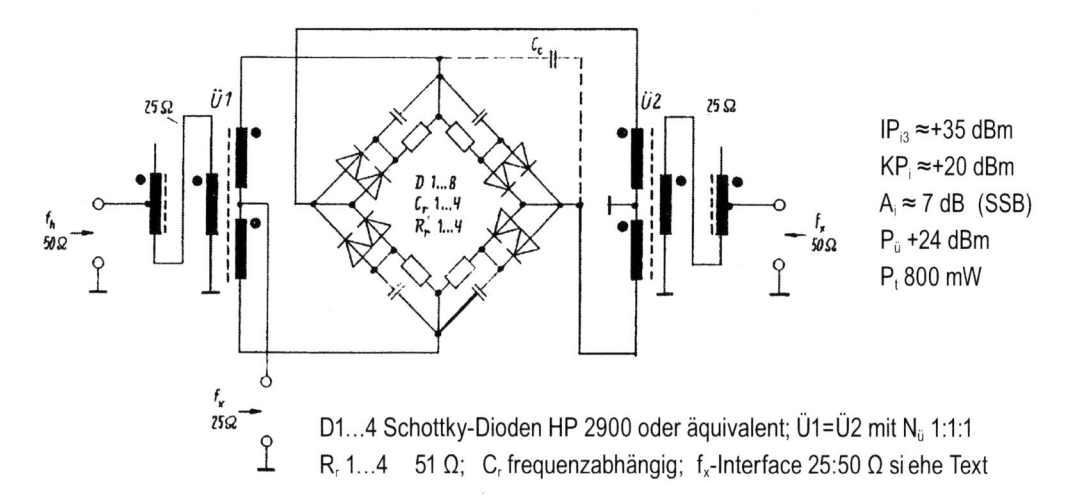

$IP_{i3} \approx +35$ dBm
$KP_i \approx +20$ dBm
$A_i \approx 7$ dB (SSB)
$P_ü$ +24 dBm
P_t 800 mW

D1...4 Schottky-Dioden HP 2900 oder äquivalent; Ü1=Ü2 mit $N_ü$ 1:1:1
R_r 1...4   51 Ω; C_r frequenzabhängig; f_x-Interface 25:50 Ω siehe Text

Abb 1.5-7 Schaltung und Kennwerte eines Hochstrom-Ringmischers der Very-High-Level-Klasse mit angehobener Aussteuerungsfähigkeit

- entsprechend zweier ZF-Produkte - 3 dB auf die unerwünschte und daher auszusiebende f_z-Komponente entfallen (Einseitenband, SSB). FM misst in der Regel 0,5 dB (Schottky-Dioden) und wird ob seiner Geringfügigkeit zumeist ignoriert oder in die A_i übernommen. A_i können wir hinsichtlich der Nachrichten-Ports untereinander mit ≥25 dB sowie dieser beiden gegen den $f_ü$-Port mit ≥45 dB veranschlagen. Oberhalb etwa 150 MHz sind mit der Frequenz anwachsende Qualitätseinbußen hinzunehmen. Die s-Werte (VSWR) fallen deutlich aussteuerungsabhängig aus, insbesondere in puncto $P_ü$.

In Bild 1.5-1 haben wir die Schaltungen und wesentlichen Kennwerte zweier einfach balancierter (Gegentakt-)Mischer. Sie sind der Medium-Level-Kategorie zuzuordnen. In Anbetracht ihrer qualitativ relativ mäßigen Eigenschaften findet man derartige Strukturen fast einzig als Leistungs-Modems (Modulator/Demodulator). Einschlägige Vergleichsmöglichkeiten mit den weitaus effizienteren, doppelt balancierten (Doppel-Gegentakt-)Umsetzern verschafft Bild 1.5-2.

Damit zu den doppelt balancierten Mischern, wie sie für hochqualitative Sender- und Empfänger-

54 50-Ohm-Technik

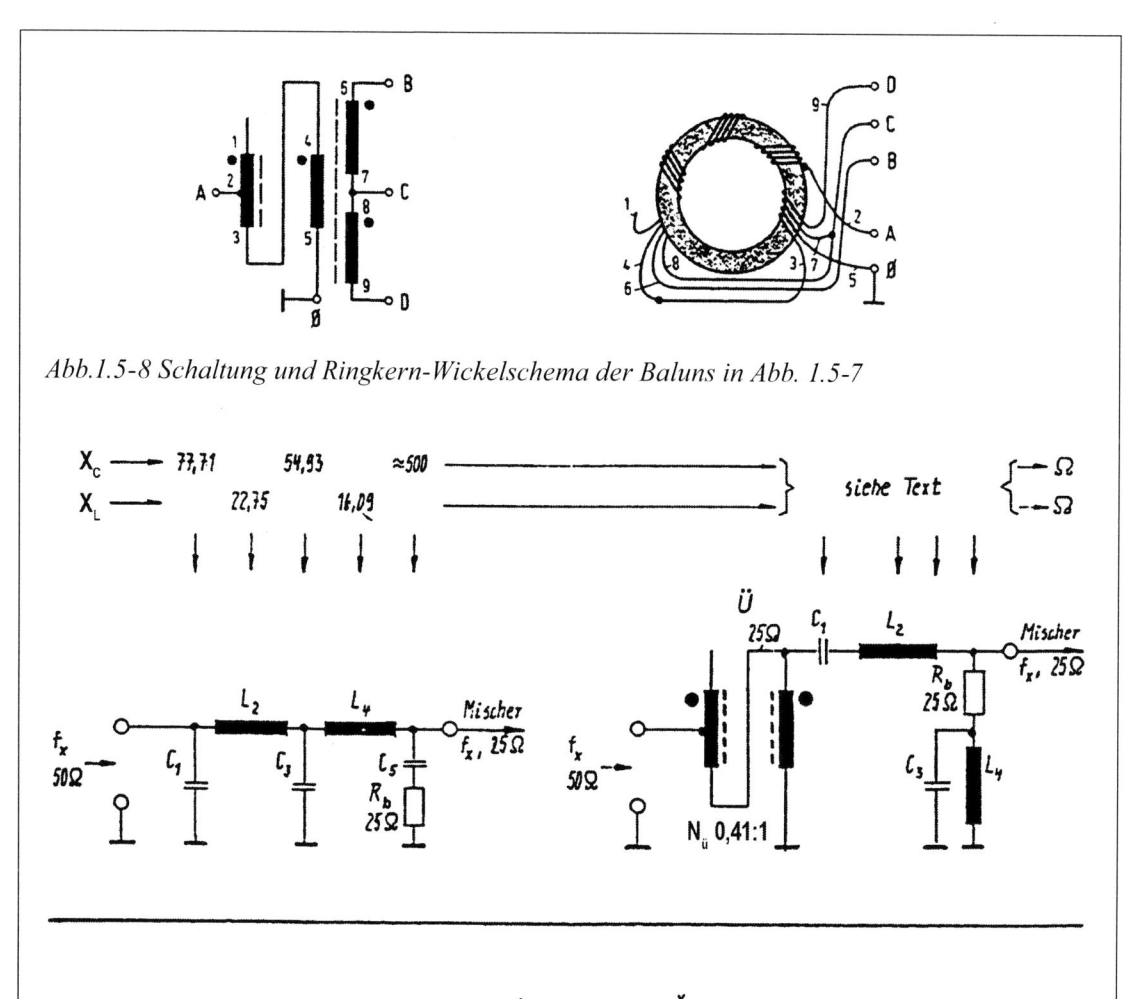

Abb.1.5-8 Schaltung und Ringkern-Wickelschema der Baluns in Abb. 1.5-7

X auf TP-f_t bzw. BP-f_{mg} bezogen. $C = \dfrac{1}{\omega \cdot X_c}$, $L = \dfrac{X_L}{\omega}$.

Abb. 1.5-9 Schaltungen zweier Z-transformierender c-Port-Interfaces mit ihren Bemessungshilfen für den Mischer in Abb. 1.5-7; links als diplexender TP für einen Frequenzgang ab 0 Hz, rechts als BP-Diplexer für ZF-Anwendungen

Frontends sowie Messgeräte bevorzugt werden. In Anbetracht der spezifisch relativ hohen Ansprüche an die Aussteuerungsfähigkeit kommen nur Schaltungen vom Medium Level an aufwärts in Betracht. Medium-Level-Glieder setzen sich gewöhnlich aus zwei Balun-Übertragern konventioneller Art mit $Z_ü$ 1:|2:2| (siehe Bild 1.1-4), einer Schottky-Diode je Quadrant des Ringes sowie einer A_x-optimierenden (und deshalb nur bedingt notwendigen) Symmetrier-Kapazität C_c zusammen, wie es Bild 1.5-3 zeigt. Mit $P_ü$ +13 dBm werden IP_{i3} von +20…22 dBm und Input-Kompressions-Punkte KP_i von +7…9 dBm erreicht. High-Level-Anordnungen unterscheiden sich von der vorangestellten Struktur im allgemeinen lediglich insofern, als die Quadranten ihres Ringes jeweils von zwei miteinander kaskadierten Schottky-Dioden anstelle nur einer einzigen gebildet werden, wie es Bild 1.5-4 deutlich macht. Mit $P_ü$ +17 dBm können wir Ip_{i3} von +25…27 dBm und KP_i von +13…15 dBm erreichen.

Mischer der Very-High-Level-Klasse differieren gegenüber denen der Medium-Level-Kategorie

K	Frequenzbereich	
	f_h 45 MHz (30…200 MHz) f_x 0,009…30,0 MHz $f_ü$ 30…200 MHz	f_h 30…200 MHz f_x 10,7 MHz (2…30 MHz) $f_ü$ 30…200 MHz
Ü 1, 2	5+5+5+5 W, 0,16 mm CuL, Anzapf 3 W v. Hochpunkt, verdrillt, auf Ringkern FT-23-43	
C_c	0,4…3,5 pF, Lufttrimmer	
R_b	2×51 Ω/0,33W, parallel, Metallschicht	
R_r	51 Ω/0,33 W, Metallschicht	
C_r	2,2 µF/50 V, Keramik-Vielschicht	10 nF/50 V, Keramik-Vielschicht
C_1	68,3 pF	148,7 pF
L_2	0,121 µH	1,487 µH
C_3	96,6 pF	744 pF
L_4	0,084 µH	0,298 µH
C_5	10 pF	—
Ü	—	5+5 W, 0,16 mm CuL, Anzapf 3 W v. Hochpunkt, 50-Ω-Leitung auf Ringkern FT-23-72

Abb. 1.5-10 Beispiele frequenzspezifischer Bemessungen für Kombinationen aus den Schaltungen Abb. 1.5-7 und Abb. 1.5-9

gewöhnlich dadurch, dass zu jeder der Dioden ihres Ringes ein R/C-Glied in Serie liegt, wie es aus Bild 1.5-5 hervorgeht. Die Blindwerte der Kapazitäten C_r sind mit ≤50 Ω auszulegen, bezogen auf die absolut niedrigste im Mischprozess auftretende Frequenz $f_ü + f_z$. Mit $P_ü$ +20 dBm kommen IP_{i3} von +30…33 dBm und KP_i von +15…18 dBm zustande.

Bezüglich der Übertrager-Bemessung orientieren wir uns durchweg anhand der Ausführungen in Abschnitt 1.1; die Struktur in Bild 1.1-4 ist für alle drei der angeführten Mischer-Leistungsklassen zu verwenden. Der Frequenzgang des f_x-Ports setzt mit 0 Hz ein und wird mit dem spezifisch niedrigsten der vorkommenden Spektren beschaltet; die beiden anderen Zweige erlauben (bei unkompensierten Übertragern) bis zu etwa fünf Oktaven Arbeitsbandbreite. Die oberen Frequenzgrenzen der drei Ports fallen in etwa übereinstimmend aus. In Bild 1.5-6 haben wir zwei typische frequenzenspezifische Bemessungen für die Ringmischer gemäß Bild 1.5-3…1.5-5.

In Bild 1.5-7 dann eine Schaltung der Very-High-Level-Kategorie mit angehobener Aussteuerungsfähigkeit. Effektiv handelt es sich um die Parallelverknüpfung zweier Ringe gemäß Bild 1.5-5 mit auf $Z_ü$ 1:1:1 abgewandelten Baluns. Die C_r sind mit X_C 25 bezüglich der niedrigsten Frequenz gemäß $f_ü + f_z$ zu bemessen.

Das Übertrager-Wickelschema ist in Bild 1.5-8 vorgestellt. Mit $P_ü$ +24 dBm resultieren enorme IP_{i3} und KP_i um +35 dBm beziehungsweise +20 dBm. Die notwendige beachtliche Oszillatorleistung $P_ü$ von 0,25 W birgt allerdings erhebliche Abstrahlungs-Risiken und erfordert sorgfältige Sicherungsmaßnahmen.

Die strukturbedingte f_x-Port-Impedanz von 25 Ω dieser Schaltung kann mittels eines der beiden in Bild 1.5-9 vorgestellten Interfaces auf 50 Ω transformiert werden. Des Tiefpasses (links) bedient man sich, wenn der Frequenzgang des f_x-Zweiges mit 0 Hz einsetzen soll. Der Diplexer (rechts) wird in Fällen der ZF am f_r-Zweig heran-

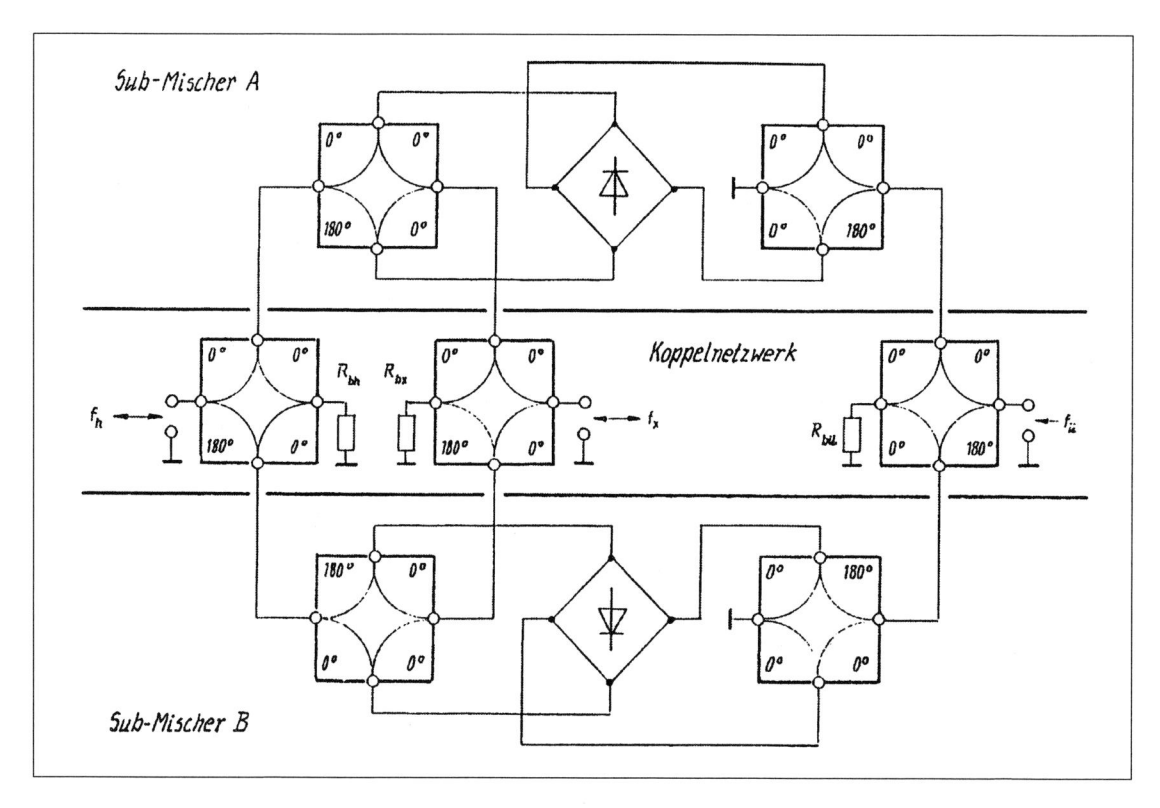

Abb. 1.5-11 Blockschema eines dualen Hochstrom-Mischers. Derartige Anordnungen werden bevorzugt mit Sub-Umsetzern der Very-High-Level-Klasse gemäß Abb. 1.5-7 eingesetzt

gezogen; die Bemessungen des Übertragers und der beiden Schwingkreise ergeben sich aus Bild 1.1-1 respektive Bild 1.3-24. Die A_i dieser Anordnungen fällt mit 0,3…0,5 dB aus; es ist auf hohe Spulen-Leerlaufgüten hinzuwirken.

In Bild 1.5-10 haben wir zwei frequenzspezifische Bemessungen für Kombinationen aus den Schaltungen in Bild 1.5-7 und Bild 1.5-9; bezüglich letzterer sind beide Strukturen berücksichtigt worden.

In Bild 1.5-11 wird das Blockschema eines Duals mit zwei Mischern vorgestellt. Die beiden Sub-Mischer sind f_h- und $f_ü$-seitig im Gegentakt, f_x-seitig dagegen im Gleichtakt miteinander verknüpft, also über 0°/180° - respektive 0°-Hybriden. Derartige Anordnungen mit Umsetzern nach Bild 1.5-7 bringen es bei $P_ü$ +27 dBm (0,5 W) auf IP_{i3} von +38…40 dBm und KP_i von +23…25 dBm. Die A_i misst - unter Einbeziehung des Koppelnetzwerkes – 7…9 dB. In puncto A_x kommt es hinsichtlich der Zweige $f_h:f_x$ und $f_ü:f_x$ - verglichen mit Singles - zu etwa 30 dB höheren Werten, zugleich fallen die ungeraden der Mischer-intern unvermeidbar generierten Oberwellen vergleichsweise um 10…20 dB schwächer aus. Die Realisation derartiger Strukturen ist allerdings, anbetrachts der hohen notwendigen Phasen- und Amplituden-Balance zwischen den Sub-Mischern, außerordentlich (!) diffizil.

Folgende Punkte bedürfen allgemeiner Beachtung:

1. Die Nachrichtensignale haben an dem einen, das Überlagerungssignal an dem anderen der beiden Übertrager zu liegen. (A_x ist Kriterium).

2. Dioden und Übertrager sind jeweils auf elektrisch weitestgehende Übereinstimmung (Phasen- und Amplituden-Balance) zu bringen; gegebenenfalls ist aus Produktionsmengen zu selektieren. Die Übertrager-Wicklungen sollten von vornherein ohne sichtbare Unterschiede ausgeführt sein.

3. Übertrager- und Quadrant-Elemente sind im Layout streng symmetrisch anzuordnen und über kürzeste wie längengleiche Wege zu beschalten. Die effektive Mischer-Symmetrie (maximierte A_x) kann außer mittels C_c verschiedentlich durch versuchsweises gegenseitiges Vertauschen der Gegentakt-Wicklungen eines (beliebigen) der beiden Baluns zusätzlich verbessert werden; Polungspunkte beachten.

4. Hinsichtlich der Impedanz-Anpassung ist dem f_r-Port primäre Aufmerksamkeit zu widmen; unter Berücksichtigung ihrer Frequenzgänge sind die Zweige f_h und f_x gegeneinander austauschbar.

5. Das Überlagerungssignal sollte mittels Breitband-Linear-Treiber eingespeist werden. Jegliche Selektion in dieser Verknüpfung konsequent vermeiden; die A_x muss bezüglich eines $f_ü$-Filters ≥10 dB betragen.

1.6 Breitband-Kleinsignal-Verstärker

Für die Kleinsignal-Verstärkung zieht man häufig monolithische ICs heran; das Angebot ist ungemein vielschichtig und umfangreich. Die durchweg kritischen Aufgaben in Front-ends und Messgeräten können jedoch weitaus günstiger mit individuell aus diskreten Bauelementen realisierter Anordnungen gelöst werden, die sich in ihren Eigenschaften exakt gemäß der spezifischen Erfordernisse bemessen lassen und vor diesem Hintergrund Optima darstellen. Verstärkern dieser Art werden im allgemeinen relativ hohe Signalverträglichkeit oder/und Empfindlichkeit sowie ausgezeichnete Linearität abverlangt.

Bevorzugte Mittel zum Zwecke sind gegenkoppelnde Schaltungen mit rauscharmen bipolaren Hochstrom-Transistoren der (preisgünstigen) Mikrowellen-Kategorie. Die hohe Transitfrequenz f_T dieser Halbleiter von 4…5 GHz erlaubt Realisationen mit mehr als 1 GHz oberer Grenzfrequenz und bis zu zehn Oktaven Arbeitsbandbreite. Sie geht einher mit spektral nahezu uniformen Eingangs- und Ausgangs-Impedanzen und von daher ausgezeichneten 50-Ohm-Konstellationen.

Die Gegenkopplungs-Struktur ist anwendungsspezifisch auszulegen. Kommt es sowohl auf optimale Signalverträglichkeit als auch hohe Empfindlichkeit an, greift man zu rauschfreien Blindwiderständen (X) als Schleifenglieder. Geht es dagegen einzig um hohe Aussteuerungsfähigkeit, so können schlichtere Schaltungen mit Ohmschen Widerständen (R) als Gegenkopplungs-Elemente herangezogen werden.

Kriterien der Transistorwahl sind - neben Stromverträglichkeit und Verlustleistung - vor allem f_T

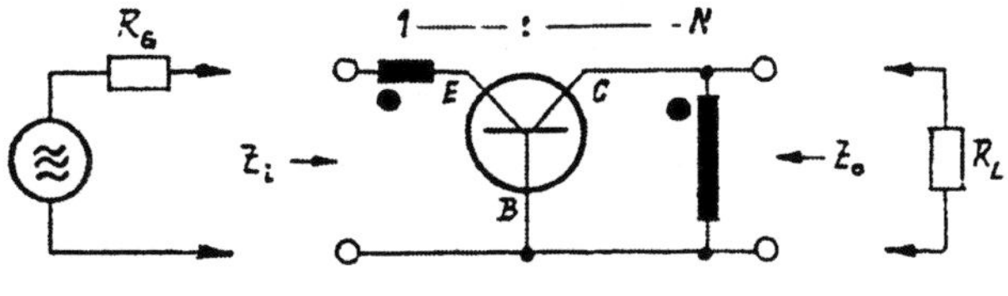

$$Z_i = \frac{N+1}{N^2} \cdot R_L + \frac{R_B}{\beta}$$

$$Z_o = \frac{N^2}{\beta \cdot (N+1)} \cdot (\beta \cdot R_G + R_B)$$

$$G_U = \frac{N}{1 + \frac{N^2}{\beta \cdot (N+1)} \cdot \frac{R_B}{R_L}}$$

$R_B = R_{BB} + R_{BE}$; R_{BB} = Basis-Bahnwiderstand,
R_{BE} = innerer Basis-Emitter-Widerstand;
β = Stromverstärkung in Emitter-Schaltung

Transistor NPN oder PNP

Abb. 1.6-1 Grundschaltung des X-gegenkoppelnden Hochstrom-Verstärkers Typ A mit den Bemessungshilfen

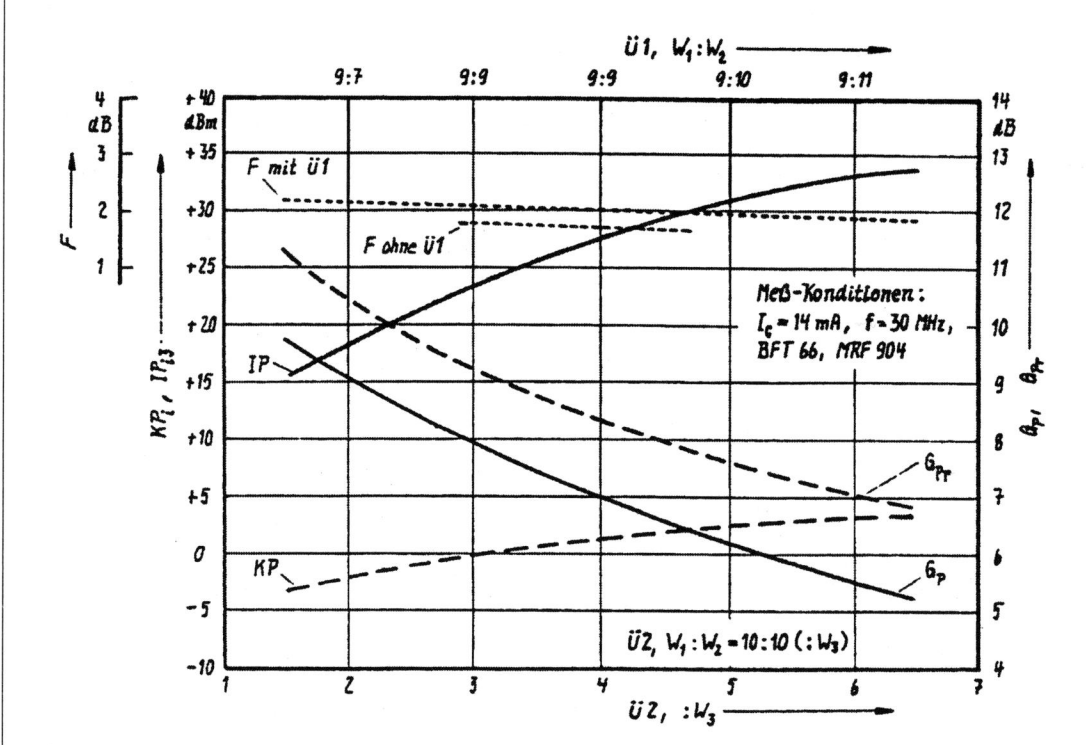

Abb. 1.6-2 Parametersatz für Typ-A-Verstärker mit $I_C = 14$ mA

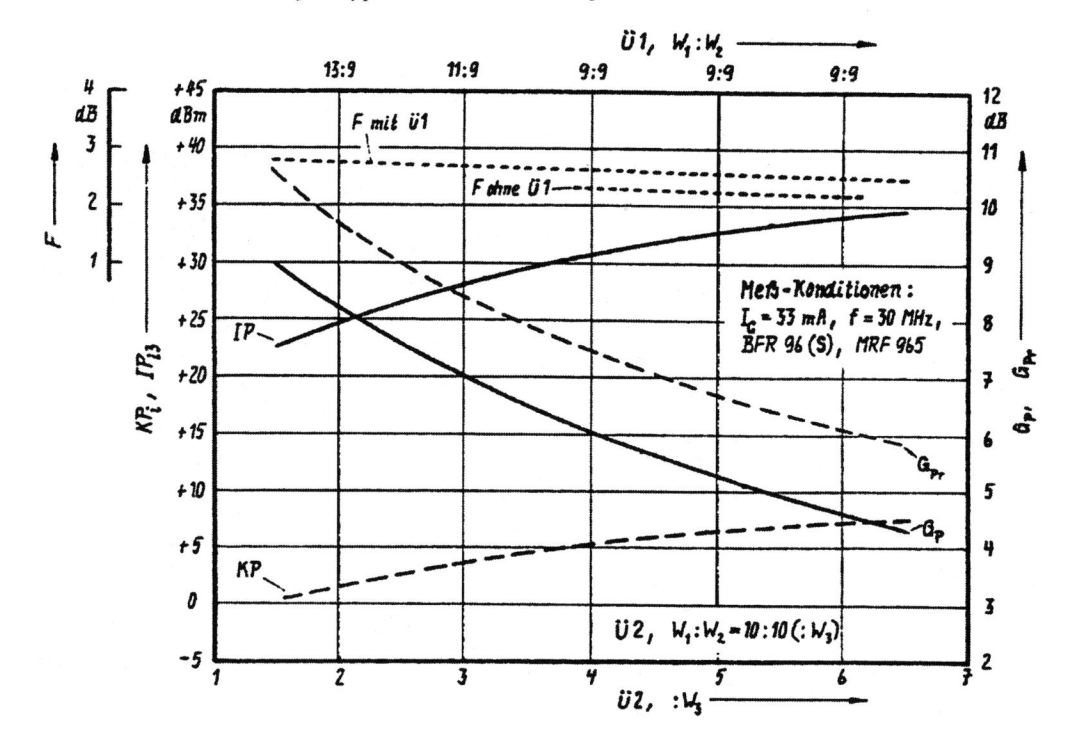

Abb. 1.6-3 Parametersatz für Typ-A-Verstärker mit $I_C = 33$ mA

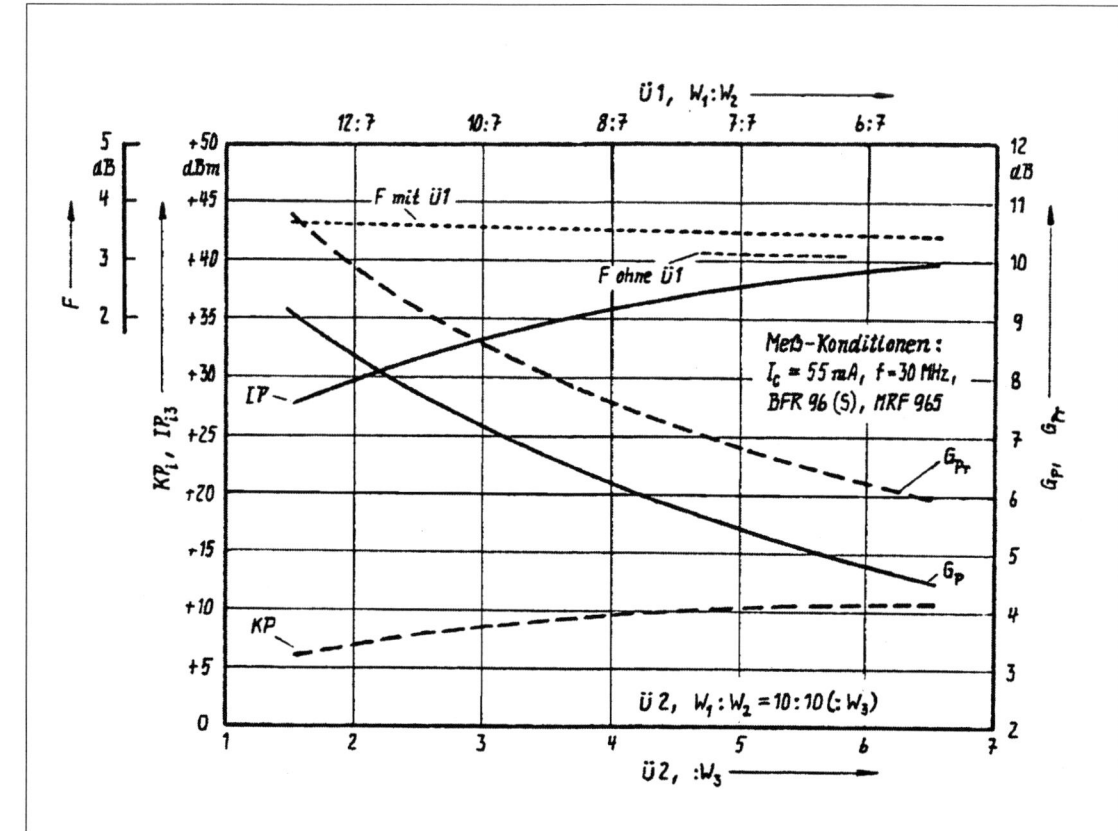

Abb. 1.6-4 Parametersatz für Typ-A-Verstärker mit Ic = 55

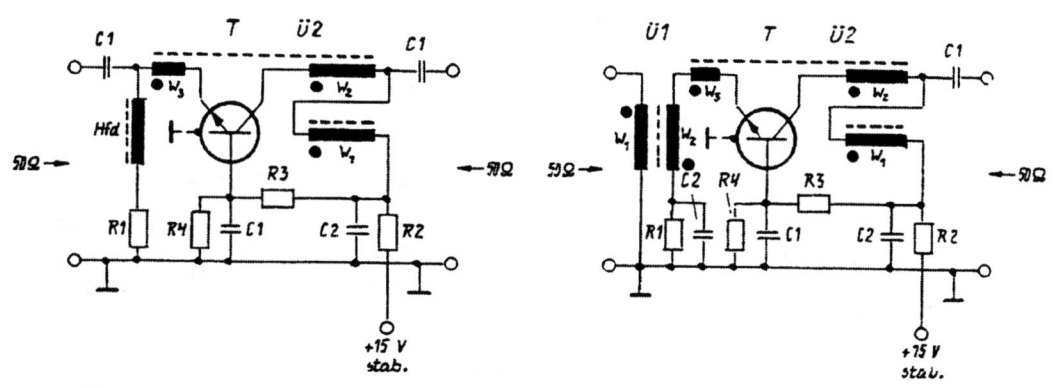

T: für $I_c \leq 18$ mA = BFT 66, MRF 904 oder äquivalent; für $I_c \leq 60$ mA = BFR 96 (S), MRF 965 oder äquivalent. Übrige Bauteile siehe Text; bei Ü Polungspunkte beachten!

Abb 1.6-5 Vollständige Schaltungen zweier Typ-A-Verstärker mit unterschiedlichen Eingangsstrukturen

K	I_C-abhängig			f-abhängig	
	14 mA	33 mA	55 mA	1...50 MHz	30...200 MHz
R 1	120 Ω	56 Ω	39 Ω		
R 2	150 Ω	56 Ω	43 Ω		
R 3	2,2 kΩ	820 Ω	560 Ω		
R 4	560 Ω	270 Ω	180 Ω		
C 1				47 nF	2,2 nF
C 2				0,47 µF	22 nF
Hfd				220 µH	4,7 µH
Ü 1		≧9 W für W_1, 0,16 mm CuL, verdrillt, auf Ringkern FT-23-72		≧3 W für W_1, 0,16 mm CuL, verdrillt, auf Ringkern FT-23-43	
Ü 2		4+10+10 W, 0,16 mm CuL, verdrillt, auf Ringkern FT-23-72		2+5+5 W, 0,16 mm CuL, verdrillt, auf Ringkern FT-23-43	

f-abhängige Komponenten (K) als Beispiele (siehe Text)

Abb. 1.6-6 Werte der I_C-bestimmenden Komponenten Ri...4 in Abb. 1.6-5 sowie die einschlägigen Beispiele zweier frequenzspezifischer Bemessungen (G_p siehe Abb. 1.6-2...1.6-4)

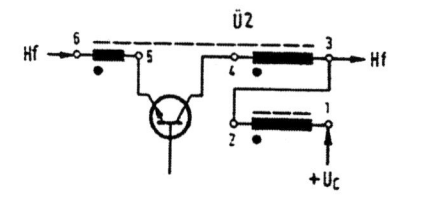

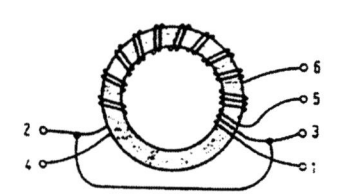

Abb. 1.6-7 Schaltung und Ringkern-Wickelschema des Übertragers U 2 in Abb. 1.6-5

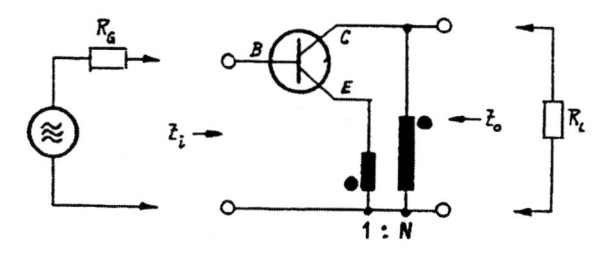

$$Z_i = \frac{\beta \cdot (N+1)}{N^2} \cdot R_L + R_B$$

$$Z_o = \frac{N^2}{\beta \cdot (N+1)} \cdot (R_G + R_B)$$

$R_B = R_{BB} + R_{BE}$; R_{BB} = Basis-Bahnwiderstand,
R_{BE} = innerer Basis-Emitter-Widerstand;
ß = Stromversorgung

Transistor NPN oder PNP

$$G_u = \frac{N}{1 + \frac{N^2}{\beta \cdot (N+1)} \cdot \frac{R_B}{R_L}}$$

Abb. 1.6-8 Grundschaltung des X-gegenkoppelnden Hochstrom-Verstärkers Typ B mit den Bemessungshilfen

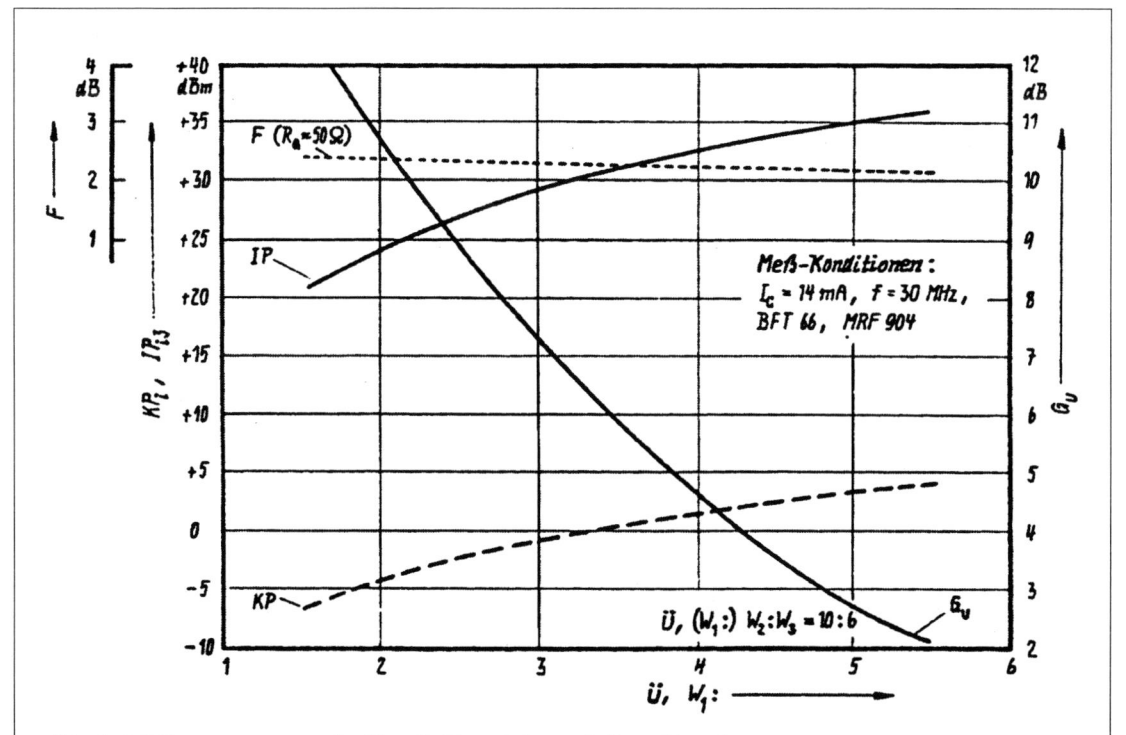

Abb. 1.6-9 Parametersatz für Typ-B-Verstärker mit I_C = 14 mA

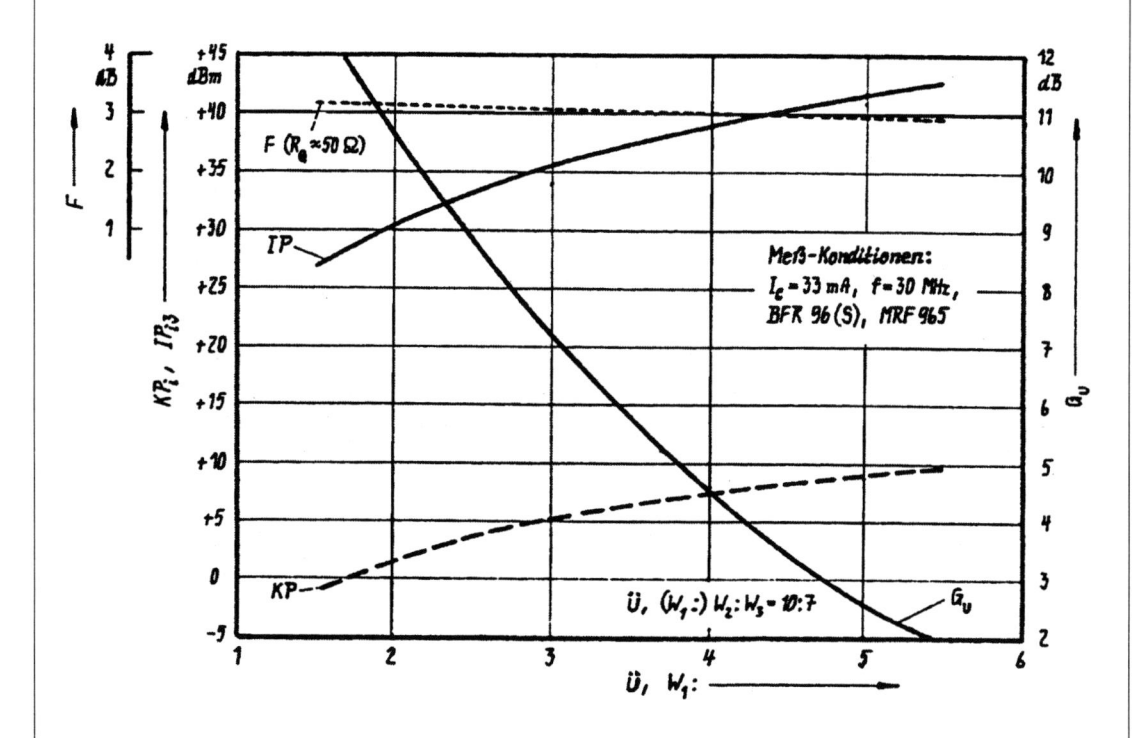

Abb. 1.6-10 Parametersatz für Typ-B-Verstärker mit I_C = 33 mA

und die dynamische Stromverstärkung in Emitter-Schaltung β_0 (für 1 kHz). Die mögliche fmax dieser Verstärker kann näherungsweise aus der Beziehung

$$f_{max} \approx 10 \times (f_T / \beta_0)$$

bestimmt werden, die frequenzspezifische Stromverstärkung β_f lässt sich in ebenfalls hinreichender Näherung gemäß f_T/f mit $\leq \beta_0$ ermitteln; hierzu sei angemerkt, dass β-Toleranzen von bis zu -50/+500% (!) vom Datenblatt-Nennwert (typisch 50...80) keinesfalls ungewöhnlich sind.

In der Folge werden drei einschlägige, in ihrer Arbeitsweise jedoch mehr oder minder voneinander differierende Verstärker-Schaltungen abgehandelt; zur besseren Unterscheidung seien sie mit den willkürlich gewählten Etiketten Typ A, B beziehungsweise C versehen. Innerhalb dieser Kategorien kommen jeweils drei Sub-Typen mit 14 mA, 33 mA respektive 55 mA I_c zur Sprache. Als Transistoren sind beispielsweise für 14 mA die Typen BFT 66 und MRF 904 (und ähnlich), ansonsten BFR 96(5) und MRF 965 geeignet; sie zählen allesamt zu den rauschärmsten ihrer Leistungsklassen.

Zunächst zum Typ A. Die Grundschaltung dieses X-gegenkoppelnden Funktionsgliedes mit den praxisbezogenen Bemessungshilfen geht aus Bild 1.6-1 hervor.

Konkretisieren wir zunächst die vom Verstärker zu erfüllenden Eigenschaften. Als grundlegende Kriterien stehen an: Der Input-Intercept-Punkt 3. Ordnung IP_{i3}, der Input-Kompressions-Punkt KP_i und die Leistungsverstärkung G_p, zumeist auch das Rauschmaß F, teils zudem die Rückwärts-Entkopplung A_x. Dann suchen wir das ermittelte oder ein angenommenes günstigeres Parameter-Ensemble in den I_c-spezifisch angelegten Nomogrammen Bild 1.6-2...1.6-4 auf. Verfügbar sind hier unter anderem IP_{i3} +16...39 dBm, Kp_i -3...+10 dBm, G_p 4,5...9,5 dB und F 1,7...3,6 dB; es resultiert

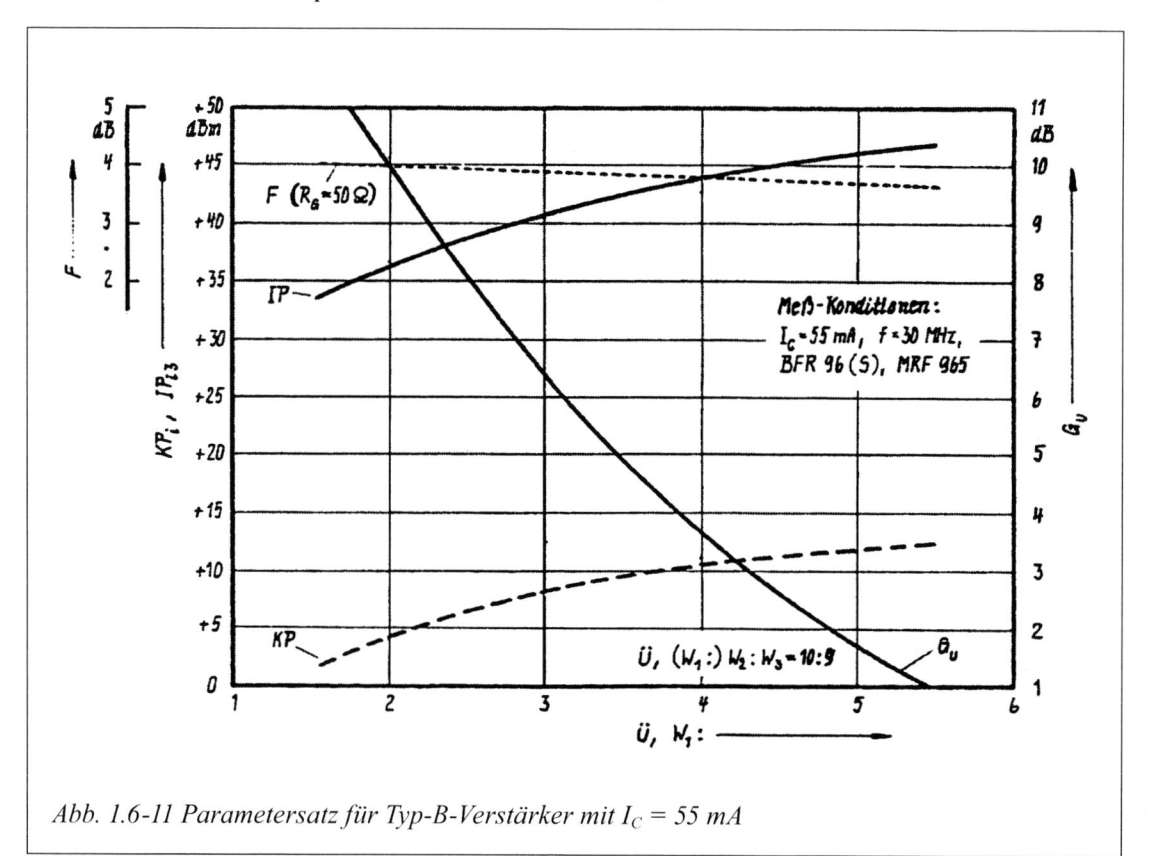

Abb. 1.6-11 Parametersatz für Typ-B-Verstärker mit $I_C = 55$ mA

50-Ohm-Technik

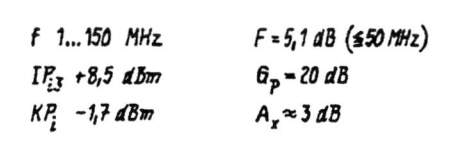

f 1...150 MHz $F = 5,1$ dB (≤ 50 MHz)
IP_{i3} +8,5 dBm $G_p = 20$ dB
KP_i −1,7 dBm $A_x \approx 3$ dB

T = BFR 96 (S), MRF 965 od. äquivalent
D = 1 N 4148 od. ähnlich

Ü = 2 x 6 W., 0,25 mm CuL, bifilar parallel geführt, auf Ringkern FT-23-72

L = Siemens B82114-R-A3 od. äquivalent (Breitband-Drossel mit $Q \leq 1$)

T: für $I_c \leq 18$ mA = BFT 66, MRF 904 oder äquivalent; für $I_c \leq 60$ mA = BFR 96 (S), MRF 965 oder äquivalent. Übrige Bauteile siehe Text; bei Ü Polungspunkte beachten!

Abb. 1.6-12 Vollständige Schaltung eines Typ-B-Verstärkers

K	I_C-abhängig			f-abhängig	
	14 mA	33 mA	55 mA	1...50 MHz	30...200 MHz
R 1	200 Ω	56 Ω	33 Ω		
R 2	1,5 kΩ	820 Ω	470 Ω		
R 3	820 Ω	390 Ω	220 Ω		
R 4	220 Ω	100 Ω	56 Ω		
Ü, W₃	6 W	7 W	9 W		
C 1				47 nF	2,2 nF
C 2				0,47 µF	22 nF
Hfd				470 µH	10 µH
Ü W₁, W₂				3+10 W (+W₃), 0,16 mm CuL, verdrillt, auf Ringkern FT-23-75	3+10 W (+W₃), 0,16 mm CuL, verdrillt, auf Ringkern FT-23-75

f-abhängige Komponenten (K) als Beispiele (siehe Text)

Abb. 1.6-13 Werte der I_C-abhängigen Komponenten R1...4 sowie der W3 des Ü in Abb. 1.6-12, zudem die einschlägigen Beispiele zweier frequenzspezifischer Bemessungen (G_U siehe Abb. 1.6-9...1.6-11)

Abb. 1.6-14 Schaltung und Ringkern-Wickelschema des Übertragers Ü in Abb. 1.6-12

Abb. 1.6-15 Grundschaltung des R-gegenkoppelnden Hochstrom-Verstärkers Typ C mit den Bemessungshilfen

Bedingungen: $R_G = R_L = 50\,\Omega$, $R_e \cdot R_f = 2500\,\Omega$, $N = 1:1$;

Ergebnisse: $Z_i \approx Z_o \approx 50\,\Omega$, $G_U \approx \sqrt{\dfrac{R_f}{R_e}}$

Transistor NPN oder PNP

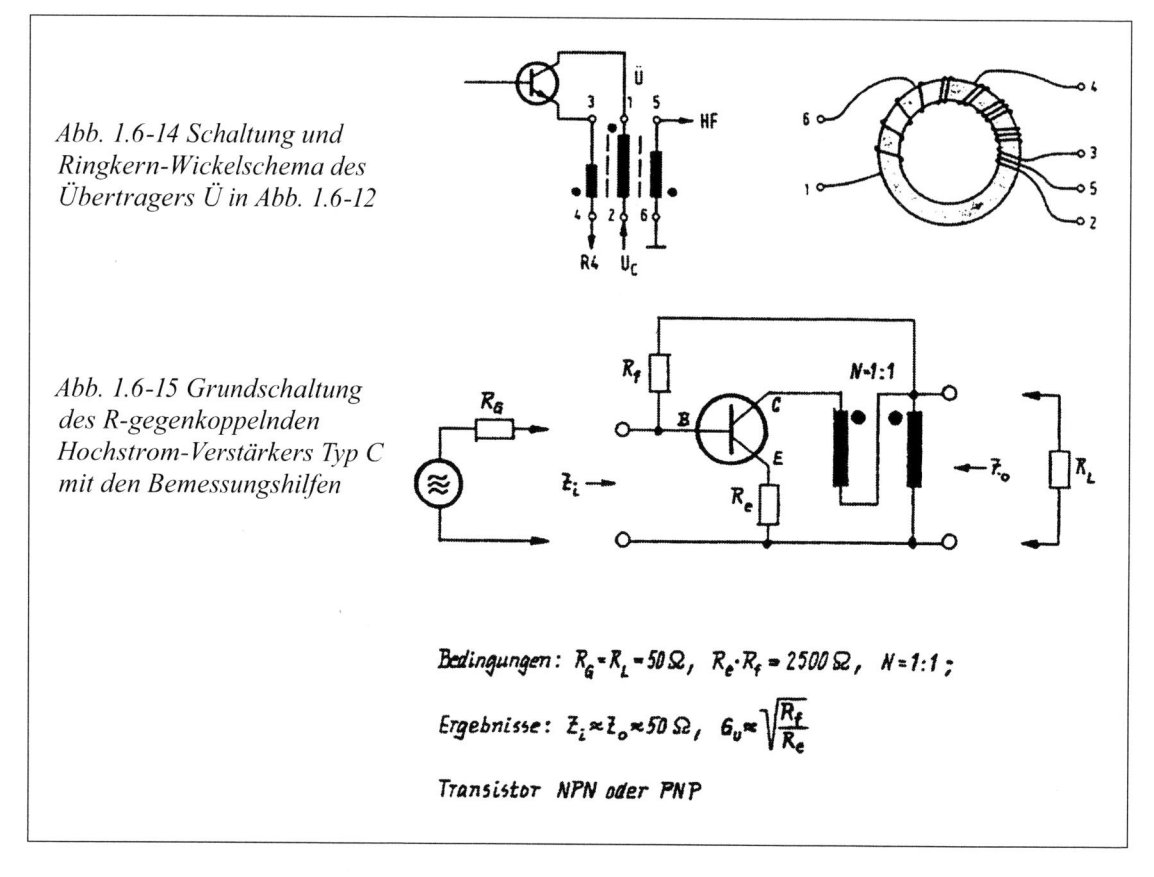

$A_x = G_{Pr} - G_P$

mit G_{Pr} als Rückwärts-Leistungsverstärkung. Schließlich notieren wir den zugehörigen I_c und die anstehenden Übersetzungen $N_ü$ der Übertrager Ü 1 (nur bei W1 ≠ W2 erforderlich) und Ü 2.

Die allen drei Sub-Typen gemeinsame Schaltung ohne/mit Ü1 wird vollständig in Bild 1.6-5 vorgestellt. Aus Bild 1.6-6 gehen die I_c-bestimmenden Werte der Komponenten R 1…4 hervor, zudem die Beispiele zweier frequenzspezifischer Bemessungen. Generell zu f: Die Blindwiderstände müssen betragen für C 1 ≤ 10, C 2 ≤ 1 Ω und Hfd ≥ 500 Ω jeweils bezogen auf die niedrigste aufzubereitende Frequenz. In Bild 1.6-7 haben wir das Ringkern-Wickelschema für Ü 2, dessen Stränge trifilar/bifilar miteinander zu verdrillen sind; Ü 1 wird entsprechend Bild 1.1-1 oder als Quasi-Leitung nach Bild 1.1-2 ausgeführt.

Nun zum Typ B. Die Grundschaltung dieses ebenfalls X-gegenkoppelnden Funktionsgliedes mit den praxisbezogenen Bemessungshilfen geht aus Bild 1.6-8 hervor. Auch hier sind zunächst die vom Verstärker geforderten Eigenschaften zu konkretisieren. Dann suchen wir das entsprechende Parameter-Ensemble in den I_c-spezifisch angelegten Nomogrammen Bild 1.6-9…1.6-11 auf. Es stehen unter anderem zur Verfügung IP_{i3} +21…46 dBm, Kp_i −7…+12 dBm, Spannungsverstärkung G_U 2…12 dB und F 2,2…4,0 dB; die A_x ist relativ sehr hoch und anbetrachts dessen nicht aufgeführt worden.

Die allen drei Sub-Typen gemeinsame Schaltung ist vollständig in Bild 1.6-12 vorgestellt. Aus Bild 1.6-13 gehen die I_c-bezogenen Werte der Komponenten R1…R4 sowie der Wicklung W_3 des Übertragers hervor, zudem (einschließlich W3) die Beispiele zweier frequenzspezifischer Bemessungen. Die Blindwerte von C 1, C 2 und Hfd müssen ≤10 Ω, ≤ 1 Ω respektive ≥ 500 Ω bei der niedrigsten aufzubereitenden Frequenz betragen. Und in Bild 1.6-14 haben wir das Ringkern-Wickelschema des Übertragers, dessen Stränge miteinander zu

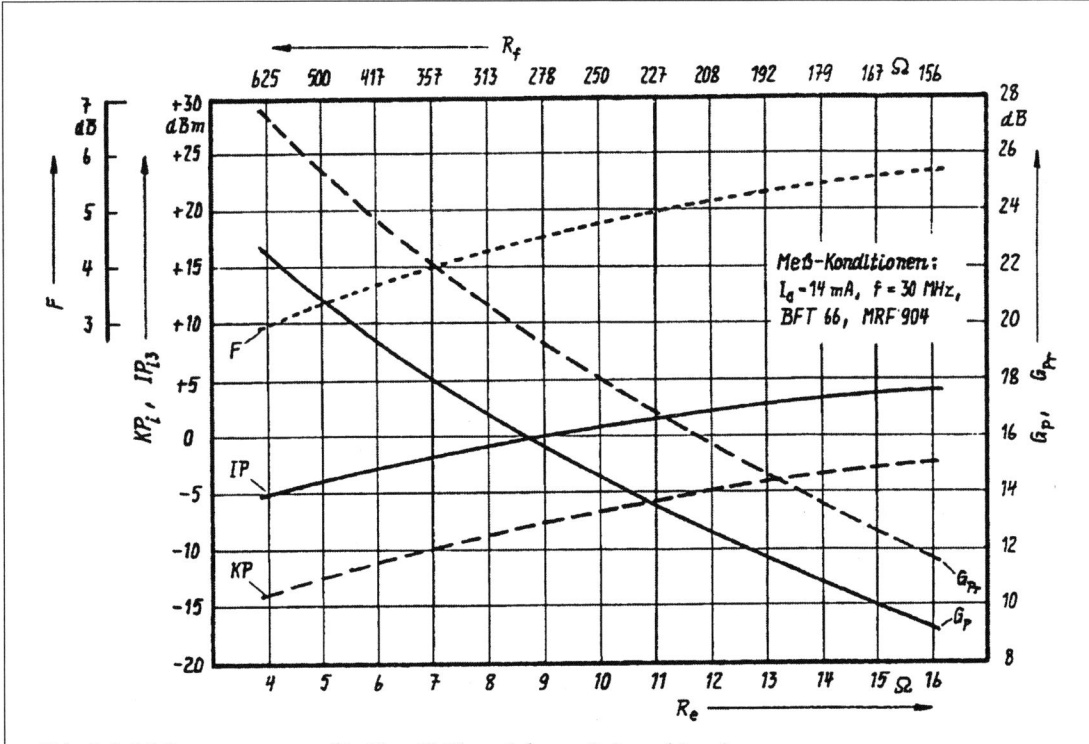

Abb. 1.6-16 Parametersatz für Typ-C-Verstärker mit I_C = 14 mA

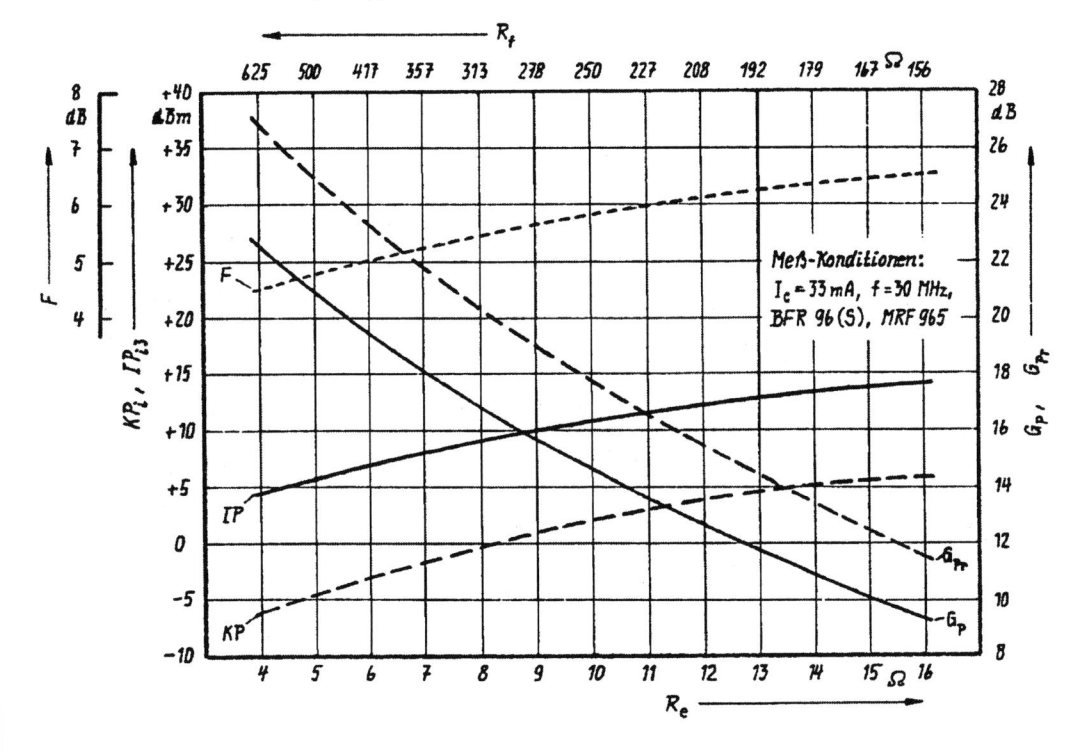

Abb.1.6-17 Parametersatz für Typ-C-Verstärker mit I_C = 33 mA

66 50-Ohm-Technik

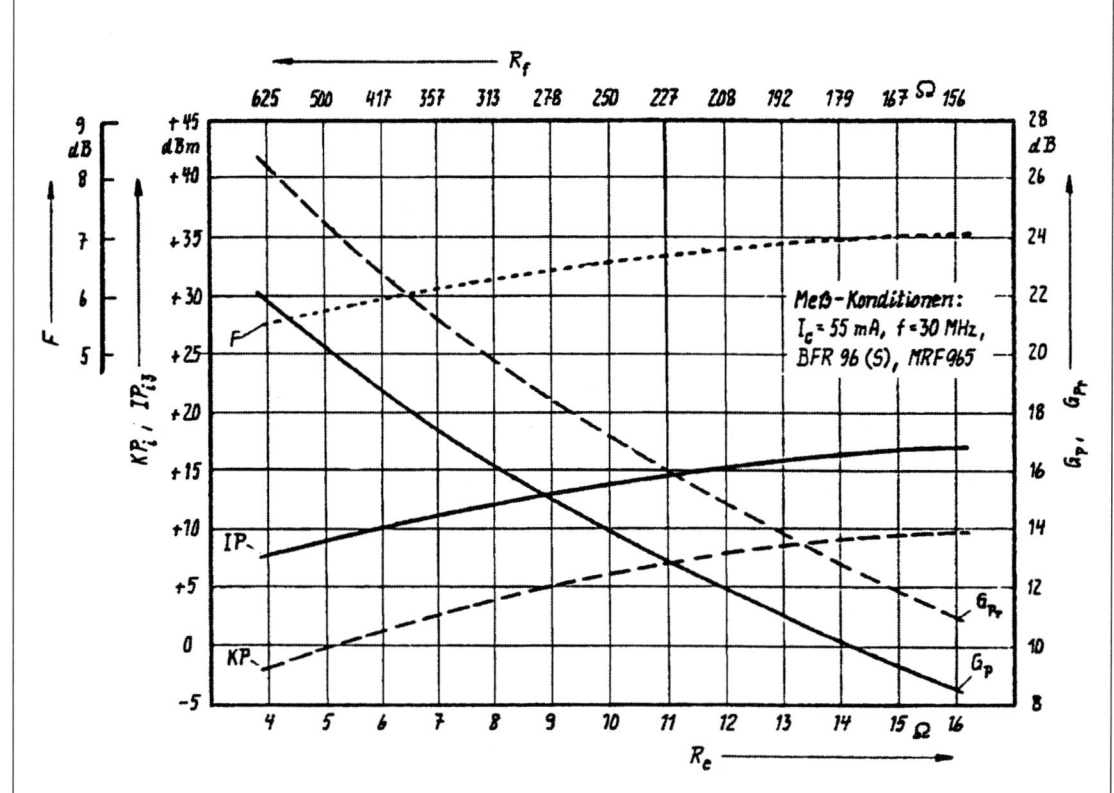

Abb. 1.6-18 Parametersatz für Typ-C-Verstärker mit $I_C = 55$ mA

Abb. 1.6-19 Vollständige Schaltung eines Typ-C-Verstärkers

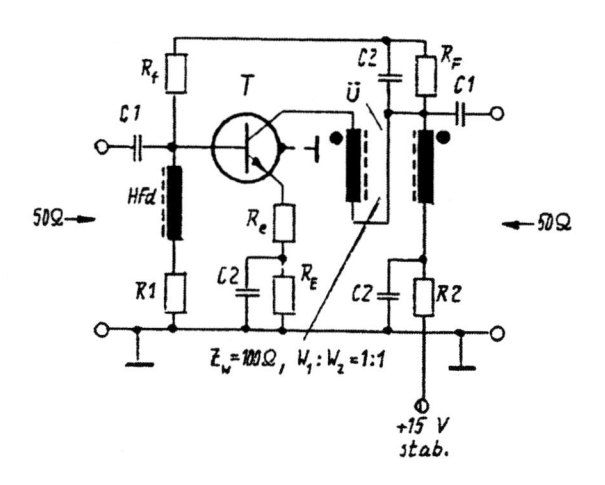

T: für $I_C \leq 18$ mA = BFT 66, MRF 904 oder aquivalent; für $I_C \leq 60$ mA = BFR 96 (S)$_1$ MRF 965 oder aquivalent. Übrige Bauteile siehe Text; bei Ü Polungspumkte beachten!

K	I_C-abhängig			f-abhängig	
	14 mA	33 mA	55 mA	1...50 MHz	30...300 MHz
R_e+R_E	179 Ω	75,8 Ω	45,5 Ω		
R_f+R_F	2,25 kΩ	903 Ω	600 Ω		
R 1	820 Ω	330 Ω	220 Ω		
R 2	150 Ω	62 Ω	39 Ω		
C 1				47 nF	2,2 nF
C 2				0,47 µF	22 nF
Hfd				220 µH	4,7 µH
Ü	9+9 W, 0,16 mm CuL, 100-Ω-Leitung, auf Ringkern FT-23-72			3+3 W, 0,16 mm CuL, 100-Ω-Leitung, auf Ringkern FT-23-43	

f-abhängige Komponenten (K) als Beispiele (siehe Text). Bei R 1 ≧ 500 Ω kann Hfd entfallen.

Abb. 1.6-20 Werte der I_C-bestimmenden Komponenten $R_{t/F}$, $R_{e/E}$, R1 und R2 in Abb. 1.6-19 sowie die einschlägigen Beispiele zweier frequenzspezifischer Bemessungen (G_P siehe Abb. 1.6-16... 1.6-18)

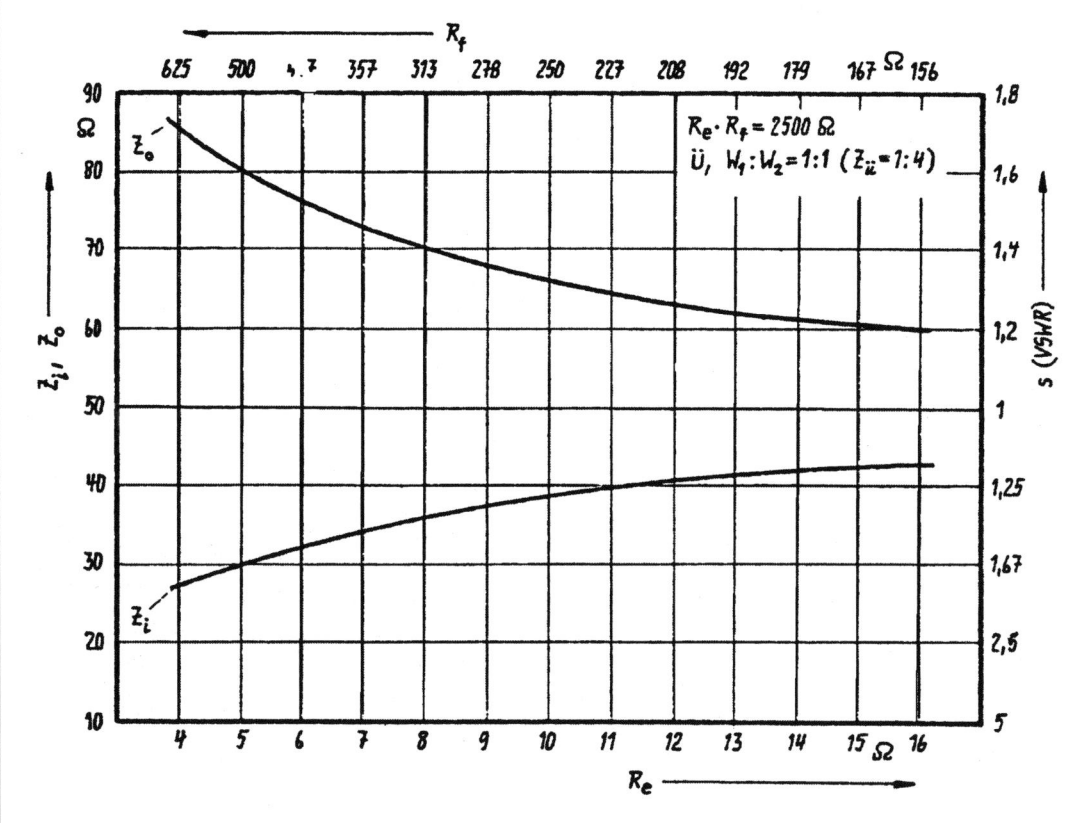

Abb. 1.6-21 Charakteristische Tendenz der Eingangs- und der Ausgangs-Impedanz von Typ-C-Verstärkern über R_f und A_0

$z_i = \frac{1}{y_{21}}$

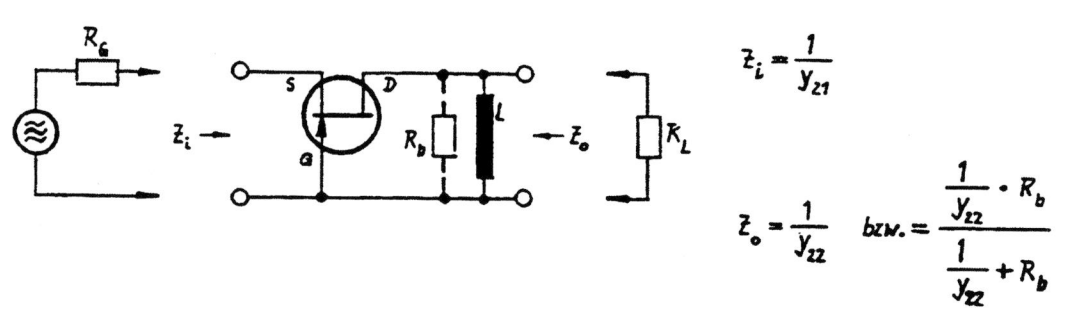

$z_o = \frac{1}{y_{22}}$ bzw. $= \frac{\frac{1}{y_{22}} \cdot R_b}{\frac{1}{y_{22}} + R_b}$

y_{21} = Vorwärtssteilheit
y_{22} = Ausgangsleitwert

$G_v = y_{21} \cdot (R_L \| R_b)$

Transistor: N-Kanal-Sperrschicht-Fet

Abb. 1.6-22 Grundschaltung des S-Fet-Hochstrom-Verstärkers Typ D mit den Bemessungshilfen

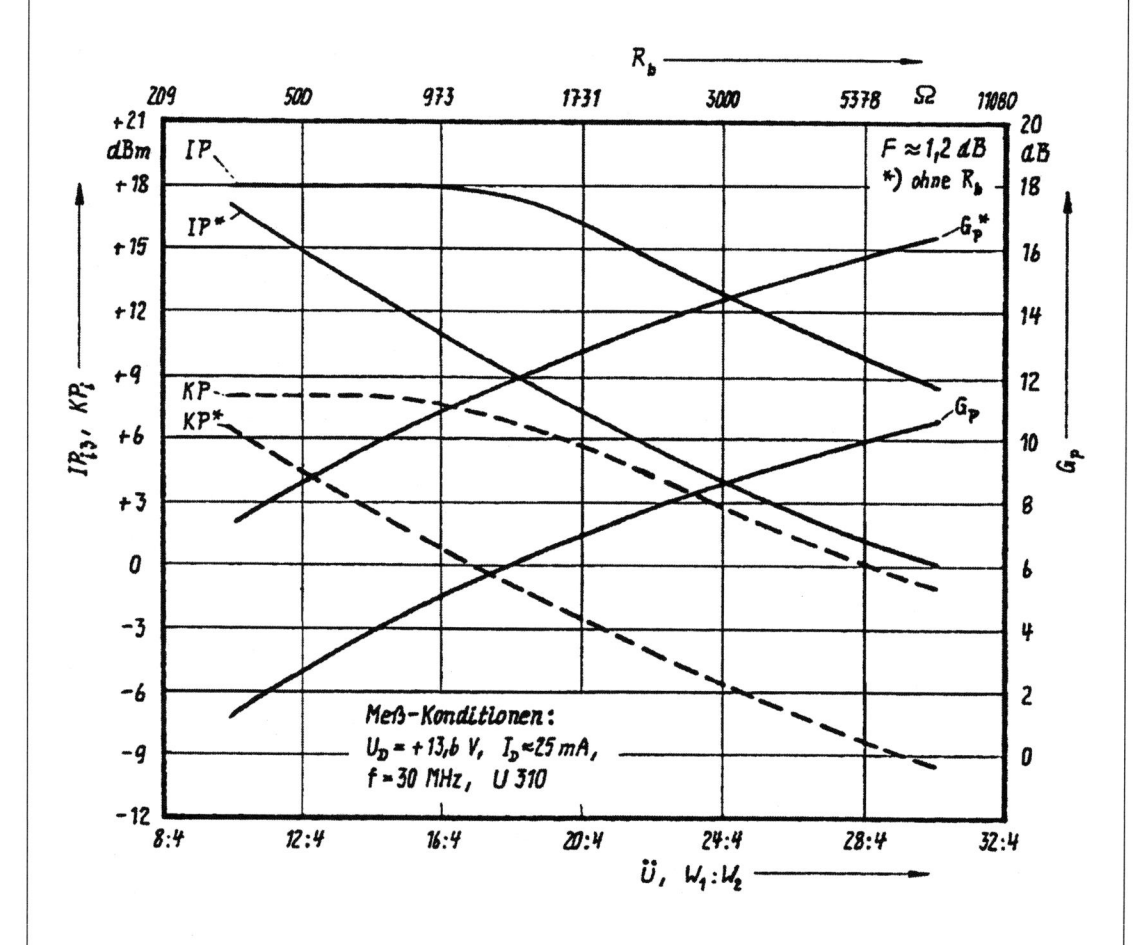

Meß-Konditionen:
U_D = + 13,6 V, I_D ≈ 25 mA,
f = 30 MHz, U 310

$F \approx 1,2$ dB
*) ohne R_b

Abb. 1.6-23 Parametersatz für Typ-D-Verstärker mit U_D = 13,6 V und y_{21} ≈ 20 mS

Abb. 1.6-24 Parametersatz für Typ-D-Verstärker mit $U_D = 20$ V und $y_{21} \approx 20$ mS

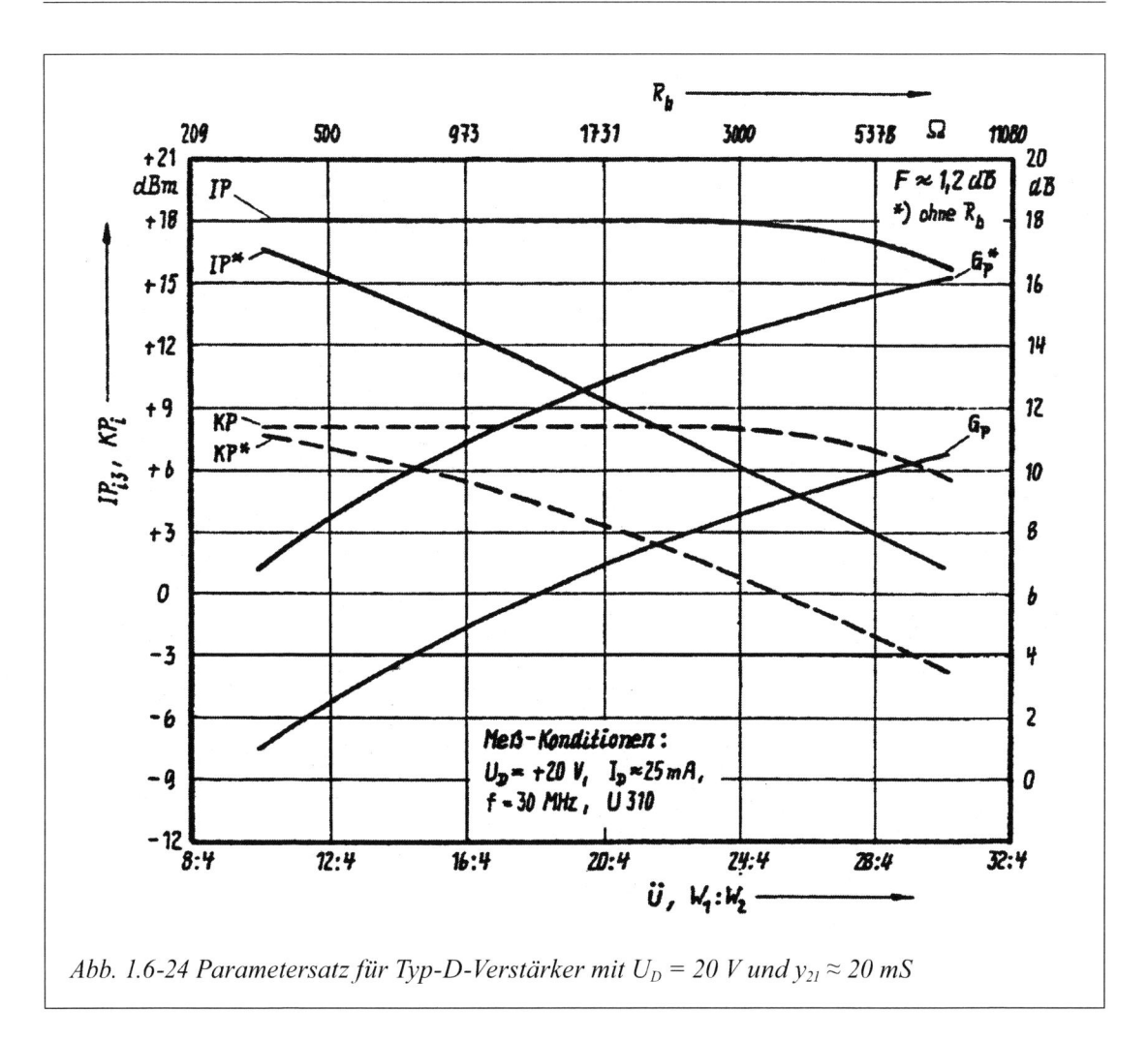

verdrillen sind. Zu diesem Typ B-Verstärker ist anzumerken, dass seine Eingangs-Impedanz Z_i mit ≥ 1 kΩ relativ hochohmig ausfällt. Zu einer geringeren Impedanz (z.B. 50 Ω) gelangen wir am einfachsten durch den Austausch der Hfd gegen einen ohmschen Widerstand (R_{Hfd}) entsprechenden Wertes. Dadurch nimmt allerdings das Rauschmaß deutlich zu, und zwar im allgemein gewünschten Fall der Gleichwertigkeit von R_{Hfd} und des Generator-Widerstandes R_G, also bei Leistungs-Anpassung, um 3 dB. Die Signalverträglichkeit bleibt dabei praktisch unbeeinflusst. Unter der Voraussetzung

$R_G = R_{Hfd} = Z_0 = Z_L$ (siehe Bild 1.6-8)

weisen G_u und G_P bezüglich der Verstärker-Ports übereinstimmende dB-Werte auf.

Nun zum Typ C. Die Grundschaltung dieses R-gegenkoppelnden Funktionsgliedes mit den praxisbezogenen Bemessungshilfen geht aus Bild 1.6-15 hervor. Zunächst haben wir wieder die vom Verstärker verlangten Eigenschaften zu konkretisieren. Dann suchen wir das entsprechende Parameter-Ensemble in den I_c-spezifisch angelegten Nomogrammen Bild 1.6-16…1.6-18 auf. Verfügbar sind hier unter anderem IP_{i3} –5…+17 dBm, KP_i –14…+10 dBm, G_p 9…22 dB und F 3…7 dB. Schließlich notieren wir den gefundenen I_c und die zugehörigen Werte von R_f und R_e.

Die allen drei Sub-Typen gemeinsame Schaltung wird vollständig in Bild 1.6-19 vorgestellt. Aus Bild 1.6-20 gehen die I_c-bestimmenden Werte der Komponenten $R_{f/F}$, $R_{e/E}$, R 1 und R 2 hervor, zudem die Beispiele zweier frequenzspezifischer

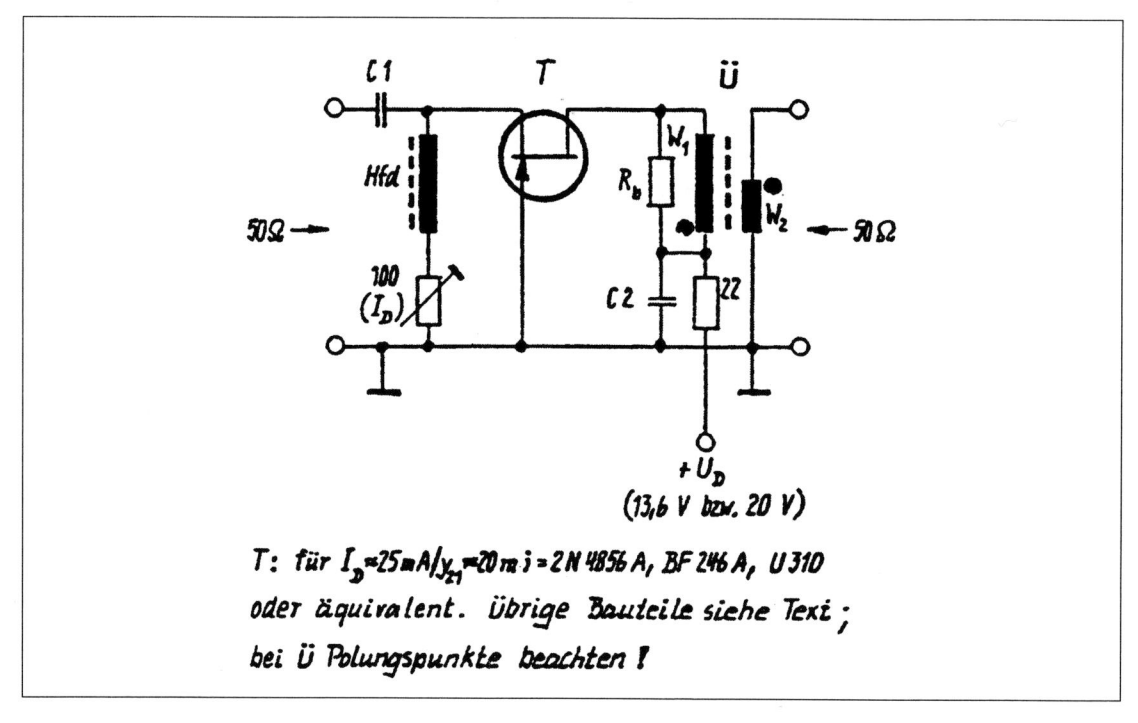

Abb. 1.6-25 Vollständige Schaltung eines Typ-D-Verstärkers

Bemessungen. Die Blindwerte müssen betragen für C 1 ≤ 10 Ω, C 2 ≤ 1 Ω und Hfd ≥ 500 Ω, jeweils bezüglich der niedrigsten aufzubereitenden Frequenz. Der Übertrager wird als Leitungsglied gemäß Bild 1.1-15 ausgeführt. An Bild 1.6-21 erkennen wir die typische Tendenz von Z_i und Z_0 über R_f und R_e mit $Z_1 \neq Z_0 \neq 50\,\Omega$; eine praktisch kaum signifikante Einschränkung.

Schließlich ist noch ein mittels N-Kanal-S-Fet in Gate-Schaltung zu realisierender Verstärker abzuhandeln; er sei hier willkürlich als Typ D bezeichnet. Im Gegensatz zu den vorangestellten drei Strukturen wird er ohne Gegenkopplung betrieben; und zeichnet sich infolgedessen a priori durch hohe Rückwirkungsarmut (hohe A_x) aus.

Kriterien der Transistorwahl sind - neben Stromverträglichkeit und Verlustleistung - vor allem Vorwärtssteilheit y_{21}, Grenzfrequenz der Vorwärtssteilheit f_{y21} (bezogen auf $y_{21f} = ((1/\sqrt{2}) \cdot y_{21})$, Rauschmaß F und, sekundär, der Drainstrom I_D. Für 50-Ohm-Anwendungen im Spektrum bis zu etwa 500 MHz haben sich beispielsweise die Elemente 2 N 4856 A, BF 246 A und U 310 mit $I_D \approx 25$ mA (Richtwert, starke Parameter-Streuungen) sehr bewährt. Die Grundschaltung des Typ-D-Verstärkers mit den praxisbezogenen Bemessungshilfen geht aus Bild 1.6-22 hervor.

Zunächst sind wieder die der Schaltung abzuverlangenden Eigenschaften zu konkretisieren. Dann suchen wir das entsprechende Parameter-Ensemble in den U_D-spezifisch angelegten Nomogrammen Bild 1.6-23 und Bild 1.6-24 auf. Hier stehen unter anderem zur Verfügung IP_{i3} 0...+18 dBm, KP_i –10...+8 dBm, G_p 1...16 dB und F 1,2 dB. Es werden die Werte $W_1:W_2$ und R_b notiert.

Die den beiden Sub-Typen gemeinsame Schaltung ist vollständig in Bild 1.6-25 vorgestellt. Hinsichtlich des Übertragers Ü orientieren wir uns anhand der Ausführungen in Abschnitt 1.1; falls es die $Z_ü$-Rate erlaubt, sollte eine Leitungs-Struktur verwendet werden. Die Blindwerte von C 1, C 2 und Hfd müssen 10 Ω ≤ 1 Ω respektive ≥ 500 Ω bei der niedrigsten aufzubereitenden Frequenz betragen.

Für Fälle W1:W2 > |>12| : 4 im allgemeinen und |>16| : 4 immer führen aperiodische $Z_ü$-Glieder zu mangelhaften Ergebnissen. Unter Berücksichti-

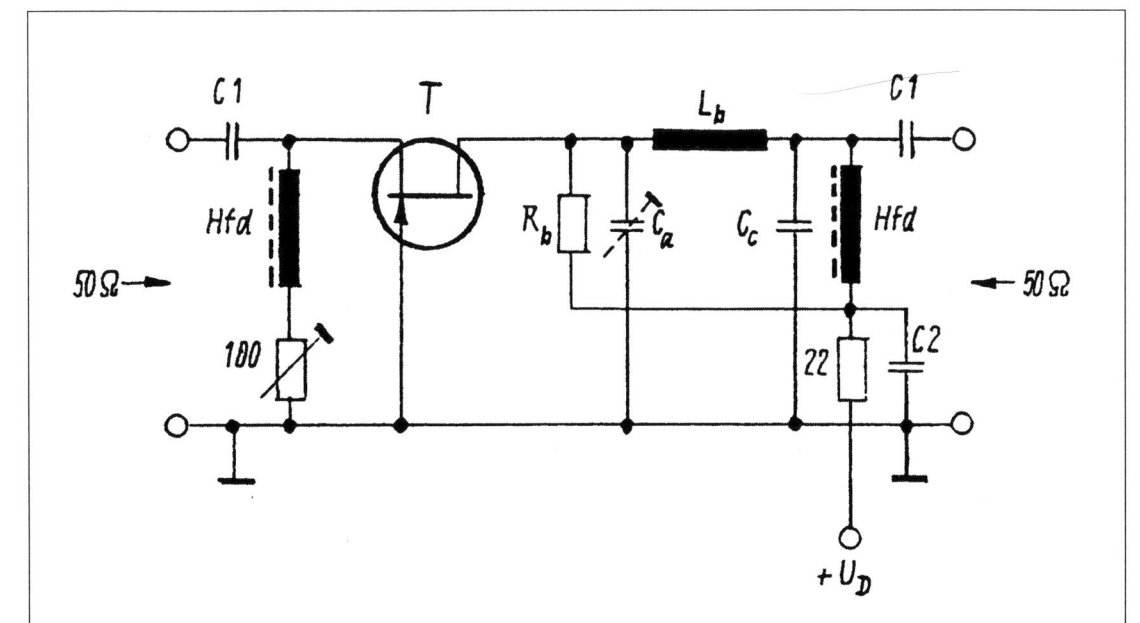

G_P	2,3 dB	4,7 dB	6,7 dB	7,7 dB	9,2 dB
R_b	510 Ω	1 kΩ	1,6 kΩ	2,7 kΩ	4,7 kΩ
X_{Ca}	90 Ω	114 Ω	125 Ω	150 Ω	175 Ω
X_{Lb}	110 Ω	135 Ω	145 Ω	171 Ω	196 Ω
X_{Cc}	36,4 Ω	34,3 Ω	28,7 Ω	28,7 Ω	28,8 Ω
Q_B	5	7	10	12	14
$Q_{L\emptyset}$	≥ 90	≥ 130	≥ 180	≥ 220	≥ 250

$$C = \frac{1}{\omega_{mg} \cdot X_c} \quad , \quad L = \frac{X_L}{\omega_{mg}} \quad ; \quad B_{p/-3dB} = \frac{f_{mg}}{Q_B} \quad , \quad Q_B = \frac{f_{mg}}{B_{p/-3dB}}$$

Abb. 1.6-26 Variante des Verstärkers in Abb. 1.6-25 für breitband-selektive Drain-Beschaltung mit frequenzspezifischen Bemessungshilfen

gung der frequenzspezifischen Situation ist dann die breitband-selektive Schaltungs-Variante gemäß Bild 1.6-26 mit einer Π-Struktur als drainseitiges $Z_{ü}$-Glied zumeist deutlich vorteilhafter. Dieses Bild zeigt zugleich die notwendigen Bemessungshilfen in Beispielen: $Z_{ü}$-Zwischenwerte lassen sich mit praktisch hinreichender Genauigkeit durch Interpolation ermitteln.

Zu den abgehandelten vier Verstärker-Kategorien hier noch einige allgemeingültige Hinweise:

Typ A: Diese Strukturen neigen bei Fehlabschlüssen von s>3 deutlich zu wildem Schwingen. Selbsterregung tritt zumeist oberhalb des Betriebsspektrums auf, oftmals auf zwei Frequenzen gleichzeitig. Eine Ferrit-Perle über den Kollektor-Pin des Transistors geschoben schafft Abhilfe. Bei selektiver Beschaltung müssen wir immer auf sorgfältige Ausgang:Eingang-Entkopplung des Verstärkers bezüglich seiner Selektionsmittel hinwirken.

Typ B: Diese Struktur ist unter 50-Ohm-Konditionen elektrisch stabil. Zu wildem Schwingen kann es jedoch bei hochohmig-selektiver Eingangs-Beschaltung durch Ausgang:Eingang-Verkoppelungen kommen. Parameter-neutrale Gegenmaßnahmen gibt es nicht, ausgenommen die konsequente Beseitigung der Rückwirkungen.

Typ C: Diese Struktur ist im allgemeinen ungewöhnlich stabil. Bei selektiver Beschaltung muss jedoch auf sorgfältige Ausgang:Eingang-Entkopplung bezüglich peripherer Selektionsmittel geachtet werden.

Typ D: Die Stabilitäts-Eigenschaften dieser Struktur sind generell mit denen des Typs C vergleichbar. Als besonderen Vorteil haben wir hier jedoch noch die Möglichkeit breitbandig exakter Z_i- und Z_0-Einstellungen über den I_D ($Z_i = 1/y_{21}$) beziehungsweise R_b.

1.7 Modulare Realisationen

In Bild 1.7-1 und Bild 1.7-2 sind die Print-Vorlagen und Bestückungspläne einiger der in Abschnitt 1.5 angeführten Dioden-Ringmischer vorgestellt.

Die im Zuge des $+U_B$-Bus eingezeichneten Drahtbrücken werden über ihre gesamte Länge mit kleinen Ferrit-Perlen hoher Permeabilität ($\mu_i \geq 1000$; Drossel- und Schirmwirkung) überzogen; zwischen Perlen und Platine sollten ≥ 3 mm Abstand herrschen. Diese Brücken setzen wir nur in Fällen notwendiger Bus-Weiterführungen ein.

Aus Bild 1.7-3...1.7-8 gehen die Print-Vorlagen und Bestückungspläne der in Abschnitt 1.6 beschriebenen Verstärker hervor. Die Prints der Schaltungen Typ A...C entsprechen den Pin-Belegungen der Transistoren MRF 904 und MRF 965 mit der Reihenfolge Emitter/Basis/Kollektor (Gehäuse); im Uhrzeigersinn beim Blick auf die Drähte. Der BFT 66 beispielsweise weist dagegen miteinander vertauschte Emitter- und Basis-Pin auf. In derartig abweichenden Fällen können wir die Anschlussdrähte kreuzen lassen; auf möglichen Kurzschluss achten. Im gleichen Sinne sind die Prints für die Typ-D-Verstärker zu betrachten; sie erlauben unter anderem den unmittelbaren Einsatz der Elemente 2N4856A und U310. Halbleiter im vergleichsweise großen T-Pack-Gehäuse - exemplarisch für den BFR96 (S) - lassen sich nicht verwenden; risikoloses Ändern der laborerprobten Prints dürfte nur bei Frequenzen bis zu etwa 50 MHz möglich sein.

Prints für Selektoren können hier nicht aufgeführt werden, da sie in aller Regel den spezifischen Verhältnissen entsprechend individuell entworfen werden müssen.

Bus-Verbindungen stellen wir mittels Drahtbrücken, in puncto $+U_B$ in kritischen Fällen auch über Durchführungs-Kondensatoren oder -Filter her. Für die Signal-Ports sind bei sehr kurzen Verbindungswegen ebenfalls Drahtbrücken geeignet, ansonsten ist Koaxialkabel heranzuziehen. Hierfür bieten sich die 50-Ohm-Ausführungen RG 174/U und RG-178B1U mit 2,5 mm beziehungsweise 1,5 mm Außen-Durchmesser an.

Zum anderen können wir mehrere Moduln auf einer größeren gemeinsamen Platine (z.B. Euro-Steckkarte) zu einem „Super-Modul" vereinen. Dabei sind die beiden Busse durchzuschleifen; die Schirmfolie auf der Bauteilseite ist geschlossen zu halten. Für Verknüpfungen der Signal-Ports

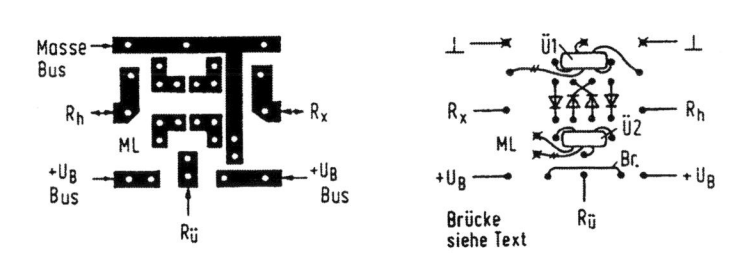

Abb. 1.7-1 Print-Vorlage und Bestückungsplan zum Medium-Level-Ringmischer gemäß Abb. 1.5-3

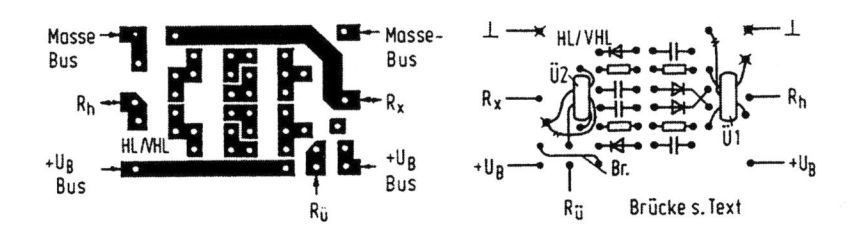

Abb. 1.7-2 Print-Vorlage und Bestückungsplan für die Ringmischer der High-Level- und Very-High-Level-Klasse gemäß Abb. 1.5-4 beziehungsweise Abb. 1.5-5

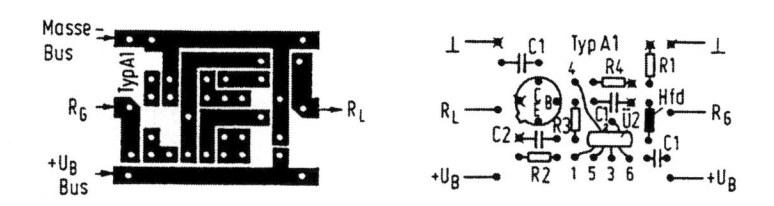

Abb. 1.7-3 Print-Vorlage und Bestückungsplan zum Typ-A-Verstärker gemäß Abb. 1.6-5, links

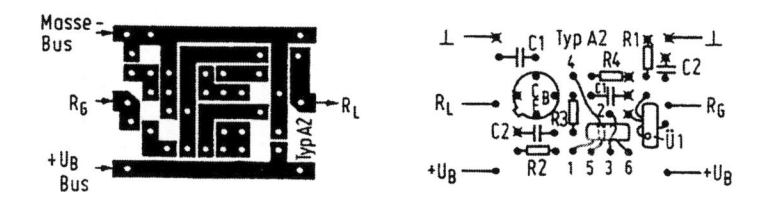

Abb. 1.7-4 Print-Vorlage und Bestückungsplan zum Typ-A-Verstärker gemäß Abb. 1.6-5, rechts

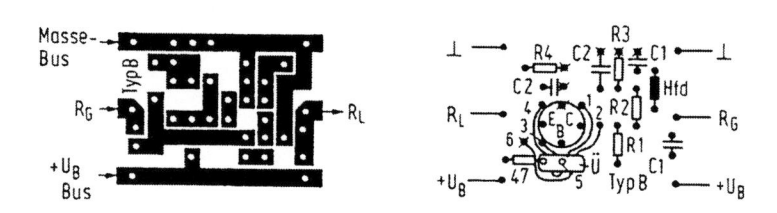

Abb. 1.7-5 Print-Vorlage und Bestückungsplan zum Typ-B-Verstärker gemäß Abb. 1.6-12

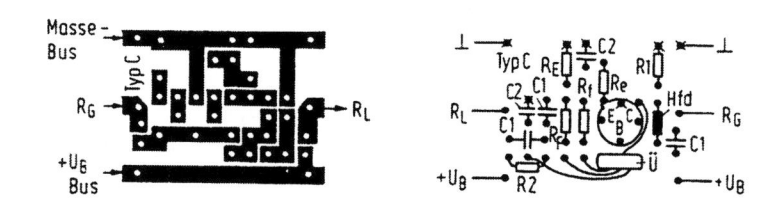

Abb. 1.7-6 Print-Vorlage und Bestückungsplan zum Typ-C-Verstärker gemäß Abb. 1.6-19

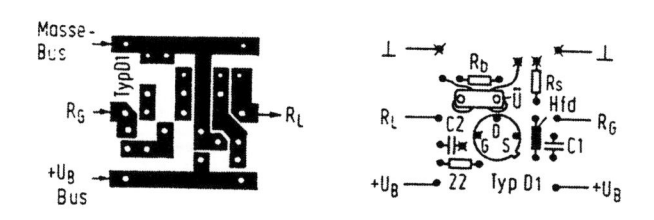

Abb. 1.7-7 Print-Vorlage und Bestückungsplan zum Typ-D-Verstärker gemäß Abb. 1.6-25

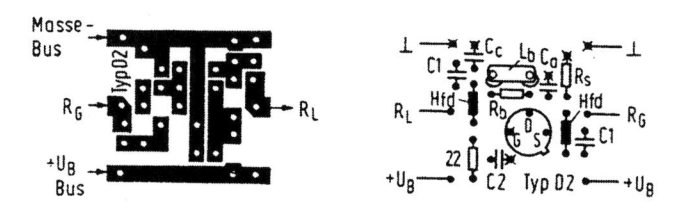

Abb. 1.7-8 Print-Vorlage und Bestückungsplan zum Typ-D-Verstärker gemäß Abb. 1.6-26

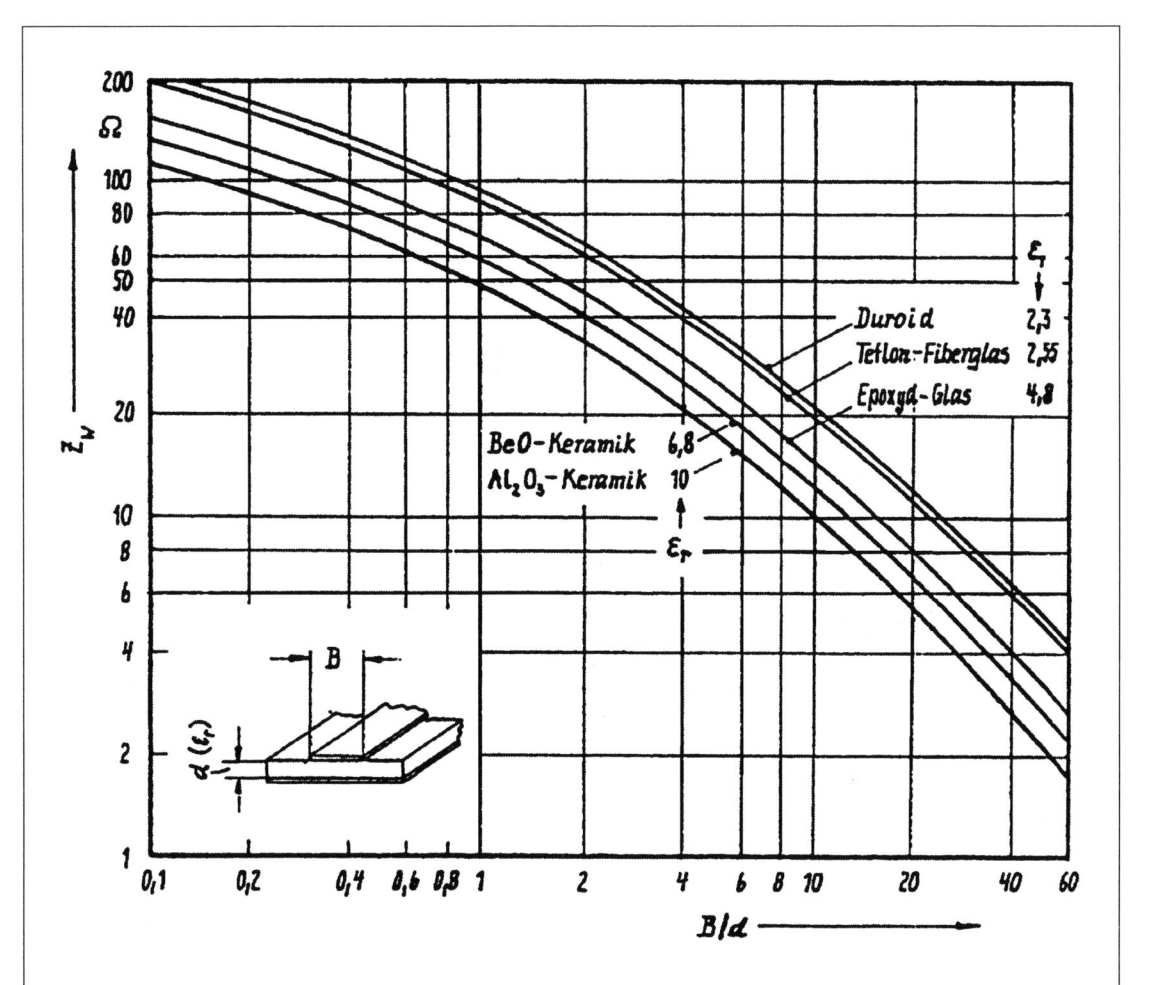

Abb. 1.7-9 Der Microstrip-Wellenwiderstand in Abhängigkeit von Strip-Breite sowie Dicke und Dielektrizitäts-Konstante des Trägermaterials

untereinander sollten dagegen im Interesse optimaler messtechnischer Zugriffsmöglichkeiten auch hier allemal (steckbare) Drahtbrücken oder Koaxial-Kabel dienen. Über längere Wege eignen sich auch Striplines, deren Bemessungen (allgemeingültig) aus Bild 1.7-9 hervorgehen. Zwischen den einzelnen sub-modularen Schaltungsgliedern müssen eventuell Abschirmwände angebracht werden, vor allem stets bei offenen (strahlenden) Zylinderspulen, Oszillatoren und Mischern; in puncto Frontends sei das a priori Funktion für Funktion angeraten.

2 Oszillator-Design

Dieses Thema ist ungemein facettenreich und von daher buchfüllend. Vor diesem Hintergrund kann hier nur ein kleiner Abriss gegeben werden. Er orientiert sich an den im professionellen Metier vorherrschenden Gesichtspunkten und Techniken und favorisiert Schaltungen mit vorteilhaftem Kosten/Effizienz-Verhältnis.

2.1 Kriterien

Primäres Kriterium für einen Oszillator ist die Frequenzstabilität. Sie wird zum einen von der Schaltungstechnik als solcher begrenzt - da gibt es a priori vorteilhafte und weniger empfehlenswerte Strukturen, zum anderen spielt die Qualität der Realisation eine entscheidende Rolle. Daneben kommt in zahlreichen Anwendungsfällen dem Phasenrauschabstand des generierten Signals große Bedeutung zu, insbesondere bei hochempfindlichen Empfängern, die durch das Phasenrauschen ihres Überlagerungssignals in der dynamischen Nachbarkanal-Selektion beeinträchtigt werden können, was sich als eine besondere Form der Empfindlichkeits-Minderung äußert.

Hinsichtlich der Frequenzstabilität können wir allgemein davon ausgehen, dass Instabilitäten im Zuge einer Funkverbindung mit bis zu 50% der spezifisch anstehenden Signalbandbreite ausfallen dürfen. Aber keine Regel ohne (signifikante) Ausnahmen:

1. Bei J3E sind maximal 200 Hz Drift zulässig, denn größere Abweichungen machen die Signale unlesbar.

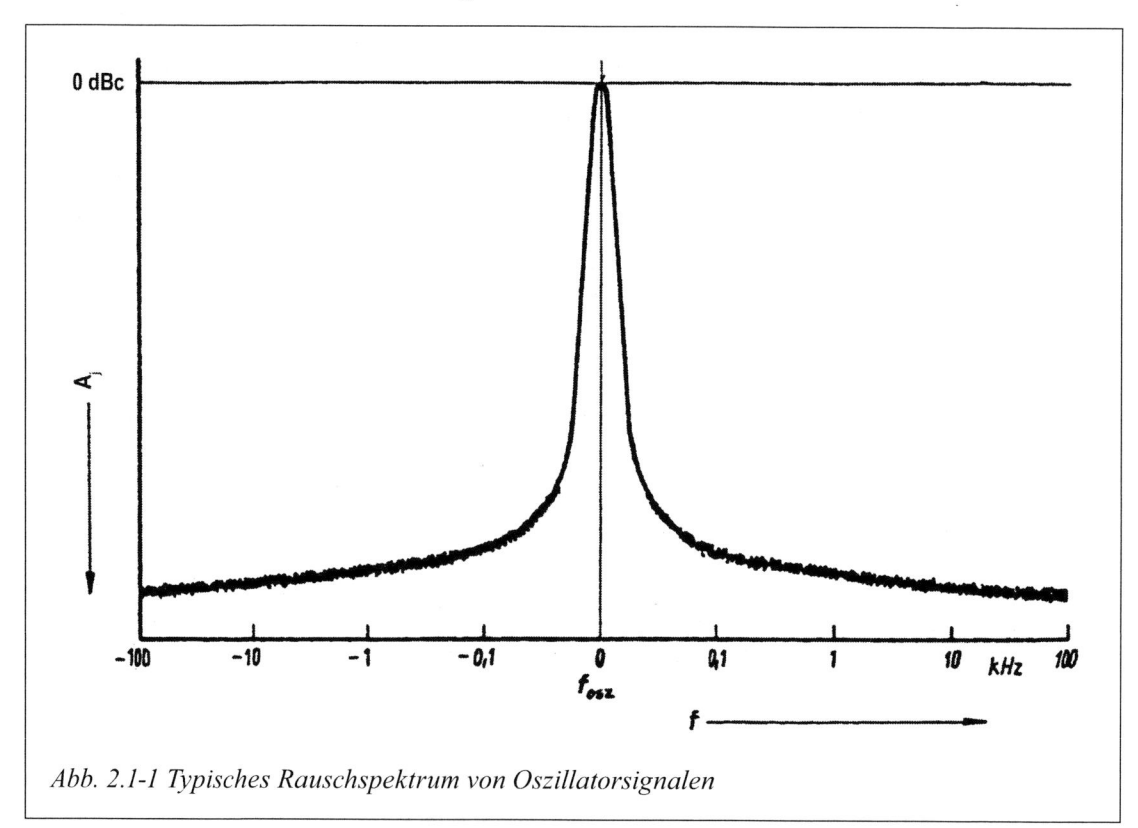

Abb. 2.1-1 Typisches Rauschspektrum von Oszillatorsignalen

2. Bei RTTY-Empfang mittels sehr schmalbandiger Mark- und Space-Filter (zumeist auf NF-Ebene) bildet die Bandbreite dieser Filter das Kriterium, also nicht die wesentlich größere Signalbandbreite über alles. Zu beachten ist, dass diese Toleranzen zwischen den miteinander korrespondierenden Stationen aufzuteilen (zu halbieren) sind, denn sie können gegenläufig zueinander driften mit dem Effekt der Drift-Addition. Insbesondere die als Ausnahmen vorangestellten Fälle führen häufig zu enormen entwicklerischen Herausforderungen.

Der für Empfänger notwendige Phasenrauschabstand des Überlagerungssignals resultiert gemäß der Definition

$A_j \geq DB_3 + B_{p/B}$

in dBc/Hz mit

$B_{p/B} = 10 \times \log B_{p/Hz}$

Als $B_{p/Hz}$ sollte hier die -6-dB-Bandbreite (auch Impuls-Bandbreite genannt) dienen. Die A_j ist auf 10 kHz Linienabstand zu beziehen. Wie Bild 2.1-1 andeutet, nimmt das Seitenbandrauschen mit wachsendem Linienabstand zunächst, d.h. bis zu etwa 1...5 kHz, deutlich ab, um dann nach und nach in einen nahezu umformen Rauschflur überzugehen. Mit der A_j als Mindestwert per Definition wird die RX-Empfindlichkeit (F_{RX}) um 3 dB reduziert; das jedoch nur, wenn - wie praktisch anzunehmen ist - innerhalb des Durchlassbereichs der HF-Selektion weitere Signale anstehen. Die für Empfänger hoher Dynamik und damit auch beachtlicher Empfindlichkeit erforderliche A_j (≥ 140 dBc/Hz) lässt sich, wenn überhaupt, nur mit erheblichen entwicklerischen Mühen realisieren; besonders kritische Verhältnisse herrschen im Zusammenhang mit Synthesizern aufgrund ihrer ungemein zahlreichen und zumeist kaum „kalkulationsfähigen" sub-prozessualen Signale.

Hinsichtlich der Realisation hochqualitativer Oszillatoren sollten vier grundsätzliche Punkte stets konsequent berücksichtigt werden:

1. Es sind ausnahmslos Bauteile allgemein sehr hohen Standards sowie elektrisch höchster Güte heranzuziehen. Als Schwingtransistoren haben sich sehr rauscharme bipolare Mikrowellen-Elemente ($f_T \geq 3$ GHz) bestens bewährt; beispielsweise die Spezies 2N6620, BFR34A, BFT66, BFT 97, MRF904 und MRF914 bzw. äquivalente Typen und Nachfolgerprodukte.

2. Für L/C-Oszillatoren mit > 10 MHz Schwingfrequenz sind Printplatten-Aufbauten ungeeignet. Statt dessen sollten wir für Einzelstücke Aufbauten mit freier Verdrahtung zwischen stabilen Lötstützpunkten wählen. Nötigenfalls (z. B. bei Frequenz-Freilauf, keine PLL-Rastung) muss das Objekt insgesamt in elektrisch hochwertiges, mechanisch starres und thermisch weitgehend neutrales Isoliermaterial eingebettet werden.

3. L/C-Oszillatoren bedürfen immer einer sehr rückwirkungsarmen Pufferung. Gleiches gilt für oberwellen-erregte Quarz-Schaltungen.

4. Oszillatoren sollten weder moduliert noch getastet werden. Derartige Funktionen sind frequenzspezifisch rückwirkungsarm auszuführen.

Schließlich sei noch die ebenso verbreitete wie irrige Meinung angesprochen, PLL-synchronisierte Oszillatoren könne man „großzügig" auslegen. Zwar wird die Synthesizer-Mutter auch einen „zum Ausbrechen neigenden Filius" noch über gewisse Frequenzbereiche sicher im Griff haben, jedoch nur durch entsprechend starkes „Gegensteuern", mit dem Resultat verminderten Phasenrauschabstandes.

2.2 L/C-Oszillatoren

Die im professionellen Metier bevorzugte favorisierte Grundschaltung ist einschließlich ihrer primären Bemessungsregeln in Bild Abb. 2.2-1 vorgestellt.

Dieser Oszillator zeichnet sich, aufgrund seines Gegenkopplungs-Widerstandes R_e, durch relativ sehr große Oberwellenarmut aus. Zugleich kann das Phasenrauschen durch experimentell optimierte Kreis- und Rückkopplungs-Bemessung auf ein absolutes Minimum gebracht werden. Am Fußpunkt des R_b, können wir - anstelle der

78 Oszillator-Design

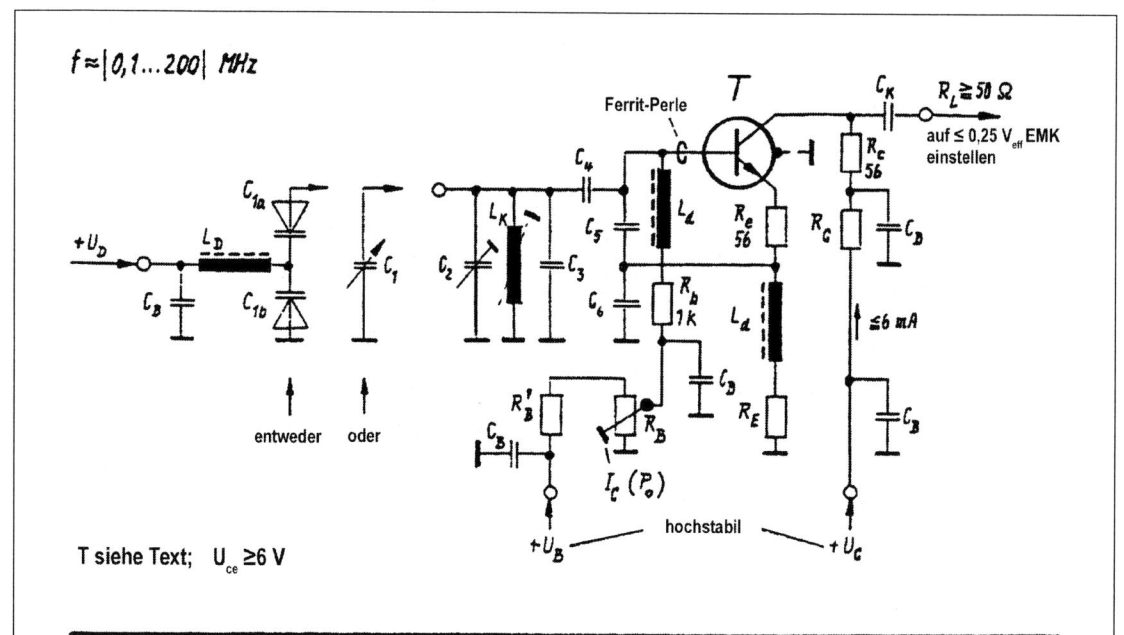

$f \approx |0{,}1 \ldots 200|\ MHz$

$$\Delta f = \frac{f_{max}}{f_{min}}\ ;\quad \Delta C = \Delta f^2\ ;\quad \Delta C \triangleq C_{min} \ldots C_{max}\ ;\quad X_{C_4} \approx 100\ \Omega\ ;\quad X_{C_{5,6}} \approx 50\ \Omega\ ;$$

$$L_K = \frac{1}{\omega_{min}^2 \cdot C_{max}} = \frac{1}{\omega_{max}^2 \cdot C_{min}}\ ;\quad X_{C_K} \leq \frac{R_L}{10}\ ;\quad X_{C_B} \leq 1\ \Omega\ ;\quad X_{L_d} \geq 2\ k\Omega\ ;\quad X_{L_D} \geq 3\ k\Omega\ ;$$

$$\omega = 2 \cdot \pi \cdot f\ ;\quad C\ aus\ X_C = \frac{1}{\omega \cdot X_C}\ ;\quad L\ aus\ X_L = \frac{X_L}{\omega}$$

Abb. 2.2-1 Schaltung mit Bemessungsmodi eines durchstimmbaren LC-Oszillators (VCO, VFO)

festen Basis-Vorspannung - eine Regelspannung entsprechenden mittleren Niveaus zur Stabilisierung der Schwingamplitude über die Frequenz anlegen. Schließlich erlaubt der Ausgangszweig mit 50 Ω Impedanz Leistungsanpassung an 50-Ohm-Schaltungsglieder.

Bei der Dioden-Abstimmung sollte die effektive Dioden-Kapazität nur einen geringen Bruchteil (< 20%) der Kreis-Gesamtkapazität messen, denn anderenfalls fällt das Phasenrauschen von der relativ sehr geringen Güte dieser Dioden her unnötig stark aus. Größere Durchstimmbreiten bewirkt man am vorteilhaftesten durch kapazitives Vorabstimmen mittels hochqualitativer Fest-

wert- oder/und Trimmer-Kondensatoren. Alle frequenzbestimmenden Komponenten sollten - nicht nur bei hohen Stabilitätsansprüchen - als Glieder einer sorgfältigen und langzeitstabilen Temperaturkompensation herangezogen werden. Derartige Maßnahmen sind (leider) einzig messtechnisch in den Griff zu bekommen.

2.3 Quarz-Oszillatoren

Drei vorbemessene Grundschaltungen für unterschiedliche Erregungsmodi, einschließlich ihrer primären allgemeinen Bemessungsregeln, gehen aus Bild 2.3-1 hervor.

Oszillator-Design

Grundwelle (1. Harm.)
≈ |0,8...30| MHz

3. Harmonische
≈ |30...80| MHz

5., 7. und 9. Harmonische
≈ |80...200| MHz

Q in Parallel-Resonanz

Q in Serien-Resonanz

Q in Serien-Resonanz

$X_{LD} \approx 1\,k\Omega$; $X_{CK} \leq \frac{R_L}{10}$; $X_{CB} \leq 1\,\Omega$; $X_{C1} \approx 100\,\Omega$; L_3 mit C_P auf Schwingfrequenz in Resonanz ; $L = \frac{1}{\omega^2 \cdot C}$; $\omega = 2\pi \cdot f$;

$X_{L2} = X_{Cap}$; $X_{C3} \approx 100\,\Omega$; $X_{C2} \approx 200\,\Omega$; L_1 mit C_1 auf Schwingfrequenz in Resonanz (C_P hier ≈ 4,5 pF) ; C aus $X_C = \frac{1}{\omega \cdot X_C}$; X_C aus $C = \frac{1}{\omega \cdot C}$;

L aus $X_L = \frac{X_L}{\omega}$; X_L aus $L = \omega \cdot L$

Abb. 2.3-1 Schaltungen und Bemessungsmodi quarzkontrollierter Oszillatoren (XO)

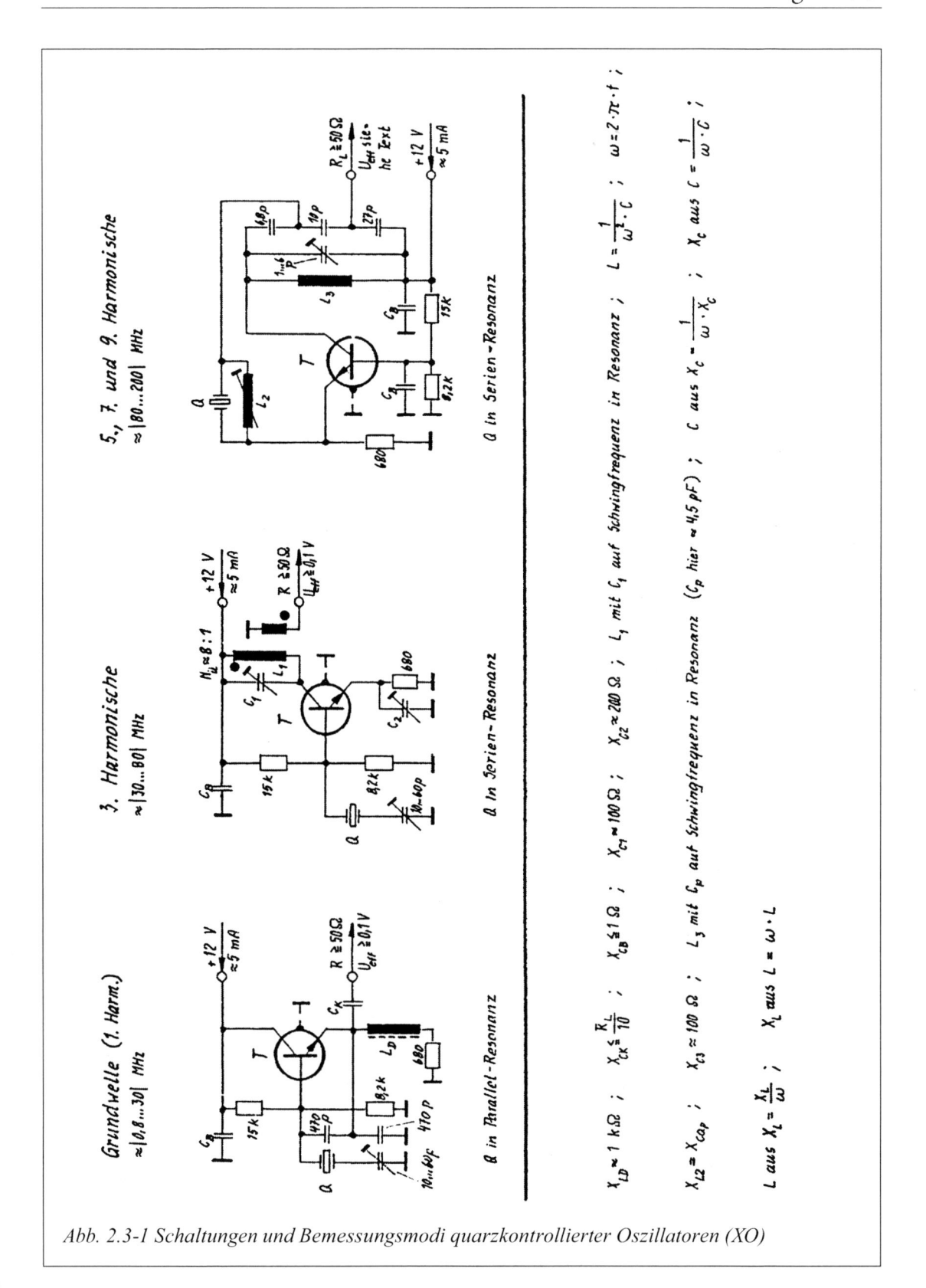

80 Oszillator-Design

In der Grundwellen-Schaltung links im Bild kann der Abgleichtrimmer auch parallel zum Quarz angeordnet werden. Dann sind die beiden Parallel-Kapazitäten von 470 pF auf jeweils 27 pF herabzusetzen. Im Resultat fällt die Frequenzstabilität allerdings etwas geringer aus. Falls wir auf einen Abgleich verzichten können, müssen die beiden angesprochenen Kapazitäten 56 pF messen; bezogen auf allgemein 30 pF gegebener Bürde-Kapazität des Quarzes.

Bei der Oberwellen-Struktur in der Mitte des Schaltbildes wird die Nominalfrequenz des Quarzes durch den Abgleichtrimmer a priori um einige Hundert Hertz nach oben gezogen, was beim Ordern des Schwingers zu beachten ist. Das Abgleichelement kann zugunsten der Frequenzstabilität entfallen. Mittels C_1 und C_2 stellen wir Schwingaktivität und Schwingsicherheit ein. Diesbezüglich zeigen sich deutliche Abhängigkeiten von den Güten der Komponenten Q und L_1 sowie vom Wert des Lastwiderstandes.

Die Oberwellen-Struktur rechts im Schaltbild ist allemal kritisch in ihrer Realisation. Der Blindwiderstand der Kompensations-Induktivität L_2 muss exakt mit dem Blindwiderstand der statischen Kapazität C_0 des Quarzes plus dessen externer Parasitär-Kapazität übereinstimmen; C_0 beträgt üblicherweise 6…7 pF, bei Sub-Miniatur-Schwingern 2…4 pF. Die Signalspannung wird von sämtlichen HF-typischen Parametern mitbestimmt. Wir können einzig experimentell und messtechnisch gestützt vorgehen; dabei ist sorgfältig auf parasitäre Erregung zu achten.

Alle HF-beaufschlagten Kapazitäten (ausgenommen die C_B) sind mit neutralem Temperatur-Koeffizienten (TK NPO) Zu wählen. Im gleichen Sinne müssen wir bezüglich $L_{1…3}$ vorgehen, von denen L_2 die kritischste ist.

Schließlich haben wir in Abb. 2.3-2 eine Übersicht der prinzipiellen Möglichkeiten zum Feinabgleich der Quarzfrequenz. Diese Schemata sind allgemeingültig, d.h. unabhängig vom Erregungsmodus des Schwingers (Parallel- oder Serien-Resonanz). Rechnerische Arbeiten können einzig bei Kenntnis der jeweiligen Quarz-Parameter (nach Hersteller-Angaben) durchgeführt werden.

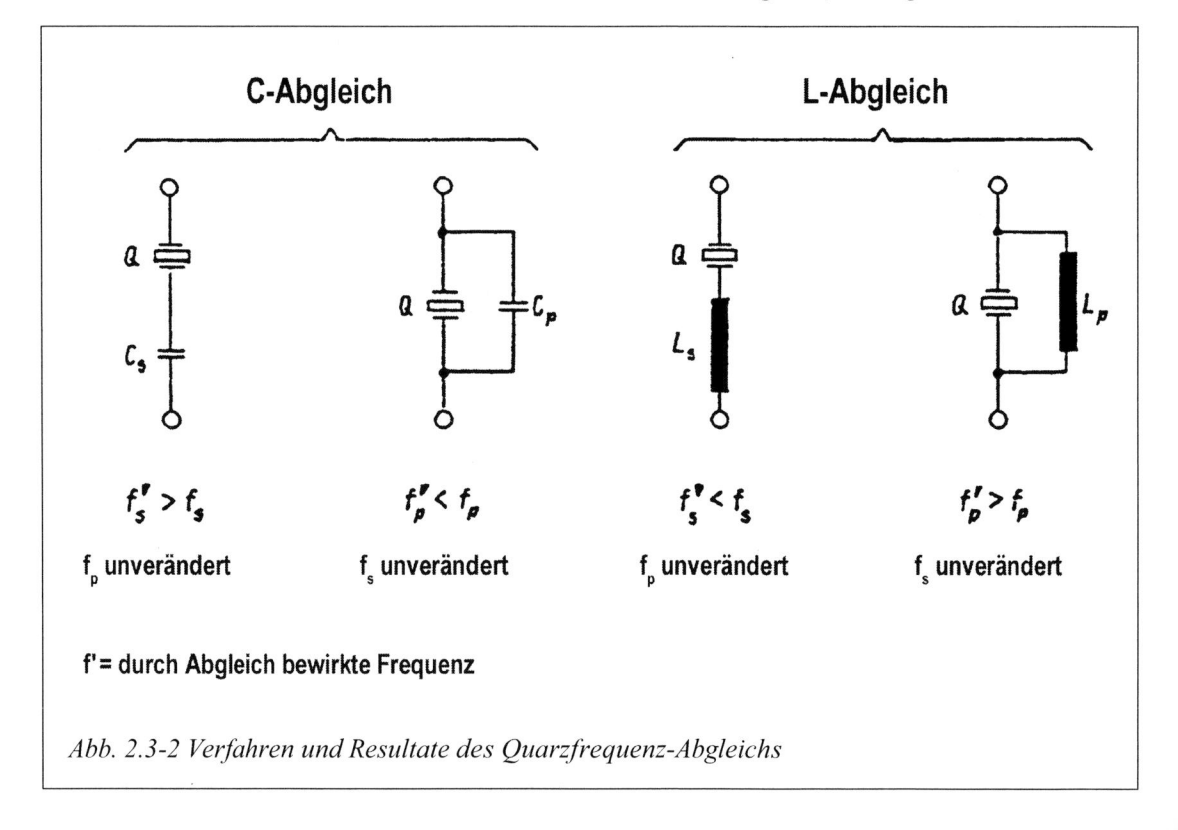

C-Abgleich

$f'_s > f_s$ — f_p unverändert

$f'_p < f_p$ — f_s unverändert

L-Abgleich

$f'_s < f_s$ — f_p unverändert

$f'_p > f_p$ — f_s unverändert

f' = durch Abgleich bewirkte Frequenz

Abb. 2.3-2 Verfahren und Resultate des Quarzfrequenz-Abgleichs

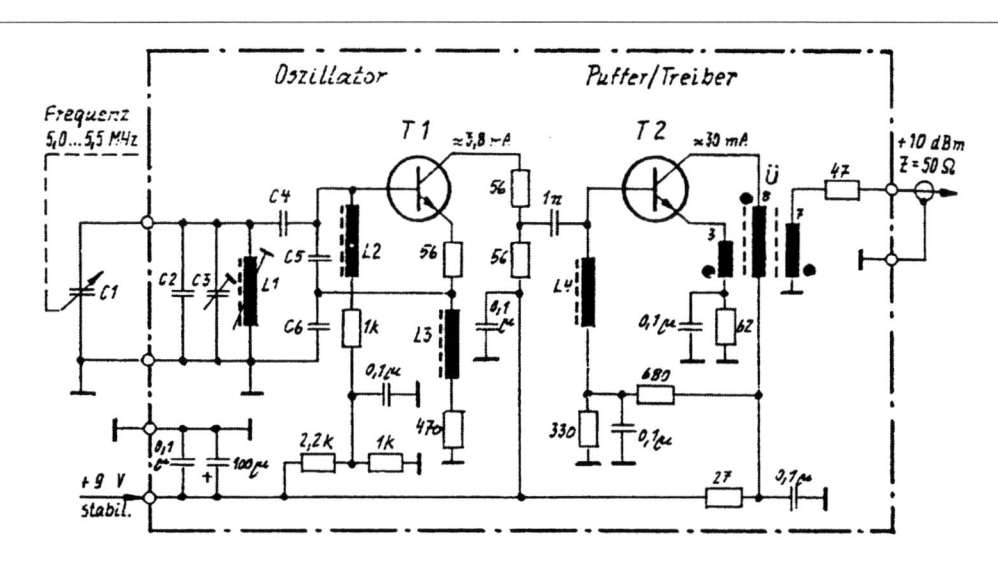

Abb. 2.4-1 Schaltung des 5,0...5,5-MHz-Steuersenders

Bauteil	Ausführung
C 1	5...65 pF, Drehkondensator, siehe Text
C 2	10...60 pF, Keramik-Trimmer
C 3	120 pF, Keramik, TK leicht negativ (Styroflex KS)
C 4	220 pF, Keramik, TK NP0 (Vielschicht COG)
C 5, 6	470 pF, Keramik, TK NP0 (Vielschicht COG)
L 1	3 µH, 8 Wind., 0,5 mm CuL, auf Schalenkern 14×8 mm, A_L = 40 nH (z. B. Siemens K 1)
L 2, 3, 4	68 µH, Miniatur-Hf-Drossel
T 1, 2	BFR 91 A, MRF 911 oder MRF 914
Ü	3+8+7 Wind., 0,16 mm CuL, trifilar/bifilar verdrillt, auf Ringkern FT-23-72

Abb. 2.4-2 Bauteileliste zu Abb. 2.4-1

2.4 Schaltungsbeispiele

2.4.1 5,0...5,5-MHz-Steuersender für KW-Amateurband-Systeme

Die Schaltung des Oszillators geht aus Bild 2.4-1 hervor. Der Abstimmbereich erlaubt das unmittelbare Abdecken der Bänder 3,5...4,0 MHz und 14,0...14,5 MHz (80/20 m) bei einer ZF von 9 MHz ZF.

Im Interesse optimaler elektrischer Stabilität und hinreichender Rauscharmut werden bipolare Mikrowellen-Transistoren verwendet; aus frequenzspezifischer Sicht (Schwingfähigkeit, Verstärkung) reichen bereits Elemente mit f_T 250 MHz völlig aus.

Wir haben hier die „archaische" Drehkondensator-Abstimmung vorliegen. Der Grund: Bei etwa 1:1,1 Frequenz-Durchstimmbreite Δf und daraus, per Δf^2 resultierend, rund 1:1,21 notwendiger C-Variation ΔC, sowie der hohen effektiven Kreiskapazität von 300 pF gerät ein mittels C-Diode abgestimmter Schwingkreis von dieser Diode her in seiner Leerlaufgüte dermaßen ungünstig, dass weder Frequenzstabilität noch Phasenrauschabstand hinreichend hoch ausfallen würden; als akzeptable Alternative böte sich eine magnetisch gesteuerte Induktivität an, jedoch ginge das ganz erheblich ins Geld.

82 Oszillator-Design

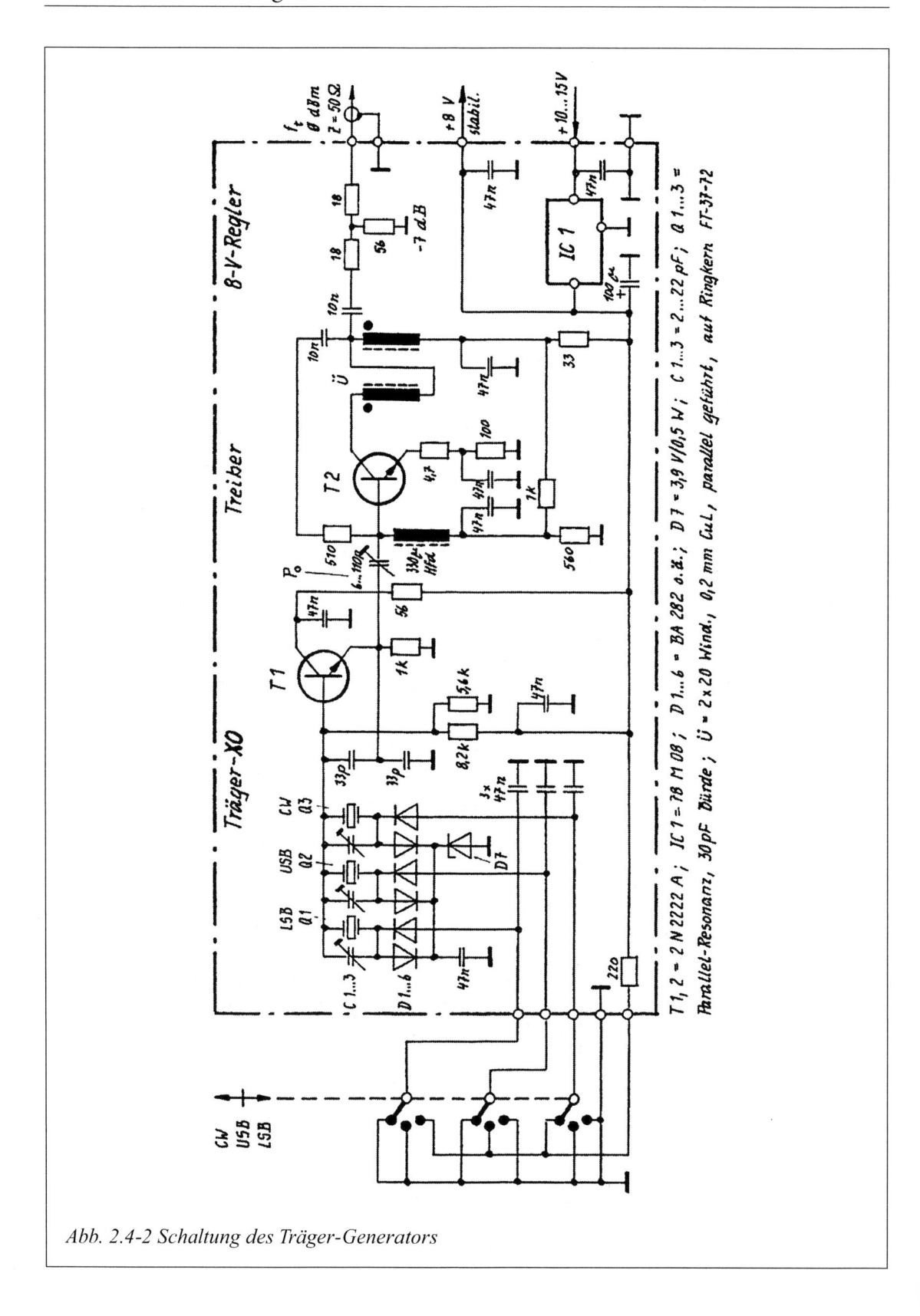

Abb. 2.4-2 Schaltung des Träger-Generators

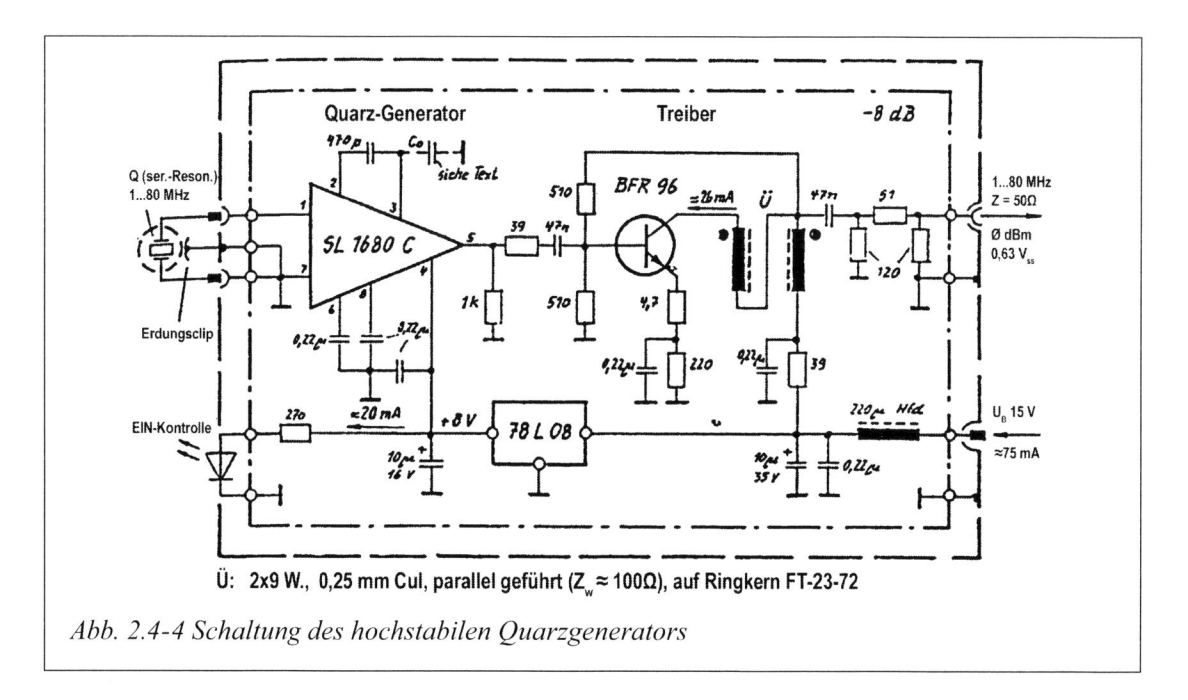

Abb. 2.4-4 Schaltung des hochstabilen Quarzgenerators

Als Puffer/Treiber fungiert eine X-gegenkoppelnde Verstärker-Struktur des Typs B gemäß Abschnitt 1.6, die sich durch hohe Interport-Entkopplung und Aussteuerungsfähigkeit auszeichnet. In Bild 2.4-2 sind wichtige Bauteile-Daten und -Fakten aufgelistet.

2.4.2 Träger-Generator für 1...30 MHz

Seine Schaltung zeigt Bild 2.4-3. Die untere Frequenzgrenze ergibt sich primär aus dem Frequenzgang des Übertragers Ü, die obere Frequenzgrenze resultiert aus der Maximalfrequenz handelsüblicher Grundwellen-Quarze. Die Umschaltung der drei Schwinger erfolgt elektronisch mittels Schalterdioden.

Angemerkt sei, dass für Frequenzen >15 MHz Transistoren mit höherer Transitfrequenz als die der angegebenen Spezies (≈300 MHz) verwendet werden sollten, beispielsweise die Ausführungen 2 N 5179 oder BFX 89 (f_T 1,8 GHz) o.ä..

2.4.3 Hochstabiler Quarzgenerator für 80 MHz

Diese schaltungstechnisch in Abb. 2.4-4 vorgestellte Anordnung ist insbesondere für Messaufgaben mit ausgeprägten Qualitätsansprüchen an die Frequenzstabiität und den Quellenwiderstand ausgelegt worden.

Die Frequenzstabilität hängt praktisch einzig vom entsprechenden Parameter des Schwingers ab. Er wird lediglich mit rund 1 µW belastet, so dass eine durch Eigenerwärmung verursachte Frequenzdrift ausgeschlossen ist. Die Kapazität C_0 an Pin 3 des Oszillator-ICs unterbindet Oberwellen-Erregung von Grundwellen-Quarzen (≤30 MHz); der C_0-Blindwiderstand soll 50 Ω bezüglich der Parasitärfrequenz messen. Für den Oberwellen-Betrieb lässt sich hier nur die 3. Harmonische heranziehen. Eine IC-interne AGC stabilisiert die Signalspannung unabhängig von der Quarzgüte (Schwingaktivität) und dem Erregungsmodus.

Der Treiber ist ausgangsseitig mit einem Ohmschen Dämpfungsglied zur Optimierung des Quellenwiderstandes auf frequenzunabhängig 50 Ω versehen. Wir verwenden hier Metallschicht-Komponenten mit 0,5 W Belastbarkeit und achten auf kürzestmögliche Beschaltungswege.

Der Phasenrauschabstand A_j misst im Mittel etwa 100 dBc/Hz, bezogen auf Grundwellen- wie Oberwellen-Betrieb und 10 kHz Linienabstand, was allerdings für manche Anwendungen nicht ausreicht.

3 Vorverstärker

Ergänzend zu den grundsätzlichen Ausführungen zum Entwurf rauscharmer, aussteuerungsfester HF/VHF-Verstärker in Kapitel werden hier verschiedene praktisch ausgeführte Schaltungen für Verstärker mit den unterschiedlichsten Anforderungen vorgestellt.

3.1 Sehr rauscharmer 22-dB-Verstärker für 1...300 MHz

Die in Bild 3.1 vorgestellte Schaltung ist unkompliziert und bedarf keinerlei spezieller Aufbautechniken. Es gilt jedoch auf kürzestmögliche Leitungsführungen zu achten. Aus Bild 3.2 gehen G_p, und F über die Frequenz hervor. Der BFT 66 rauscht geringfügig weniger als der BFT 67; mit erstgenanntem im Rauschmaß vergleichbar sind die Typen BFT 97 und MRF 904.

Dieser Verstärker eignet sich ausgezeichnet für den DX-Empfang im relativ rauscharmen Spektrum >50 MHz. Beim Einsatz hocheffizienter Richtantennen ist unmittelbares, d.h. selektionsloses Zu-

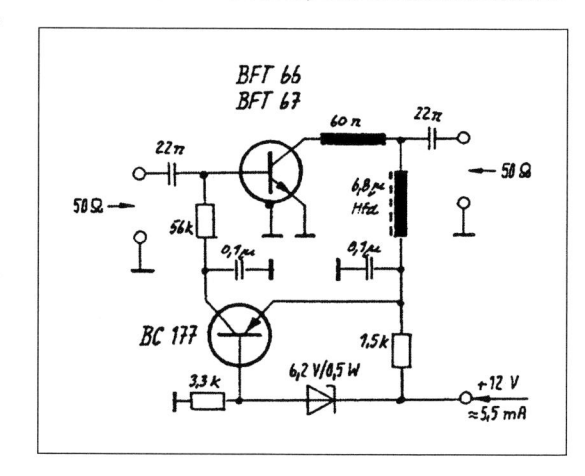

Abb. 3.1 Schaltung des HF/VHF-Verstärkers

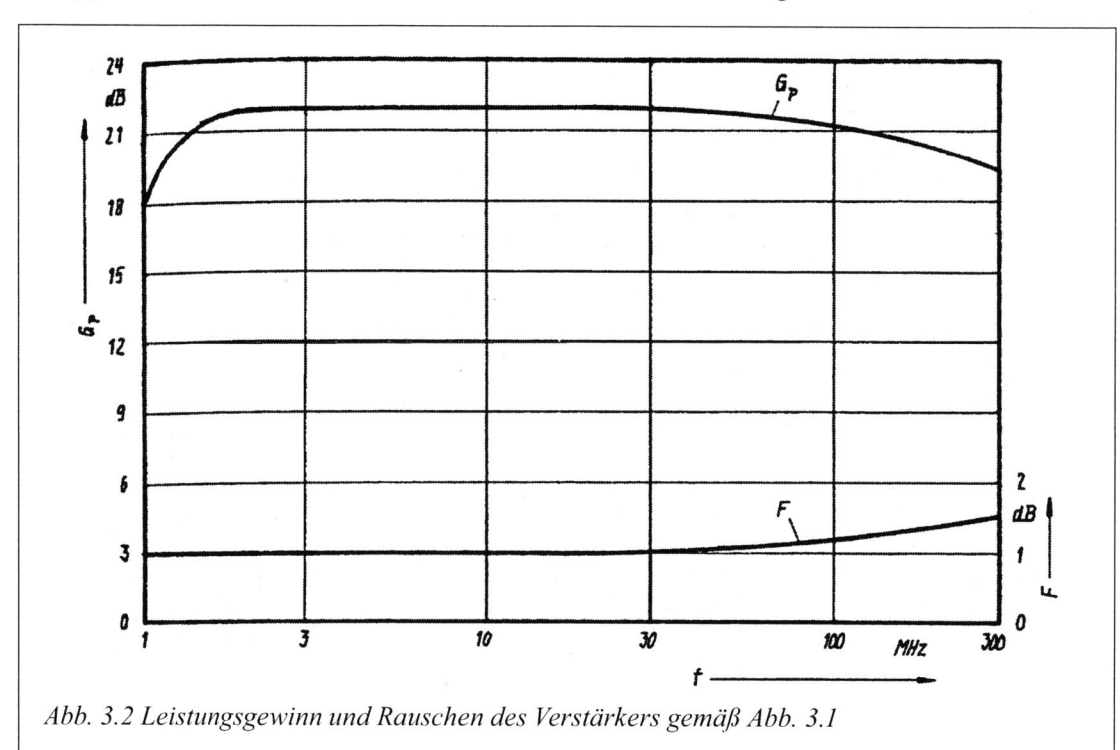

Abb. 3.2 Leistungsgewinn und Rauschen des Verstärkers gemäß Abb. 3.1

sammenschalten dieser beiden Glieder zu empfehlen. Man beachte, dass der Verstärker auf 50 Last arbeiten muss; sein Ausgangswiderstand ist relativ hochohmig. Folgendes operatives Kaskadierungsschema fällt hinsichtlich Grenzempfindlichkeit und Signalverträglichkeit optimal aus:

1. Frequenzselektive Richtantenne
2. kurzes HF-Speisekabel
3. unser Verstärker
4. HF-Selektion entsprechend den Forderungen nach ZF- und Spiegeldämpfung
5. als Last ein S-FET-Verstärker in Gate-Schaltung mit ≈ 50 Ω Eingangswiderstand und effektiver G_P von 2…3 dB
6. Medium-Level-Ringmischer.

Die höchste Empfindlichkeit wird allerdings mit der Selektion zwischen S-FET und Ringmischer bewirkt, zu Lasten der Signalverträglichkeit.

Schaltungen der angeführten Art sind vor dem Hintergrund des Externrauschens im allgemeinen absolut optimal. Einzig im extra-terrestrischen Verkehr können Verstärker mit GaAs-FETs vorteilhafter sein.

3.2 Bidirektionaler 20-dB-Verstärker für 1…150 MHz

Die in Bild 3.3 vorgestellte R-gegenkoppelnde Schaltung arbeitet mit kontaktloser Richtungs-Aktivierung, die einzig durch Anlegen der Betriebsspannung des richtungsspezifischen Transistors erfolgt.

Dieser Modus zeichnet sich durch hohe Betriebszuverlässigkeit aus. Derartige Strukturen sind u.a. in den HF- und ZF-Zügen US-amerikanischer Militär-Transceiver verbreitet.

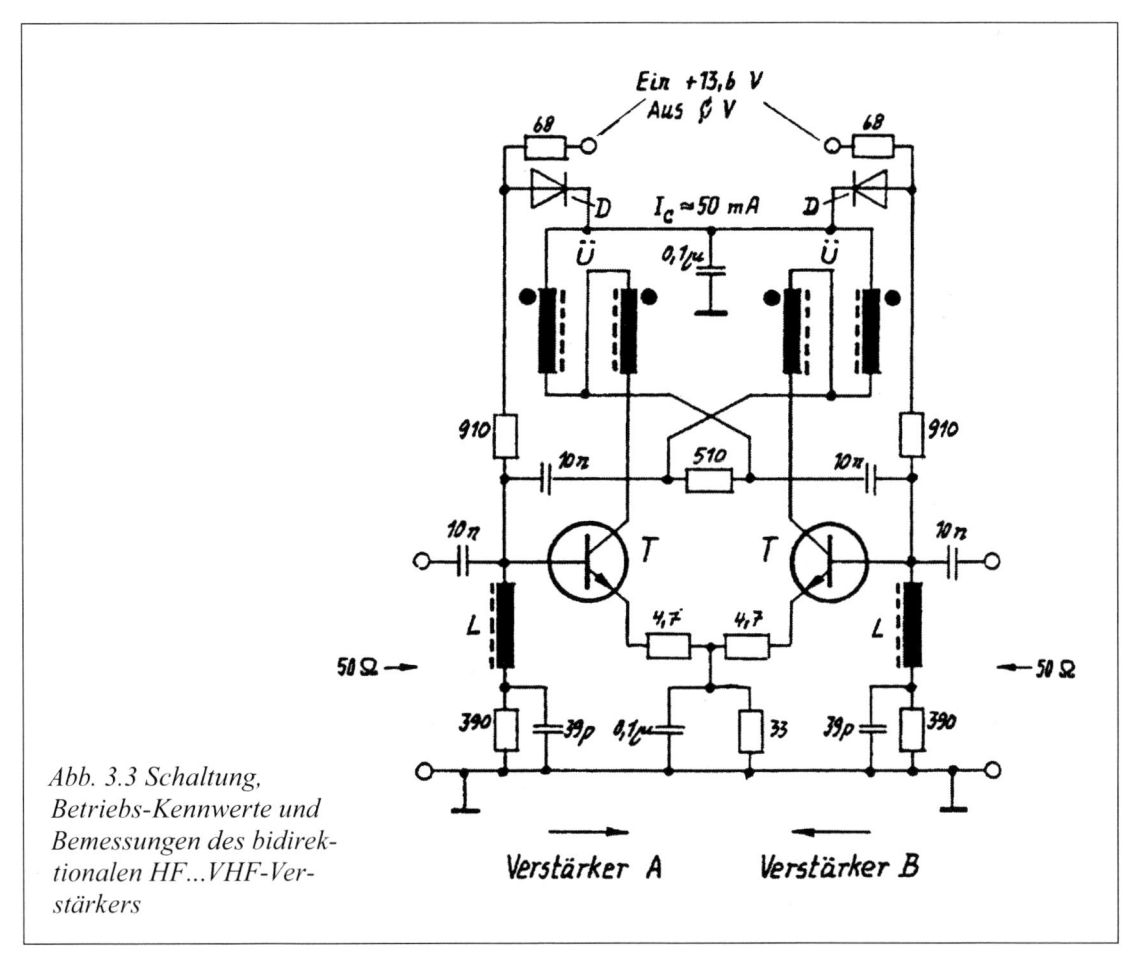

Abb. 3.3 Schaltung, Betriebs-Kennwerte und Bemessungen des bidirektionalen HF…VHF-Verstärkers

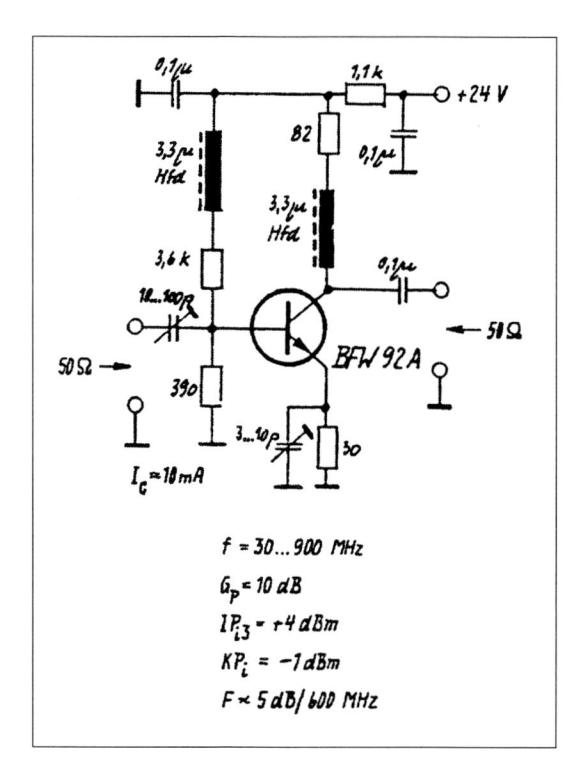

86 Vorverstärker

Abb. 3.4 Schaltung und Betriebs-Kennwerte des VHF/UHF-Verstärkers

$f = 30 ... 900$ MHz
$G_p = 10$ dB
$IP_{i3} = +4$ dBm
$KP_i = -1$ dBm
$F \approx 5$ dB / 600 MHz

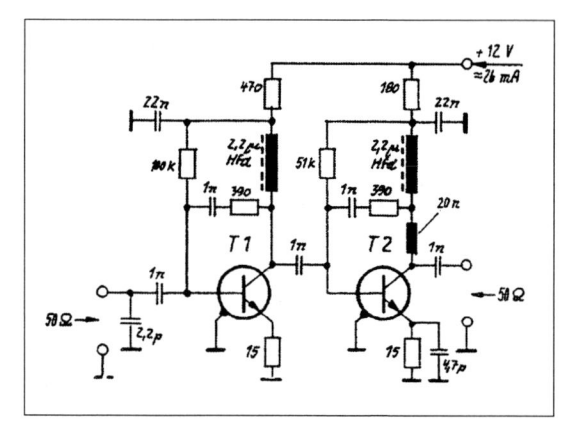

Abb. 3.5 Schaltung des VHF/UHF-Verstärkers

3.3 10-dB-Verstärker für 30...900 MHz

Die in Bild 3.4 vorgestellte Schaltung des Verstärkers eignet sich besonders für Messzwecke. Die G_p weist bis zu 800 MHz nur rund -0,5 dB Welligkeit auf. Zum korrekten Abgleich mittels der Trimmers bedarf es eines Spektrum-Analysators.

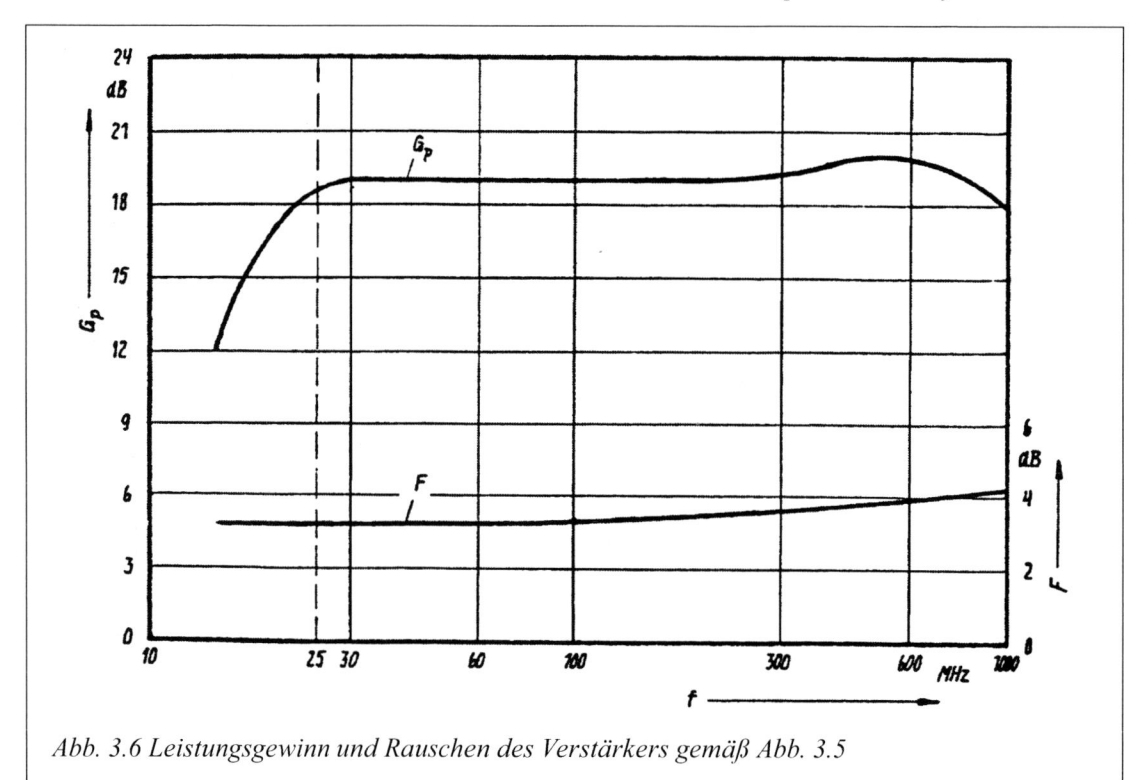

Abb. 3.6 Leistungsgewinn und Rauschen des Verstärkers gemäß Abb. 3.5

3.4 Rauscharmer 19-dB-Verstärker für 25...1000 MHz

Dieser Verstärker, dessen R-gegenkoppelnde Schaltung aus Bild 3.5 hervorgeht, ist primär für Messzwecke gedacht. In Bild 3.6 sind G_p und F über die Frequenz aufgetragen.

Die Realisation derart hochfrequenter, mehrstufiger Breitband-Strukturen ist diffizil. Sämtliche mit HF beaufschlagten C- und R-Bauteile sind in Chip-Ausführung zu wählen; daneben kommt es auf kürzestmögliche Leitungsführungen und absolut eindeutige Massebezüge an. Der Frequenzgang sollte nach dem Aufbau zur Überprüfung gewobbelt werden.

Abb. 3.7 Schaltung und Betriebs-Kennwerte des HF...UHF-Verstärkers

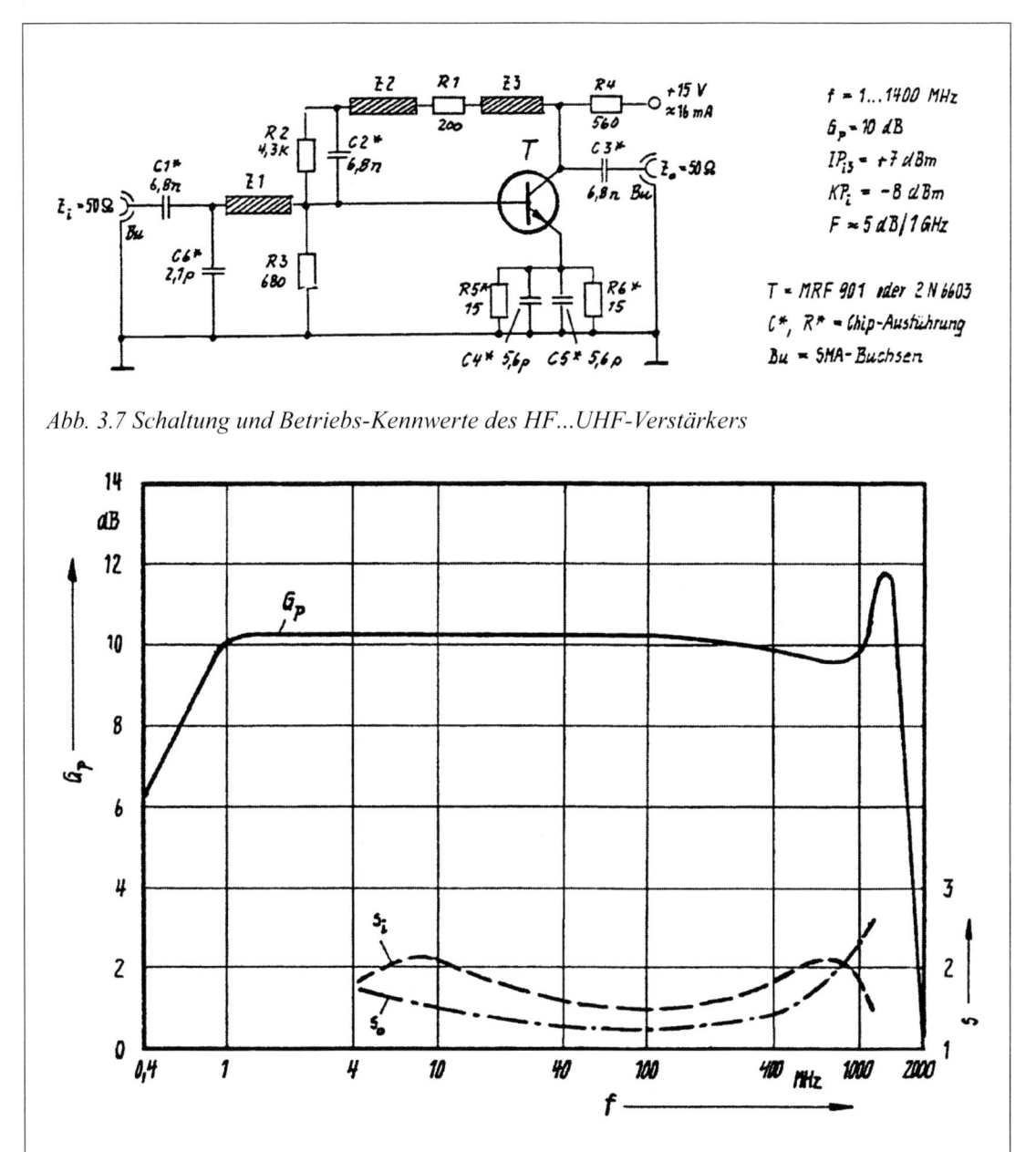

Abb. 3.8 Leistungsgewinn und s-Werte des Verstärkers gemäß Abb. 3.7

88 Vorverstärker

3.5 Rauscharmer 10-dB-Verstärker für 1...1400 MHz

Die Schaltung dieses - mit mehr als zehn Oktaven extrem breitbandigen - R-gegenkoppelnden Objekts ist einschließlich Betriebs-Kennwerten und Bauteile-Hinweisen in Bild 3.7 vorgestellt. Aus Bild 3.8 gehen G_p, sowie Eingangs- und Ausgangs-s über die Frequenz hervor.

In Bild 3.9 haben wir die Print-Vorlage für die Bauteileseite (!). Es ist 1,5 mm dickes glasfaserarmiertes Teflon (zwingend!) mit beidseitiger 35 µm Cu-Kaschierung zu verwenden.

In Bild 3.10 ist der Bestückungsplan vorgestellt. Bohrungen für die Bauteile sind nicht erforderlich, jedoch müssen wir die Massefelder der Beschichtungen an mehreren Stellen durchkontak-

Abb. 3.9 Print-Vorlage zur Schaltung Abb. 3.7 (nicht maßstäblich)

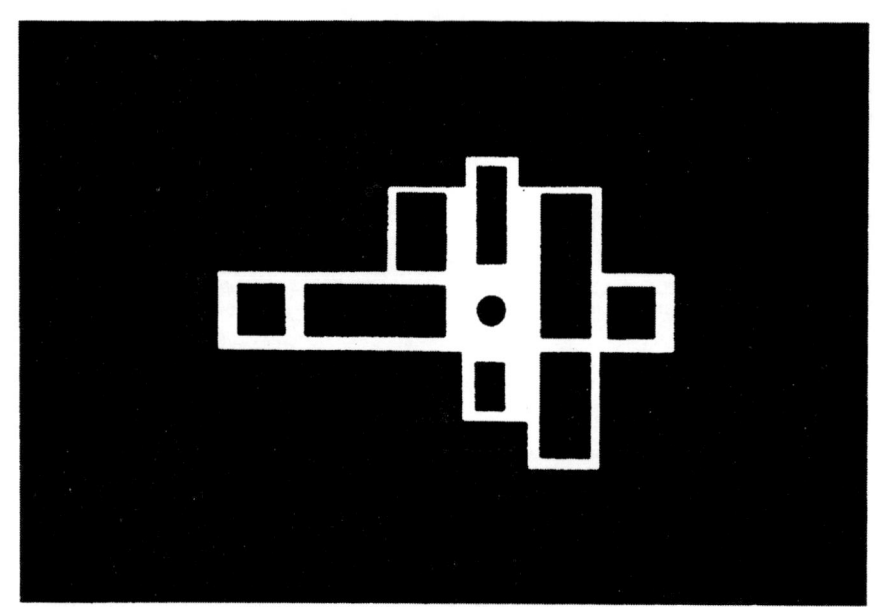

Abb. 3.10 Bestückungsplan zu Abb. 3.9

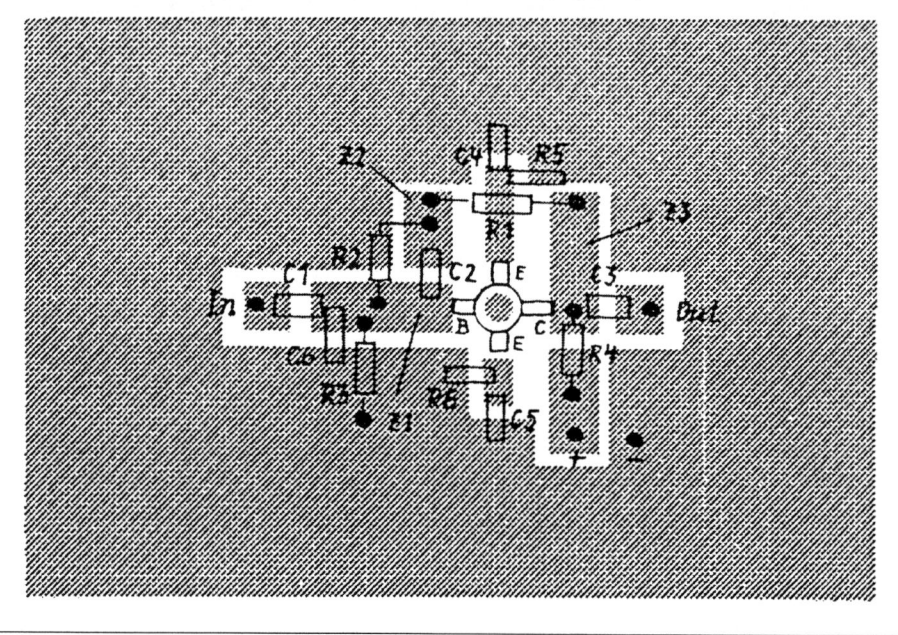

tieren und auf diese Weise miteinander verbinden. Der jeweilige Mittel-Pin der Koaxial-Buchsen (SMA-Typ) ist unmittelbar mit dem entsprechenden Anschlusspunkt des Prints zu verbinden, und im gleichen Sinn muss mit den Außenleitern der Buchsen bezüglich der Massefelder des Prints verfahren werden; Zwischenverbindungen mittels Koaxialkabel sind hier unzulässig. Die Realisation dieser Schaltung ist sehr diffizil, jedoch anhand der Print-Vorlage und des Bestückungsplans bei minuziösem Nachvollziehen durchaus möglich. Derartige Verstärker gehören in ein HF-dichtes Gehäuse und eignen sich dann - nach Überprüfung des Frequenzgangs mit einem Wobbler - auch vorzüglich für hochqualitative Messarbeiten. Kaskadierungen sind problemlos möglich. Die Versorgungsspannung sollten wir unbedingt über ein UKW-Durchführungsfilter einspeisen. Im Falle der Kaskadierung mehrerer Einheiten empfiehlt es sich, jeden der externen Versorgungspunkte mittels eines 0,1-µF-Kondensators auf kürzestem Wege zum Gehäuse hin abzublocken.

3.6 Extrem rauscharme VHF/UHF-Verstärker mit GaAs-Fets

Schaltungen mit diesen Schottky-Elementen erlauben im Spektrum bis zu 1 GHz Rauschmaße von 0,4...0,8 dB bei 20...20 dB Leistungs-Verstärkung. Dem stehen IP_{i3} und KP_i von nur rund -5 dBm beziehungsweise -16 dBm gegenüber, was im Verkehr auf extra-terrestrischen Signalwegen

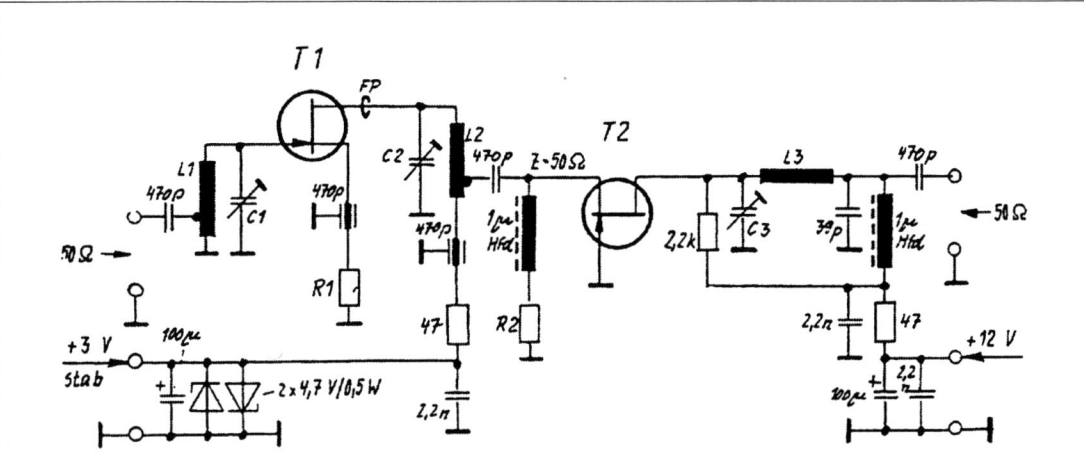

Abb. 3.11 Schaltung und Betriebs-Kennwerte des VHF-GaAs-Fet-Verstärkers

Bauteil	Ausführung
C 1, 2, 3	2...13 pF, Lufttrimmer
F	Ferrit-Perle
L 1, 2	5 Wind., 1 mm CuAg, 12 mm Innen-∅, 12 mm lang
L 3	4 Wind., 1 mm CuAg, 12 mm Innen-∅, 12 mm lang
R 1	für $I_D \approx 10$ mA selektieren
R 2	für $I_D \approx 25$ mA selektieren
T 1	CFY 13 od. ähnlich (z. B. aus den Reihen MFG 1200 und MFG 1400)
T 2	2 N 4856 A, P 8002, U 310 od. ähnlich

Abb. 3.12 Bauteileliste zu Abb. 3.11

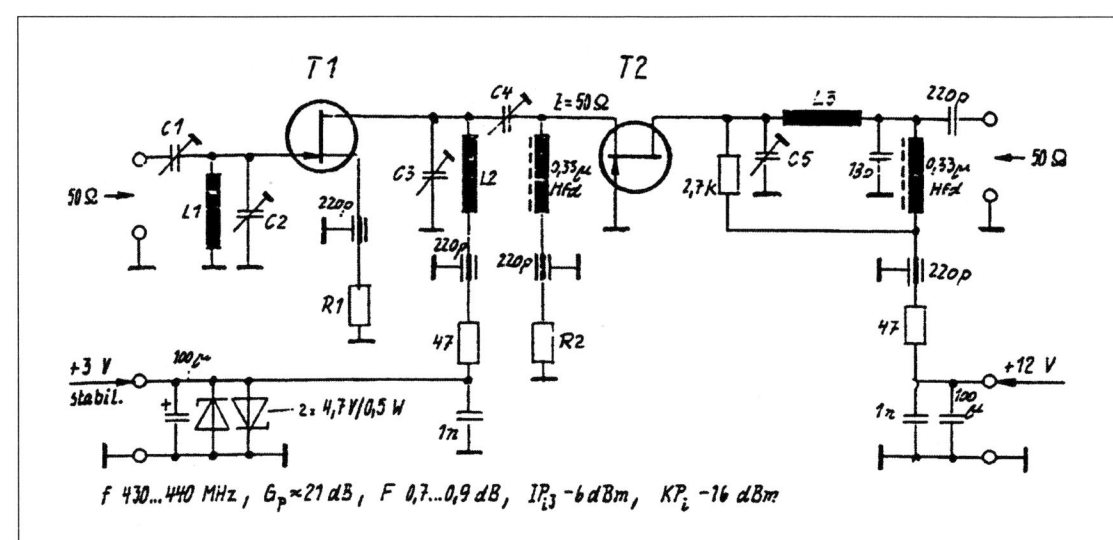

Abb. 3.13 Schaltung und Betriebs-Kennwerte des UHF-GaAs-Fet-Verstärkers

Bauteil	Ausführung
C 1...5	0,1...4,0 pF, Lufttrimmer
L 1...3	1 mm CuAg, 22 mm gestreckte Länge
R 1	für $I_D \approx 10$ mA selektieren
R 2	für $I_D \approx 25$ mA selektieren
T 1	CFY 13 od. ähnlich (z. B. aus den Reihen MFG 1200 und MFG 1400)
T 2	2 N 4856 A, P 8002, U 310 od. ähnlich

Abb. 3.14 Bauteileliste zu Abb. 3.13

mit stark bündelnden Richtantennen allerdings keine so signifikante Rolle spielt, wie es auf den ersten Blick vielleicht scheinen mag.

In Bild 3.11 haben wir eine erste Schaltung, zusammengesetzt aus dem eigentlichen GaAs-FET-Verstärker (T 1) und einer aktiven Anpassstufe (T 2). Für das 2-m-Amateurband bemessen, lässt sich diese Anordung im Frequenzbereich von etwa 100...200 MHz abstimmen. Aus Bild 3.12 gehen Informationen über wesentliche Bauelemente hervor. Es ist hier - wie bei Verstärkern dieser Art generell - zu beachten, dass elektrisch stabile Verhältnisse nur an relativ schmalbandigen Antennen sowie mit breitbandig reeller Nennlast (±30%; von T 2 bewirkt) gewährleistet sind. Zudem fallen Eingangs- wie Ausgangs-Impedanzen der GaAs-FETs mit >1 k allemal relativ sehr hoch aus, mithin ist unmittelbares Kaskadieren dieser GaAs-FET-Verstärker ohne Anpassstufe ausgeschlossen; denn das hätte Selbsterregung zur Folge und führt unter Umständen zum „Ausbrennen" der überaus empfindlichen Transistoren.

Die Schaltung gemäß Bild 3.11 vor einem RX mit F = 5 dB setzt das System-Rauschmaß auf 0,6...0,7 dB herab; als RF, bezüglich beispielsweise 500 Hz Bandbreite ausgedrückt, also von -142 dBm auf -146,3 dBm. Die Schaltung eines weiteren Verstärkers aus GaAs-FET- und Anpass-Stufe ist in Bild 3.13 vorgestellt. Für das 70-cm-Amateurband bemessen, lässt sich diese Anordnung im Frequenzbereich von etwa 380...480 MHz abstimmen. Informationen über wesentliche Bauelemente gehen aus Bild 3.14 hervor. Diese Schaltung vor einem RX mit F = 5 dB, setzt das System-Rauschmaß auf knapp 1 dB herab; als RF, bezüglich 500 Hz Bandbreite, ausgedrückt, also von -142 dBm auf

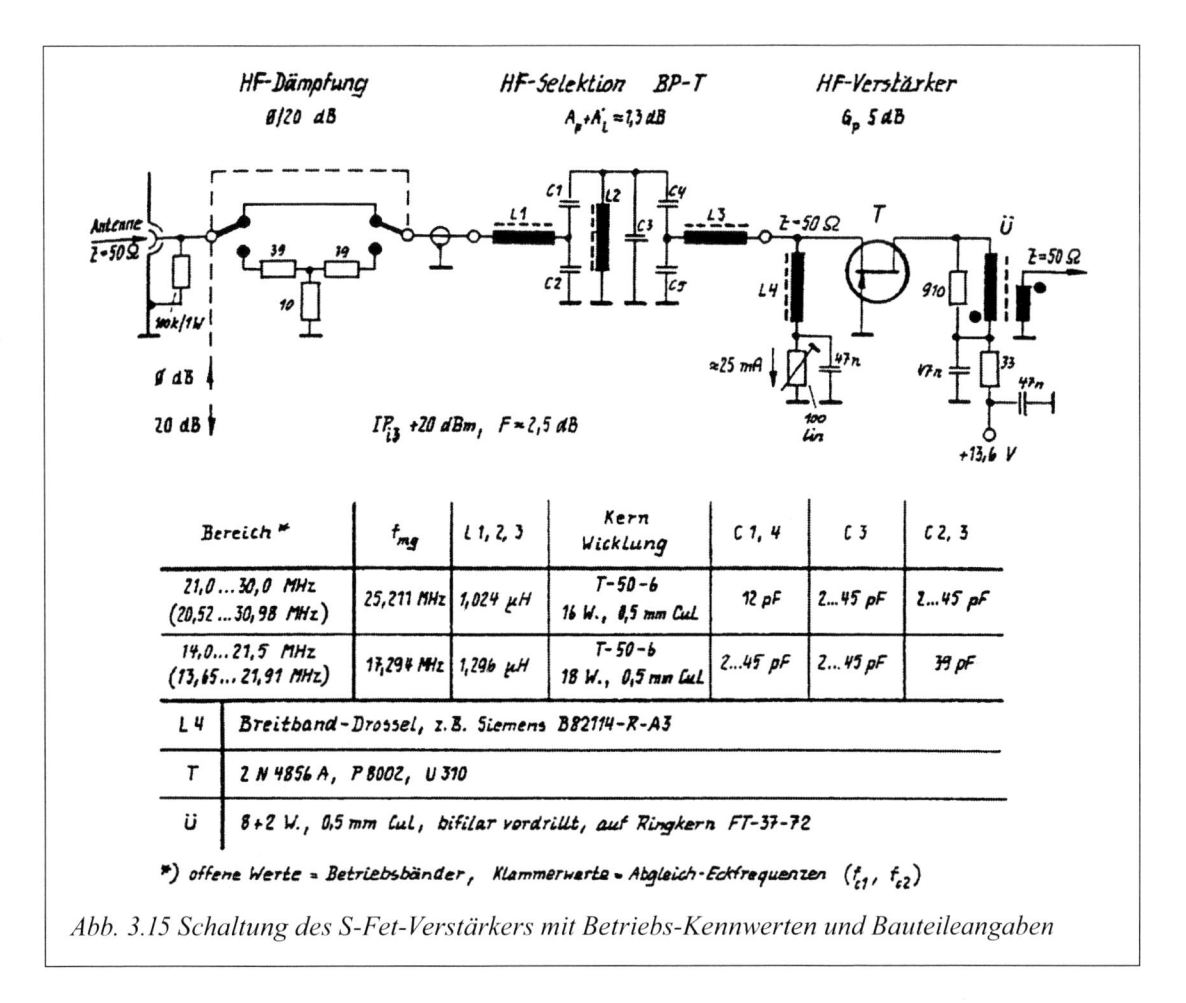

Bereich *)	f_{mg}	L 1, 2, 3	Kern Wicklung	C 1, 4	C 3	C 2, 3
21,0...30,0 MHz (20,52...30,98 MHz)	25,271 MHz	1,024 µH	T-50-6 16 W., 0,5 mm CuL	12 pF	2...45 pF	2...45 pF
14,0...21,5 MHz (13,65...21,91 MHz)	17,294 MHz	1,296 µH	T-50-6 18 W., 0,5 mm CuL	2...45 pF	2...45 pF	39 pF
L 4	Breitband-Drossel, z.B. Siemens B82114-R-A3					
T	2 N 4856 A, P 8002, U 310					
Ü	8+2 W., 0,5 mm CuL, bifilar vordrillt, auf Ringkern FT-37-72					

*) offene Werte = Betriebsbänder, Klammerwerte = Abgleich-Eckfrequenzen (f_{c1}, f_{c2})

Abb. 3.15 Schaltung des S-Fet-Verstärkers mit Betriebs-Kennwerten und Bauteileangaben

-146 dBm. Man beachte, dass die Realisation der hier vorgestellten Schaltungen, insbesondere aber der eigentlichen GaAs-FET-Verstärker, zumindest semi-professionelle HF-technische Erfahrungen voraussetzt. Überdies sind einschlägige Messgeräte unerlässliche Mittel zum Zweck. Damit lassen sich dann die angeführten Empfindlichkeitswerte eventuell - beispielsweise mittels spezifisch selektierter Bauelemente - noch um weitere 0,1...0,2 dB herabsetzen.

Achtung! Beim Einsatz von GaAs-FET-Verstärkern sind Kabelverbindungen zur Antenne von effektiver λ/4-Länge und deren ungeraden Vielfachen unbedingt zu meiden. Sie würden aufgrund der verstärker-intern notwendigen Fehlanpassungen zu unerwünschten Impedanz-Transformationen führen mit den Folgen erhöhten Eigenrauschens, zu geringer oder zu hoher Verstärkung sowie elektrischer Instabilität bis hin zur Selbsterregung. Man wähle möglichst exakte λ/2-Längen oder deren Vielfache, beziehungsweise die direkte Verknüpfung von Antenne und Verstärker. Auch vor diesem Hintergrund ist der schon weiter vorn angesprochene Einsatz schmalbandiger Antennen anzuraten.

3.7 Rauscharmer S-FET-Verstärker für 14...30 MHz

Diese Schaltung, bestehend aus schaltbarem HF-Dämpfungsglied, integralem n3-Bandpaß und eigentlichem Verstärker, geht einschließlich einiger frequenzspezifischer Bauteileangaben, aus Bild 3.15 hervor. Für die Selektion können auch andere Strukturen und Bemessungen herangezogen werden, wie sie in Kapitel 5 beispielsweise anzutreffen sind.

4 HF-Leistungsverstärker

4.1 Schmalband-PA-Design

Die Grundschaltung eines Schmalband-Leistungsverstärkers in der allgemein bevorzugten Form sowie die einschlägigen Bemessungsregeln gehen aus Bild 4.1 hervor. Primäre Bemessungs-Kriterien sind die Eingangs- und die Ausgangs-Impedanz Z_i beziehungsweise Z_0 des verwendeten Transistors, jeweils zusammengesetzt aus einem Wirkwert R und einem Blindwert X. Letzterer

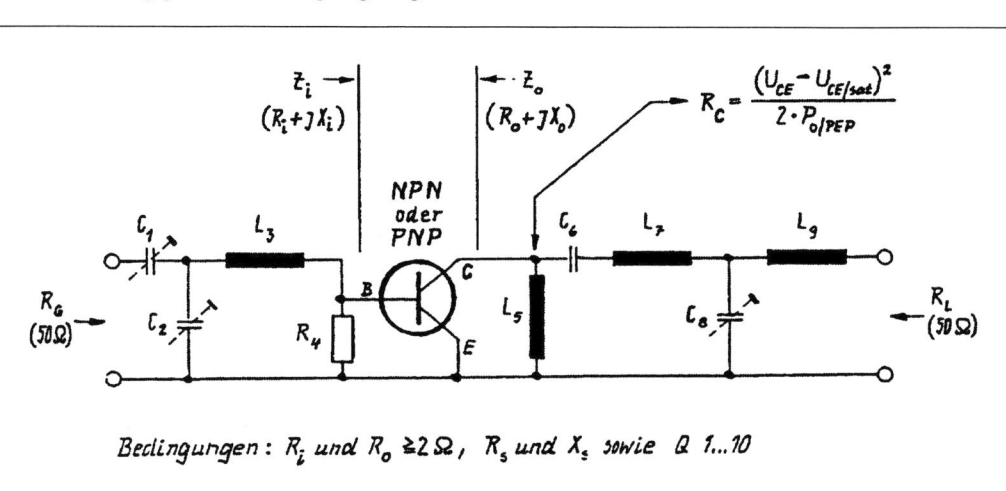

$$R_C = \frac{(U_{CE} - U_{CE/sat})^2}{2 \cdot P_{o/PEP}}$$

Bedingungen: R_i und $R_o \gtreqless 2\,\Omega$, R_s und X_s sowie $Q\ 1...10$

$$X_{C1} \approx A \cdot R_G, \qquad X_{C2} \approx \frac{B}{Q-A}$$

$$X_{L5} \gtreqless 4 \cdot R_o \text{ für } f_{min} \text{ mit } Q \approx 1 \text{ (Hf-Drossel)}$$

$$X_{L3} = Q \cdot R_i + X_{Ci}, \text{ od. } X_{L3} = Q \cdot R_i - X_{Li}$$

$$X_{C6} \lesseqgtr 0{,}1 \cdot R_o \text{ für } f_{min}; \qquad X_{L7} = Q \cdot R_o + X_{Co} \text{ oder}$$

$$A = \sqrt{\left[\frac{R_i \cdot (1+Q^2)}{R_G}\right] - 1}, \quad B = R_i \cdot (1+Q^2)$$

$$X_{L7} = Q \cdot R_o - X_{Lo}; \quad X_{C8} = \frac{A}{Q+B}; \quad X_{L9} = R_L \cdot B$$

$$R_4 \approx 5 \cdot R_i$$

$$A = R_o \cdot (1+Q^2), \qquad B = \sqrt{\left(\frac{A}{R_L}\right) - 1}$$

Bezüge = f_{mg}; $\quad C = \dfrac{1}{\omega_{mg} \cdot X_C}, \quad L = \dfrac{X_L}{\omega_{mg}}; \quad N = \sqrt{\dfrac{L}{A_L}}, \quad L = N^2 \cdot A_L; \quad B_{p/-3dB} = \dfrac{f_{mg}}{Q}$

Abb. 4.1 Grundschaltung eines Schmalband-Leistungsverstärkers mit den Bemessungsmodi für die selektiven LC-Anpassnetzwerke (in der 50-Ohm-Technik favorisiert). Z_i und Z_0 sind den Transistor-Datenblättern zu entnehmen.

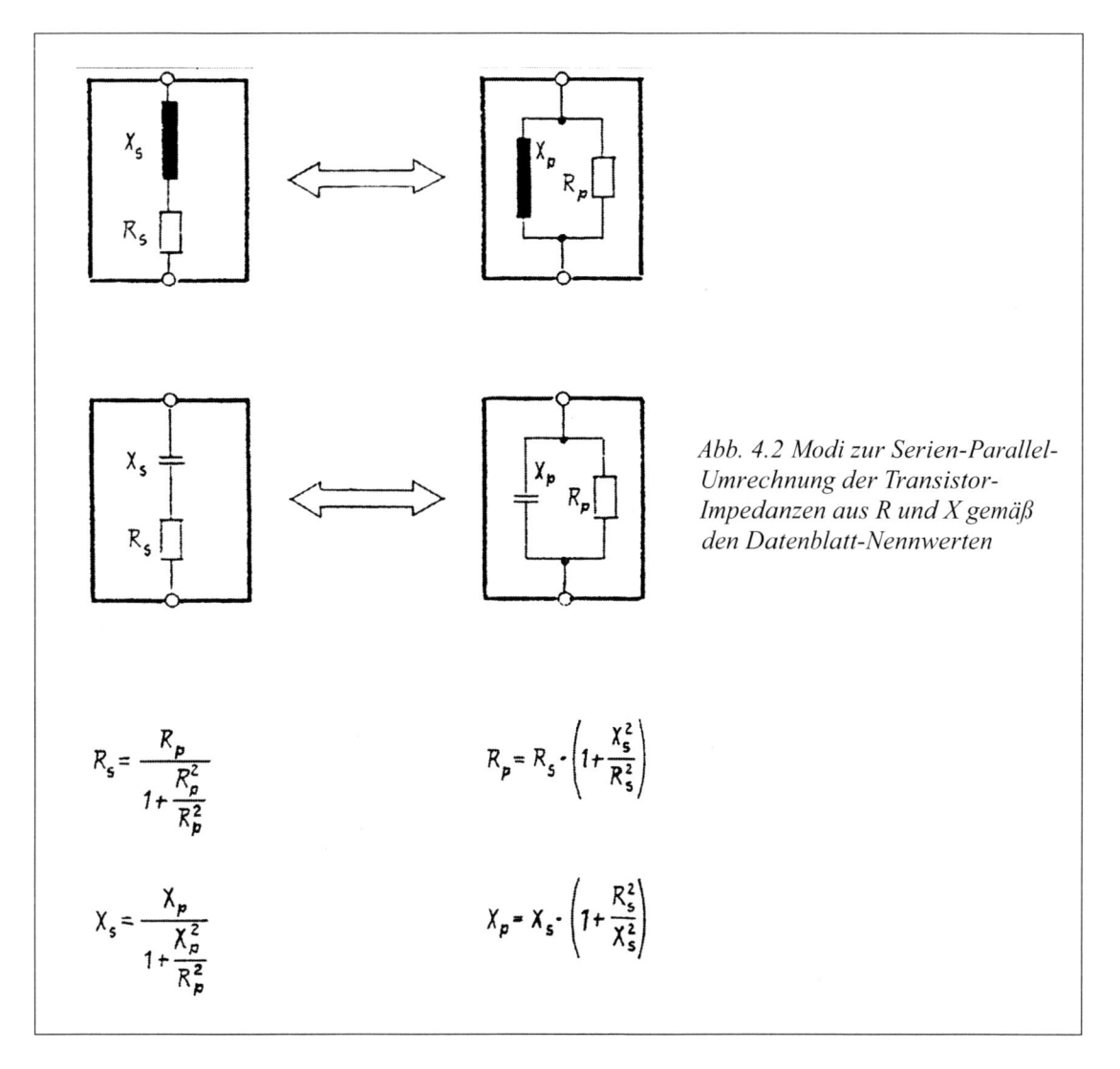

Abb. 4.2 Modi zur Serien-Parallel-Umrechnung der Transistor-Impedanzen aus R und X gemäß den Datenblatt-Nennwerten

$$R_s = \frac{R_p}{1+\frac{R_p^2}{R_p^2}}$$

$$R_p = R_s \cdot \left(1+\frac{X_s^2}{R_s^2}\right)$$

$$X_s = \frac{X_p}{1+\frac{X_p^2}{R_p^2}}$$

$$X_p = X_s \cdot \left(1+\frac{R_s^2}{X_s^2}\right)$$

ist bis zu 30 MHz in der Regel negativ (-X), d.h. kapazitiv, auf höheren Frequenzen, ab etwa 150 MHz dagegen meist positiv (+X), d.h. induktiv. Diese frequenzspezifischen Werte gehen aus den Transistor-Datenblättern hervor.

Die Komponente R 4 dient der elektrischen Stabilität des Verstärkers. Falls er Schwingneigung zeigt, ist der Widerstandswert herabzusetzen; andererseits aber sollte er so hoch wie möglich bemessen worden.

Die in der Grundschaltung verwendeten Anpass-Netzwerke beziehen sich durchweg auf R/X-Serienkombinationen der Transistor-Impedanzen. Sind in den Datenblättern R/X-Parallelwerte angegeben - in puncto Z_0 ist das häufig der Fall - rechnen wir gemäß Bild 4.2 um.

In Bild 4.3 sind die bauteilspezifisch günstigsten Betriebsgüten (Q) der Anpass-Netzwerke bezüglich der Transistor-Wirkwerte und der 50-Ω-Schnittstellen-Impedanz aufgeschlüsselt. Die angeführten, äußerst vielseitigen Glieder können sowohl eingangs- als auch ausgangsseitig verwendet werden, d.h. Ri und R_0 lassen sich gegeneinander austauschen. Falls wir - anbetrachts relativ großer Bandbreiten - geringe Betriebsgüten wählen müssen, empfiehlt sich die Kaskadierung zweier dazu optimal geeigneter Glieder bei einem Zwischen-R, das sich aus der Wurzel aus dem Produkt $R_{G,L}$ x $R_{i,0}$ ergibt.

94 HF-Leistungsverstärker

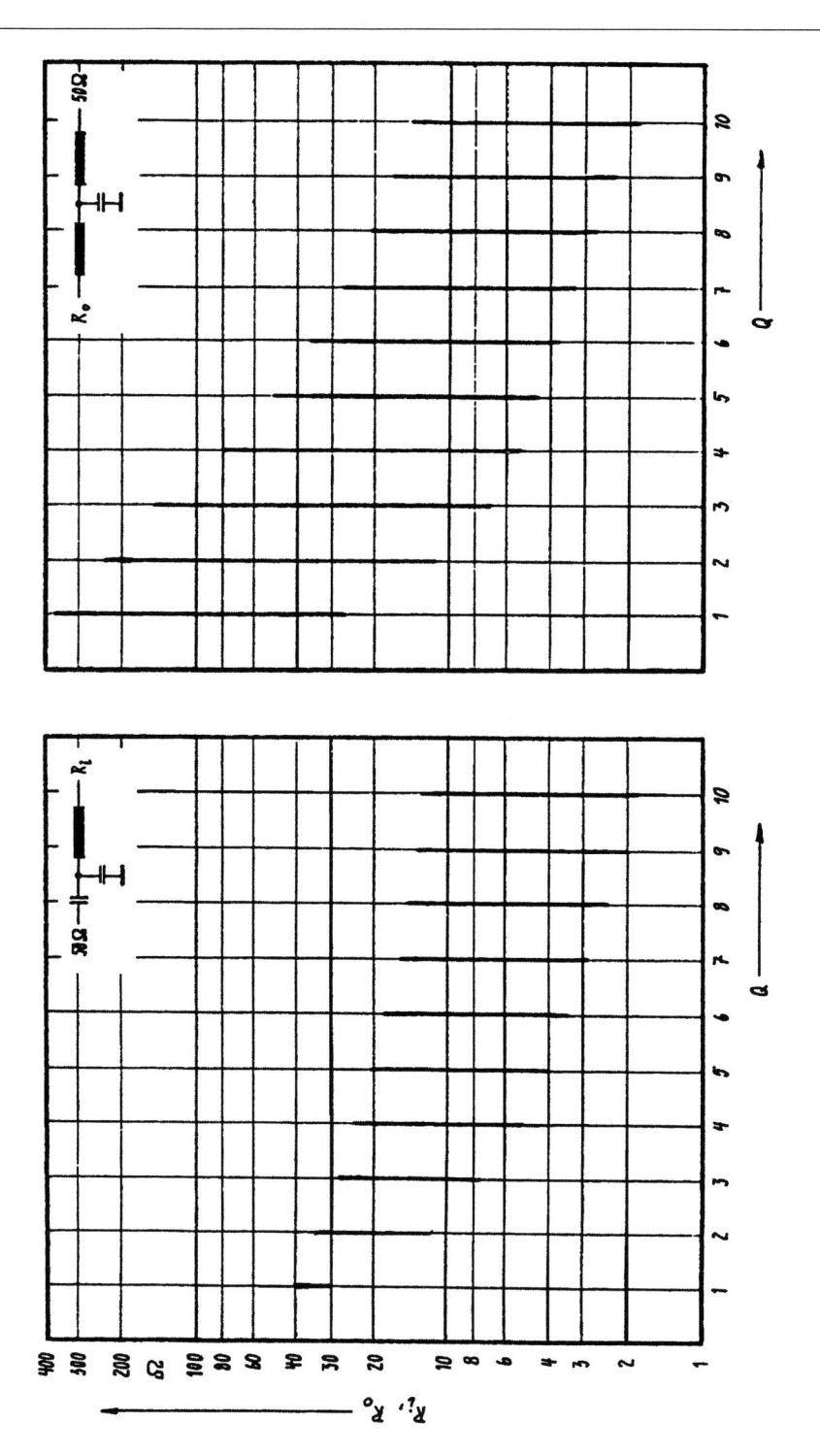

Abb. 4.3 Bauteilespezifisch günstige Betriebsgüten (Q) der Anpass-Netzwerke bezüglich der Transistor-Wirkwerte und 50 Ω Schnittstellen-Impedanz. R_i und R_0 sind gegeneinander austauschbar

Die angeführten Bemessungshilfen sind prinzipiell unabhängig vom verwendeten Verstärker-Arbeitspunkt (Ruhestrom-Einstellung; Klasse A, AB, B oder C). Wir sollten allerdings beachten, dass Z_i und Z_0 gewisse einschlägige Abhängigkeiten aufweisen. Die Unterschiede fallen jedoch gemeinhin so gering aus, dass sie sich mittels der Abgleichelemente in den Griff bekommen lassen.

Spulen sind im Interesse minimaler Wärmeentwicklung mit höchstmöglicher Leerlaufgüte zu realisieren. Bis zu Betriebsfrequenzen von etwa 50 MHz können generell Kerne aus Carbonyl-Eisen oder Ferrit eingesetzt werden, jedoch sollte man in Fällen von mehr als 10 W HF bereits ab etwa 10 MHz nur noch Luftspulen heranziehen. Als Abgleich-Kondensatoren eignen sich bis zu 10 W HF Trimmer jeglicher (allerdings hochqualitativer) Art, darüber hinaus nur Ausführungen mit Glimmer- oder Luft-Dielektrikum. Es sind beidseitig kupferkaschierte Platinen aus Epoxydharz oder Teflon zu verwenden. Auf kürzestmögliche Leitungsführungen achten; die Situation verschärft sich mit abnehmenden Impedanzen.

4.2 Linear-Leistungsverstärker

Objekte dieser weitverbreiteten Art lassen sich einzig anhand vollständiger Parameter-Sätze der vorgesehenen anstehenden Transistoren und Übertrager-Kerne entwickeln und umbemessen. Derartige Arbeiten sind zudem hochkomplex und nur mit Expertenwissen in den Griff zu bekommen. Zur Realisation bedarf es außerdem umfangreicher HF-Labormessmittel. Zum Schutz der teils recht kostspieligen Transistoren sollte die Eprobung bzw. Inbetriebnahme unbedingt mit Hilfe einstellbar strombegrenzender Stromversorgungsgeräte geschehen. Nicht zuletzt gilt es, die im Einsatz tatsächlich herrschenden thermischen Konditionen gründlich ins Auge zu fassen.

Beim Nachbau erprobter Schaltungen sei dringend minutiöses Kopieren der Originale bis hin zum Platinen-Material empfohlen; eine im Hinblick auf die ständig fließenden Marktsituation für Hobbyisten ziemlich schwierige Angelegenheit. Daneben müssen die gegenüber den Originalen möglicherweise abweichenden thermischen Randbedingungen der Nachbauten gehörige Beachtung finden.

In der Folge werden mehrere professionell entwickelte Verstärker für den KW-Breitband- beziehungsweise selektiven VHF-Betrieb behandelt. Mit ihren 20...320 W respektive 35...75 W HF-Ausgangsleistung und Kollektorströmen bis zu etwa 25 A an 13,6 V Betriebsspannung bilden sie aussagefähige Beispiele einer sehr facettenreichen Technik. Die für engagierte Funkamateure vor dem Hintergrund der Nachbausicherheit interessanten Schaltungen sind mit Print-Vorlagen und Bestückungsplänen versehen. Für einige der Original-Bauteile finden sich Alternativ-Vorschläge.

4.2.1 Breitband-Treiber für +22 dBm auf 1...200 MHz

Diese in Bild 4.4 vorgestellte, R-gegenkoppelnde Linear-Schaltung ist aufgrund ihrer Breitbandigkeit insbesondere für Messaufgaben geeignet. Mit etwa 1,5 W Verlustleistung des Transistors muss auf hinreichende Wärmeabfuhr geachtet werden. Verstärker dieser Art sind elektrisch a priori stabil und weisen niedrige Eingangs- und Ausgangs-s-Werte auf.

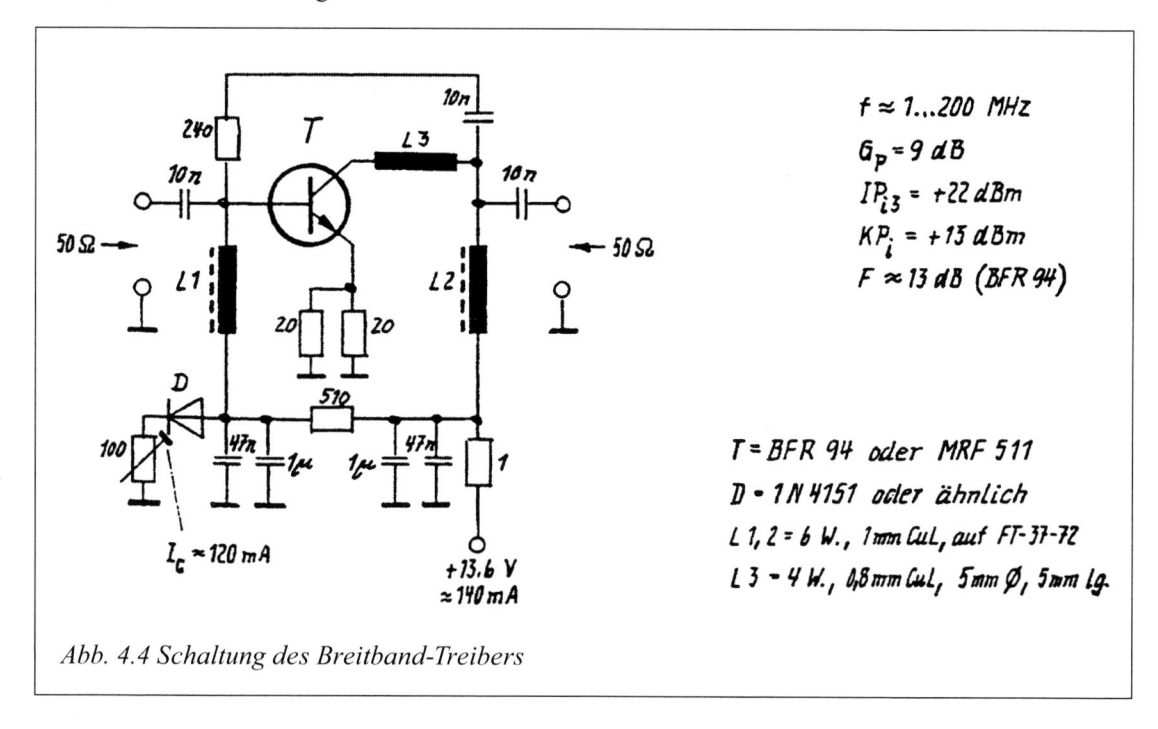

$f \approx 1...200$ MHz
$G_P = 9$ dB
$IP_{i3} = +22$ dBm
$KP_i = +13$ dBm
$F \approx 13$ dB (BFR 94)

T = BFR 94 oder MRF 511
D = 1N 4151 oder ähnlich
L 1, 2 = 6 W., 1mm CuL, auf FT-37-72
L 3 = 4 W., 0,8mm CuL, 5mm Ø, 5mm lg.

Abb. 4.4 Schaltung des Breitband-Treibers

4.2.2 1-W-Breitband-PA für 14 ... 30 MHz

Die in Bild 4.4 vorgestellte Schaltung ist für den KW-Amateurfunk auf 14 MHz bemessen. Vom Oberwellenfilter bestimmt werden die Bänder 20 m, 17 m und 15 m oder 15 m, 12 m und 10 m abgedeckt. Der PA-Transistor fährt mit C-Arbeitspunkt und erlaubt CW-Betriebsarten, auch im Dauerstrich. Die Zeitkonstanten der CW-Weichtastung können primär über den Wert ihres Kondensators verändert werden; die Summe der Basis-Widerstände von 610 Ω ist mit ±30% einzuhalten.

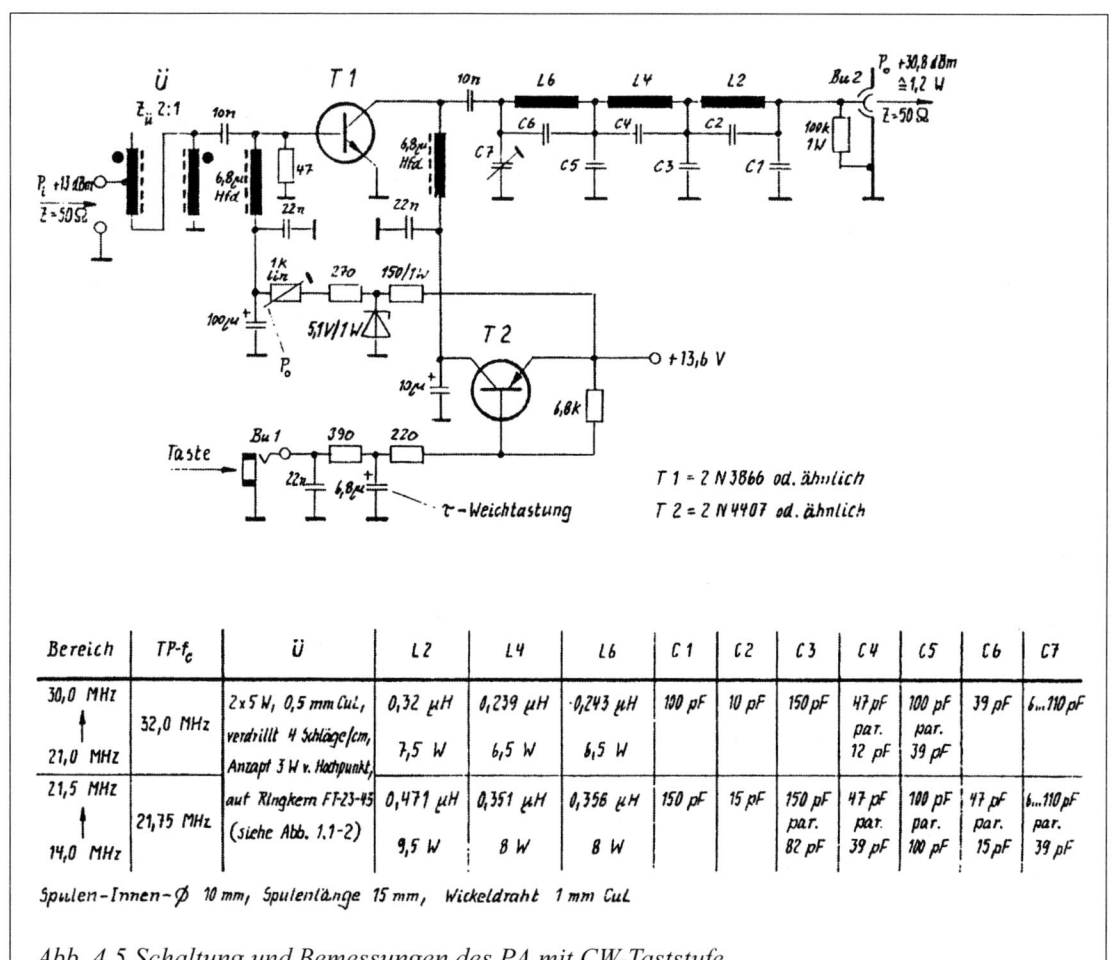

Bereich	TP-f_c	Ü	L2	L4	L6	C1	C2	C3	C4	C5	C6	C7
30,0 MHz ↑ 21,0 MHz	32,0 MHz	2×5 W, 0,5 mm CuL, verdrillt 4 Schläge/cm, Anzapf 3 W v. Hochpunkt	0,32 µH 7,5 W	0,239 µH 6,5 W	0,243 µH 6,5 W	100 pF	10 pF	150 pF	47 pF par. 12 pF	100 pF par. 39 pF	39 pF	6...110 pF
21,5 MHz ↑ 14,0 MHz	21,75 MHz	auf Ringkern FT-23-45 (siehe Abb. 1.1-2)	0,471 µH 9,5 W	0,351 µH 8 W	0,356 µH 8 W	150 pF	15 pF	150 pF par. 82 pF	47 pF par. 39 pF	100 pF par. 100 pF	47 pF par. 15 pF	6...110 pF par. 39 pF

Spulen-Innen-Ø 10 mm, Spulenlänge 15 mm, Wickeldraht 1 mm CuL

Abb. 4.5 Schaltung und Bemessungen des PA mit CW-Taststufe

4.2.3 20/30 W HF auf 1,6 ... 30 MHz an 13,6 V

Die hier zunächst abzuhandelnde PA mit 20 W PEP erlaubt bis zu etwa 30% mittlere Durchsteuerung, entsprechend den praktischen J3E- und A1A-Verhältnissen, während im CW-Dauerstrich maximal 8 W zulässig sind. Wichtige Betriebs-Kennwerte gehen aus Bild 4.6 hervor. Bezüglich PEP werden Oberwellen-Abstände von ≥30 dB gemessen, ausgenommen die 3. Harmonisch im Spektrum < 5 MHz mit ≈ -17 dB. Die Schaltung dieser im linear-typischen AB-Betrieb arbeitenden, zweistufigen Gegentakt-Anordnung ist in Bild 4.7 vorgestellt.

Die Transistoren MRF 476 und MRF 475 sind zwei ungemein übersteuerungstolerante und zudem sehr preisgünstige Elemente. Ihre Kollektor-Ruheströme I_{CD} sind linearitätsoptimal mit 40 mA beziehungsweise 100 mA gewählt worden. Sie werden von D 1 und D 2 über deren Vorwiderstände R 5 respektive R 6 bestimmt. Zugleich sorgt die vorgesehene thermische Kopplung D 1/T 1/T 2 sowie D 2/T 3/T 4 für I_{CD}-Stabilität über die Temperatur. Die in den Transistor-Basiszweigen liegenden Elemente R 1/C 2/R 2/C 3 beziehungsweise R 8/C 8/R 9/C 9 sind frequenzabhängig wirkende HF-Absorber zur Kompensation der in etwa umgekehrt proportional zur Frequenz verlaufenden Transistor-Leistungsverstärkungen; immerhin steht hier ein mehr als vier Oktaven messendes Betriebsfrequenz-Spektrum an.

In den Schleifen R 7/LB 1/LB 2 und R 12/LB 5/LB 6 haben wir R/X-Gegenkopplungen zur qua-

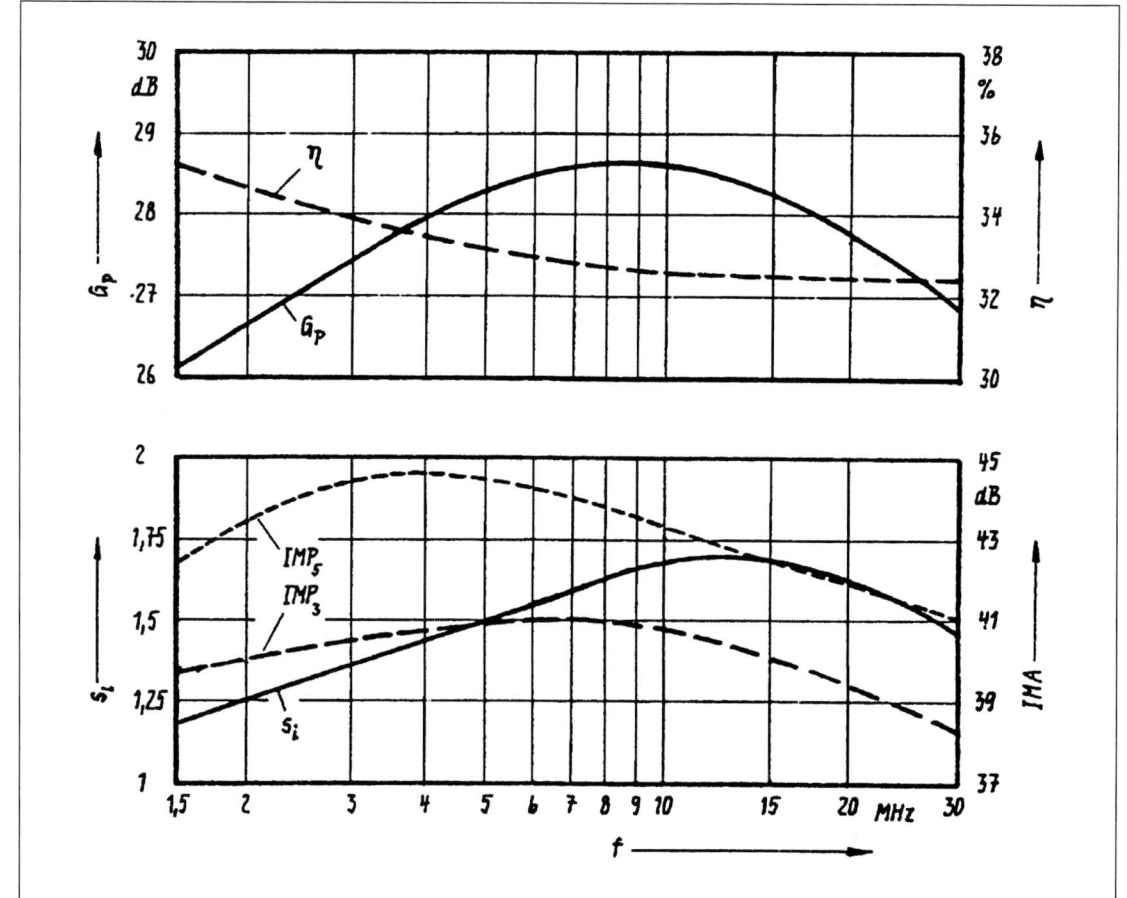

Abb. 4.6 Betriebs-Kennwerte über die Frequenz des 20-W-Verstärkers Abb. 4.5 mit Leistungsgewinn, Kollektor-Wirkungsgrad, Intermodulations-Abständen und Eingangs-s-Wert

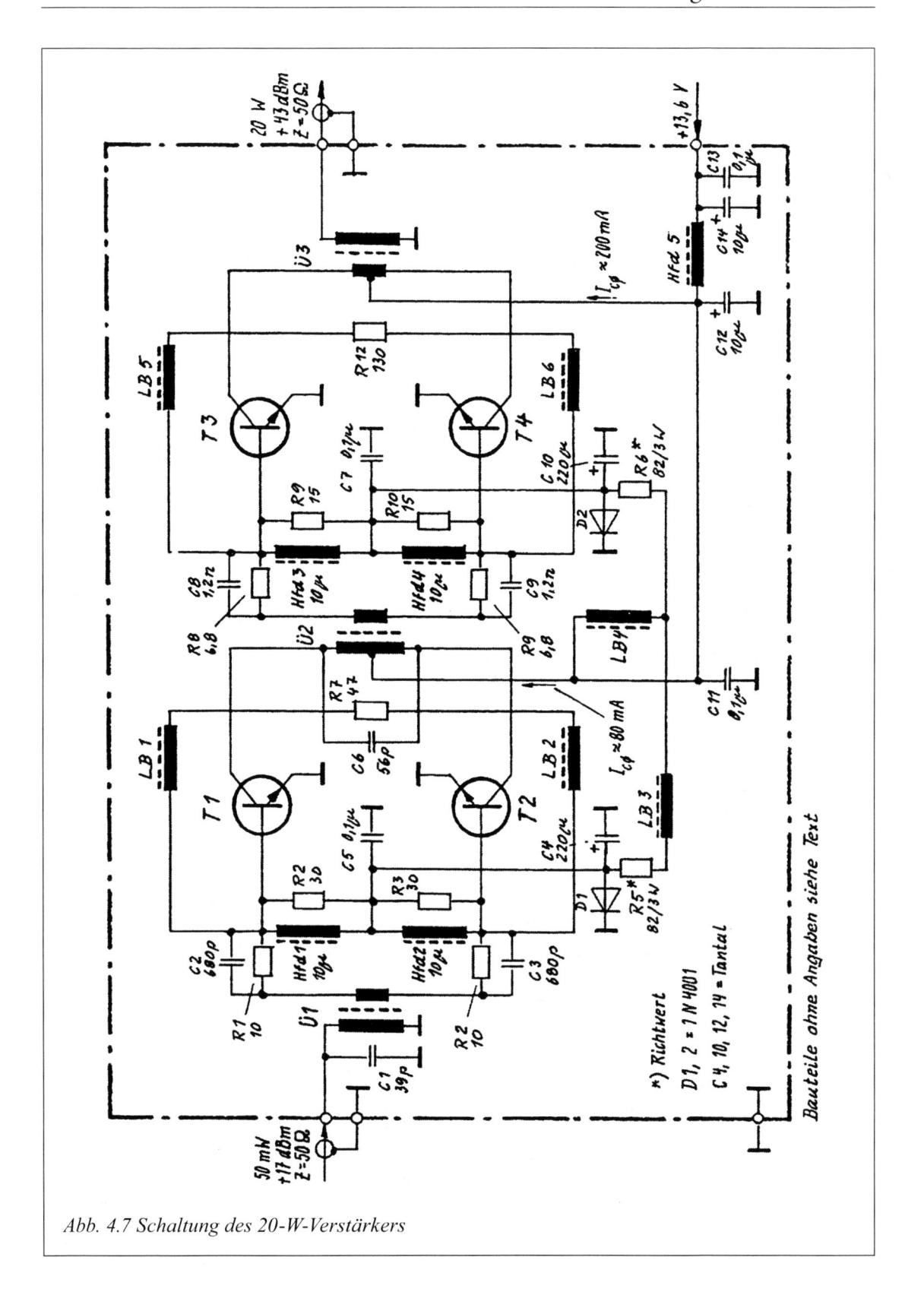

HF-Leistungsverstärker 99

Abb. 4.7 Schaltung des 20-W-Verstärkers

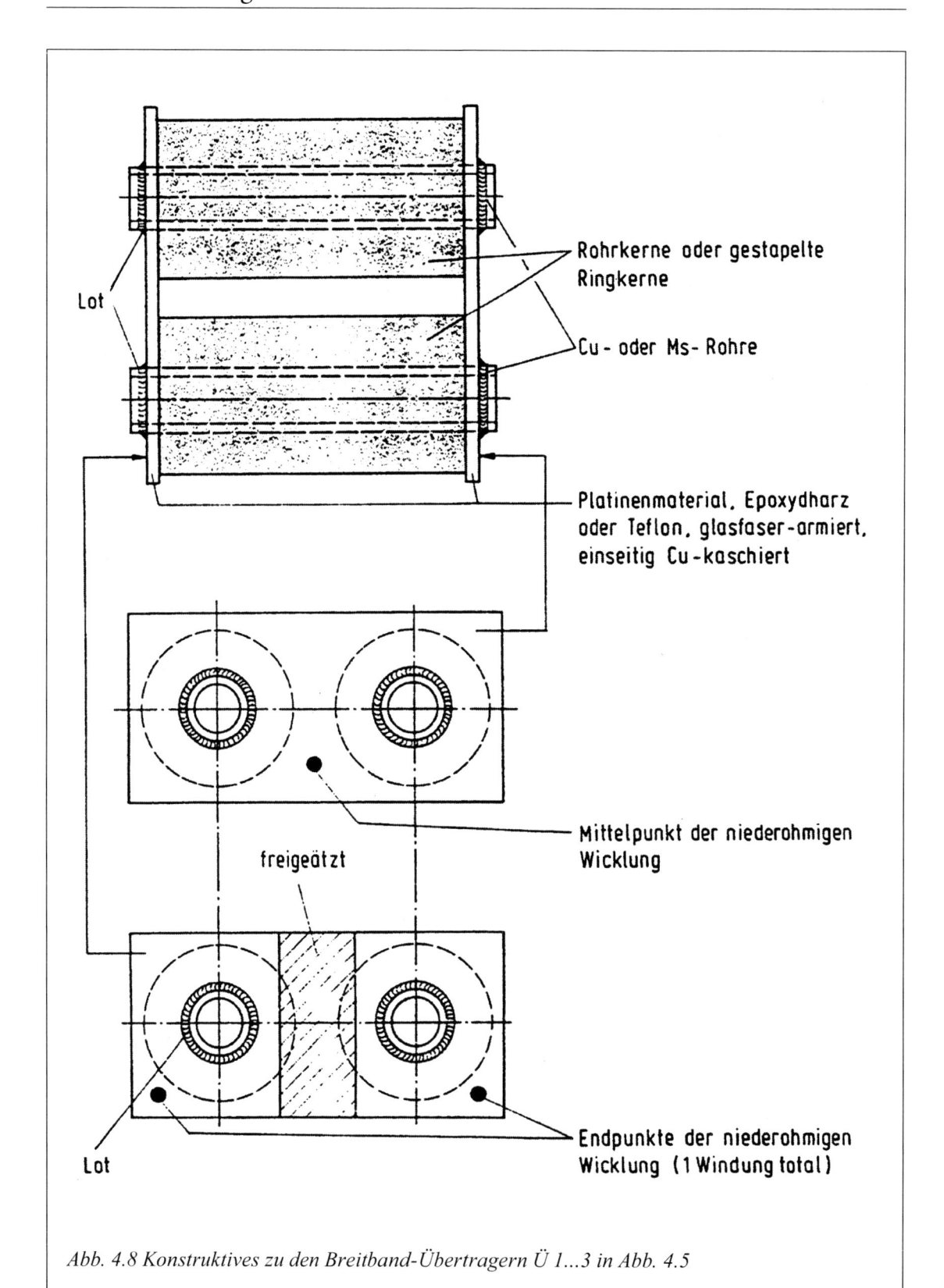

Abb. 4.8 Konstruktives zu den Breitband-Übertragern Ü 1...3 in Abb. 4.5

litativen Optimierung der Signal-Aufbereitung und zur weiteren Nivellierung des Frequenzganges. Die Anschlussdrähte der beiden Widerstände sind Wicklungsbestandteile der Übertrager Ü 2 beziehungsweise Ü 3. Die Schleifeneffizienz fällt umgekehrt proportional zur Frequenz aus, resultierend aus den mittels Ferrit-Perlen realisierten LB und den mit abnehmender Frequenz zunehmenden Eingangs-Impedanzen der Transistoren (frequenzabhängiger Spannungsteiler). Außerdem werden so den jeweiligen Quellenwiderständen über die Frequenz nahezu gleichbleibende Lastwiderstände angeboten mit dem Ergebnis weitgehend frequenzunabhängiger s-Werte.

Die Übertrager Ü1 und Ü3 sind Schnittstellenglieder mit jeweils 50 Ω unsymmetrisch auf Gegentakt bei $Z_ü$-Raten von 4:1 Der Ü2 als Interface untersetzt symmetrisch mit $Z_ü$ 4:1. Zu ihrer Realisation werden jeweils zwei Ferrit-Rohrkerne gemäß Bild 4.8 herangezogen; ihre Daten, einschließlich derer zu den LB und der Hfd 5 mit einigen Alternativen, gehen aus Bild 4.9 hervor.

In Bild 4.10 haben wir die Print-Vorlagen für Ober- und Unterseite der Platine, und Bild 4.11 zeigt die Bestückungspläne. Es ist glasfaser-armiertes Epoxydharz-Material mit 1,5 mm Dicke und 35 μm Cu-Auflagen zu verwenden. T 1 ...4 sitzen in schalenförmigen Finger-Kühlkörpern der Abmessungen von etwa 24 x 13 x 15 mm (L x B x H; T1 und T 2) beziehungsweise 24 x 18 x 15 mm (T 3 und T 4). Da die Kollektoren dieser Transistoren mit den Befestigungslappen ihrer TO-220-Gehäuse verbunden sind, müssen die Kühlkörper, einschließlich der jeweils zugehörigen Felder der Platinen-Beschichtung, eigenständig elektrisch „hoch" gehalten werden. Die jeweils im Gegentakt zusammenwirkenden Transistoren sind elektrisch paarig auf 10% I_{C0}-Toleranz zu selektieren.

Wenn wir in der Endstufe anstelle der beiden MRF 475 zwei MRF 479 setzen, kann auch im CW-Dauerstrich (z. B. F1B, RTTY) volle HF-Leistung gefahren werden, die nunmehr bei weiterhin 50 mW am Verstärkereingang sogar 30 W ausmacht. Weitergehende Schaltungsänderungen ergeben sich nicht, und auch der I_{C0} bleibt unverändert. Allerdings sind entweder die wirksamen Kühlflächen auf etwa das Vierfache zu erweitern, oder es ist eine Gebläsekühlung hinreichender Effizienz heranzuziehen; beim Ausfall letzterer muss für automatische Deaktivierung des Verstärkers gesorgt sein.

In puncto Kühlkörper kann hier für T 3 und T 4 ein gemeinsames Element dienen, denn beim MRF 479 liegt der Emitter am Befestigungslappen seines auch für ihn verwendeten TO-220-Gehäuses. Anbetrachts dessen ist nun jedoch, so oder so, gleichstrom- wie HF-mäßig zuverlässiger Massebezug der Emitterzweige herzustellen;

Bauteil	Ausführung
LB 1, 2, 5, 6	1 Ferrit-Perle, Fair-Rite 2643000101, oder Ferroxcube 5659065/3B, oder 3 Ringkerne FT-23-43
LB 3, 4	2 Ferrit-Perlen oder 6 Ringkerne, Ausführungen wie vor
Hfd 5	Ferroxcube VK-200-19/4B oder Siemens B82114-R-A3
Ü 1	2+1 Wind.; 0,5 mm CuPTFE bzw. Cu- oder Ms-Rohr, durch Doppellochkern Fair-Rite 2643006301 oder 2×4 Ringkerne FT-37-43
Ü 2	4+1 Wind., 0,5 mm CuPTFE, bei Sekundär-Wicklung 1 Wind. als Cu- oder Ms-Rohr, durch Doppellochkern Fair-Rite 2643006301 oder 2×4 Ringkerne FT-37-43. Anschlußdrähte des R 7 jeweils durch eines der beiden Kernlöcher führen
Ü 3	wie Ü 1, zudem Anschlußdrähte des R 12 jeweils durch eines der beiden Kernlöcher führen
CuPTFE = Teflon-isolierter Cu-Draht	

Abb. 4.9 Bauteileliste zu Abb. 4.5

102 HF-Leistungsverstärker

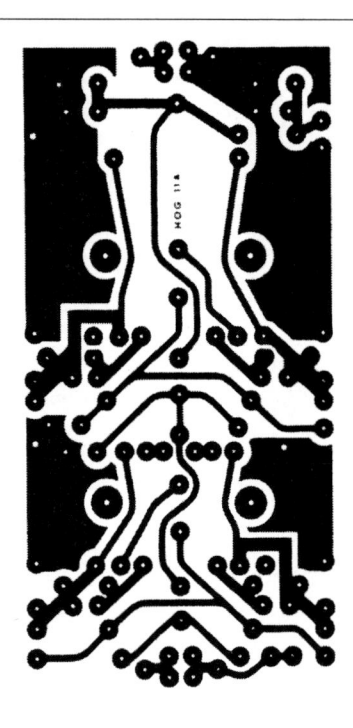

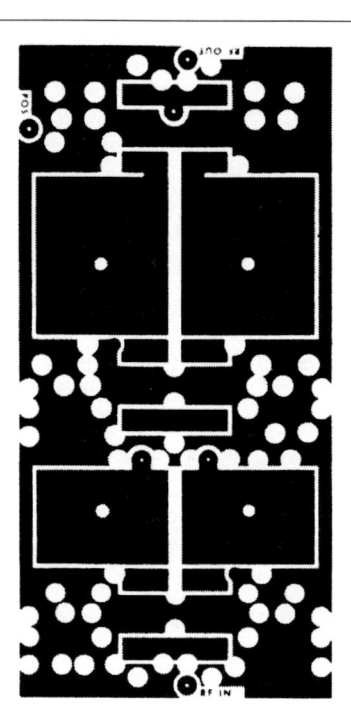

Abb. 4.10 Print-Vorlagen zu Abb. 4.7; links Leiterbahnseite, rechts Bauteileseite (nicht im Maßstab)

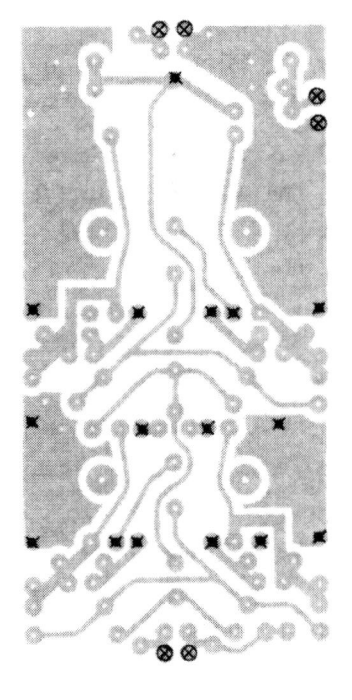

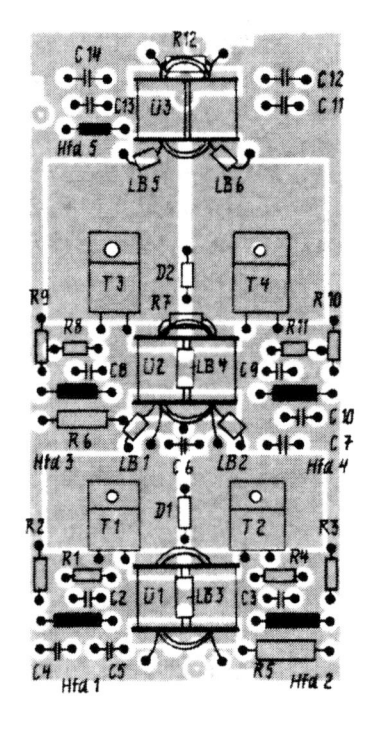

⊗ Extern-Anschluß   ✖ durchkontaktiert

Abb. 4.11 Bestückungspläne zu Abb. 4.10; Positionierung wie dort

HF-Leistungsverstärker 103

am besten durch entsprechende Änderung des zugehörigen Prints. Diesbezüglich sei auch auf die gegenüber dem MRF 475 vertauschte Belegung von Pin 2 und 3 mit Emitter respektive Kollektor beim MRF 479 hingewiesen. Beim Einsatz verlustarmer Oberwellen-Tiefpässe am Verstärkerausgang gelangen - je nach Wahl von T 3 und T 4 - etwa 15 W oder 25 W HF-Leistung an die Antennenbuchse.

4.2.4 50-W-Breitband-PA für 1,6...30 MHz

Den ersten Abschnitt dieser Linear-Schaltung haben wir in Bild 4.12 Funktionen dieser Art kennen wir bereits aus vorausgegangenen Beschreibungen, so dass sich weitere Worte erübrigen. Interessant allerdings der Ruhestrom-Stabilisator (Quelle) der PA als IC, bei dem es sich um

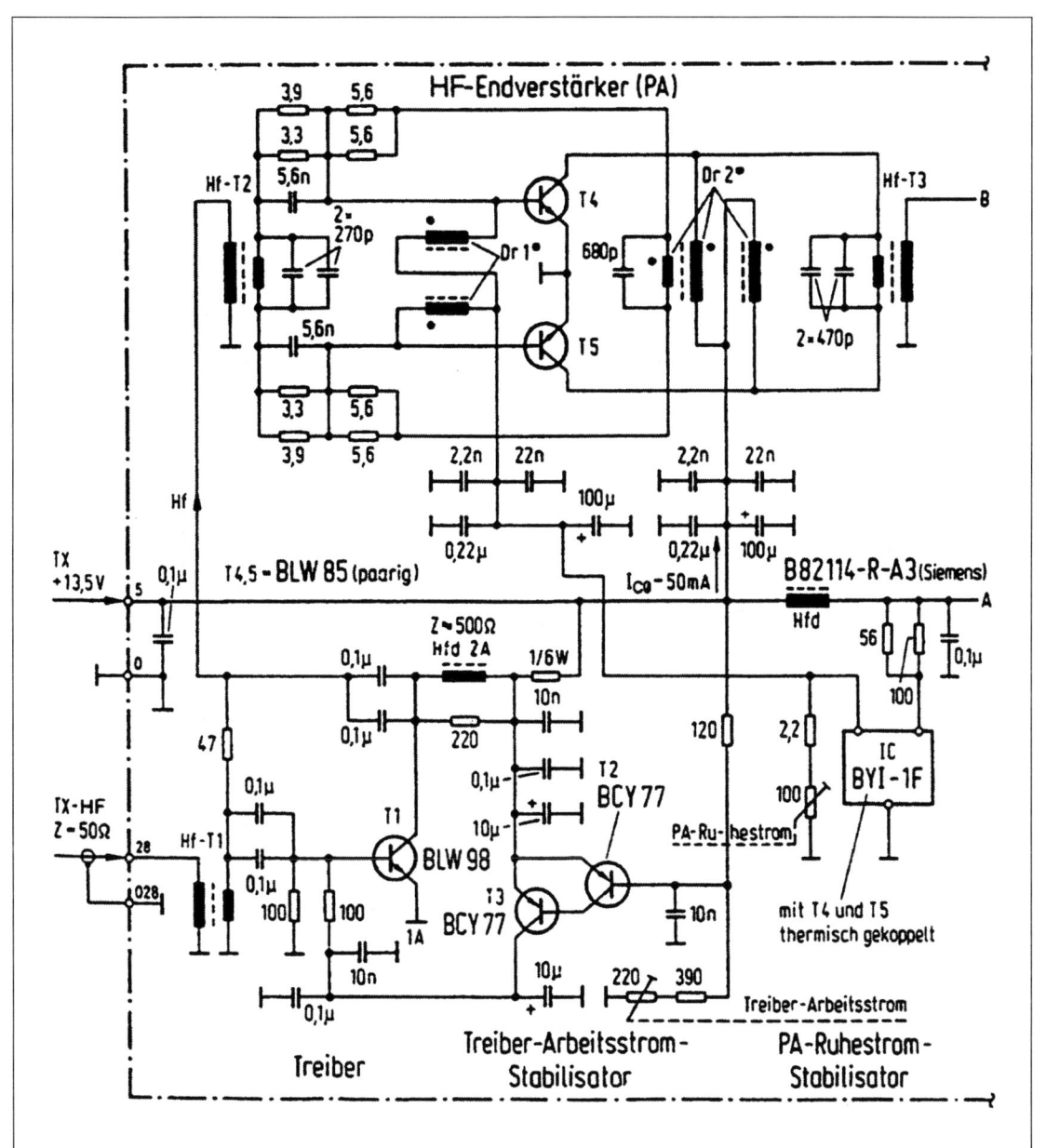

Abb. 4.12 Teilschaltung des KW-Breitband-Leistungszuges mit dem PA

104 HF-Leistungsverstärker

einen als Diode geschalteten speziellen Transistor in HF-Technologie nach Art und Leistungsklasse der PA-Elemente T 4 und T 5 handelt.

Dann in Bild 4.13 die Schaltung des Folgezuges mit einem Richtkoppler für Kontrollzwecke und dem Oberwellenfilter. Die SWR-Eigensicherung wirkt auf einen AGC-Verstärker im ZF-Teil. Der Tiefpass ist bereits aus Kapitel 1 bekannt.

Die Mantelstrom-Drossel M_{sd} an den Schaltungspunkten 29/90 unterbindet TX/RX-Verkopplungen über den Kabelschirm; bei diesem Bauteil handelt es sich um einige Windungen des Kabels auf einem hochpermeablen Ferrit-Ringkern. Die angegebene HF-Leistung ist im CW-Dauerstrich zulässig.

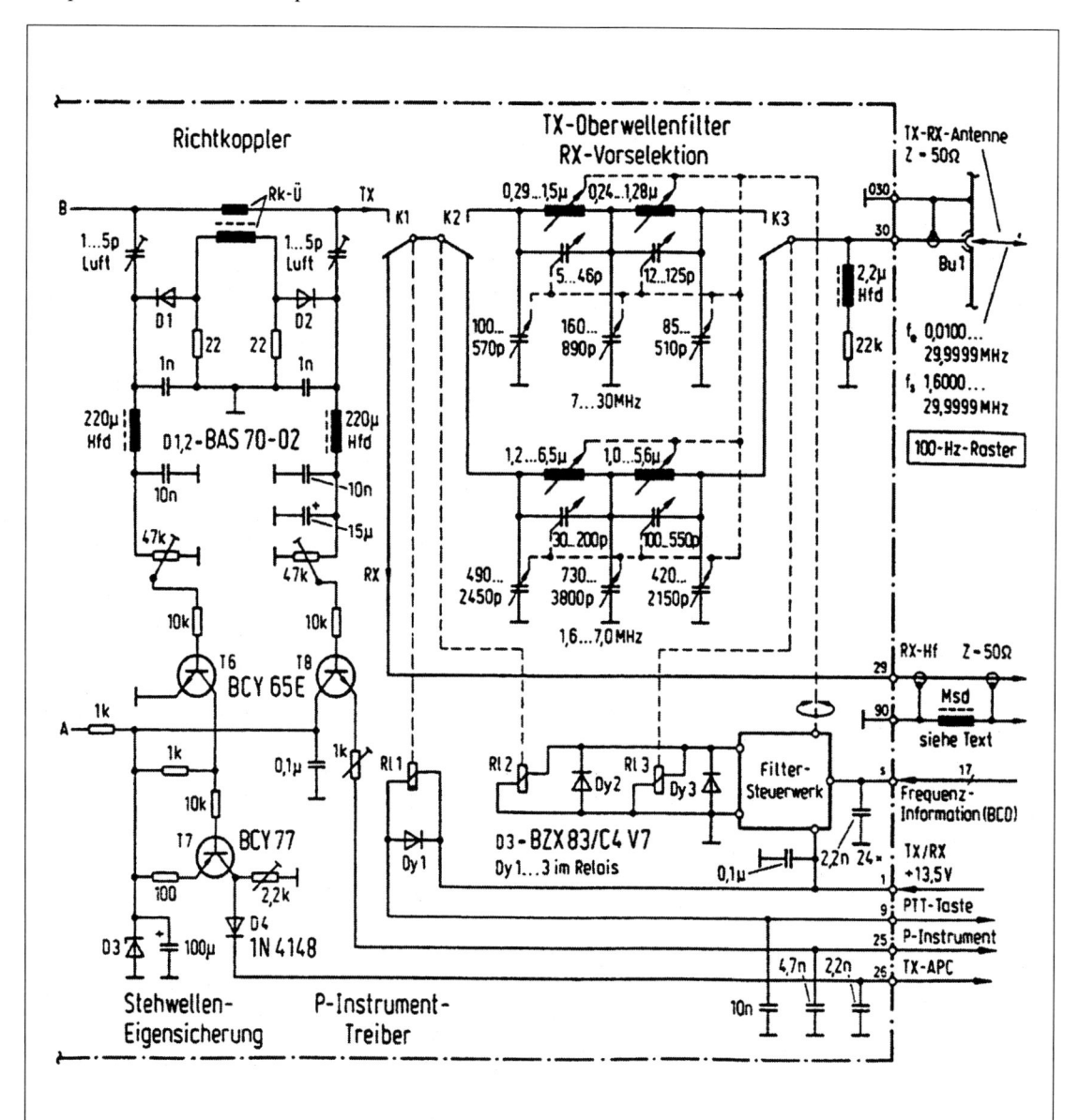

Abb. 4.13 Teilschaltung des KW-Breitband-Leistungszuges mit SWR-Eigensicherung und Oberwellen-Selektion

4.2.5 75-W-Breitband-PA für 1,6...30 MHz

Diese in Bild 4.23 vorgestellte Linear-Schaltung umfasst einen vollständigen Leistungszug. Die Aussteuerung kann direkt von einem High-Level-Diodenring übernommen werden. Der Vortreiber mit T 1 operiert im Klasse-A-Betrieb, alle weiteren Verstärker fahren mit AB-Arbeitspunkt. Die HF-Leistung ist im CW-Dauerstrich zulässig.

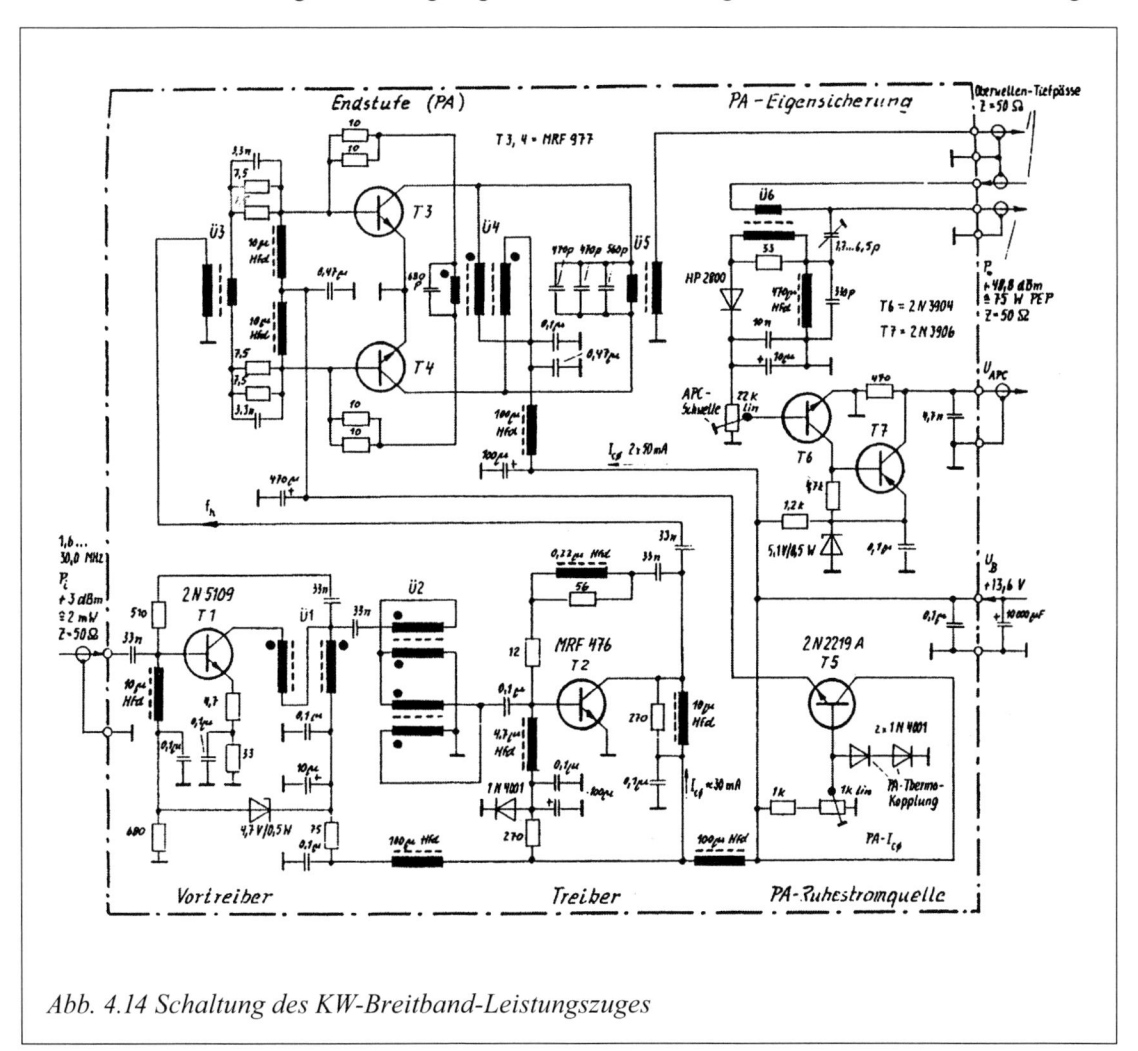

Abb. 4.14 Schaltung des KW-Breitband-Leistungszuges

4.2.6 180/320 W Hf auf 1,6...30 MHz an 13,6 V

Der 180-W-Verstärker bietet rund 13,6 dB Leistungsgewinn. Seine Ausgangsleistung ist sowohl in SSB als auch CW-Dauerstrich zulässig. Bezogen auf Vollaussteuerung werden Oberwellen-Abstände von ≥ -20 dB gemessen, ausgenommen die 3. Harmonische mit ≥ -15 dB/< 10 MHz; oberhalb 15 MHz sind es allemal ≥ -30 dB. Zugleich fallen die Intermodulations-Abstände bei energiesymmetrischer 2-Ton-Aussteuerung bezüglich der Einzeltöne mit ≥ -32 dB aus. Der Eingangs-s-Wert beträgt 1,25...1,75, mit dem Maximum um 12 MHz. Der Wirkungsgrad über alles misst etwa 45%.

Bei dem 320-W-Verstärker handelt es sich um zwei der angesprochenen und mittels Hybrid-Koppler

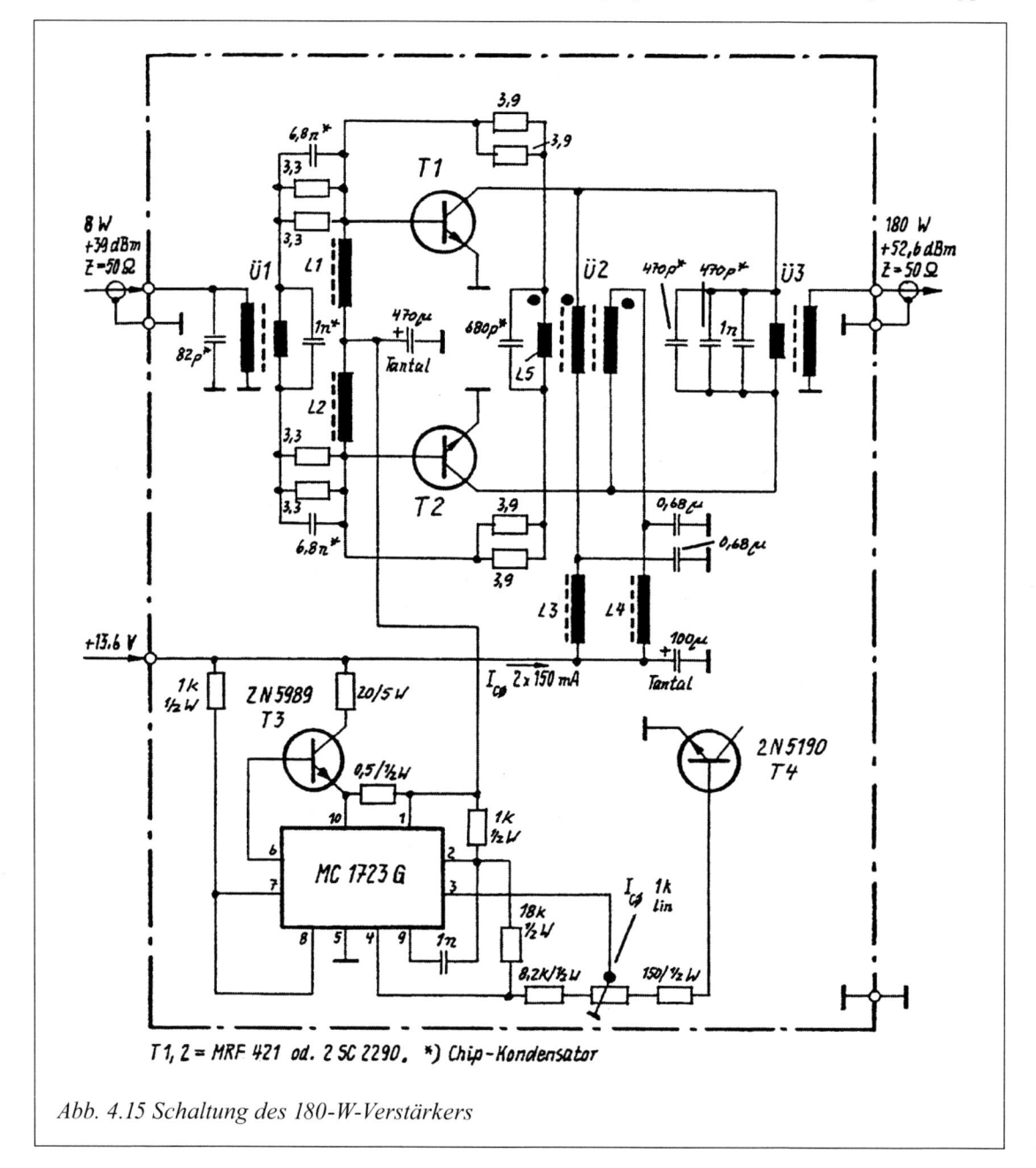

Abb. 4.15 Schaltung des 180-W-Verstärkers

Bauteil	Ausführung
L 1, 2	Ferroxcube Vk-200-19/4B oder Siemens B82114-R-A3
L 3, 4	4 Ferrit-Perlen, Fair-Rite 2673021801 oder 8 Ringkerne FT-23-72, auf gestrecktem 1,5-mm-Cu-Draht
L 5	1 Wind. auf Ü 2, 0,5 mm CuPTFE
Ü 1	4+1 Wind., 0,5 mm CuPTFE bzw. Cu- oder Ms-Rohre, auf Doppellochkern Fair-Rite 2873000201 oder 2×3 Ringkerne FT-37-72
Ü 2	2×6 Wind., 0,8 mm CuPTFE, bifilar verdrillt, plus L 5, auf Ringkern Fair-Rite 1101-Q1 oder FT-50-61
Ü 3	5+1 Wind., 1,5 mm CuPTFE bzw. Cu- oder Ms-Rohr, auf 2 Rohrkerne Stackpole 57-3238-7D oder 2×5 Ringkerne FT-82-72
CuPTFE = Teflon-isolierter Cu-Draht	

Abb. 4.16 Bauteilliste zu Abb. 4.15

parallel-verknüpften 180-W-Module. Ihr effektiver Leistungsgewinn macht 13 dB aus. Für dieses Objekt kann die in Abschnitt 4.2.3 beschriebene 20-W-PA als Treiber dienen, dessen notwendige Steuerleistung dann nur etwa 30 mW beträgt. Die Schaltung des 180-W-Verstärkers, einer einstufigen, im AB-Betrieb arbeitenden Gegentakt-Anordnung, ist in Bild 4.15 vorgestellt.

Oben im Bild haben wir den HF-Zug. Er unterscheidet sich von den aus Abschnitt 4.2.3 bekannten einschlägigen Strukturen im wesentlichen lediglich insofern, als man die Gegenkopplungsschleife etwas anders ausgelegt hat. Die Kapazität parallel zur Schleifeninduktivität des Übertragers Ü 2 ist mit dieser etwa 10% oberhalb der höchsten Betriebsfrequenz (30 MHz) in Resonanz.

Das untere Bildteil zeigt die PA-Basisstromversorgung zur Erregung der I_{C0} von 150 mA je Transistor. Der als Diode geschaltete T 4 ist mit T 1 und T 2 thermisch gekoppelt und stabilisiert die I_{C0} über die Temperatur. T 3 dient dem Regel-IC als Stromtreiber. Diese Art der I_{C0}-Kontrolle zeichnet sich durch geringen Eigenstromverbrauch aus und wird aus diesem Grund für Verstärker höheren Leistungsumsatzes bevorzugt.

Aus Bild 4.16 gehen die Daten der Spulen und Übertrager hervor, zudem werden einige Alternativen aufgezeigt. Die Übertrager entsprechen physisch den Darstellungen in Bild 4.8; es handelt sich dabei um eine für derartige Glieder typische Bauweise.

Verstärker dieser Leistungsklasse sind stets auf glasfaser-armierten Epoxydharz- oder Teflon-Platinen mit beidseitig 70 μm (oder 105 μm) messender Cu-Kaschierung zu realisieren. Je nach Layout müssen eventuell die Kollektorzweige mittels Schaltdraht auf hinreichenden Querschnitt gebracht werden; typisch bei 13,6 V Betriebsspannung mit relativ sehr hohen Strömen. Aufgrund der gemeinhin äußerst geringen Transistor-Impedanzen ($\approx 1\ \Omega$) ist innerhalb der (üblichen) Gegentakt-Schaltungen auf absolut kürzeste (induktionsarme) und längengleiche (symmetrische) Leitungsführungen hinzuwirken. Als HF-beaufschlagte Kapazitäten können hier einzig Chip-Kondensatoren sehr hoher Güte ($Q \geq 3000$) mit Erfolg verwendet werden. Die konkreten thermischen Betriebsverhältnisse bedürfen, auch punktuell, allergrößter Aufmerksamkeit.

In Bild 4.17 haben wir die Schaltung zur Parallel-Verknüpfung zweier der vorangestellt beschriebenen 180-W-Module zu einer Anordnung mit effektiv 320 W HF-Ausgangsleistung. Als Koppelglieder fungieren die beiden 0°-Hybriden aus Ü 1/Ü 2 beziehungsweise Ü 3/Ü 4, deren realisationsbezogenen Daten aus Bild 4.16 hervorgehen.

Beim Aufbau haben wir auch hier absolut kürzeste, vor allem aber im Interesse geringstmög-

108 HF-Leistungsverstärker

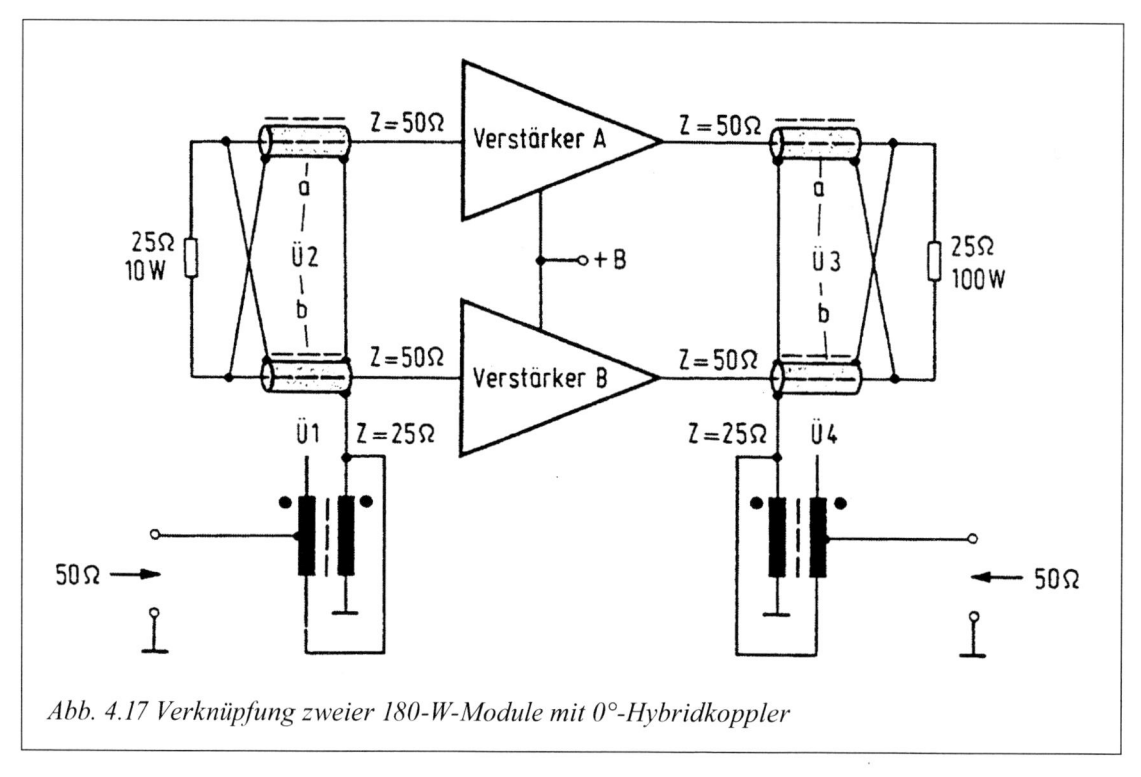

Abb. 4.17 Verknüpfung zweier 180-W-Module mit 0°-Hybridkoppler

Bauteil	Ausführung
Ü 1	5+5 Wind., 1 mm CuL, bifilar verdrillt mit 1,5 Schlägen/cm, Anzapf 3 Wind. v. Hochpunkt, auf Ringkern FT-82-43
Ü 2	jeweils 5 Wind., Koaxialkabel RG-174/U, auf Ringkern FT-82-43
Ü 3	jeweils 1 gestreckte Länge Koaxialkabel RG-142/U durch Rohrkern aus 6 Ringkernen FT-82-75
Ü 4	5+5 Wind., 1,6 mm CuPTFE, parallel geführt, Anzapf 3 Wind. v. Hochpunkt, auf Ringkern FT-114-43
CuPTFE = Teflon-isolierter Cu-Draht	

Abb. 4.18 Bauteilliste zu Abb. 4.17

licher Phasendifferenzen längengleiche Beschaltungswege anzustreben. Die Verstärkung der beiden PA-Module darf sich untereinander um nicht mehr als 0,5 dB unterscheiden, anderenfalls ist der höherverstärkenden Einheit ein Ohmsches Dämpfungsglied entsprechender Effizienz und Belastbarkeit voranzusetzen.

Der Absorptions-Widerstand des Eingangs-Kopplers kann aus konventionellen Elementen, beispielsweise elfmal 270 Ω/1 W in Parallelschaltung, realisiert werden. Im Gegensatz dazu müssen wir für die ausgangsseitige 100-W-Komponente zu einer (recht kostspieligen) Dünnschicht-Ausführung greifen. Den thermischen Verhältnissen ist gebührende Aufmerksamkeit zu widmen.

Bei 180 W beziehungsweise 320 W HF-Ausgangsleistung der beschriebenen PAs gelangen über hinreichend effiziente und zugleich verlustarme Oberwellen-Tiefpässe etwa 250 W respektive 0,25 kW an die Antennenbuchsen.

4.2.7 300-W-Breitband-PA für 1,6...30 MHz

Mit dieser in Bild 4.19 vorgestellten Linear-Schaltung haben wir einen weiteren vollständigen Leistungszug, dessen Aussteuerung jedoch bereits von einem monolithischen IC-Mischer übernommen werden kann. Interessant die beiden Komplementär-Treiber in A-beziehungsweise AB-Betrieb; hochqualitativ, andererseits aber nur relativ selten anzutreffende Strukturen.

Die angegebene HF-Leistung ist im CW-Dauerstrich zulässig. Um Überhitzungen, auch punktuellen, vorzubeugen, müssen derartige Anordnungen dann jedoch allemal mit einer spezifisch effizienten und zuverlässigen Zwangskühlung versehen werden.

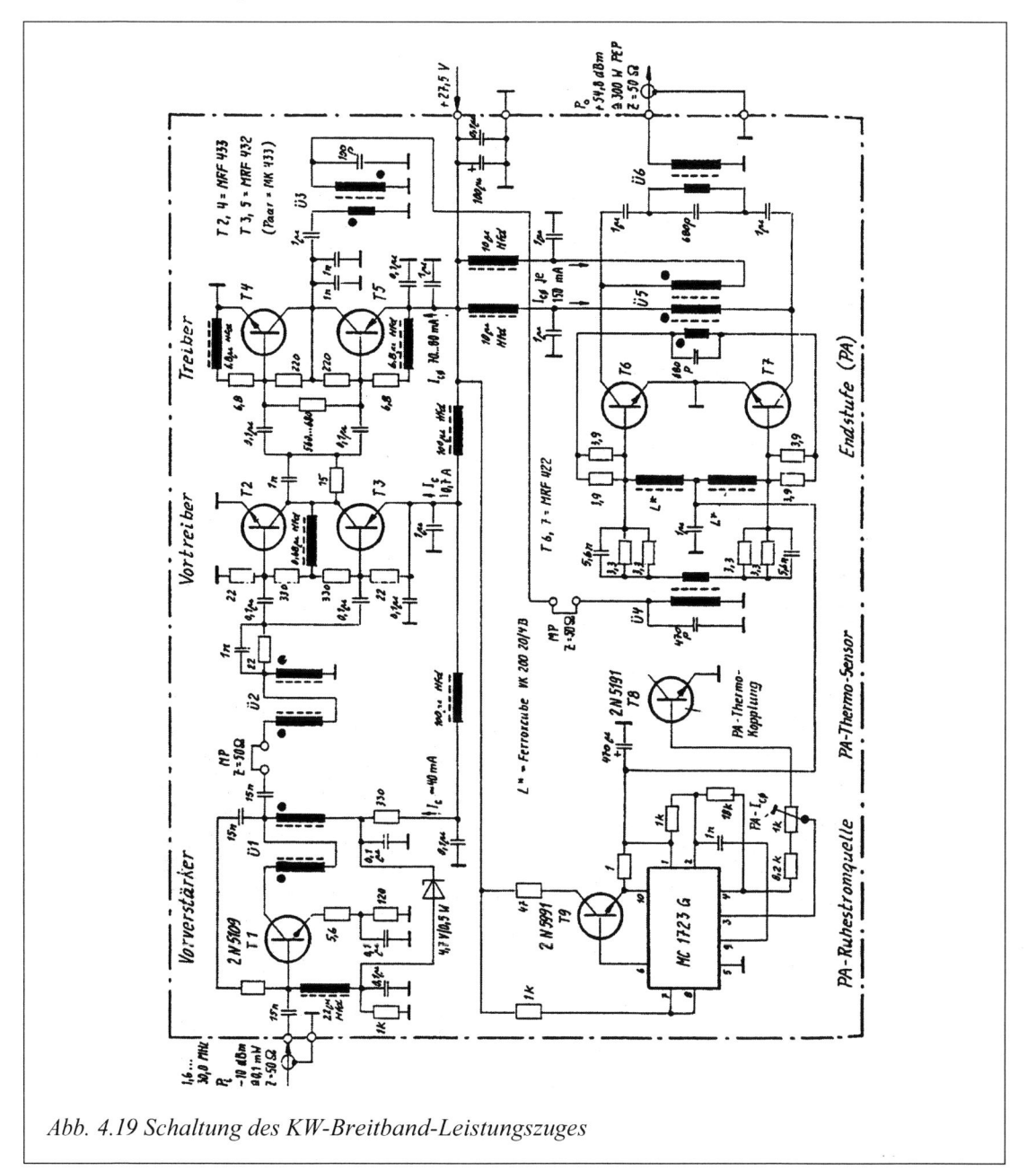

Abb. 4.19 Schaltung des KW-Breitband-Leistungszuges

4.2.8 35/75 W HF auf 140...160 MHz an 13,6 V

Die wichtigsten Betriebs-Kennwerte dieser beiden strukturell übereinstimmenden selektiven VHF-Verstärker gehen aus Bild 4.20 mit Leistungsgewinnen und Eingangs-s-Werten sowie aus Bild 4.21 mit Intermodulations-Abständen und Kollektor-Wirkungsgraden hervor. Die angegebenen Ausgangsleistungen sind auch im CW-Dauerstrich zulässig. Dabei stellen sich Oberwellen-Abstände von ≥-25 dB ein.

Die Schaltung dieser im linear-typischen AB-Betrieb arbeitenden einstufigen „Add-On"-Anordnungen ist in Bild 4.22 vorgestellt, und mit Bild 4.23 haben wir eine insbesondere auf P_O-spezifische Unterschiede eingehende Bauteileliste.

Der wesentliche schaltungstechnische Unterschied liegt in der Bestückung des T 1. Für 35 W Ausgangsleistung wird der MRF 240 verwendet; sein I_{C0} beträgt 50 mA. Mit einem MRF 247 erzielen wir dagegen die angegebenen 75 W; der I_{C0} misst 100 mA. Der Ruhestrom wird jeweils von dem als Diode geschalteten T 1 sowie R 2 als Vorwiderstand bestimmt. Zwischen T 1 und T 2 herrscht thermische Kopplung zur I_{C0}-Führung über die Temperatur.

In Bild 4.24 sind die Print-Vorlagen für Ober- und Unterseite der Platine zu sehen. Wir verwenden glasfaser-armiertes Epoxydharz-Material von 1,5 mm Dicke mit 35-μm-Beschichtungen. Aus Bild 4.25 gehen die Bestückungspläne hervor.

Die in Bild 4.23 zu C 1...5 jeweils erstgenannten Werte sind für den 35-W-Verstärker zu verwenden, die zweitgenannten dagegen für den 75-W-PA. Bezüglich der Platzierungen von C 2 und C 5, in Bild 4.25 jeweils durchgezeichnet beziehungsweise gestrichelt, haben wir im gleichen Sinn vorzugehen; auf diese Weise stellen sich die Induktivitäten der Print-Spulen L 1, 2, 4 und 5 spezifisch wertkorrekt ein. Für C 2...5 müssen mit Anschlussdrähten versehene (konventionelle)

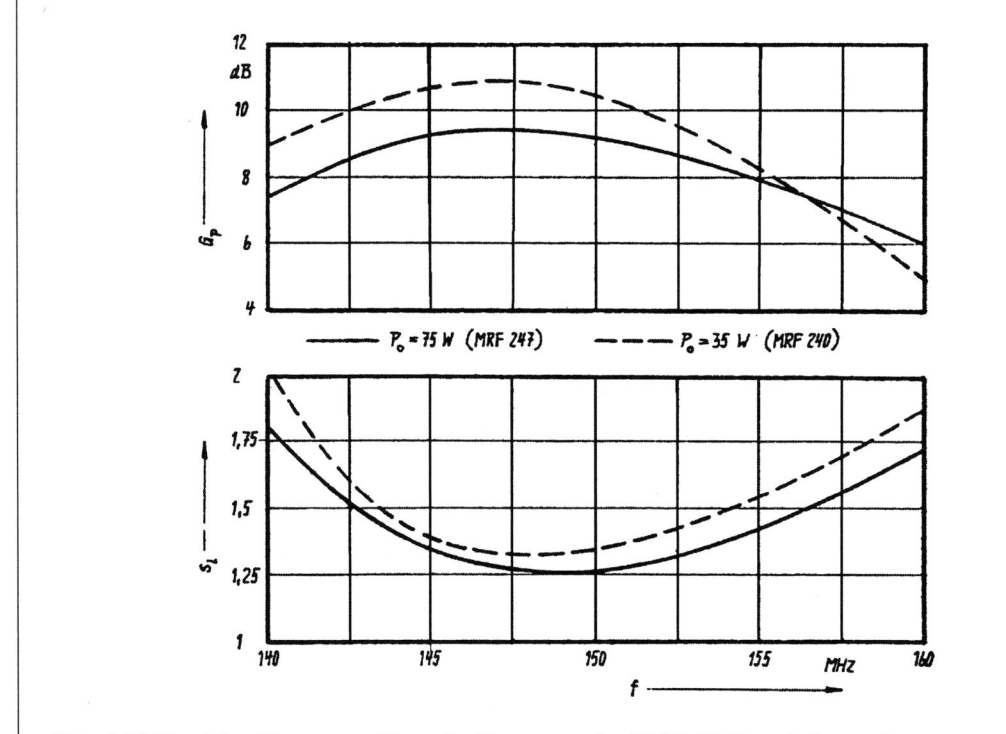

Abb. 4.20 Betriebs-Kennwerte über die Frequenz des 35/75-W-Verstärkers mit Leistungsgewinn und Eingangs-s-Wert

HF-Leistungsverstärker 111

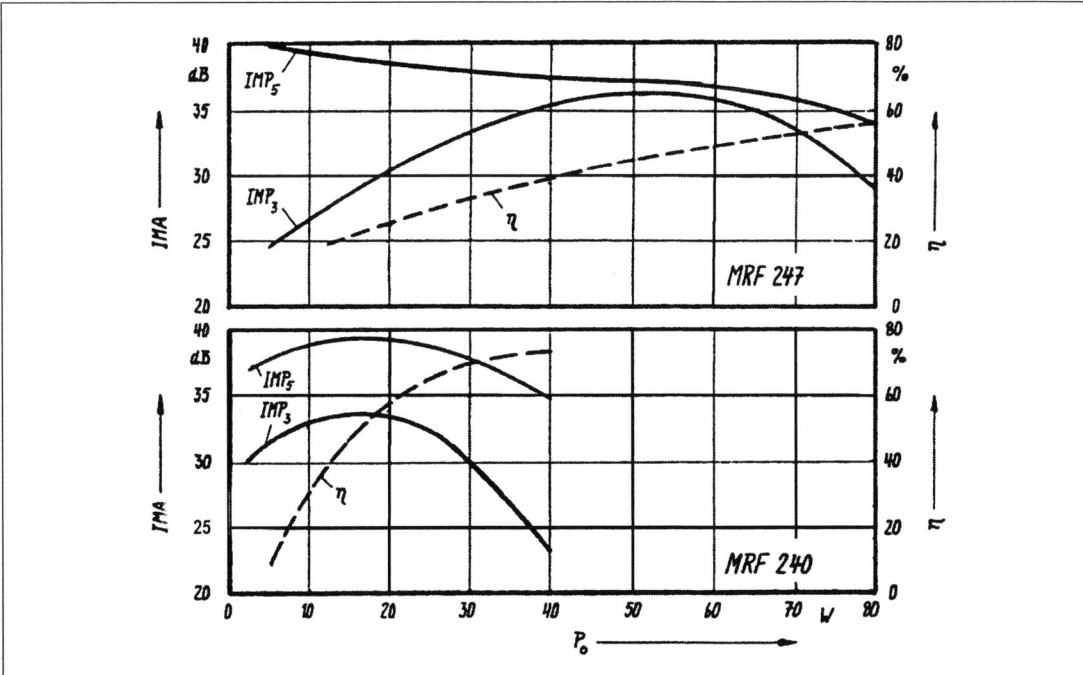

Abb. 4.21 Betriebs-Kennwerte über die Leistung des 35/75-W-Verstärkers mit intermodulations-Abständen und Kollektor-Wirkungsgraden

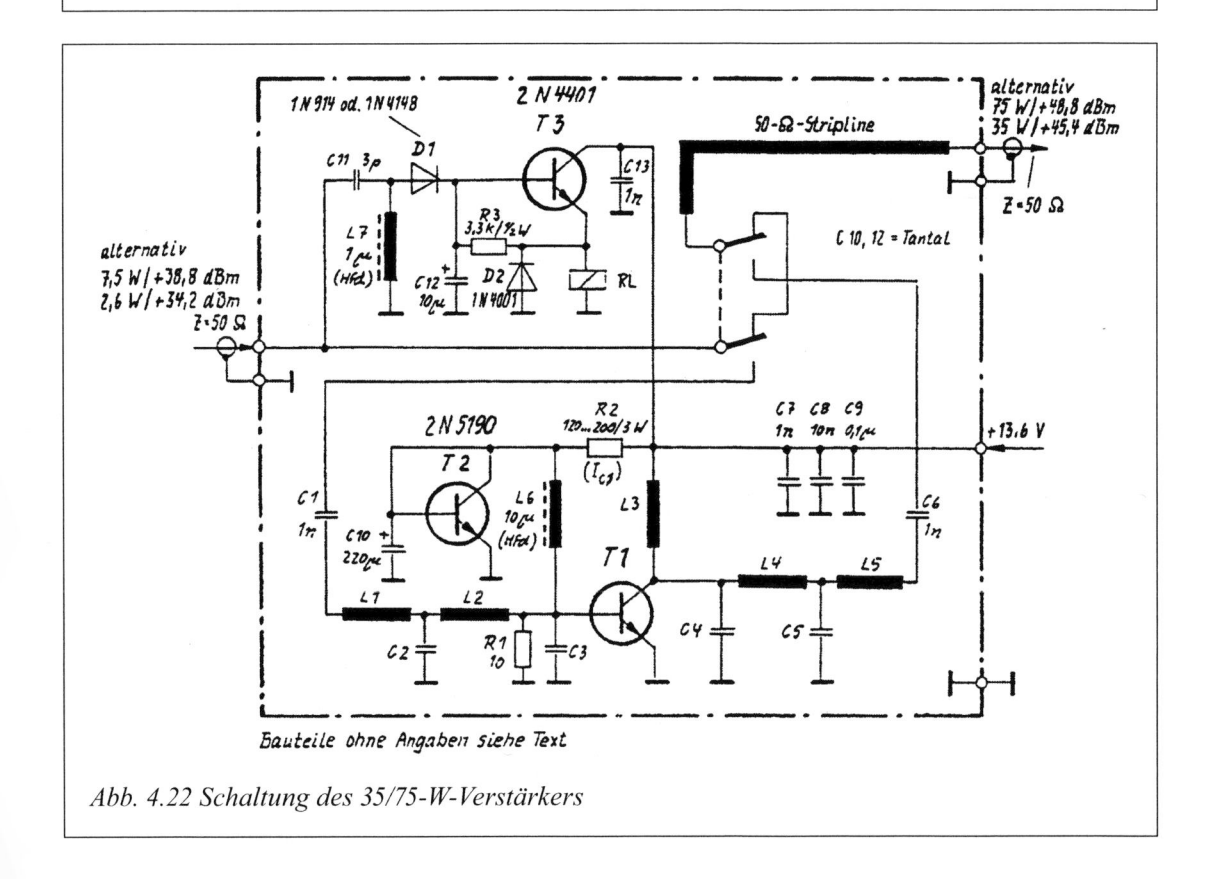

Abb. 4.22 Schaltung des 35/75-W-Verstärkers

Bauteil	Ausführung
C 2	56 pF oder 68 pF (siehe Text)
C 3, 4	390 pF oder 470 pF (siehe Text)
C 5	68 pF oder 91 pF (siehe Text)
L 1, 2, 4, 5	Print-Spulen (siehe Text)
L 3	12 Wind., 1 mm CuL, 6,3 mm Innen-Ø
RL	Relais, 2×Um, VHF-tauglich, 12 V Treibspannung
T 1	MRF 240 (35 W) oder MRF 247 (75 W)

Abb. 4.23 Bauteileliste zu Abb. 4.23

Glimmer-Komponenten oder keramische Elemente in Scheiben- oder Vielschicht-Ausführung gewählt werden; es handelt sich hier um sogenannte Effektiv-Bemessungen unter Berücksichtigung der Anschlussdraht-Induktivitäten mit der Notwendigkeit von „Wertberichtigungen" im Fall des Chip-C-Einsatzes.

Die in Bild 4.22, oben links, gezeichnete TX/RX-Relais-Kontrolle benötigt 0,4...0,5 W VHF-Steuerleistung. C 12 bewirkt verzögertes Abfallen des Relais (TX auf RX).

In Bild 4.26 sehen wir als Vorschlag die Schaltung eines Elliptic-Tiefpasses 5. Ordnung zur Oberwellen-Selektion. Sämtliche einschlägigen Parasitär-Produkte werden durch ihn um 50 dB über alles abgesenkt. Die Kapazitäten sind hier als Chips zu realisieren; andernfalls müssen experimentell durchzuführende „Wertberichtigungen"

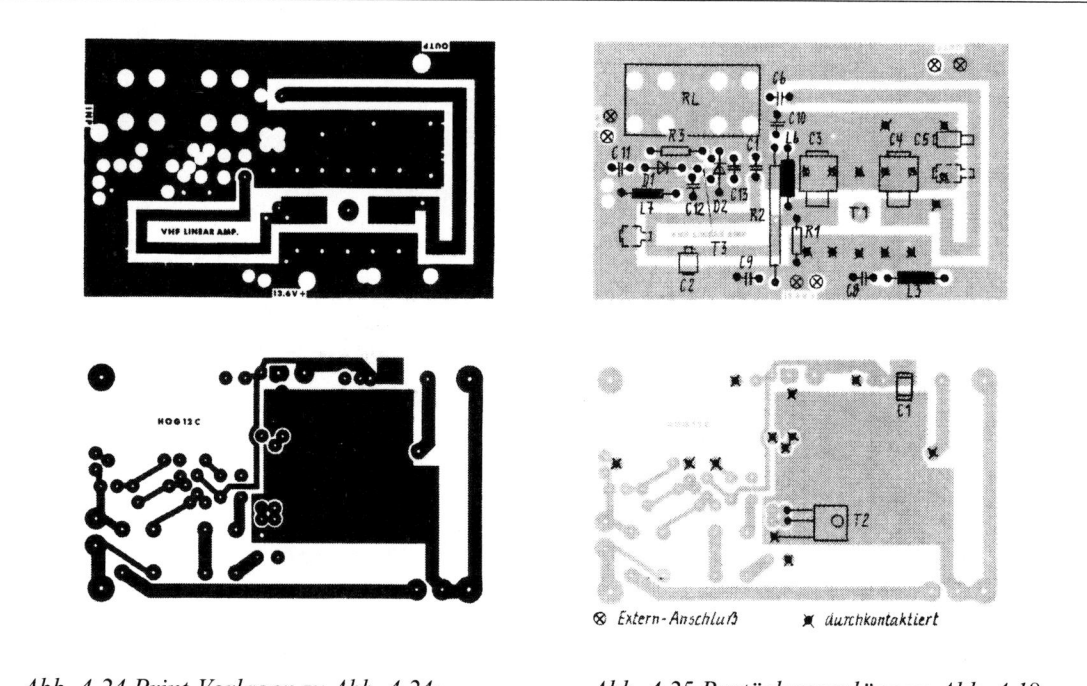

Abb. 4.24 Print-Vorlagen zu Abb. 4.24; oben Bauteileseite, unten Leiterbahnseite

Abb. 4.25 Bestückungspläne zu Abb. 4.18; Positionierungen wie dort

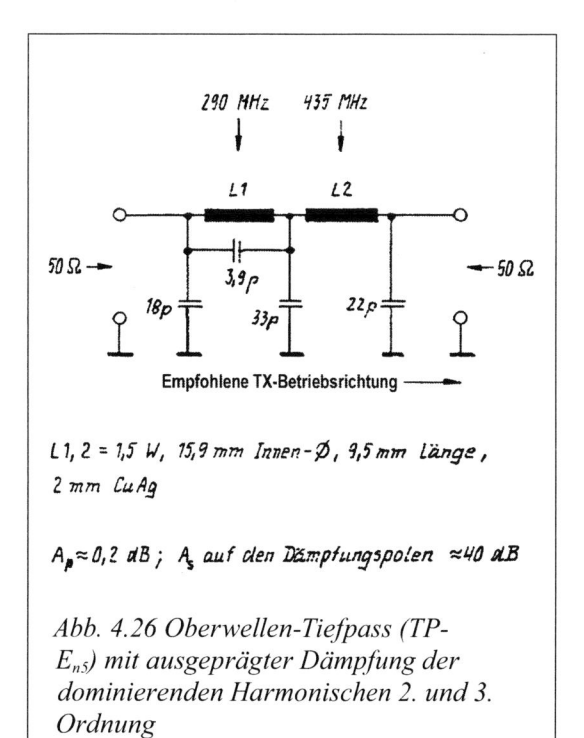

Abb. 4.26 Oberwellen-Tiefpass (TP-E_{n5}) mit ausgeprägter Dämpfung der dominierenden Harmonischen 2. und 3. Ordnung

Bildbeschriftung:
- 290 MHz, 435 MHz (Pfeile auf L1, L2)
- 50 Ω ← → 50 Ω
- Kondensatoren: 18p, 3,9p, 33p, 22p
- Empfohlene TX-Betriebsrichtung →
- L1, 2 = 1,5 W, 15,9 mm Innen-∅, 9,5 mm Länge, 2 mm CuAg
- $A_p \approx 0{,}2$ dB; A_s auf den Dämpfungspolen ≈ 40 dB

vorgenommen werden. Die Spulen bedürfen unbedingt sorgfältigster gegenseitiger Entkopplung. Zudem sollte das Filter insgesamt abgeschirmt aufgebaut sein. An seinem Ausgang stehen bei den angeführten PA-Leistungen etwa 30 W beziehungsweise 65 W VHF an.

Als VHF-Eingangs- und -Ausgangs-Verbinder verwenden wir BNC- oder N-Armaturen. Komponenten der UHF-Reihe sind hier völlig ungeeignet.

Schließlich müssen wir für hinreichend effiziente Abfuhr der Verlustwärme von rund 50 W respektive 100 W Sorge tragen; wobei die konkret herrschenden Betriebsverhältnisse in Betracht zu ziehen sind.

5 Überlegungen zum Empfänger-Design

Das Design hochqualitativer Empfänger-Schaltungen zählt zu den höchsten kreativen Herausforderungen des HF-Metiers. Angelpunkte sind im allgemeinen die Nachrichtenzüge, vor allem aber deren Front-ends. Sie umfassen den für Empfindlichkeit und Signalverträglichkeit verantwortlichen Abschnitt des Nachrichtenzuges, d.h. die Funktionen von der Antennenbuchse bis in etwa (mindestens) zur ZF-Hauptselektion, zudem den unmittelbar mit dem Mischer verknüpften Komplex des Abstimm-Steuersenders.

Zunächst sollten wir grundsätzlich unterscheiden zwischen Empfängern für den Bereich bis zu etwa 50 MHz einerseits und das höhere Spektrum andererseits. Erstere sind gemäß Bild 5.1 beträchtlichen Eingangsleistungen ausgesetzt und müssen infolgedessen über hohe Signalverträglichkeit verfügen, während ihrer Empfindlichkeit aufgrund starker externer Rauschkomponenten nur geringe Bedeutung zukommt. Mit zunehmender Frequenz gehen Leistungsaufkommen und Externrauschen zurück, so dass oberhalb 50 MHz die Aussteuerungsfähigkeit etwas geringer und die Empfindlichkeit entsprechend Bild 5.2 nach und nach sinnvoll höher bemessen werden kann.

Der Kompressions-Punkt KP, d.h. die absolute Grenze praktisch linearer Aussteuerungsfähigkeit, sollte frequenzspezifisch um mindestens 10 dB höher als der in Bild 5.1 oben verlaufende Breitband-Parameter angesiedelt sein; der zur Kenn-

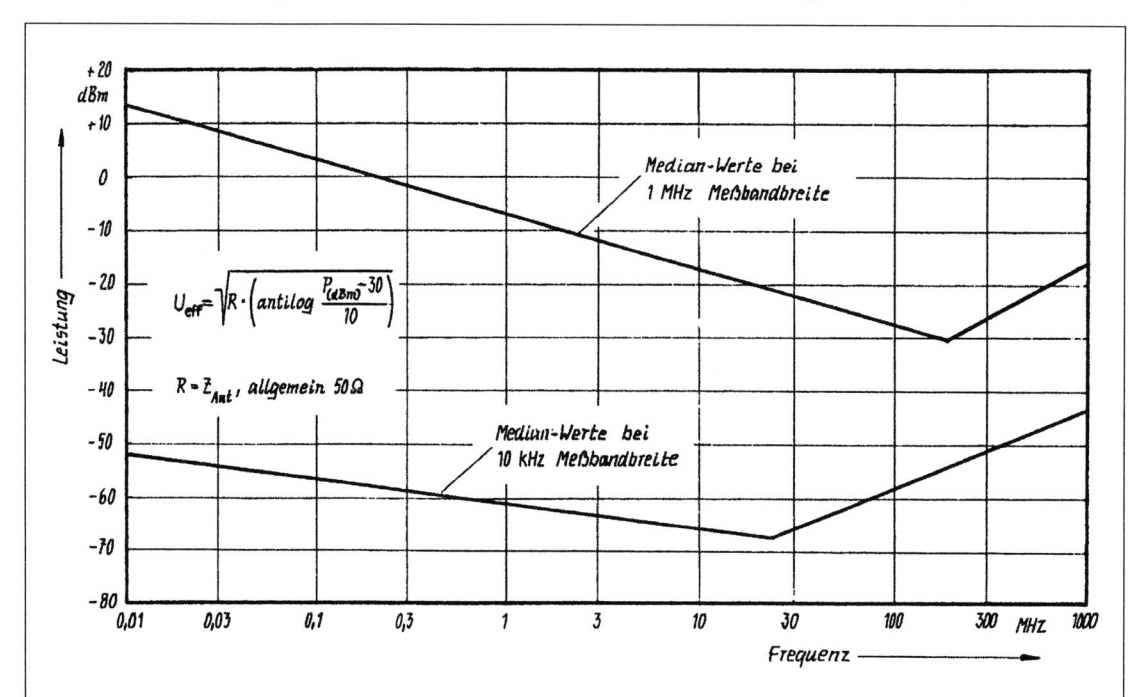

$$U_{eff} = \sqrt{R \cdot \left(antilog \frac{P_{(dBm)} - 30}{10} \right)}$$

$R = Z_{Ant}$, allgemein 50 Ω

Abb. 5.1 Mediane Belastung des Frequenzspektrum 10 kHz...1 GHz durch Sendersignale, oben bei 1 MHz, darunter bei 10 kHz Messbandbreite aufgenommen. Empfänger-Kompressionspunkte sollten frequenzspezifisch um ≥ 10 dB oberhalb des oberen Parameters angesiedelt sein

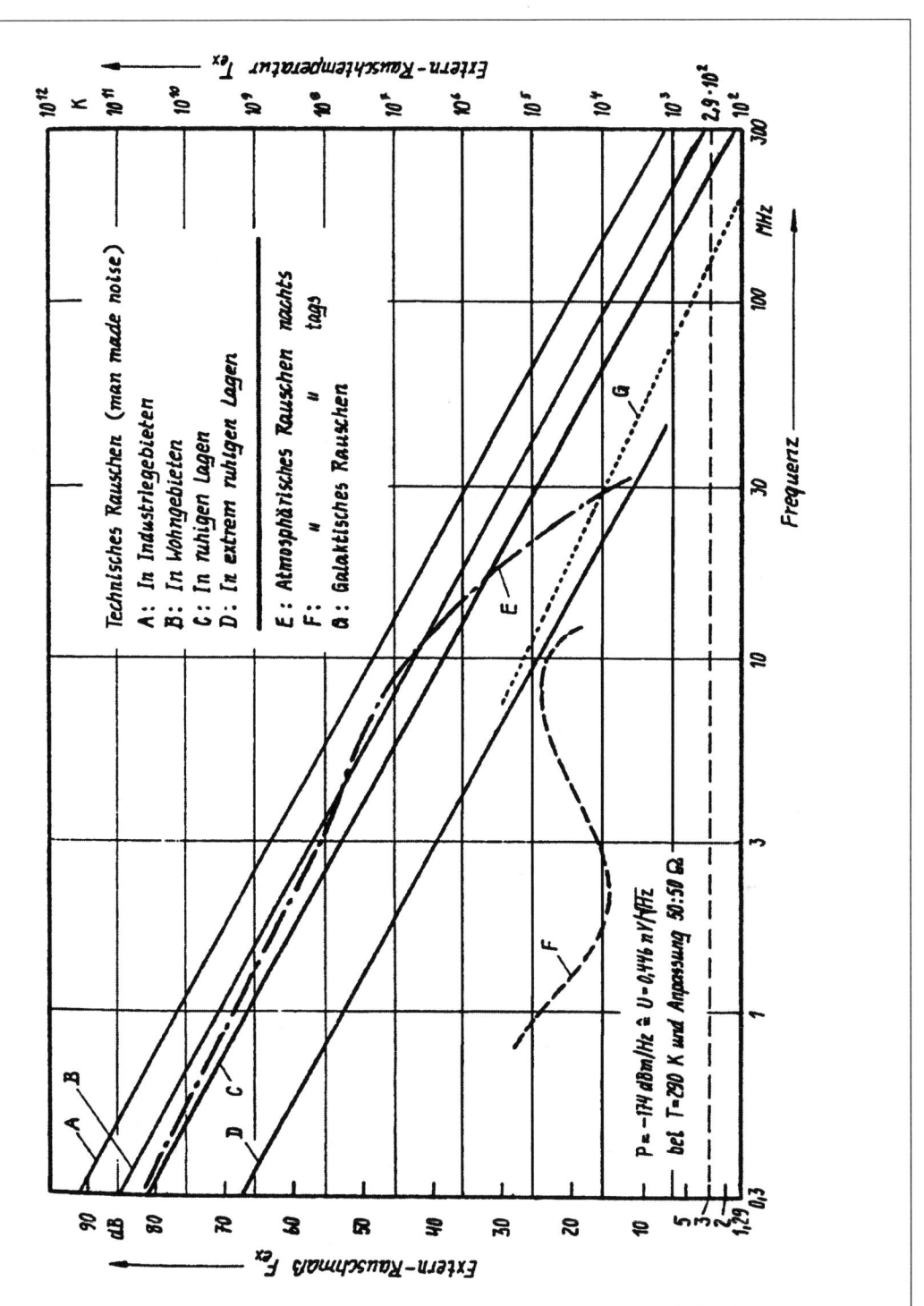

Abb. 5.2 Mediane Belastung des Frequenzspektrums 0,3...300 MHz durch die diversen Komponenten des Externrauschens. Empfänger-Rauschmaße sollten sich frequenzspezifisch im allgemeinen am Parameter »C« orientieren, ausgenommen der extra-terrestrische Verkehr mit der Kennlinie »G« als Kriterium

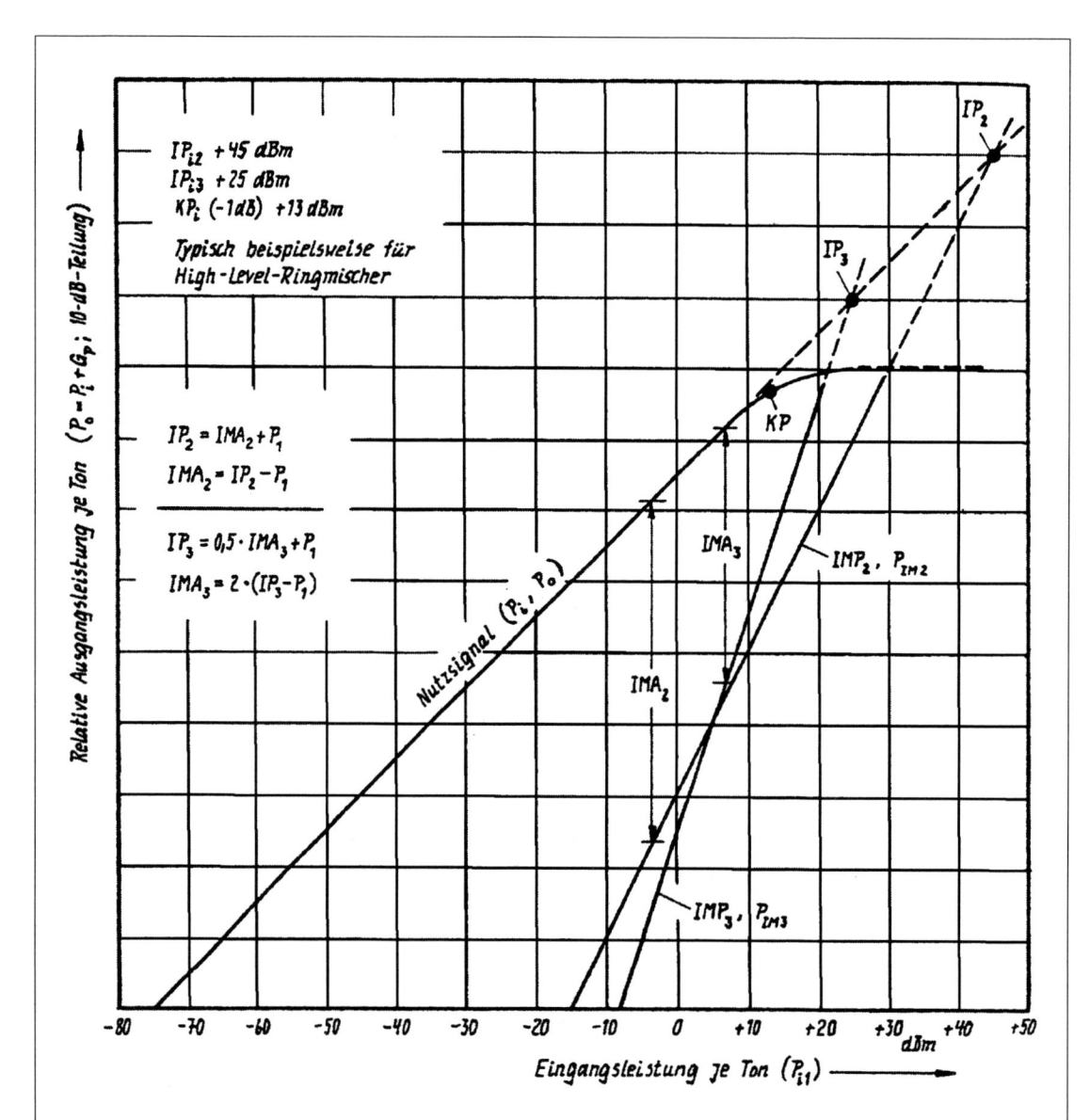

Abb. 5.3 *Verknüpfungen zwischen den beiden Intercept-Punkten einerseits und den Intermodulations-Abständen und -Stärken andererseits. Die Ordinate ist einzelfall-spezifisch zu bewerten, entsprechend der Eingangsleistung plus Leistungsverstärkung des bezogenen Empfängers/Funktionsglieds*

zeichnung des Intermodulationsverhaltens sehr wichtige Intercept-Punkt 3. Ordnung IP_3 kann pauschal mit KP plus 10...20 dB angenommen werden. Daneben ist sub-oktave HF-Selektion anzuraten; daher sind möglichst Bandpässe mit Eckfrequenz-Verhältnissen von weniger als 1:2 zu verwenden. Unter diesen Prämissen lassen sich auch Leistungsspitzen, wie sie vor allem im Bereich <15 MHz über das letzte Tagesviertel hinweg häufig auftreten, ziemlich sicher verkraften. Mit Bild 5.3 haben wir einen Schlüssel zu den Kriterien der Signalverträglichkeit.

Das Rauschmaß F_{RX} der Empfänger sollte sich im allgemeinen am Parameter »C« des Externrauschens F_{ex} in Bild 5.2 orientieren. Mit $F_{RX} = F_{ex}$

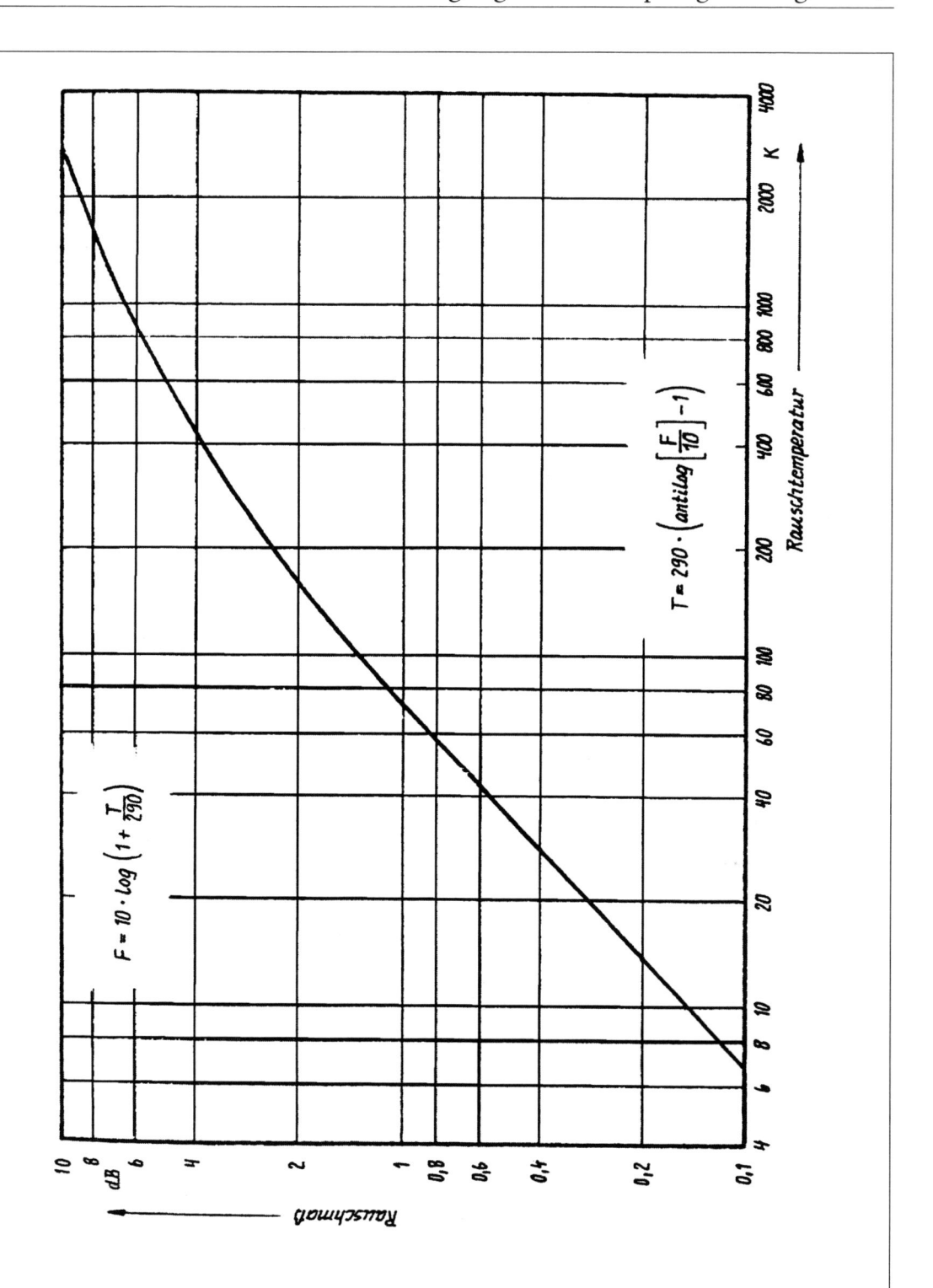

Abb. 5.4 Verknüpfung zwischen dem Rauschmaß in dB und der Rauschtemperatur in K (Kelvin), mit der grafischen Darstellung kleiner Werte hochempfindlicher Empfänger/ Funktionsglieder

118 Überlegungen zum Empfänger-Design

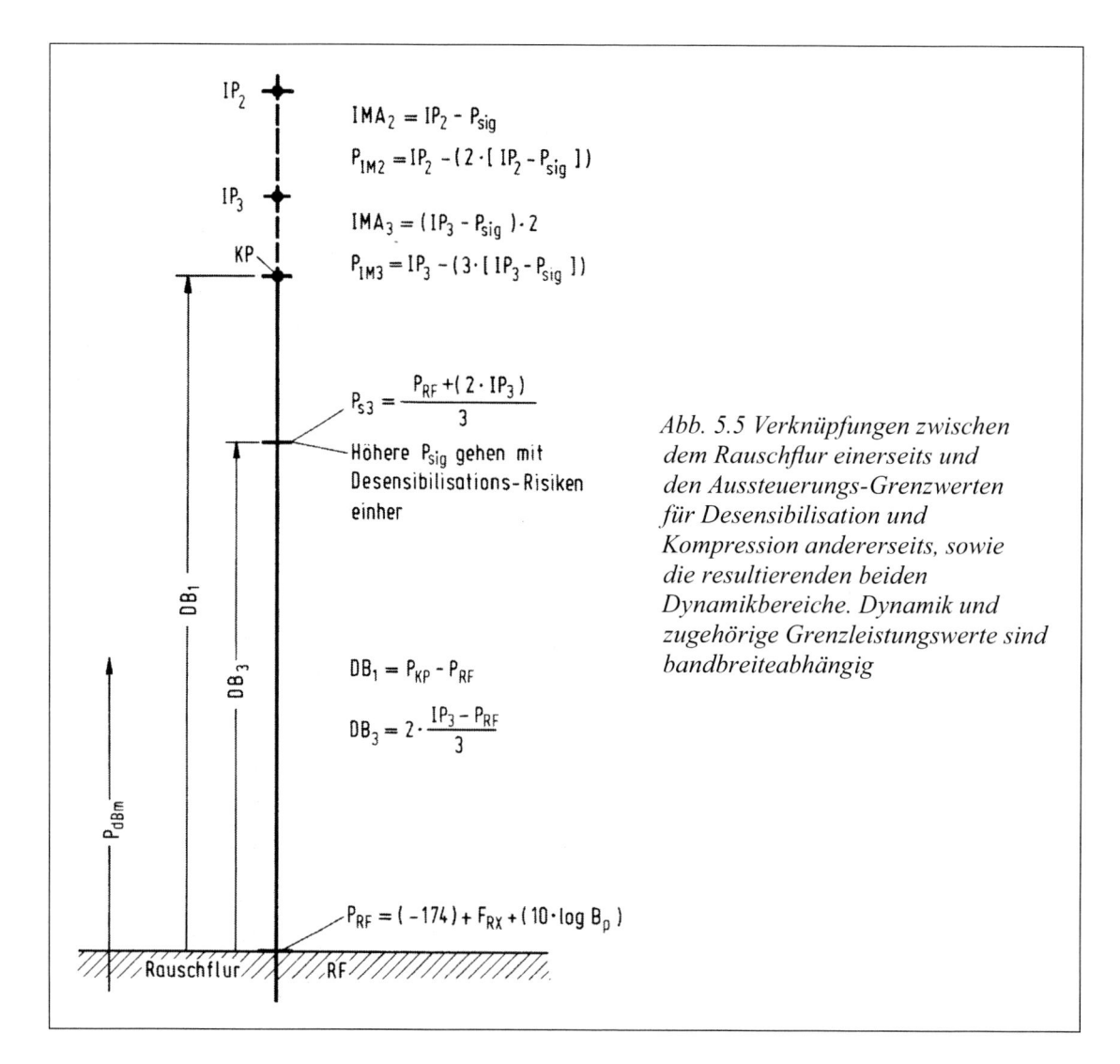

$IMA_2 = IP_2 - P_{sig}$

$P_{IM2} = IP_2 - (2 \cdot [IP_2 - P_{sig}])$

$IMA_3 = (IP_3 - P_{sig}) \cdot 2$

$P_{IM3} = IP_3 - (3 \cdot [IP_3 - P_{sig}])$

$P_{s3} = \dfrac{P_{RF} + (2 \cdot IP_3)}{3}$

Höhere P_{sig} gehen mit Desensibilisations-Risiken einher

$DB_1 = P_{KP} - P_{RF}$

$DB_3 = 2 \cdot \dfrac{IP_3 - P_{RF}}{3}$

$P_{RF} = (-174) + F_{RX} + (10 \cdot \log B_p)$

Abb. 5.5 Verknüpfungen zwischen dem Rauschflur einerseits und den Aussteuerungs-Grenzwerten für Desensibilisation und Kompression andererseits, sowie die resultierenden beiden Dynamikbereiche. Dynamik und zugehörige Grenzleistungswerte sind bandbreiteabhängig

fällt der Rauschflur R_F effektiv (am RX-Ausgang) um 3 dB höher aus als bei fehlendem Externrauschen, so dass F_{RX} mit F_{ex} minus 3 dB hinreichend gering bemessen ist; aber bitte die Dämpfung des Antennenkabels als additives F_{RX}-Glied mit berücksichtigen. Generell gilt: Da sämtliche terrestrisch empfangenen Signale gemeinhin in einem atmosphärischen Wärmerauschen der Temperatur $T_{ex} \approx 290$ K ≈ 17 °C entsprechend $F_{ex} \approx 3$ dB eingebettet sind, haben F_{RX}-Werte unterhalb dieser Schwelle kaum Sinn. Eine Ausnahme bildet der Weltraumfunk im relativ sehr rauscharmen Spektrum > 200 MHz unter optimalen Antennen-Konditionen, wofür das F_{RX} grundsätzlich gemäß Parameter »G« in Bild 1.2-2, praktisch aber immer so gering wie nur irgendwie möglich bemessen

sein sollte; hier können wir $T_{ex} \approx 50$ K ≈ -223 °C, das heißt $F_{ex} \approx 0{,}7$ dB erwarten. Aus Bild 5.4 geht der Zusammenhang zwischen F und T mit der grafischen Darstellung kleiner Werte hervor.

Der Abstand zwischen IP_3 und RF_{RX} sollte möglichst groß bemessen sein, denn er bestimmt in den Dynamik-Bereichen 1. und 3. Ordnung DB_1 beziehungsweise DB_3 unmittelbar oder mittelbar zwei ungemein wichtige Qualitätsmerkmale. Beide setzen am RF_{RX} an, und zwar der DB_1 als die Spanne der Aussteuerungsfähigkeit über alles und der DB_3 als die Spanne intermodulationsfreier Aufbereitung (messtechnischer) pegelgleicher 2-Ton-Signale, wie es Bild 5.5 aufzeigt. Der DB_3 ist der bedeutendere Dynamikbereich, denn er geht auf jenen Pegel der vom Empfänger unvermeidbar durch Intermodulation primär generierten Eigenstörsignale 3. Ordnung P_{s3} ein, der dem Pegel des RF_{RX} gleichkommt, diesen (diskret) um 3 dB anhebt und daraus resultierend die Grenzempfindlichkeit um eben diese 3 dB mindert. Gerade letzteres argumentiert ultimativ für »angemessene«, d.h. bezüglich F_{ex} nicht zu geringe F_{RX}. Spezifisch zu »gute« Werte sollten allemal mittels eines unmittelbar hinter der Antennenbuchse angeordneten Ohmschen HF-Dämpfungsglieds heraufgesetzt werden, das beide DB in der Schwelle, ohne Schmälerung um den Betrag seiner Absorption anhebt und damit in gleichem Maße KP und IP verbessert. Diese Zusammenhänge bedürfen jeweils sorgfältiger fallspezifischer Analysen.

Die relativ größten Dynamikbereiche werden von einfach überlagernden Systemen erreicht. Jeder weitere Mischprozess setzt KP und IP herab, geht also zwangsläufig mit DB-Schmälerungen einher. Daher sind auch in dieser Hinsicht sorgfältige Analysen geboten.

Mehrfach-Überlagerung ist immer dann notwendig, wenn Spiegel- oder/und ZF-Dämpfung einzig auf diese Weise in hinreichendem Maße von ≥ 70 dB gewährleistet werden können oder/und die optimale ZF als (1. Komponente) in den Empfangsbereich fallen würde oder/und die Höhe der ZF ihrer gewünschten Bandbreite entgegensteht. Wirtschaftlich vertretbar realisationsfähig sind Durchlässe von etwa 25…3500 Hz/MHz, was gleichermaßen für Quarz- und Monolith-Filter zutrifft.

Anbetrachts dessen kommen Empfänger für bis zu etwa 1 GHz Betriebsfrequenz immer mit maximal zwei Überlagerungsschritten aus, bei Bandbreiten von minimal rund 1 kHz in der Regel mit nur einem. Die Aufnahme trägerloser oder trägerreduzierter Signale mittels eines Produkt-Detektors bringt mit diesem ohnehin einen weiteren Mischer ins Spiel.

Bei der Synthese des Schaltungskonzepts ist die Verstärkung zwischen der Antennenbuchse und der Nahselektion im ZF-Teil, also im eigentlichen Front-end, so gering wie bezüglich des verlangten Rauschmaßes nur irgend möglich zu bemessen.

Daraus ergeben sich folgende Designprämissen:

a) Äußerste Zurückhaltung im Hinblick auf HF-Verstärkung üben

b) Den Mischer zur Entlastung seiner Folgeschaltung stets passiv, d.h. mit <1 Verstärkung auslegen

c) Einen sehr rauscharmen, eingangsseitig mit einem Diplexer versehenen ZF-Vorverstärker verwenden

d) Dieser Vorstufe die Nahselektion nachsetzen.

Jedes Zuviel an Verstärkung geht zu Lasten der Signalverträglichkeit, also von KP und IP über alles, und folglich auch der beiden DB.

Daraus ergibt sich logisch konsequent unter anderem, dass der IP_{i3} einer jeden Schaltungsstufe um ≥ 3 dB höher angelegt sein sollte als der IP_{o3} der vorangesetzten, denn nur so kann gegenseitigen Wechselwirkungen und aus diesen resultierenden Qualitäts-Einbußen über alles vorgebeugt werden. Vergleichbares gilt für die KP_i und KP_o, jedoch genügen hier Überhöhungen von ≥ 1 dB. Als Bezugsort dieses »rückwärts« zu orientierenden Modus ist der Eingangsknoten der für die Nahselektion zuständige Filter heranzuziehen, die als einschlägig schwächste Glieder der Funktionskette innerhalb ihres Durchlassbereichs zumeist nicht mehr als +10 dBm, also 10 mW ZF vertragen; die Außerband-Energie darf deutlich höher ausfallen. Quarz- und Monolith-Filter weisen mit ihrer Bandbreite zunehmende IP_{i3} von >+30 (…>50) dBm auf.

Schließlich ist zu vermerken, dass Front-end-Nachrichtenzüge im Interesse optimalen Qualitätserhalts der aufzubereitenden Signale bis hin zur Nahselektion durchweg hochlinear operieren müssen. Mithin sind eventuell notwendige Begrenzer oder andere nichtlineare Funktionen den ZF-Filtern nachzusetzen.

In den folgenden Abschnitten werden eine Reihe von Front-ends sowie Eingangsfiltern zur HF-Selektion vorgestellt, die als Grundlage für eigene Designs herangezogen werden können.

120 Überlegungen zum Empfänger-Design

5.1 RX-Nachrichtenzug 1,6...30,0 MHz auf 45 MHz ZF

Diese KW-Breitband-Schaltung, deren Blockschema aus Bild 5.6 hervorgeht, arbeitet einfach überlagernd mit Aufwärtsmischung auf eine ZF von 45 MHz. Als thematisch hier interessierende Betriebs-Kennwerte dieses für den professionellen Mobil-Einsatz an 13,6-V-Netzen ausgelegten Empfängers stehen an:

- f_e 1,6000 bis 29,9999 MHz, quasikontinuierlich im 100-Hz-Raster
- $IP_3 \geq +25$ dBm
- $IP_2 \geq +45$ dBm
- $KP \approx +6$ dBm
- $F \leq 12$ dB
- $RF \approx -128$ dBm entsprechend 90 nV/50 Ω
- $DB_3 \approx 102$ dB
- $P_{s3} \approx -26$ dBm
- ZF- und Spiegeldämpfung ≥ 80 dB.

Die Empfänger-Gesamtschaltung ist auf drei Platinen mit in etwa Euro-Karten-Format (100 x 160 mm) untergebracht, von denen jeweils eine die Komplexe »Nachrichtenzug«, »Abstimm-Synthesizer« beziehungsweise »Stromversorgung« und zusätzliche »NF-Prozessoren« (für die angeführten Code-Betriebsarten) aufnehmen.

5.1.1 HF-Selektion, Mischer und Oszillator-Verstärker

Der Eingangsabschnitt dieses Schaltungskomplexes, bestehend aus Antennen-Ankopplung, AGC-betätigter HF-Dämpfung und HF-Selektion, ist in Bild 5.7 vorgestellt. Der Widerstand quer zur Antennenbuchse unterbindet statische Aufladungen galvanisch erdfreier Antennen. Die nachgesetzte Kapazität 0,1 µF/1 kV schützt den Empfänger bei Hochspannungs-Berührung seiner Antenne.

Das mittels Reed-Relais geschaltete ohmsche 25-dB-Dämpfungsglied ist Bestandteil der RX-AGC. Seine Aktivierung erfolgt mit etwa 45 dB Abregelung und bleibt bei höheren Regelgraden ständig erhalten, mit dem Effekt entsprechend ange-

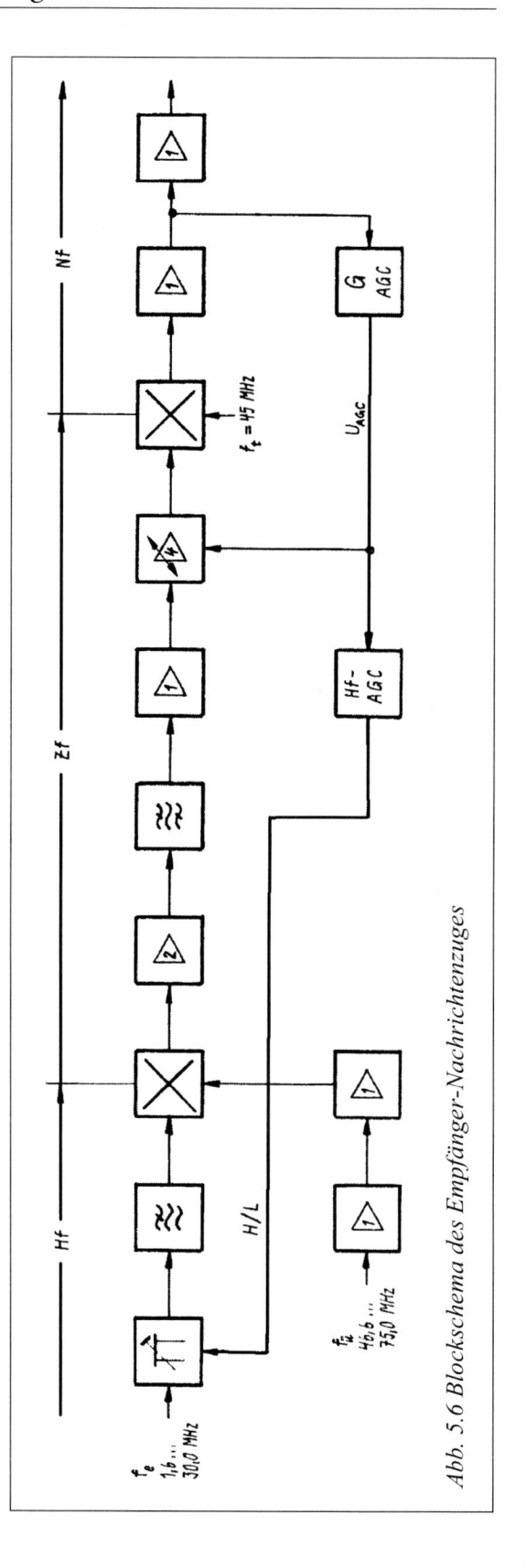

Abb. 5.6 Blockschema des Empfänger-Nachrichtenzuges

Überlegungen zum Empfänger-Design 121

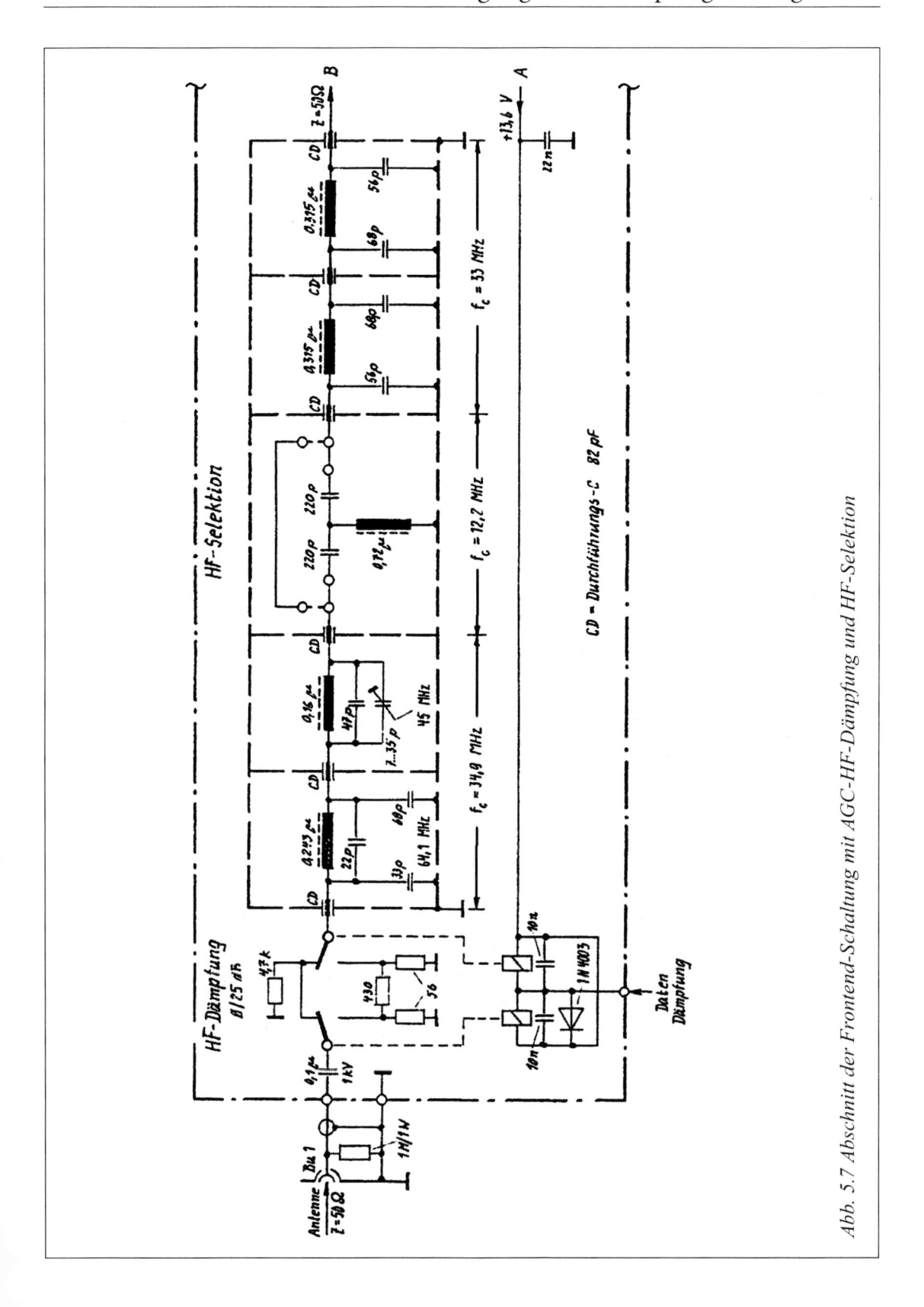

Abb. 5.7 Abschnitt der Frontend-Schaltung mit AGC-HF-Dämpfung und HF-Selektion

122 Überlegungen zum Empfänger-Design

hobener Signalverträglichkeit und herabgesetzter Empfindlichkeit. Die Deaktivierung dieses Gliedes geschieht im Zuge des Aufregelns bei etwa 10 dB Rest-Abregelung. Wir haben also rund 35 dB Schalt-Hysterese.

Die HF-Selektion wird von einer Kaskade aus Tief- und Hochpässen gebildet (TP-E_{n5}, HP-Tn3 und TP-Tn5, gebildet. Der Elliptic-Tiefpass am Eingang sorgt für im Mittel etwa 30 dB Dämpfung mit ausgeprägter Absenkung von 55 dB auf

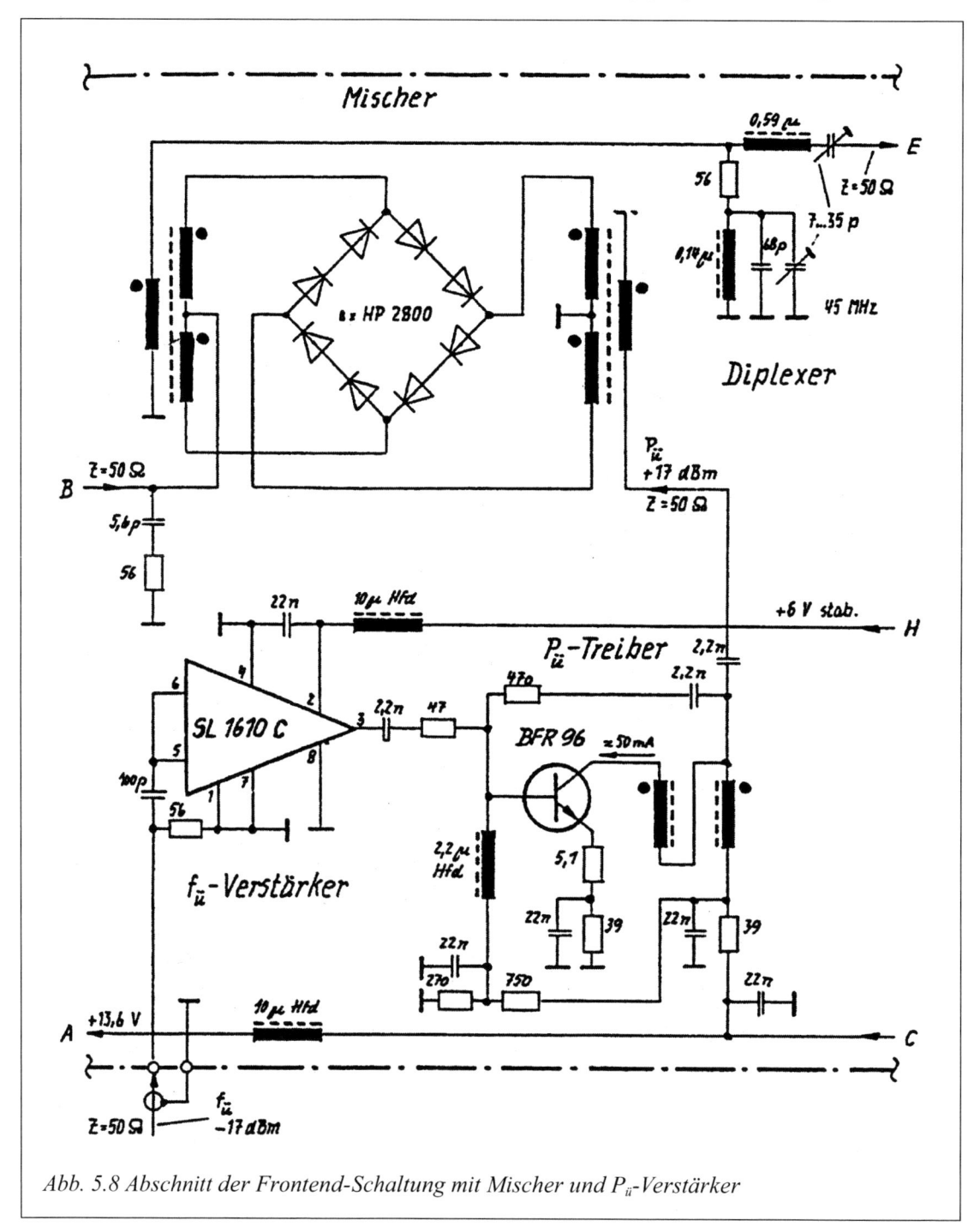

Abb. 5.8 Abschnitt der Frontend-Schaltung mit Mischer und $P_{ü}$-Verstärker

der ZF; letzteres findet Unterstützung durch die inhärente Interport-Entkopplung von ≥ 25 dB des Mischers. Der mittels kleiner Drahtbrücken umgehbare Tschebyscheff-HP dämpft (reflektiert) Signale im Spektrum < 12 MHz umgekehrt proportional zur Frequenz, und zwar entsprechend der statistischen Verteilung des Externrauschens per Bild 5.2; demgemäß nimmt die Signalverträglichkeit zu und die Empfindlichkeit ab. Der Tschebyscheff-TP dient insbesondere der Signaldämpfung im Spiegelfrequenzbereich von 46,6…75,0 MHz. Vom Überbrücken des HP ist jedoch im allgemeinen abzuraten, denn das ließe sämtliche Mittelwellen-. und Langwellen-Signale ungeschwächt zum Mischer durchschlagen; diesbezüglich muss aber auch die Effizienz der verwendeten Antenne in diesem Frequenzbereich gebührend beachtet werden.

Aus Bild 5.7 können wir deutlich einige realisationsbezogene Fakten des Filterzuges erkennen, nämlich die vorgesehenen Abschirmmaßnahmen und den Einsatz entkoppelnder Durchführungs-Kondensatoren. Für die Spulen verwendet man Ringkerne aufgrund ihrer à priori extremen Streuarmut, so dass schirmende Trennwände völlig hinreichen; Kammern mit Böden und Deckeln erübrigen sich also.

In Bild 5.8 haben wir den Ausgangsabschnitt des hier besprochenen Schaltungskomplexes aus Mischer, ZF-Diplexer und Oszillator-Verstärker. Der Dioden-Ringmischer ist eine typische High-Level-Struktur mit $IP_{i3} \geq +25$ dBm und $A_i \approx 5,5$ dB; um letztere entlastet er seine Folgeschaltung. Am Mischereingang haben wir einen R/C-Hochpass-Diplexer zur Optimierung der breitbandigen Impedanz-Anpassung im höheren Sperrspektrum der HF-Selektion.

Der Bandpass-Diplexer am Mischerausgang selektiert das gewünschte der beiden Mischprodukte und entlastet auf diese Weise nicht nur die Folgeschaltung sondern sorgt auch für einen korrekten ohm'schen Abschluss des Mischerausgangs. Der Steuersender-Ausgangszug aus IC-Verstärker und diskret realisiertem 50-Ohm-Leistungstreiber sorgt mit 50 dB Rückwärts-Entkopplung für nahezu rein ohmschen und zudem sehr breitbandigen Impedanz-Abschluss des Mischer-$f_ü$-Ports

(Oszillatoreingang). Für das mittlerweile nur noch schwer erhältliche IC SL1610C von Plessey kann ein anderer breitbandiger HF-Kleinsignalverstärker eingesetzt werden

Sämtliche Spulen, Übertrager und Drosseln sind hier - wie in den weiteren Schaltungsteilen - mittels Ringkernen realisiert worden; ein Muss bei sehr gedrängten und daher gegen Verkopplung empfindlichen Aufbauten.

5.1.2 ZF-Verstärker und ZF-Selektion

Der Eingangsabschnitt dieses Schaltungskomplexes, bestehend aus zwei ZF-Vorverstärkern, der Nahselektion und einem weiteren ZF-Vorverstärker, ist in Bild 5.9 vorgestellt. Der Punkt »G« dieses Zuges schließt das für Signalverträglichkeit und Empfindlichkeit unmittelbar verantwortliche Front-end ab.

Die drei ungeregelten ZF-Vorverstärker sind als sehr aussteuerungsfähige und rauscharme X-gegenkoppelnde Strukturen funktionell identisch ausgelegt; Unterschiede finden sich im wesentlichen hinsichtlich ihrer IP- wie F-bestimmenden und sorgfältig auf die Gesamtschaltung abgestimmten Kollektorströme und Übertrager-Verhältnisse.

Die beiden für J3E-Betrieb ausgelegten und mittels Reed-Relais umschaltbaren 8-poligen ZF-Quarzfilter für USB und LSB weisen im Originalempfänger um -1,5 kHz respektive +1,5 kHz vom nominellen ZF-Wert versetzte Mittenfrequenzen auf. Zu diesem Schema hat man gegriffen, um den zur Demodulation notwendigen Hilfsträger seitenbandunabhängig mit einheitlich 45 MHz bemessen zu können; eine seitenbandspezifische Frequenzshift seitens des Synthesizers wäre aufwendiger. Die Vorzeichen des Frequenzversatzes sind korrekt, denn das Überlagerungsschema mit $f_ü > f_z > f_e$ führt im Mischer zur Seitenband-Inversion.

Der Ausgangsabschnitt dieses Schaltungskomplexes mit dem ZF-AGC-Verstärker wurde mit vier weiteren ICs der SL-Serie von Plessey realisiert. Der Regeleinsatz der drei ersten ICs wird stufenweise rückwärts immer stärker verzögert. Dadurch

124 Überlegungen zum Empfänger-Design

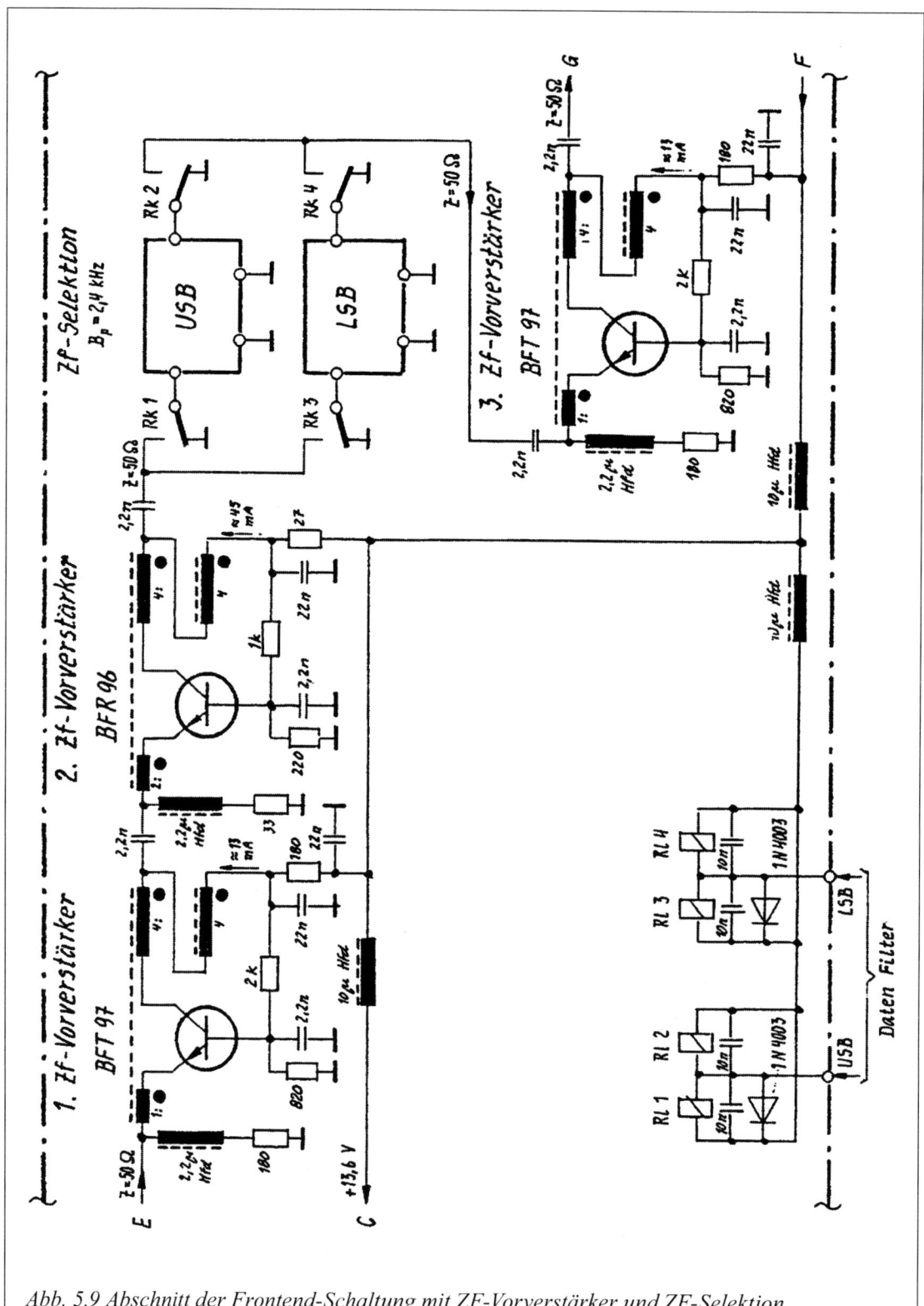

Abb. 5.9 Abschnitt der Frontend-Schaltung mit ZF-Vorverstärker und ZF-Selektion

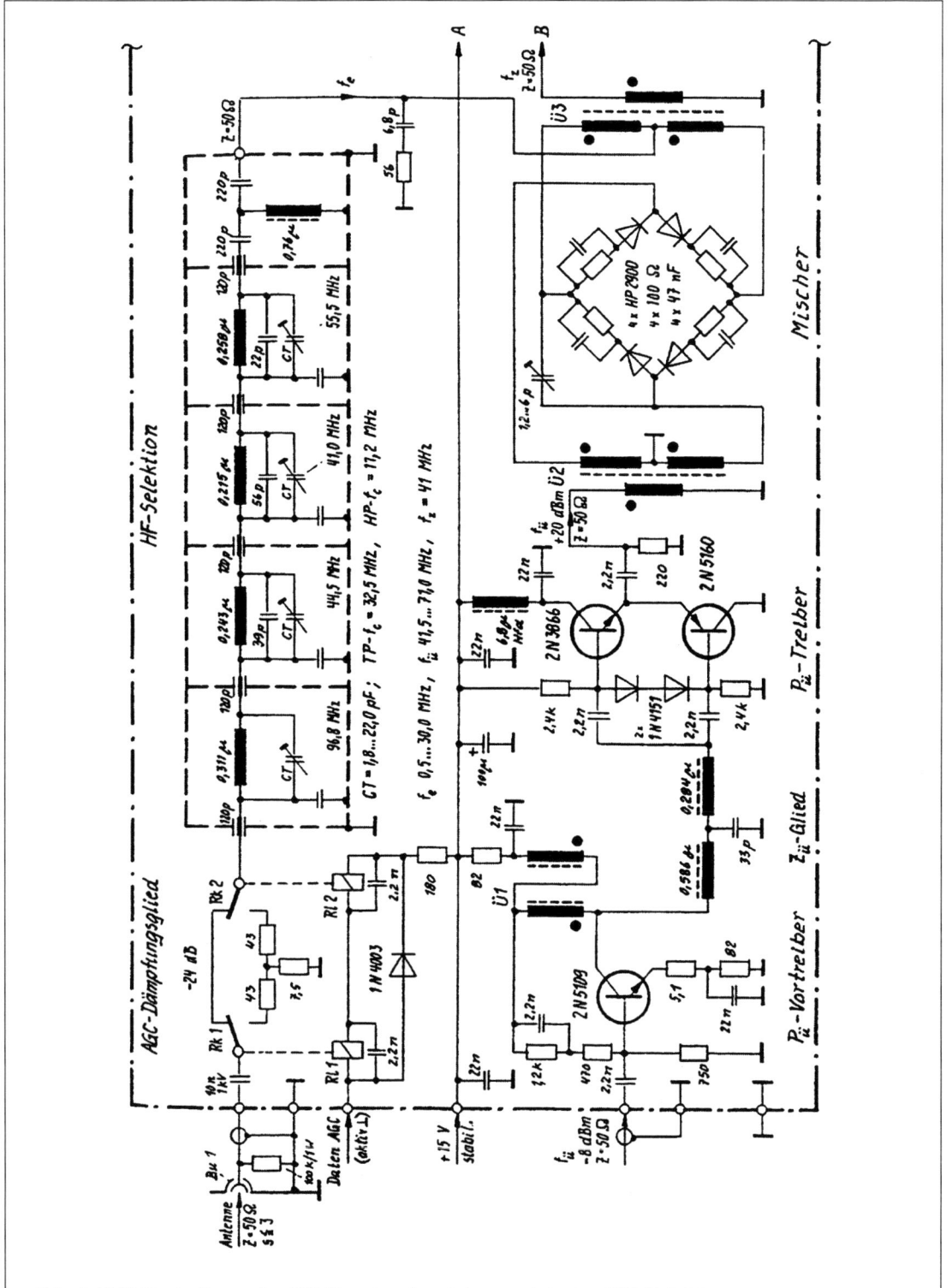

Abb. 5.10 Teilschaltung des RX-Frontends mit konzentrierter HF-Selektion, Hochstrom-Dioden-Ringmischer und Treiber für das Überlagerungssignal

126 Überlegungen zum Empfänger-Design

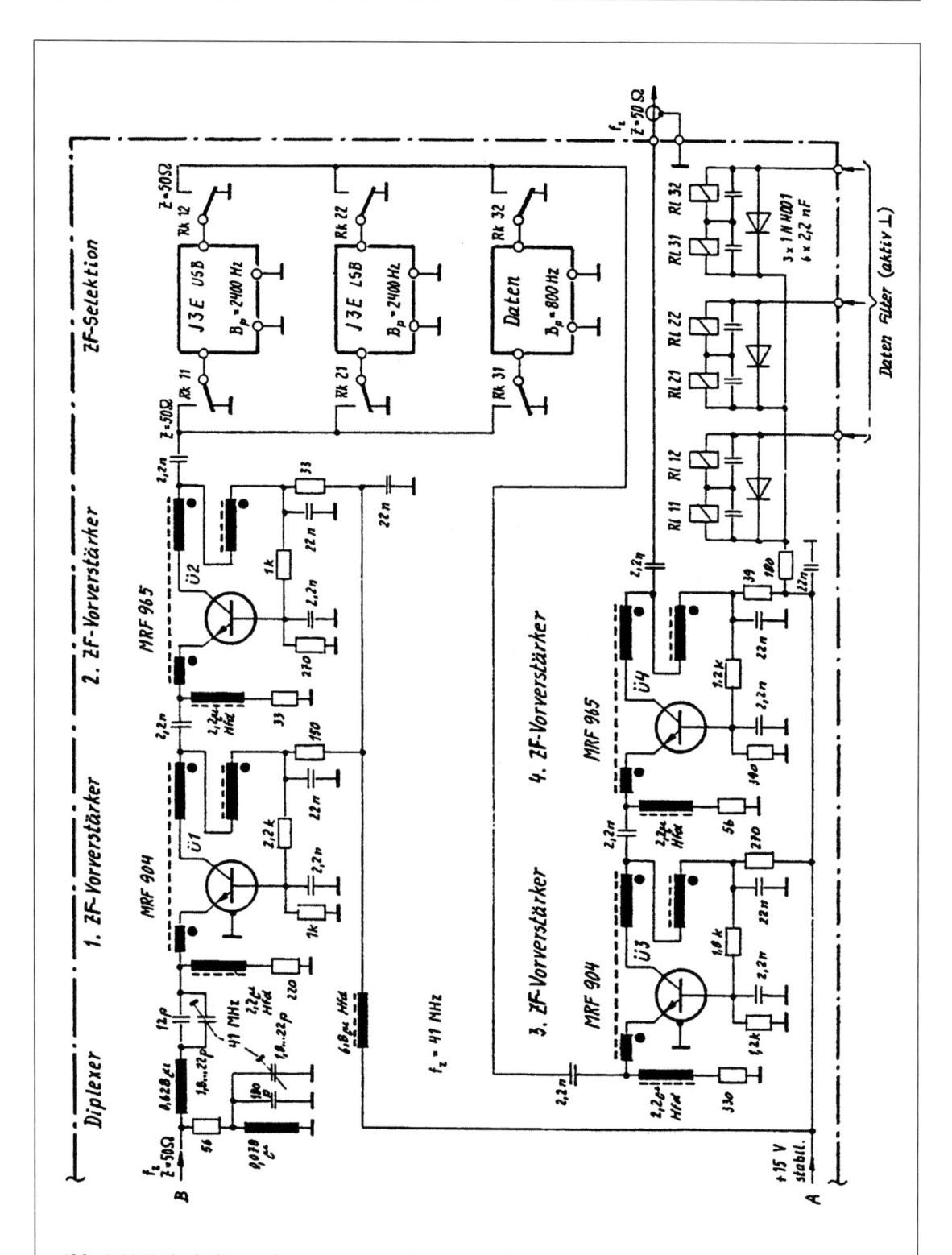

Abb. 5.11 Teilschaltung des RX-Frontends mit den Hochstrom-ZF-Vorverstärkern und der Nahselektion

wird immer ein optimaler Signal-/Rauschabstand gewährleistet. Die Verstärkung des ausgangsseitigen ICs schließlich wird durch vom Abstimm-Steuersender abgegebene frequenzspezifische Stellspannungen dem Dämpfungsgang des Hochpasses in der HF-Selektion angepasst. Der effektive AGC-Hub misst - unter Einbeziehung aller einschlägig wirksamen Schaltungsglieder - rund 120 dB. Innerhalb dieses enorm breiten Spannungsbereichs von 1:10^6 werden Schwankungen der Antennensignal-Stärke auf einen praktisch kaum wahrnehmbaren Rest von +2 dB abgebaut.

5.2. RX-Front-end für 0,5...30,0 MHz auf 41 MHz ZF

Dies ist die Eingangsschaltung eines für allgemeine professionelle Zwecke ausgelegten, einfach überlagernden Mobil-Empfängers. Die hier thematisch primär interessierenden RX-Betriebskennwerte über alles sind:

- IP_3 +30 dBm
- $F \leq 12$ dB und
- $DB_3 > 100$ dB

Der Eingangsabschnitt der Schaltung bis zum Mischerausgang - einschließlich des Treiberzuges für das Überlagerungssignal - ist in Bild 5.10 dargestellt. Wir haben hier eine ungemein schlichte, andererseits allerdings auch »scheunentor-breite« HF-Selektion, die sich jedoch anbetrachts des verwendeten Very-High-Level-Mischers und unter der Voraussetzung nicht allzu hoher Antennen Effizienz ohne weiteres vertreten lässt. Komplementär-Strukturen als $P_ü$-Treiber werden bei dem wie hier anstehenden hohen Pegel des Überlagerungssignals allgemein favorisiert.

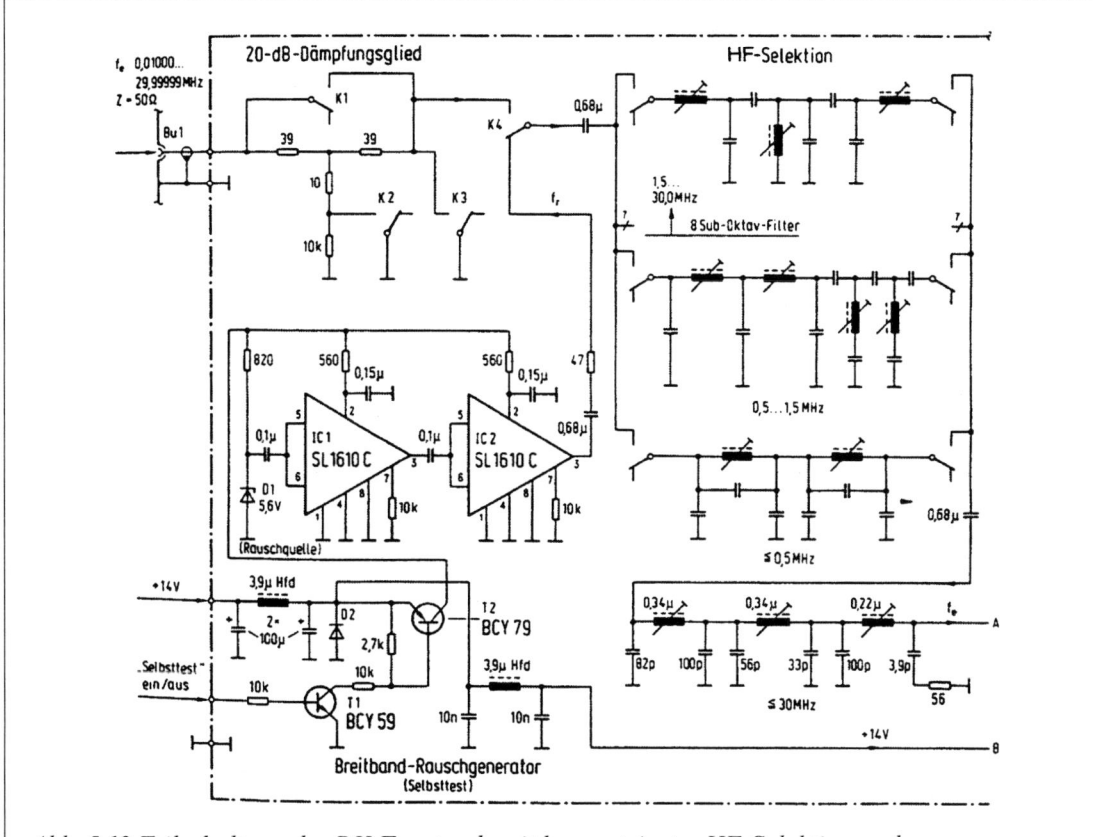

Abb. 5.12 Teilschaltung des RX-Frontends mit konzentrierter HF-Selektion und Selbsttest-Rauschgenerator

Aus Bild 5.11 geht die Folgeschaltung bis zur Schnittstelle mit dem ZF-AGC-Verstärker hervor. Diese Anordnung mit sowohl sehr signalverträglichen als auch hochempfindlichen X-gegenkoppelnden Hochstrom-Verstärkern ist fallspezifisch zwar schon fast gang und gäbe, nichtsdestoweniger hier aber sozusagen »das Beste vom Besten«. Als ZF-Selektoren dienen 8-Pol-Quarzfilter.

Man hat den Nachrichtenzug durchweg und den Überlagerungszweig weitestgehend in 50-Ohm-Technik ausgelegt. In der Realisation sind sämtliche 50-Ohm-Schnittstellen mit kleinen steckbaren Drahtbrücken zur Funktions-Separierung für Messzwecke versehen.

5.3. RX-Front-end für 10 kHz...30 MHz auf 81,4 MHz ZF

Diese Schaltung ist Bestandteil eines doppelt überlagernden, professionellen Funkverkehr-Empfängers universeller Art. Thematisch hier interessierende RX-Betriebs-Kennwerte über alles sind:

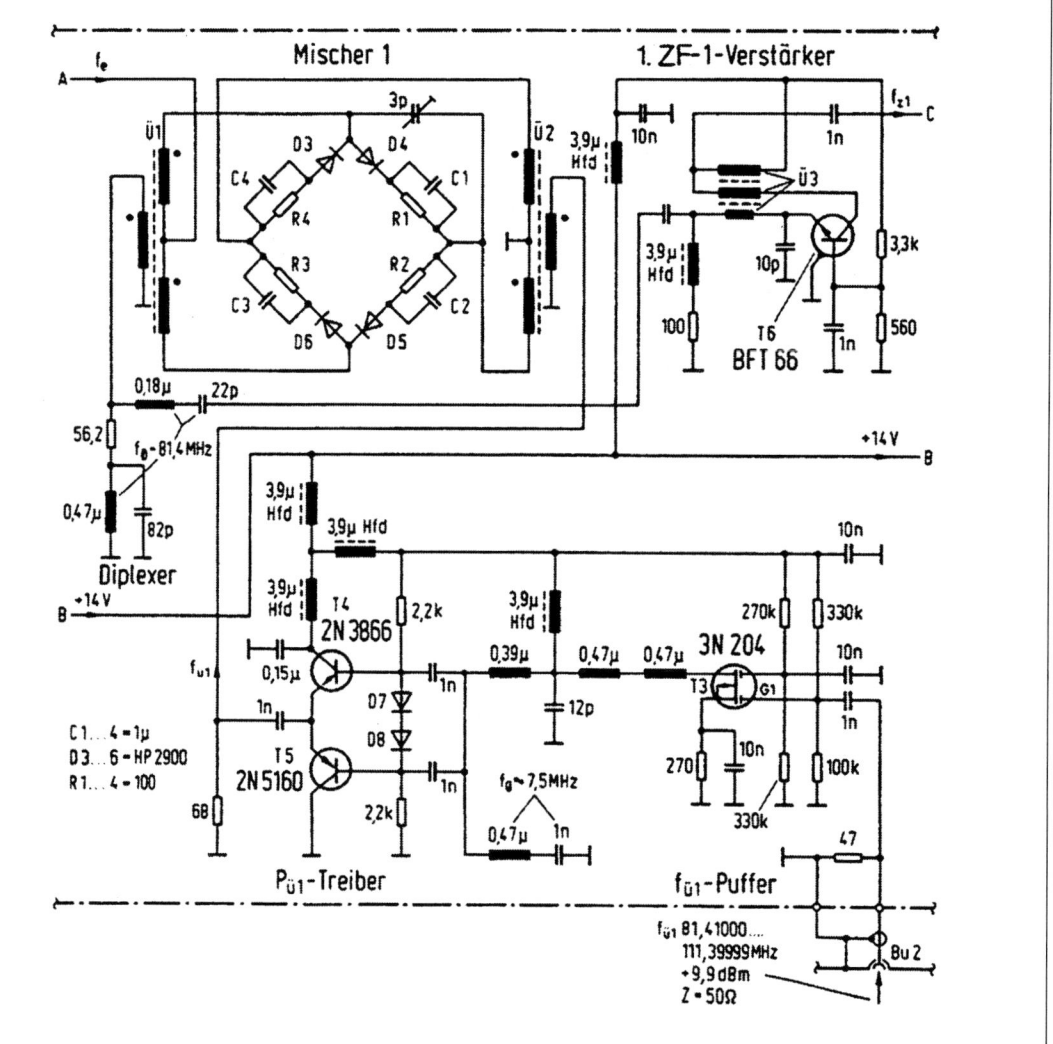

Abb. 5.13 Teilschaltung des RX-Frontends mit Hochstrom-Dioden-Ringmischer, Treiber des Überlagerungssignals und Hochstrom-ZF-1-Verstärker

- IP$_3$ ≥ +25 dBm
- F ≤ 13,5 dB und
- DB$_3$ (bandbreitenabhängig) 96…109 dB.

In Bild 5.12 sind HF-Selektion und Selbsttest-Rauschgenerator (mit Rauschdiode und zwei nachgeschalteten HF-Kleinsignalverstärkern SL1610C) vorgestellt. Zu den HF-Filtern liegen keine detaillierten Bauteile vor. Die Rauschquelle erzeugt ein spektral uniformes Signal, das bei einwandfreien RX-Funktionen mit einem ganz bestimmten Pegel im Nf-Zug erscheint, wo es von einer Auswerte-Logik entsprechend analysiert wird.

In Bild 5.13 haben wir die Fortsetzung der vorangehenden Schaltung. Schließlich geht aus Bild 5.14 der Ausgangszug des hier angesprochenen Frontendteils hervor. Das Quarzfilter der ZF-1-Selektion ist für die größte der aufzubereitenden Signalbandbreiten bemessen.

5.3.1 Log/lin-ZF-AGC-Prozessor für ein 81,4/1,4-MHz-System

Die hier vorgestellte RX-Schaltung schließt sich dem zuvor präsentierten Frontendzug an. Dessen

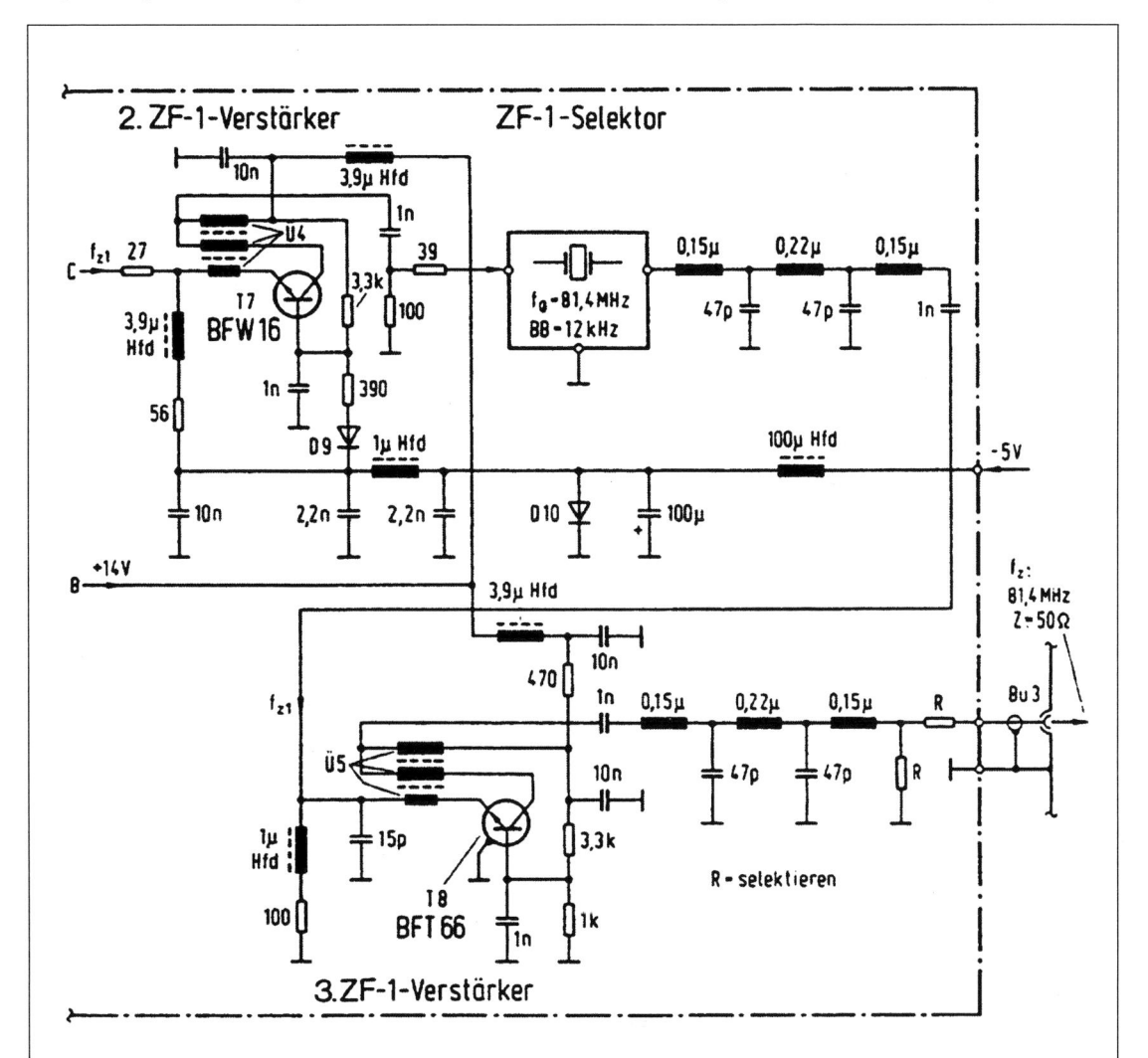

Abb. 5.14 Teilschaltung des RX-Frontends mit Hochstrom-ZF-1-Verstärkern und konzentrierter ZF-1-Selektion

130 Überlegungen zum Empfänger-Design

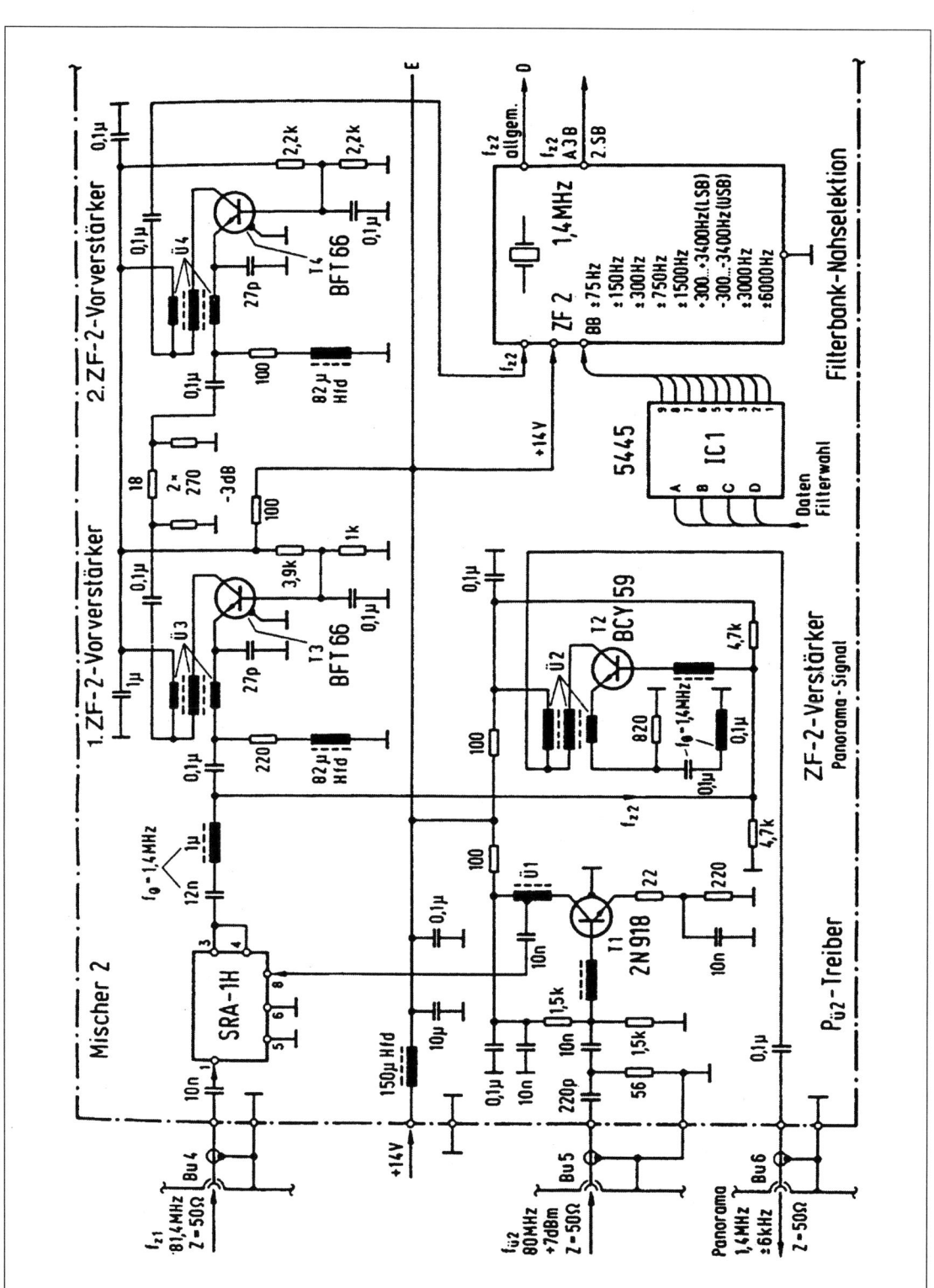

Abb. 5.15 Teilschaltung des ZF-Zuges mit Hochstrom-Dioden-Ringmischer, Hochstrom-ZF2-Verstärker und (schematisiert) Nahselektion

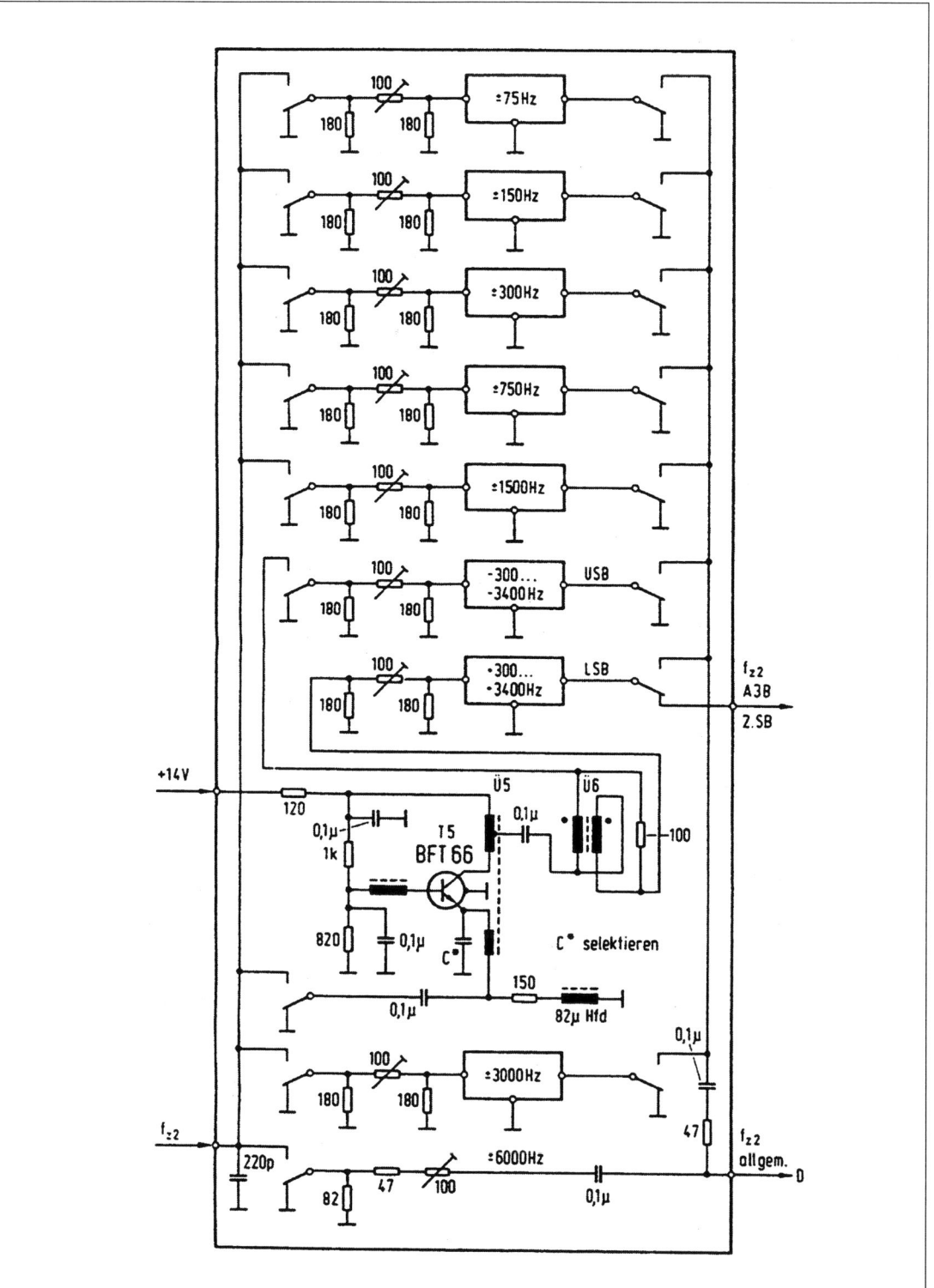

Abb. 5.16 Teilschaltung des ZF-Zuges mit Nahselektions-Filterbank gemäß Abb. 5.15 und ISB-Auskoppel-Verstärker

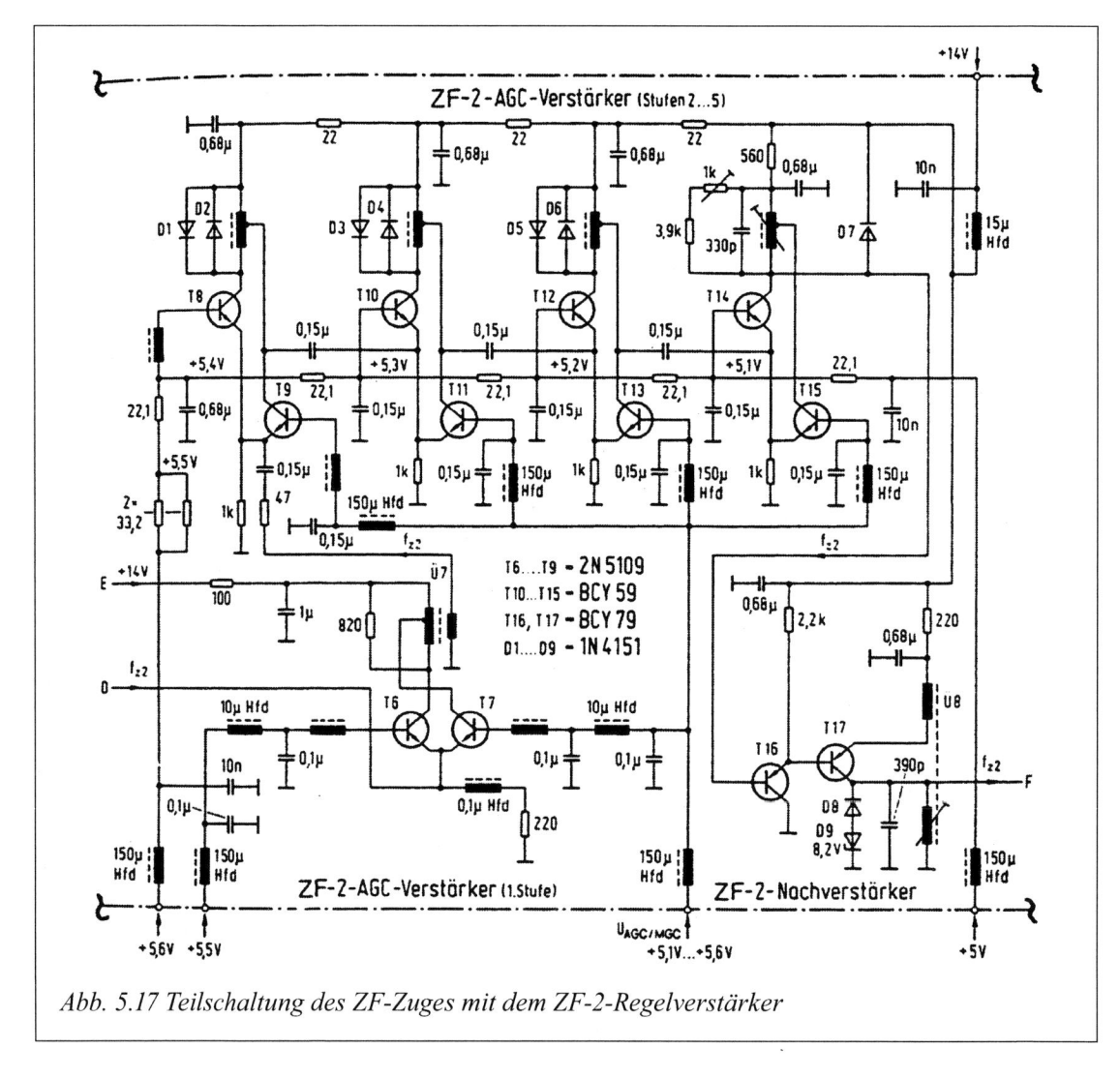

Abb. 5.17 Teilschaltung des ZF-Zuges mit dem ZF-2-Regelverstärker

Ausgangssignale entsprechen einer vorselektierten 1. ZF von 81,4 MHz, die hier zunächst auf die 2. ZF von 1,4 MHz zu konvertieren ist, um dann nahselektiert, verstärkt und schließlich demoduliert zu werden.

In Bild 5.15 haben wir den ersten Abschnitt dieses Schaltungszuges mit ZF-Mischer, ZF-2-Vorverstärker und Nahselektion sowie den Treiber für das Mischer-Überlagerungssignal und einen Auskoppel-Verstärker zum Anschluss eines Panorama-Sichtgerätes.

Aus Bild 5.16 geht die Schaltung der in Bild 5.15 nur angedeuteten Filterbank im Detail hervor. Darin enthalten ist ein Verstärker, der A3B-Signale mittels eines 0°-Kopplers rückwirkungsarm in zwei seitenbandspezifische Zweige aufsplittet.

In Bild 5.17 ist die Schaltung des Log/lin-AGC-Verstärkers vorgestellt. Er reagiert auf logarithmische Änderungen der Eingangsspannung mit linear veränderlicher Regelspannung (U_{AGC}) die mittels eines A/D-Wandlers digitalisiert und als solche zur numerischen Anzeige des herrschenden Signalpegels und Steuerung pegelbezogener Funktionen herangezogen wird, ein für Messempfänger typisches Konzept.

Einige Hinweise zur Arbeitsweise des Log/lin-Zuges: Mit den Transistoren T 6…15 haben wir eine Kaskade von fünf »Pseudo«-Differenz-Ver-

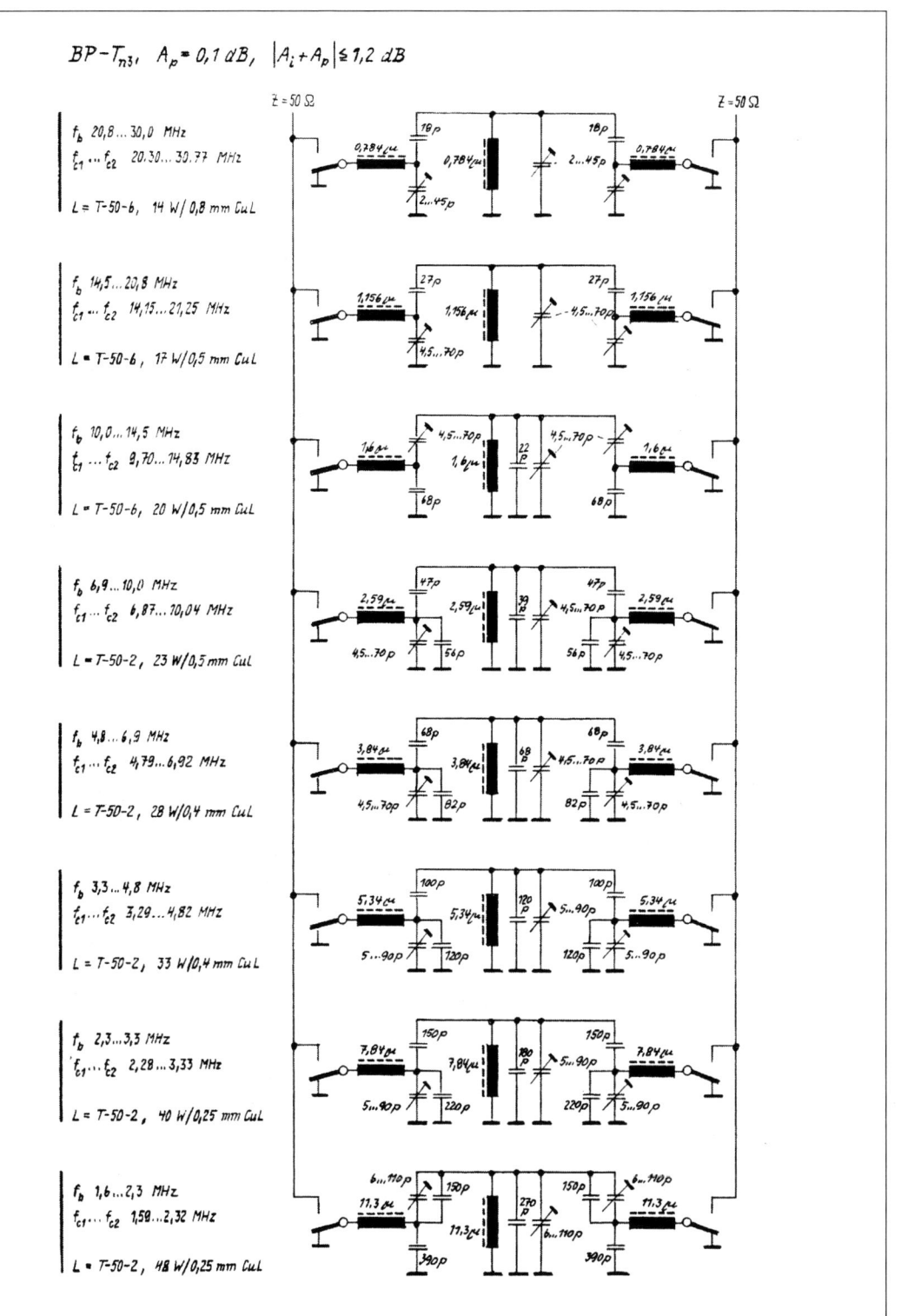

Abb. 5.18 Schaltungen und Bemessungen der integralen Sub-Oktav-Bandpässe für 1,6...30 MHz

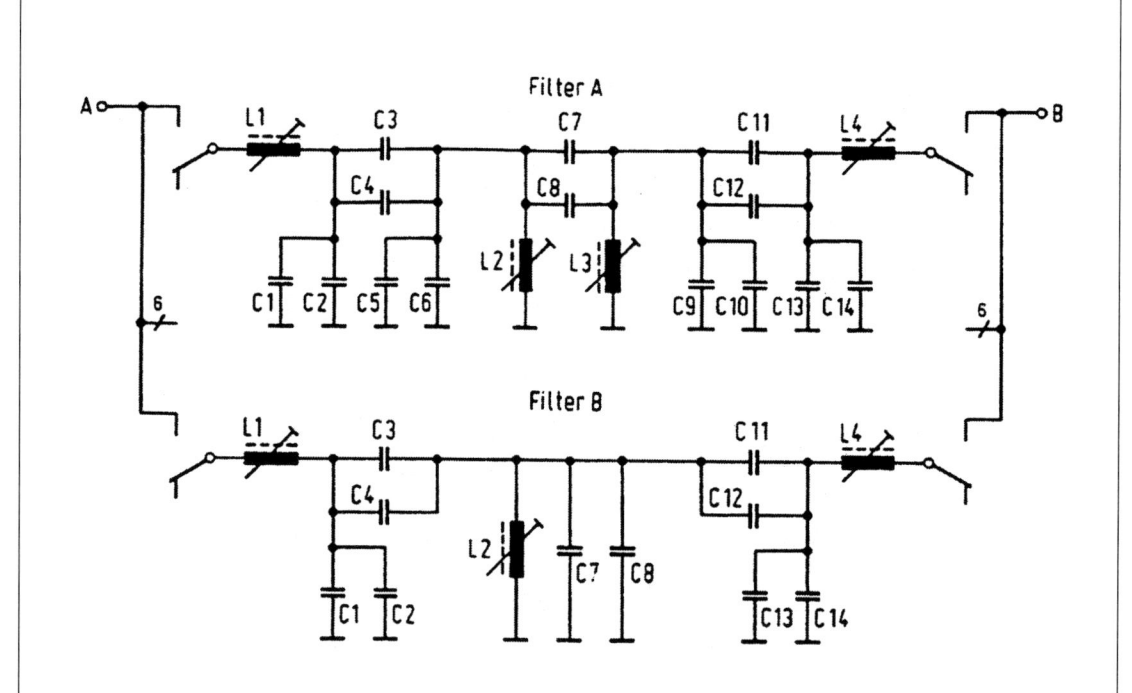

134 Überlegungen zum Empfänger-Design

Abschlüsse (A,B) = 50 Ω

Band MHz ($f_1...f_2$)	Filter	L1	L2	L3	L4	C1 C2	C3 C4	C5 C6	C7 C8	C9 C10	C11 C12	C13 C14
			µH						pF			
2...3	A(1)	7,6	15,2	15,2	7,6	390 —	120 33	82 12	68 22	82 12	120 33	390 —
3...5	A(2)	4,4	7,6	7,6	4,4	180 68	100 27	68 10	82 —	68 10	100 27	180 68
5...7	B(3)	3,9	3,9	—	3,9	100 22	56 10	—	100 —	—	56 10	100 22
7...10	B(4)	2,5	2,5	—	2,5	68 22	56 —	—	39 33	—	56 —	68 22
10...13	B(5)	1,95	1,95	—	1,95	56 10	33 —	—	39 15	—	33 —	56 10
13...17	B(6)	1,4	1,8	—	1,4	39 15	15 10	—	12 12	—	15 10	39 18
17...22	B(7)	1,26	1,26	—	1,26	33 —	18 —	—	27 —	—	18 —	22 15
22...30	B(8)	0,68	1,0	—	0,69	33 —	18 —	—	6 —	—	18 —	22 15

Abb. 5.19 Schaltungen und Bemessungen der integralen Sub-Oktav-Bandpässe für 2...30 MHz

stärkern in Basis-Schaltung. Die jeweils links gezeichneten Elemente liegen in ihrer Basis-Spannung fest, allerdings mit um etwa 0,1 V gestuften Werten in der Spanne 5,1…5,5 V. Die jeweils rechts gezeichneten erhalten als Basis-Spannung die durchweg übereinstimmende U_{AGC} in der Spanne 5,1…5,6 V. Erstgenannte Halbleiter arbeiten auf die volle Wicklung der in ihren Kollektorzweigen angeordneten Übertrager, letztgenannte liegen dagegen an Übertrager-Anzapfungen verhältnismäßig geringer Impedanz. Die U_{AGC} nimmt mit der Signalstärke, d.h. Abregelung zu. Dabei gibt der jeweils voll am Übertrager liegende und folglich relativ hoch verstärkende Transistor mit wachsender Abregelung seinen ursprünglich verhältnismäßig hohen Kollektorstrom nach und nach an sein geringer verstärkendes Pendant ab. Mithin bleibt der Stromzufluss über alles und die von diesem abhängige Signalverträglichkeit praktisch unverändert. Die korrekte Log/lin-Verknüpfung wird zum einen von den Übertragern und zum anderen der „kunstgerechten" Wahl der Stufen-Arbeitspunkte bestimmt. Die Elemente T 16 und T 17 bewirken konstante ZF-Nachverstärkung.

5.4 HF-Vorselektion

5.4.1 Integrale Sub-Oktav-Bandpässe für 1,6…30,0 MHz

Diese in Bild 5.18 als Filterbank angeführten Bandpässe entsprechen den höchsten der üblicherweise an Selektoren für diesen Frequenzbereich gestellten Ansprüche. Um so interessanter, als hier detaillierte Bauteile-Angaben verfügbar sind. Der Aufwand ist allerdings entsprechend hoch: 80 L/C-Komponenten - so hat jedes Ding seinen Preis.

5.4.2 Integrale Sub-Oktav-Bandpässe für 2…30 MHz

Die in Bild 5.19 vorgestellten Filter sind - im Gegensatz zu den in Abschnitt 5.4.1 beschriebenen, qualitativ ebenbürtigen - für die Bereichsumschaltung auf volle MHz-Werte bemessen, was sich für

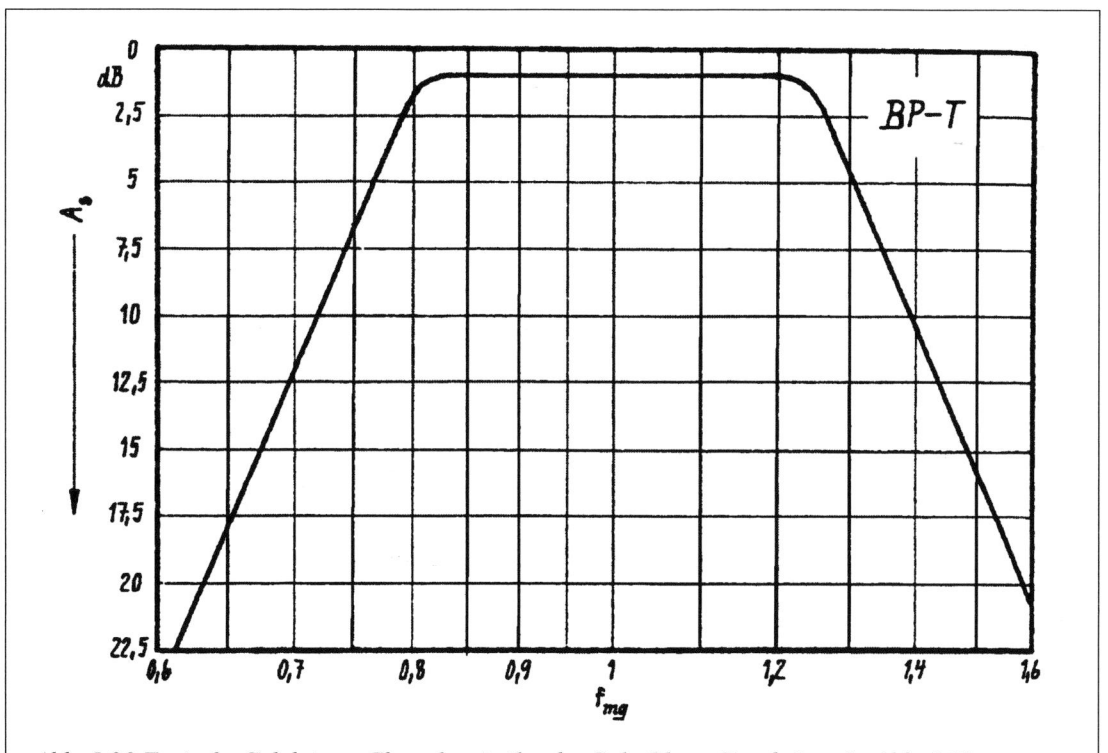

Abb. 5.20 Typische Selektions-Charakteristika der Sub-Oktav-Bandpässe in Abb. 5.19

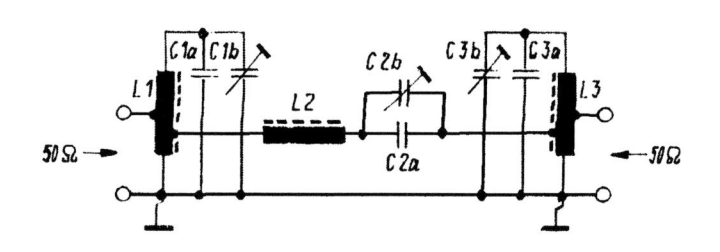

Art:
$B = BP-B$, $A_p = 3\,dB$
$T = BP-T$, $A_p = 0,1\,dB$

Art	Bereich *	L 1, 2, 3	Kern / Wicklung	Anzapfe	C 1, 2, 3	A_i (ohne A_p)
T	28,0…30,0 MHz (27,7…30,3 MHz)	0,748 µH	T-50-6 / 14 W / 0,8 mm CuL	2 W / 1 W	27 pF / 1,8…22 pF	1,2 dB
T	24,89…30,00 MHz (24,6…30,3 MHz)	0,784 µH	T-50-6 / 14 W / 0,8 mm CuL	4 W / 3 W	27 pF / 2…30 pF	0,9 dB
B	24,89…24,99 MHz (24,05…25,85 MHz)	0,784 µH	T-50-6 / 14 W / 0,8 mm CuL	2 W / 1 W	27 pF / 2…45 pF	1,7 dB
T	21,00…24,99 MHz (20,80…25,25 MHz)	0,9 µH	T-50-6 / 15 W / 0,8 mm CuL	4 W / 3 W	27 pF / 2…45 pF	0,9 dB
B	21,00…21,45 MHz (20,5…22,0 MHz)	1,024 µH	T-50-6 / 16 W / 0,5 mm CuL	2 W / 1 W	27 pF / 2…45 pF	1,7 dB
T	18,068…21,450 MHz (17,9…21,7 MHz)	1,156 µH	T-50-6 / 17 W / 0,5 mm CuL	4 W / 3 W	33 pF / 2…45 pF	0,9 dB
B	18,068…18,168 MHz (17,45…18,75 MHz)	1,156 µH	T-50-6 / 17 W / 0,5 mm CuL	3 W / 1 W	47 pF / 2…45 pF	1,7 dB
B	14,00…14,35 MHz (13,7…14,7 MHz)	1,296 µH	T-50-6 / 18 W / 0,5 mm CuL	3 W / 1 W	68 pF / 2…45 pF	1,6 dB
B	10,10…10,15 MHz (9,9…10,4 MHz)	1,936 µH	T-50-6 / 22 W / 0,5 mm CuL	3 W / 1 W	100 pF / 2…45 pF	3,0 dB
B	7,0…7,3 MHz (6,95…7,35 MHz)	3,06 µH	T-50-2 / 25 W / 0,5 mm CuL	4 W / 1 W	120 pF / 4,5…70 pF	2,4 dB
T	3,5…4,0 MHz (3,45…4,05 MHz)	5,66 µH	T-50-2 / 34 W / 0,4 mm CuL	8 W / 5 W	270 pF / 6…110 pF	0,9 dB
T	1,8…2,0 MHz (1,78…2,02 MHz)	13,3 µH	T-50-2 / 52 W / 0,25 mm CuL	10 W / 6 W	470 pF / 6…110 pF	1,0 dB

*) Offene Werte = Betriebsbänder, Klammerwerte = Abgleich-Eckfrequenzen ($f_{c1}…f_{c2}$).
Anzapfe vom kalten Spulenende aus gezählt

Abb. 5.21 Schaltung und Bemessungen integraler Sub-Oktav-Bandpässe für die KW-Amateurbänder

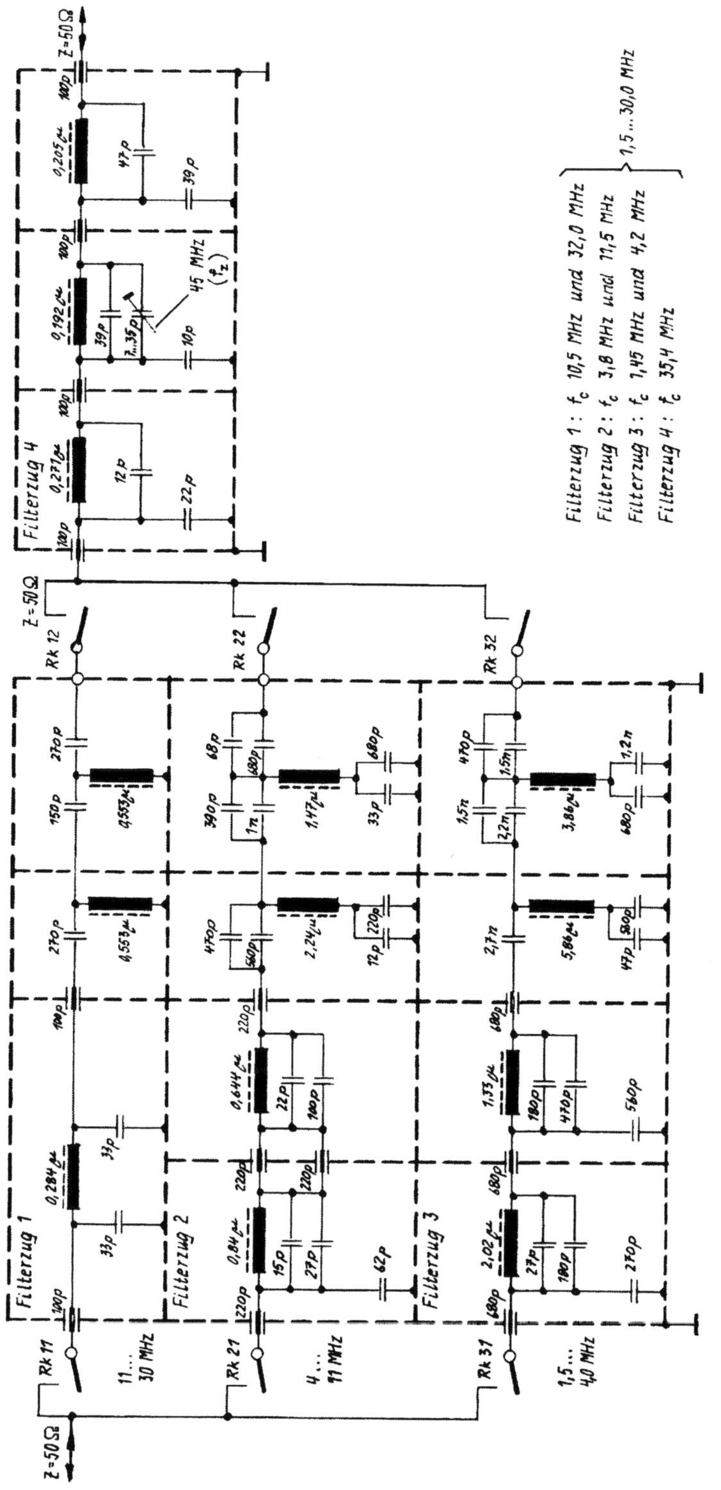

Überlegungen zum Empfänger-Design **137**

Abb. 5.22 Schaltung der HF-Selektion für 1,5...30 MHz

138 Überlegungen zum Empfänger-Design

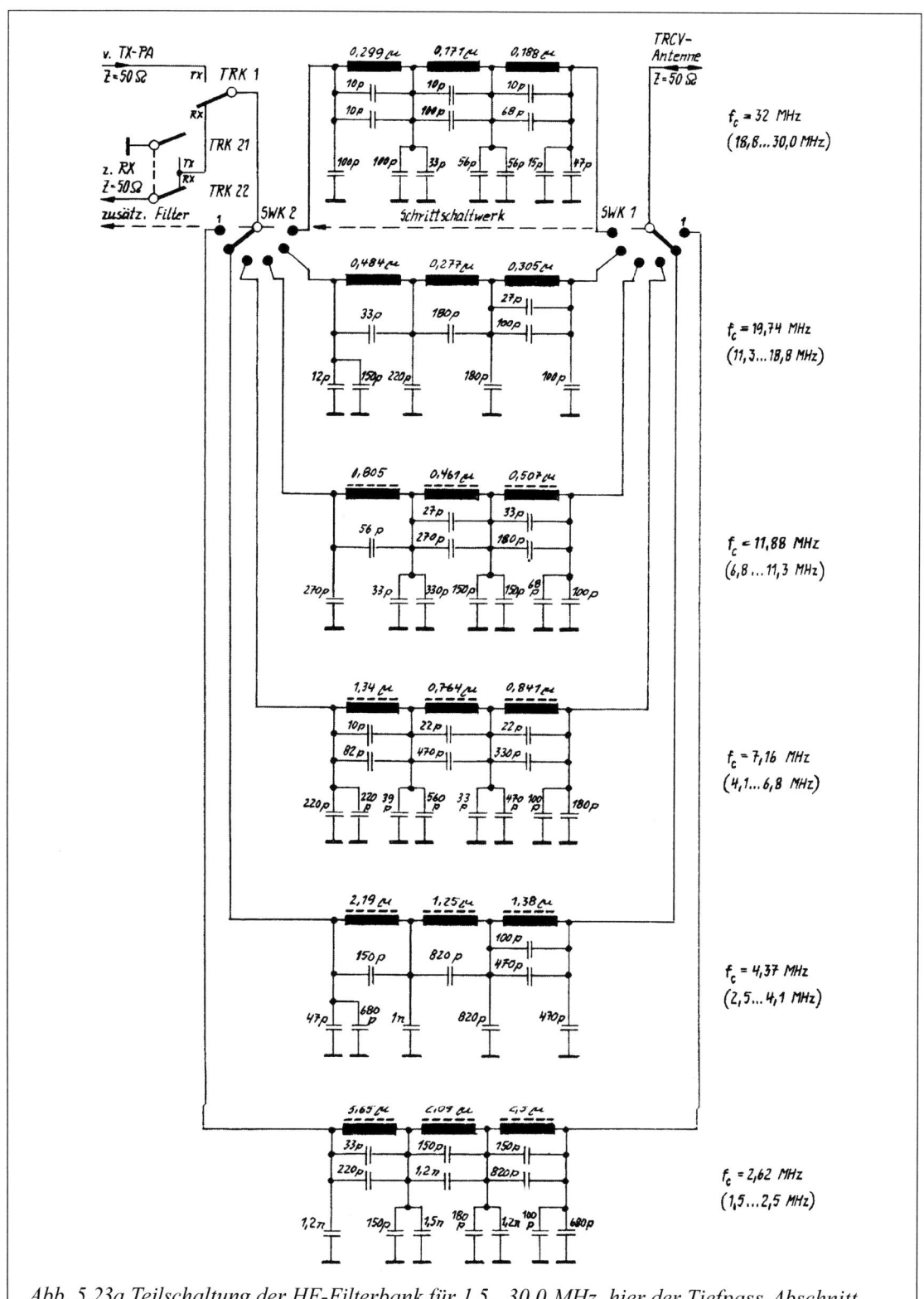

Abb. 5.23a Teilschaltung der HF-Filterbank für 1,5...30,0 MHz, hier der Tiefpass-Abschnitt

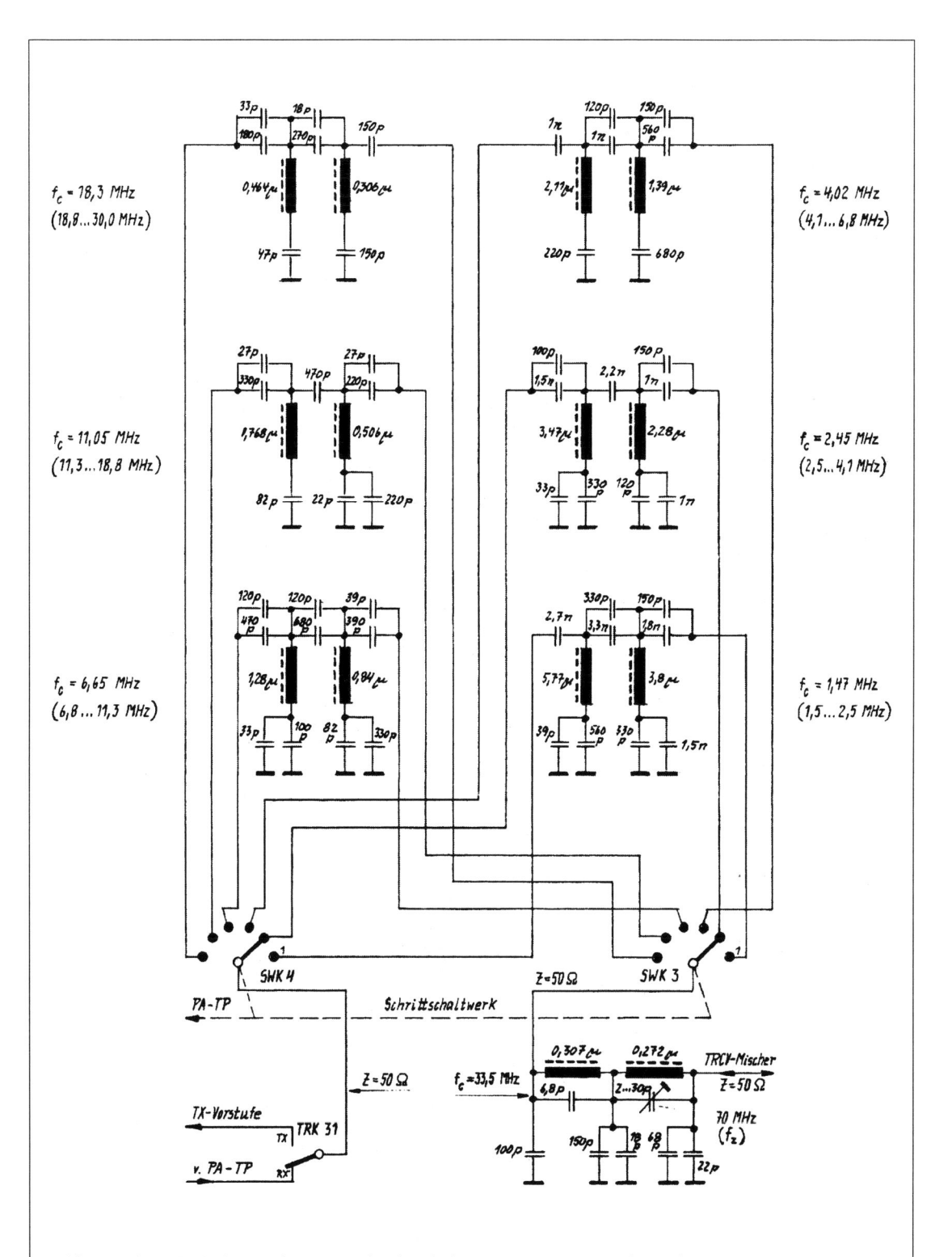

Abb. 5.23b Teilschaltung der HF-Filterbank für 1,55...30.0 MHz, hier der Hochpass-Abschnitt mit einem zusätzlichen Breitband-Tiefpass

140 Überlegungen zum Empfänger-Design

verschiedene Abstimm-Schemata als Pluspunkt erweisen kann.

Aus Bild 5.20 gehen die auf f_{mg} normierten Selektionscharakeristika dieser Bandpässe hervor.

5.4.3 Integrale KW-Amateurband-Filter

Schaltung, Frequenzbänder und Bemessungen dieser durchweg sub-oktaven Anordnungen sind in Bild 5.21 vorgestellt. Über die Selektions-Eigenschaften berichtet Abschnitt 1.3. Der Einsatz von Ringkernen mit ihren extrem schwachen Streufeldern schließt unerwünschte Verkopplungen über die Spulen praktisch aus.

5.4.4 HF-Selektion für 1,5...30,0 MHz

Die Schaltung dieser Anordnung ist in Bild 5.22 vorgestellt. Die drei - prozentual nahezu gleichbreiten Filterzüge 1...3 – werden mit in etwa übereinstimmenden (statistischen) Empfangsenergien beaufschlagt, aperiodische Ansteuerung vorausgesetzt. Der Filterzug 4 dient der optimierenden Dämpfung von Spiegel- und ZF-Signalen; bezüglich letzterer haben wir hier eine Bemessung für 45 MHz. Die zeichnerische Darstellung des Schaltbildes mit Abschirmungen und dem Einsatz entkoppelnder Durchführungs-Kondensatoren zeigt deutlich realisationsbezogene Details auf.

5.4.5 TX/RX-HF-Selektion für 1,5...30,0 MHz

Der erste Abschnitt dieses Schaltungszuges geht aus Bild 5.23a hervor. Die Elliptic-Tiefpässe 7. Ordnung (TP-E_{n7}) dienen wechselweise einem Sender als hocheffiziente Oberwellen-Selektoren und dem zugehörigen Empfänger als hochfrequente Bandpassglieder.

Das zweite, in Bild 5.23b vorgestellte Schaltungsteil besteht primär aus HP-E_{n5}, welche die untere

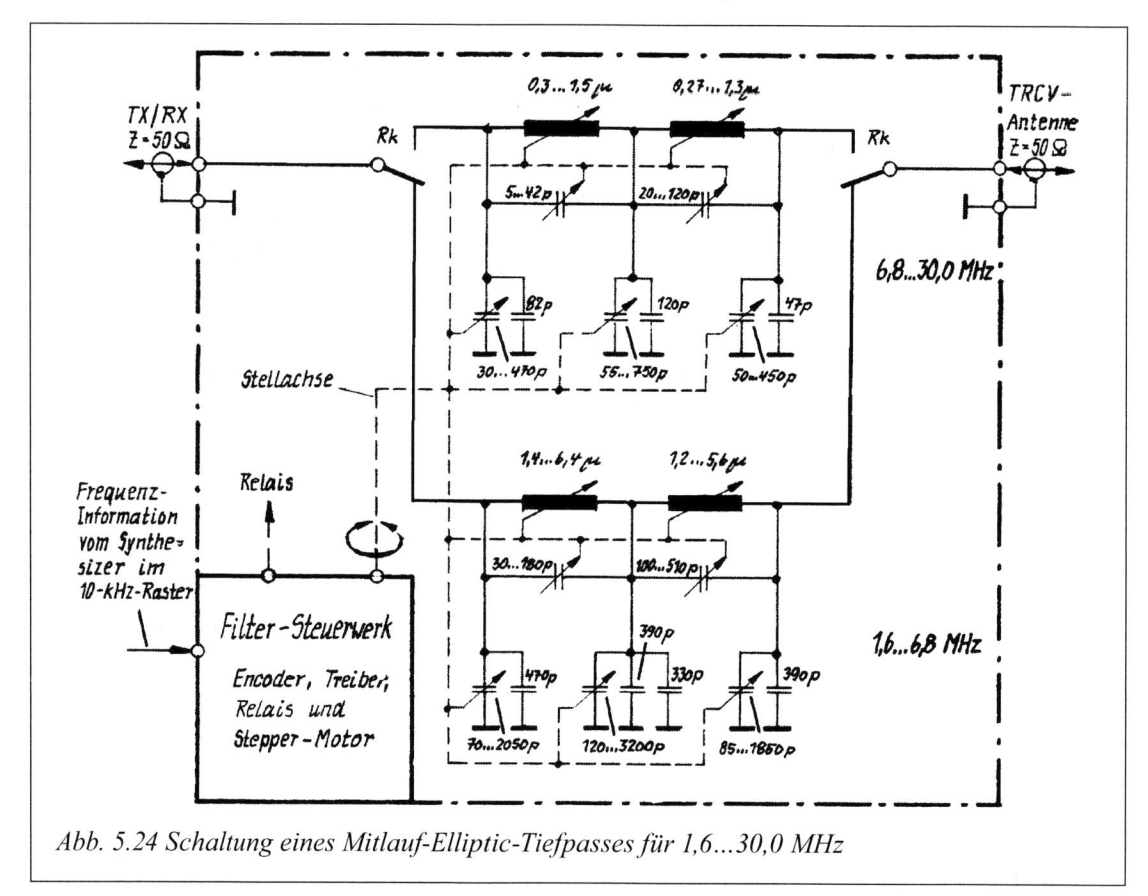

Abb. 5.24 Schaltung eines Mitlauf-Elliptic-Tiefpasses für 1,6...30,0 MHz

Überlegungen zum Empfänger-Design

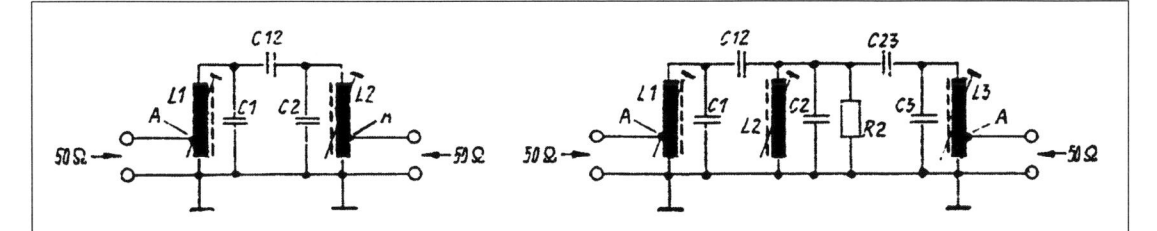

Filtergrad n = 2   *Filtergrad n = 3*

Abb. 5.25a Schaltungen der n-2- und n-3-Bandpässe

n	SSB-Filter		CW-Filter		S
	$B_{p/-3\,dB}$	$B_{p/-60\,dB}$	$B_{p/-3\,dB}$	$B_{p/-60\,dB}$	
2	2,4 kHz	77 kHz	0,3 kHz	9,6 kHz	1:32
3	2,4 kHz	24 kHz	0,3 kHz	3,0 kHz	1:10
2+2	2,15 kHz	12,3 kHz	0,270 kHz	1,54 kHz	1:5,7
2+3	2,20 kHz	8,8 kHz	0,275 kHz	1,10 kHz	1:4
3+3	2,23 kHz	7,1 kHz	0,280 kHz	1,00 kHz	1:3,2

n = Filtergrad ≙ Anzahl der Schwingkreise. S = Formfaktor ≙ $B_{p/-3\,dB}:B_{p/-60\,dB}$. A_i beim SSB-Filter 1 dB bzw. 1,5 dB, beim CW-Filter 4,5 dB bzw. 6 dB, jeweils für n=2/n=3. Kaskadierungen setzen ≧10 dB Rückwirkungs-Entkopplung voraus.

Abb. 5.25b Selektions-Charakteristika und Einfügungsdämpfung der 30-kHz-ZF-Filter gemäß Butterworth n 2...6

Bauteil	Ausführung					
	LSB-Filter		USB-Filter		CW-Filter	
	n=2	n=3	n=2	n=3	n=2	n=3
C 1, 2, 3	3,3 nF/±1%		3,3 nF/±1%		3,3 nF/±1%	
C 12, 23	180 pF/±2,5%		180 pF/±2,5%		22 pF/±1 pF	
L 1	157 W.	159 W.	150 W.	152 W.	157 W.	157 W.
	A=7 W.	A=9 W.	A=6 W.	A=8 W.	A=2 W.	A=3 W.
L 2	wie L 1	154 W.	wie L 1	147 W.	wie L 1	157 W.
L 3	—	159 W.	—	152 W.	—	157 W.
		A=6 W.		A=6 W.		A=2 W.
R 2	—	110 kΩ	—	110 kΩ	—	—

LSB-f_{mg}=28,5 kHz, USB-f_{mg}=31,5 kHz, CW-f_{mg}=30 kHz. Kondensatoren Styroflex (KS), Güte ≧3500. Spulen auf Schalenkern 18×11 mm, Material N58 (Siemens) mit A_L=315 nH, Abgleichkern-Kennfarbe schwarz, magnetisch geschirmte Halterung, Wicklung Hf 30×0,04 mm CuLS, 1-Kammer-Wickelkörper, Spulen-Anzapfe (A) vom kalten Ende aus gezählt. R 2 in Metallschicht, 0,33 W Belastbarkeit.

Abb. 5.26 Bauteileliste zu Abb. 5.24

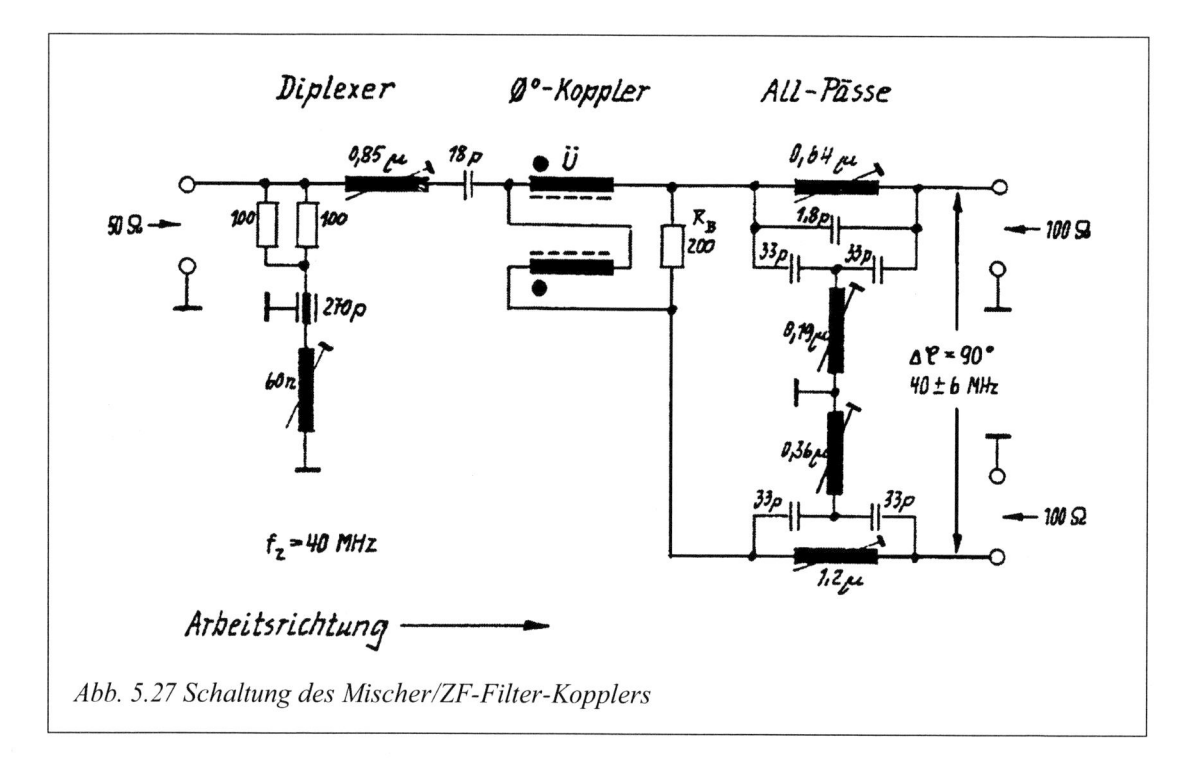

Abb. 5.27 Schaltung des Mischer/ZF-Filter-Kopplers

Grenzfrequenz der RX-Bandpassglieder festlegen. Sie bilden - in Kaskade mit den angesprochenen Tiefpässen - Sub-Oktav-Selektoren. Der unten im Bild gezeichnete TP-E_{n5} optimiert Spiegel- und ZF-Dämpfung; letztere ist für 70 MHz bemessen (Doppelüberlagerungs-System). Im Sendefall fungieren diese Filter als mehr oder weniger breite TX-Vorstufen-Bandpässe. Anordnungen dieser Art offerieren für Transceiver ausgezeichnete Kosten/Nutzen-Relationen.

5.4.6 L/C-SSB/CW-Bandpässe für 30 kHz ZF

Doppelt überlagernde KW-Sender und -Empfänger mit hoher (>30...≈ 100MHz) und hochselektiver 1. ZF (Bandbreite ≤ 10 kHz) kommen mit einer 2. ZF von 30 kHz aus, so dass zur Nahselektion verschiedentlich relativ preisgünstige und selbstbaufähige L/C-Bandpässe herangezogen werden können. In der Folge haben wir die Beschreibung mehrerer LSB-, USB- und CW-Filter für 30 kHz ZF-Mittenfrequenz.

In Bild 5.25a sind die Schaltungen dieser n-2- und n-3-Selektoren vorgestellt.

Aus Bild 5.25b gehen ihre B_p- und A_i-Charakteristika hervor, und zwar sowohl für Strukturen gemäß den Schaltbildern als auch von Kaskadierungen bis zum Filtergrad n = 6 (3+3). Schließlich informiert Bild 5.26 über die Bauteile.

Es handelt sich durchweg um Butterworth-Funktionen mit dementsprechend, auch im schmalbandigen CW-Betrieb, gutem Einschwing- und Ausschwing-Verhalten. Die Filter-Ports müssen möglichst genau und resistiv mit ihrem Nennwert abgeschlossen sein; anderenfalls kommt es zu unzulässigen Verformungen der Selektions-Charakteristika. Beim Kaskadieren derartiger Pässe haben wir auf hinreichende Entkopplung der Einheiten untereinander hinzuwirken. Optimal ist ein rückwirkungsarmer Verstärker als Zwischenglied; bei ausreichendem Rauschabstand kann jedoch auch ein Ohmscher Absorber von 10 dB und 50 Ω Impedanz vorgesehen werden.

Arbeiten Sie bitte unbedingt mit den in Bild 5.26 angegebenen Bauteilen und Materialien. Da sich die Filter-Bemessungen an einer ganz bestimmten Spulen-Leerlaufgüte orientieren, führen insbesondere diesbezügliche Differenzen unausweichlich zu unzulänglichen Ergebnissen. Vor diesem Hin-

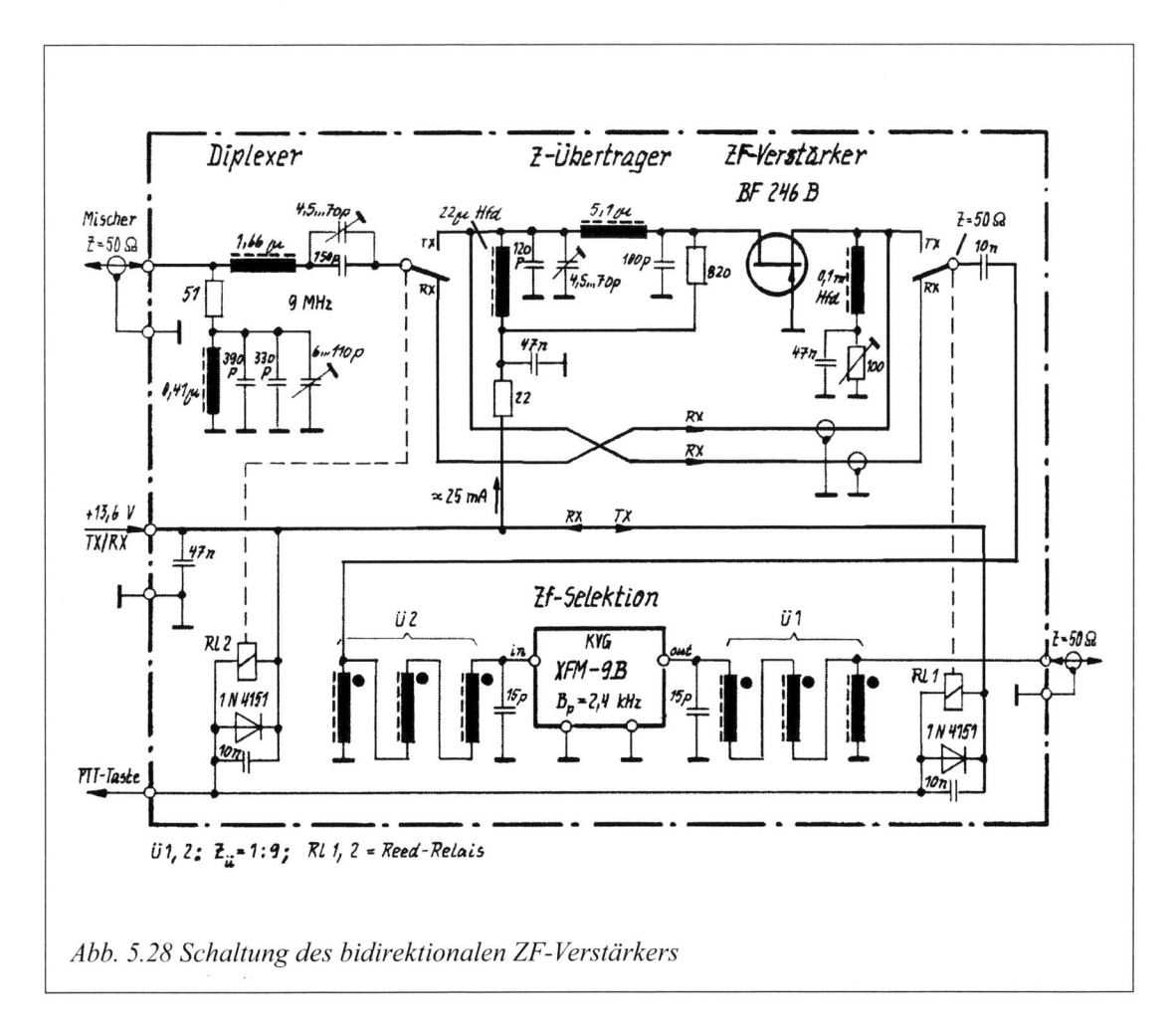

Abb. 5.28 Schaltung des bidirektionalen ZF-Verstärkers

tergrund sind frequenzspezifische Skalierungen ausgeschlossen.

5.4.7 Reflexionsarme Mischer/ ZF-Filter-Kopplung

Die durchweg passive Schaltung dieser für 50 MHz ZF bemessenen Anordnung ist in Bild 5.27 vorgestellt. Sie bewirkt optimale Intermodulationseigenschaften des Mischers.

Zur Arbeitsweise: Die vom Mischer generierte ZF passiert zunächst einen Bandpass-Diplexer, der sie vom unerwünschten Produkt aus $f_z = f_h \pm f_ü$ befreit. Der Hybrid-Koppler Ü splittet die Nutzsignale in zwei energie-symmetrische Komponenten, deren Phasenlage bezüglich des Ü-Einganges um übereinstimmend 180° gedreht ist. Diese Sub-Signale gelangen nun jeweils an einen Allpass, der die Phase der einen Komponente um -45°, die der anderen um +45° dreht; mithin beträgt ihr Phasenunterschied zueinander an den Allpass-Ausgängen 90°. An den 100-Ω-Ports unserer Schaltung liegt nun jeweils ein Quarzfilter zur Nah-Vorselektion. Die diesen beiden Bandpässen außerhalb ihres (übereinstimmenden) Durchlassbereichs beaufschlagten Signale, werden aufgrund typischer filterinterner Fehlanpassungen gewöhnlich reflektiert und durchlaufen nun die Allpässe in Gegenrichtung, mit dem Resultat einer nochmaligen Phasenverschiebung von -45° beziehungsweise +45°, so dass sie mit 180° Phasenunterschied zueinander bezüglich des Hybrid-Ballastwiderstandes R_B auftreten und folglich von diesem absorbiert werden. Mithin „sieht" der Mischer stets, d.h. sogar bei offenen Filter-Ports (wie gezeichnet), exakt 50 Ω Lastimpedanz.

An den Filter-Ausgängen werden die beiden um 90° zueinander phasenverschobenen ZF-Nutzsignale mittels eines selektiven 90°-Hybrid-Kopplers wieder zusammengeführt.

Als Filter reichen in derartigen Anwendungsfällen 2-Pol-Strukturen völlig aus. Ihre B_p bemisst man entsprechend dem nahselektiv gewünschten Maximalwert. Von primärer Bedeutung sind übereinstimmende Phasenlaufzeiten im Zuge der Subsignal-Führungen, wobei insbesondere den Filtern Augenmerk gewidmet werden muss.

Derartige Koppler hinter RX-Eingangsteilen, bestehend aus einer HF-Selektion mit $A_i \approx 1$ dB und einem passivem Mischer mit $A_i \approx 6$ dB sowie ca. 1 dB Quarzfilterdämpfung und einem Folgeverstärker mit $F \leq 2$ dB erlauben Rauschmaße über Alles von 10…12 dB, bei auch ansonsten ausgezeichneten Qualitäts-Parametern. Systeme dieser Art offerieren - ohne wie mit HF-Verstärker - absolute funktionelle Optima.

5.4.8 Bidirektionaler selektiver 9-MHz-ZF-Verstärker

Diese Schaltung geht aus Bild 5.28 hervor. Ihre G_p misst effektiv ca. 0 dB, d.h. dem vom Transistor bewirkten Leistungsgewinn steht die A_i des Filters gegenüber. Das Rauschmaß kann mit 2 dB angenommen werden; um diesen Wert fällt das effektive F des Folgezuges höher aus.

Die TX/RX-Umschaltung mittels Reed-Relais ist BK-tauglich, was beim Design weiterer Umschalteinrichtungen nötigenfalls beachtet werden muss.

6 Daten, Fakten, Definitionen

6.1 Allgemeine Arbeitshilfen

Vorsatzzeichen und Vorsätze	Spannung U	Strom I	Widerstand R, X	Leistung P	Frequenz f	Induktivität L	Kapazität C
T = Tera $\triangleq 10^{12}$	*	*	TΩ	*	*	*	*
G = Giga $\triangleq 10^{9}$	*	*	GΩ	*	GHz	*	*
M = Mega $\triangleq 10^{6}$	*	*	MΩ	*	MHz	*	*
k = Kilo $\triangleq 10^{3}$	kV	*	kΩ	kW	kHz	*	*
Basiseinheit	Volt, V	Ampere, A	Ohm, Ω	Watt, W	Hertz, Hz	Henry, H	Farad, F
m = Milli $\triangleq 10^{-3}$	mV	mA	mΩ	mW	mHz	mH	mF
μ = Mikro $\triangleq 10^{-6}$	μV	μA	*	μW	*	μH	μF
n = Nano $\triangleq 10^{-9}$	nV	nA	*	nW	*	nH	nF
p = Piko $\triangleq 10^{-12}$	pV	pA	*	pW	*	*	pF
f = Femto $\triangleq 10^{-15}$	*	*	*	fW	*	*	fF
a = Atto $\triangleq 10^{-18}$	*	*	*	aW	*	*	*

Größen sind Spannung, Strom, Widerstand usw.
Einheiten sind Volt, Ampere, Ohm usw., Vielfache und Bruchteile davon Kilo-Volt, Milli-Ampere usw.
Formelzeichen sind U, I, R usw.
Kurzzeichen sind V, mA, kΩ usw.

Vielfache und Bruchteile, deren Platz von einem Sternchen (*) besetzt ist, kommen in der Elektronik allgemein nicht vor.

Abb. 6.1-1 Die wichtigsten Größen, Einheiten, Formelzeichen und Kurzzeichen in der Elektronik

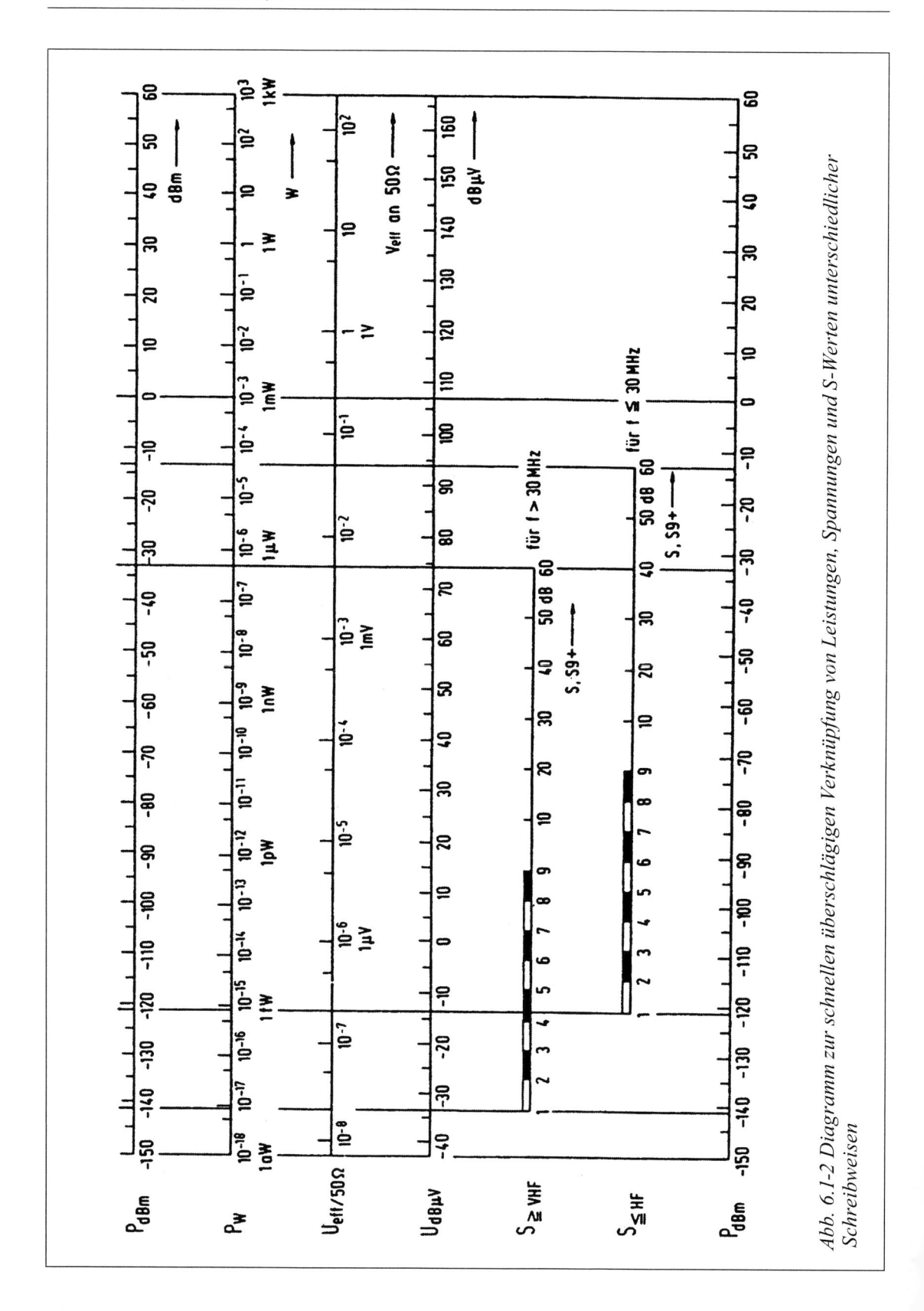

Abb. 6.1-2 Diagramm zur schnellen überschlägigen Verknüpfung von Leistungen, Spannungen und S-Werten unterschiedlicher Schreibweisen

$$P_{dBm} = 10 \cdot \log \frac{U^2}{R} + 30$$

$$P_{dBm} = 10 \cdot \log P + 30$$

$$P_W = \frac{U^2}{R}$$

$$U_{eff} = \sqrt{R \cdot \text{antilog}\left(\frac{P_{dBm}-30}{10}\right)}$$

$$U_{eff} = \sqrt{P \cdot R}$$

$$U_{dB\mu V} = 20 \cdot \log U \qquad [\mu V]$$

$$\left.\begin{array}{l} S1_{\geq VHF} = -141 \text{ dBm} \\ S1_{\leq HF} = -121 \text{ dBm} \end{array}\right\} \begin{bmatrix} \text{S-Punkt-Ab-} \\ \text{stand 6 dB} \end{bmatrix}$$

*Abb. 6.1-3
Mathematische
Definitionen
zu Abb. 6.1-2*

dB	U,I 1:↓	P 1:↓	dB	U,I 1:↓	P 1:↓
− 0,1	0,989	0,977	+ 0,1	1,012	1,023
− 0,2	0,977	0,955	+ 0,2	1,023	1,047
− 0,3	0,966	0,933	+ 0,3	1,035	1,072
− 0,4	0,955	0,912	+ 0,4	1,047	1,097
− 0,5	0,944	0,891	+ 0,5	1,059	1,122
− 0,6	0,933	0,871	+ 0,6	1,072	1,148
− 0,7	0,923	0,851	+ 0,7	1,084	1,175
− 0,8	0,912	0,832	+ 0,8	1,096	1,202
− 0,9	0,902	0,813	+ 0,9	1,109	1,230
− 1	0,891	0,794	+ 1	1,122	1,259
− 2	0,794	0,631	+ 2	1,259	1,585
− 3	0,708	0,501	+ 3	1,413	1,995
− 4	0,631	0,398	+ 4	1,585	2,512
− 5	0,562	0,316	+ 5	1,778	3,163
− 6	0,501	0,251	+ 6	1,995	3,981
− 7	0,447	0,200	+ 7	2,239	5,012
− 8	0,398	0,159	+ 8	2,512	6,310
− 9	0,355	0,126	+ 9	2,818	7,943
− 10	0,316	0,100	+ 10	3,162	10,000
− 20	0,100	0,010	+ 20	10,000	100,000
− 30	0,0316	0,001000	+ 30	31,623	1000,0
− 40	0,01000	10^{-4}	+ 40	100,00	10^{4}
− 50	0,00316	10^{-5}	+ 50	316,23	10^{5}
− 60	0,00100	10^{-6}	+ 60	1000,0	10^{6}
− 70	0,0003162	10^{-7}	+ 70	3162,3	10^{7}
− 80	0,0001000	10^{-8}	+ 80	10000,0	10^{8}
− 90	0,0000316	10^{-9}	+ 90	31623,0	10^{9}
−100	10^{-5}	10^{-10}	+100	10^{5}	10^{10}

Abb. 6.1-4 Spannungs-, Strom- und Leistungs-Verhältnisse in Dezi-Bel (dB)

$$-dB_{U,I} = 20 \cdot \log \frac{U_1}{U_2} = 20 \cdot \log \frac{I_1}{I_2}$$

$$+dB_{U,I} = 20 \cdot \log \frac{U_2}{U_1} = 20 \cdot \log \frac{I_2}{I_1}$$

$$\frac{U_1}{U_2} = \text{antilog} \frac{-dB}{20} = \frac{I_1}{I_2}$$

$$\frac{U_2}{U_1} = \text{antilog} \frac{+dB}{20} = \frac{I_2}{I_1}$$

$$-dB_P = 10 \cdot \log \frac{P_1}{P_2} \; ; \quad +dB_P = 10 \cdot \log \frac{P_2}{P_1}$$

$$\frac{P_1}{P_2} = \text{antilog} \frac{-dB}{10} \; ; \quad \frac{P_2}{P_1} = \text{antilog} \frac{+dB}{10}$$

Abb. 6.1-5 Mathematische Definitionen zu Abb. 6.1-4

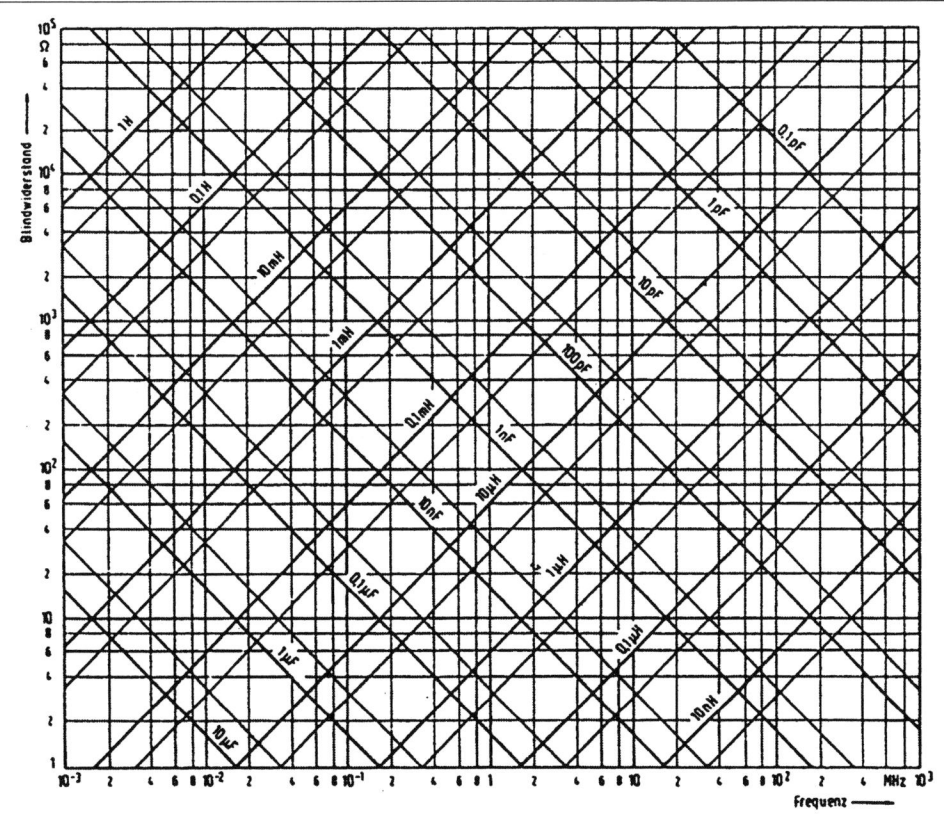

Abb. 6.1-6 »HF-Tapete« zur schnellen überschlägigen Ermittlung frequenzspezifischer L-, C und X-Daten

$$L = \frac{1}{\omega^2 \cdot C} = \frac{1}{(2 \cdot \pi \cdot f)^2 \cdot C}$$

$$C = \frac{1}{\omega^2 \cdot L} = \frac{1}{(2 \cdot \pi \cdot f)^2 \cdot L}$$

$$f = \frac{1}{2 \cdot \pi \cdot \sqrt{L \cdot C}}$$

$$L = \frac{25330}{f^2 \cdot C}; \quad C = \frac{25330}{f^2 \cdot L}; \quad f = \frac{159{,}2}{\sqrt{L \cdot C}}$$

[MHz, µH, pF]

$$L = \frac{2{,}533 \cdot 10^7}{f^2 \cdot C}; \quad C = \frac{2{,}533 \cdot 10^1}{f^2 \cdot L}; \quad f = \frac{5033}{\sqrt{L \cdot C}}$$

[kHz, mH, pF]

$$X_L = \omega \cdot L = 2 \cdot \pi \cdot f \cdot L; \quad L = \frac{X_L}{\omega} = \frac{X_L}{2 \cdot \pi \cdot f}$$

$$X_C = \frac{1}{\omega \cdot C} = \frac{1}{2 \cdot \pi \cdot f \cdot C}; \quad C = \frac{1}{\omega \cdot X_C} = \frac{1}{2 \cdot \pi \cdot f \cdot X_C}$$

$$X_L = \frac{L \cdot f}{0{,}1592}; \quad L = \frac{X_L}{2 \cdot \pi \cdot f}$$

$$X_C = \frac{159\,200}{C \cdot f}; \quad C = \frac{159\,200}{X_C \cdot f}$$

[Ω, MHz, µH, pF]

Abb. 6.1-7 Mathematische Definitionen zur Schwingkreis-Berechnung (bezüglich Abb. 6.1-6 anwendbar)

Abb. 6.1-8 Mathematische Definitionen zur X-, C- und L-Ermittlung (bezüglich Abb. 6.1-6 anwendbar)

150 Daten, Fakten, Definitionen

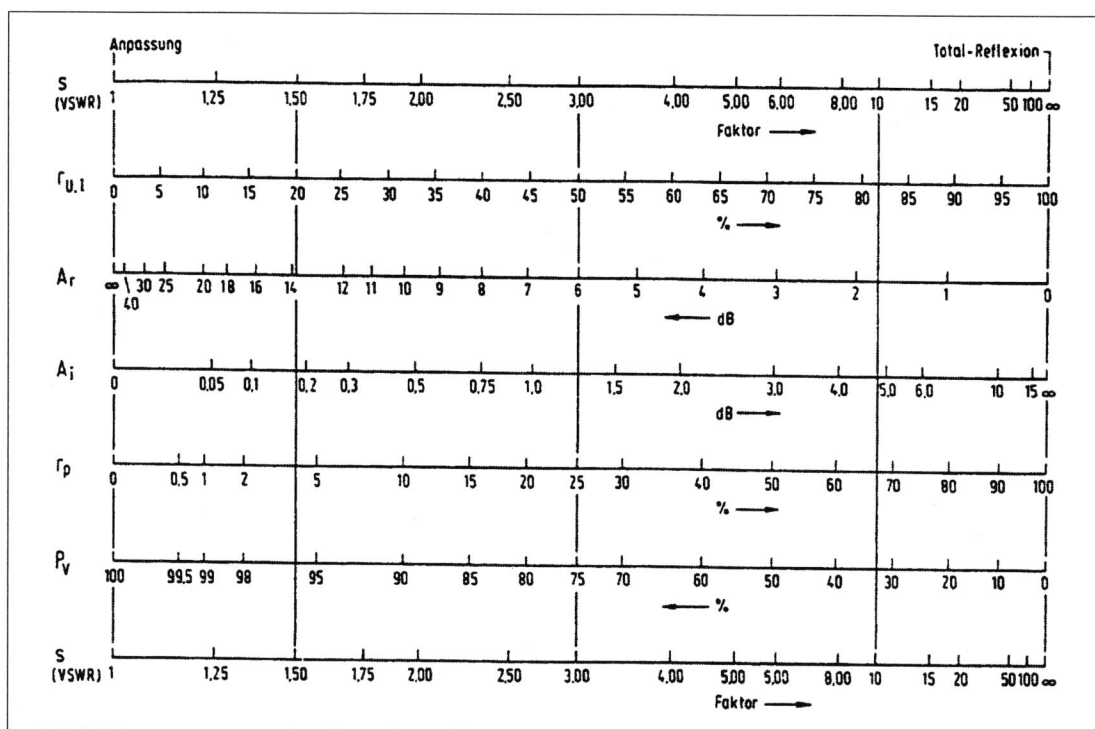

6.1-9 Diagramm zur schnellen überschlägigen Verknüpfung von Welligkeit, Reflexion, Dämpfung und Vorlauf-Leistung (siehe auch das folgende Bild)

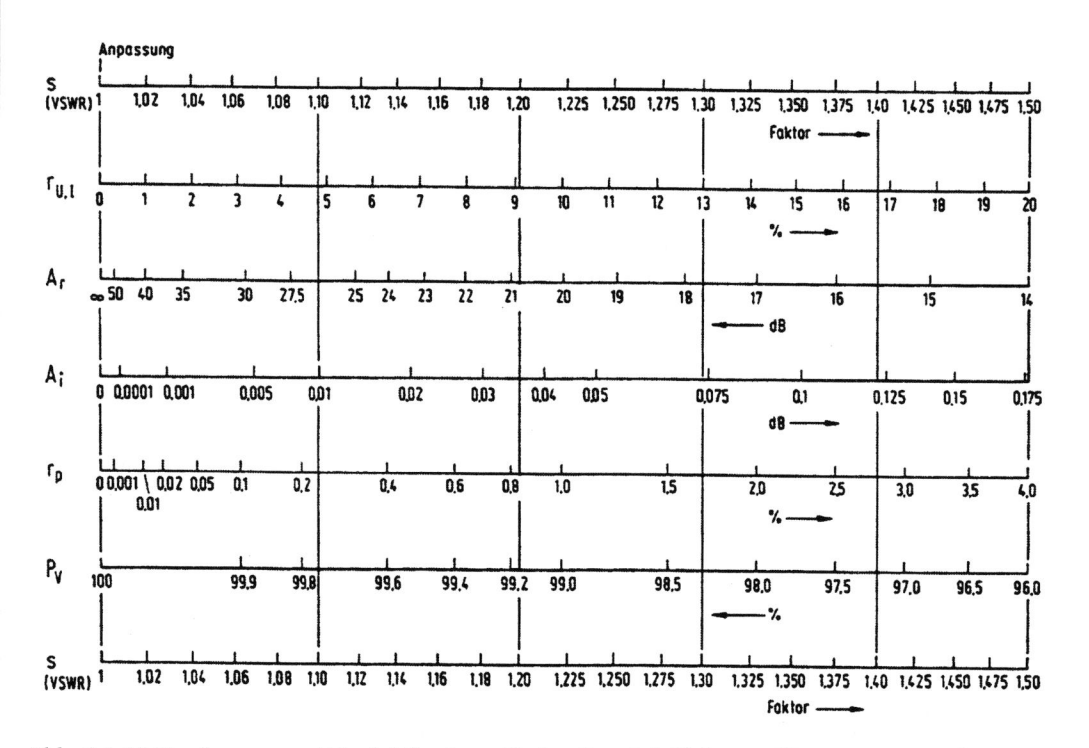

Abb. 6.1-10 Ergänzung zu Abb. 6.1-9: sie stellt den Bereich kleiner s-Werte gespreizt dar

$$s = \frac{1 + \dfrac{r_{U,I}}{100}}{1 - \dfrac{r_{U,I}}{100}} \qquad \text{[Faktor]}$$

$$s = \frac{R_1}{R_2} \qquad \text{für } R_1 > R_2 \qquad \text{[Unteranpassung]}$$

$$s = \frac{R_2}{R_1} \qquad \text{für } R_1 < R_2 \qquad \text{[Überanpassung]}$$

$$r_{U,I} = \frac{s-1}{s+1} \cdot 100 \qquad \text{[\%]}$$

$$A_r = 20 \cdot \log \frac{1}{\left(\dfrac{r_{U,I}}{100}\right)} \qquad \text{[dB]}$$

$$A_i = 10 \cdot \log \frac{1}{\left(1 - \left[\dfrac{r_{U,I}}{100}\right]^2\right)} \qquad \text{[dB]}$$

$$r_P = \left(\frac{s-1}{s+1}\right)^2 \cdot 100 \qquad \text{[\%]}$$

$$P_V = 100 - r_P \qquad \text{[\%]}$$

Abb. 6.1-11 Mathematische Definitionen zu Abb. 3.1-9 und Abb. 3.1-10

$$P_{PE} = \frac{U^2_{eff}}{R_L}; \qquad U_{eff} = \sqrt{P_{PE} \cdot R_L}$$

$$P_{PE} = \frac{U^2_s}{2 \cdot R_L}; \qquad U_s = \sqrt{P_{PE} \cdot (2 \cdot R_L)}$$

$$P_{PE} = \frac{U^2_{ss}}{8 \cdot R_L}; \qquad U_{ss} = \sqrt{P_{PE} \cdot (8 \cdot R_L)}$$

Abb. 6.1-12 Mathematische Definition von Hüllkurven-Spitzenleistung und einhergehender Spannung

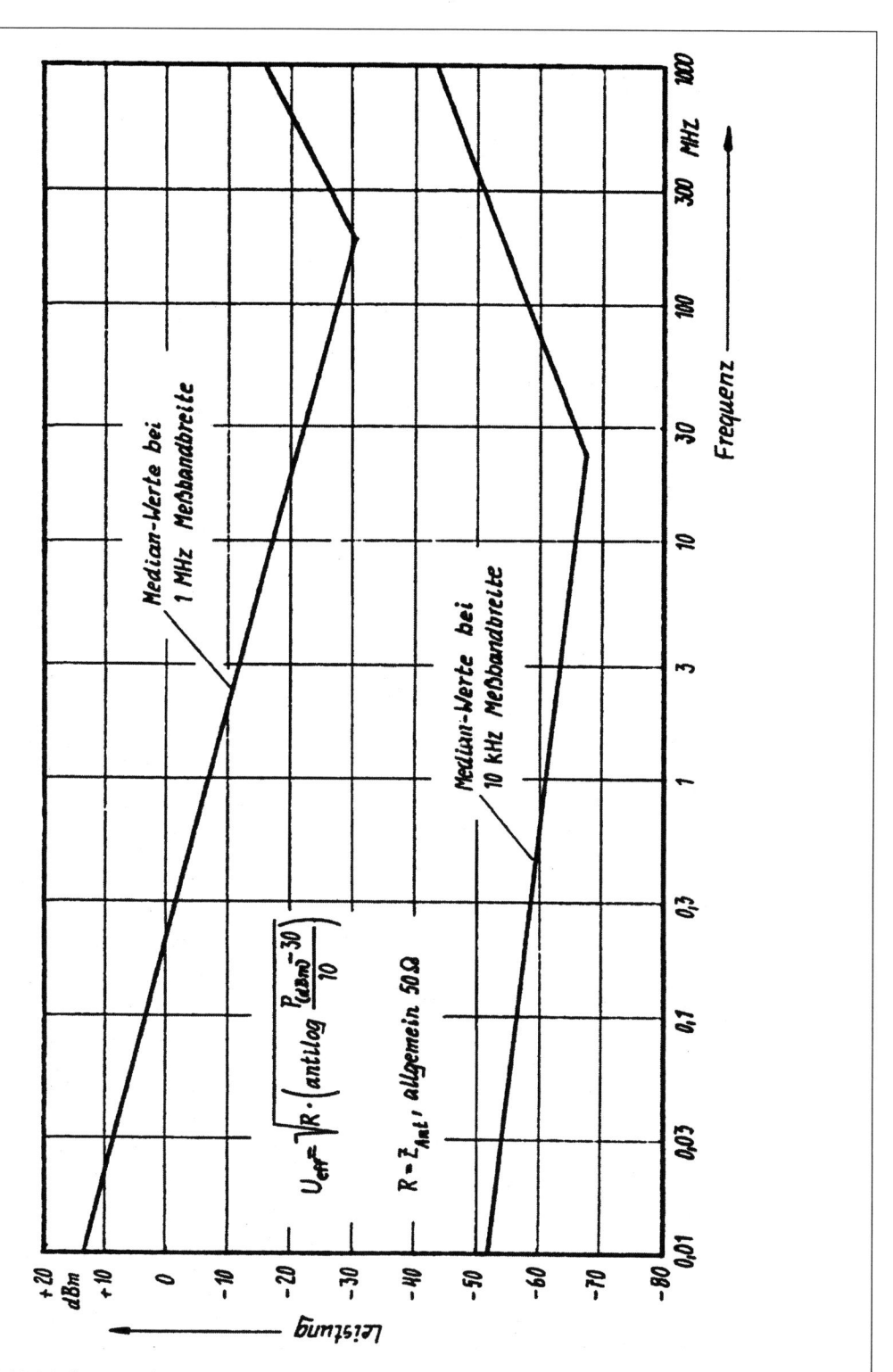

Abb. 6.1-13 Mediane Belastung des Frequenzspektrums 10 kHz...1 GHz durch Sendersignale: oben bei 1 MHz, darunter bei 10 kHz Meßbandbreite aufgenommen

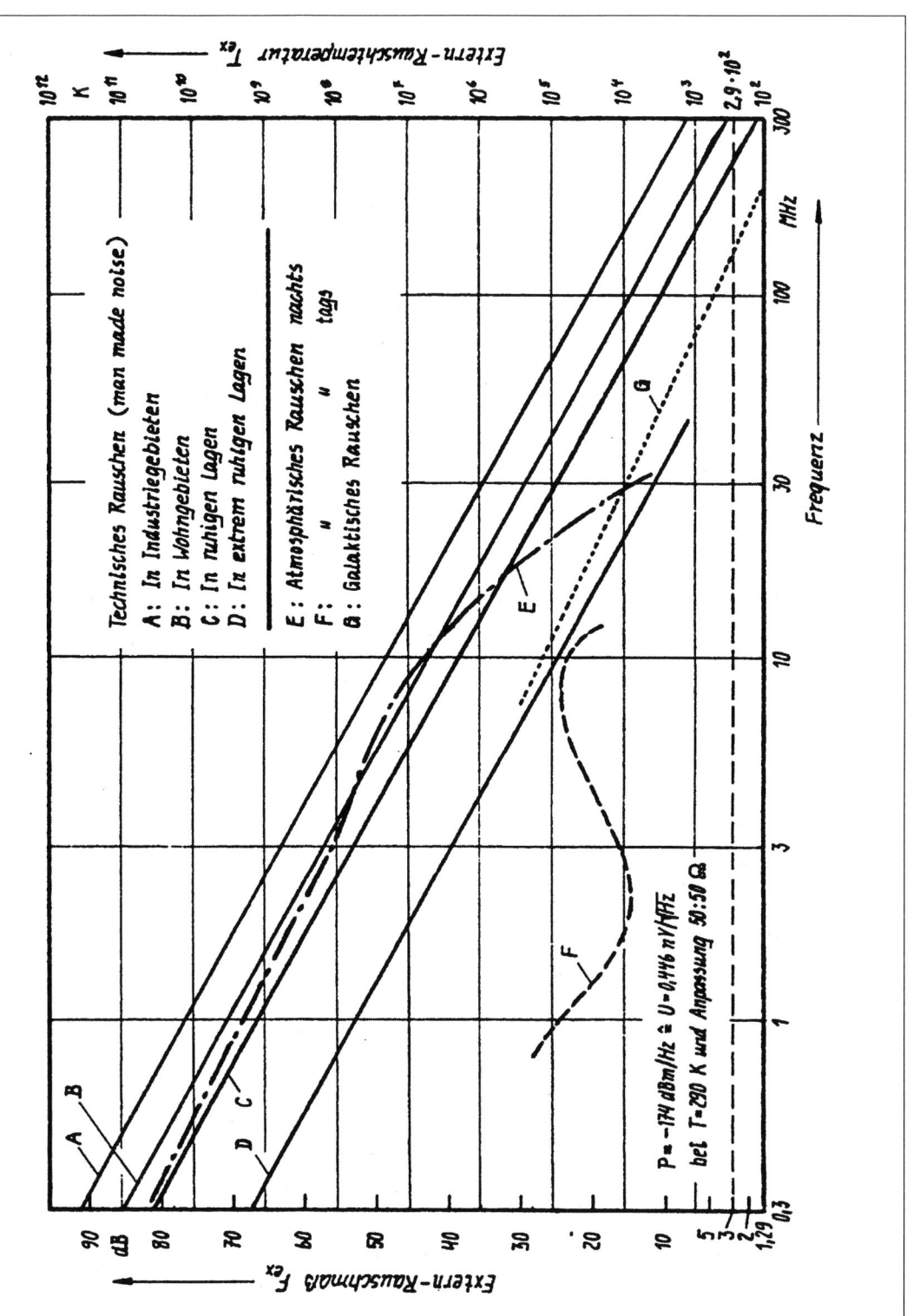

Abb. 6.1-14 Mediane Belastung des Frequenzspektrums 0,3...300 MHz durch die diversen Komponenten des Extern-Rauschens. Die primären Rauschmaxima liegen um 10 kHz

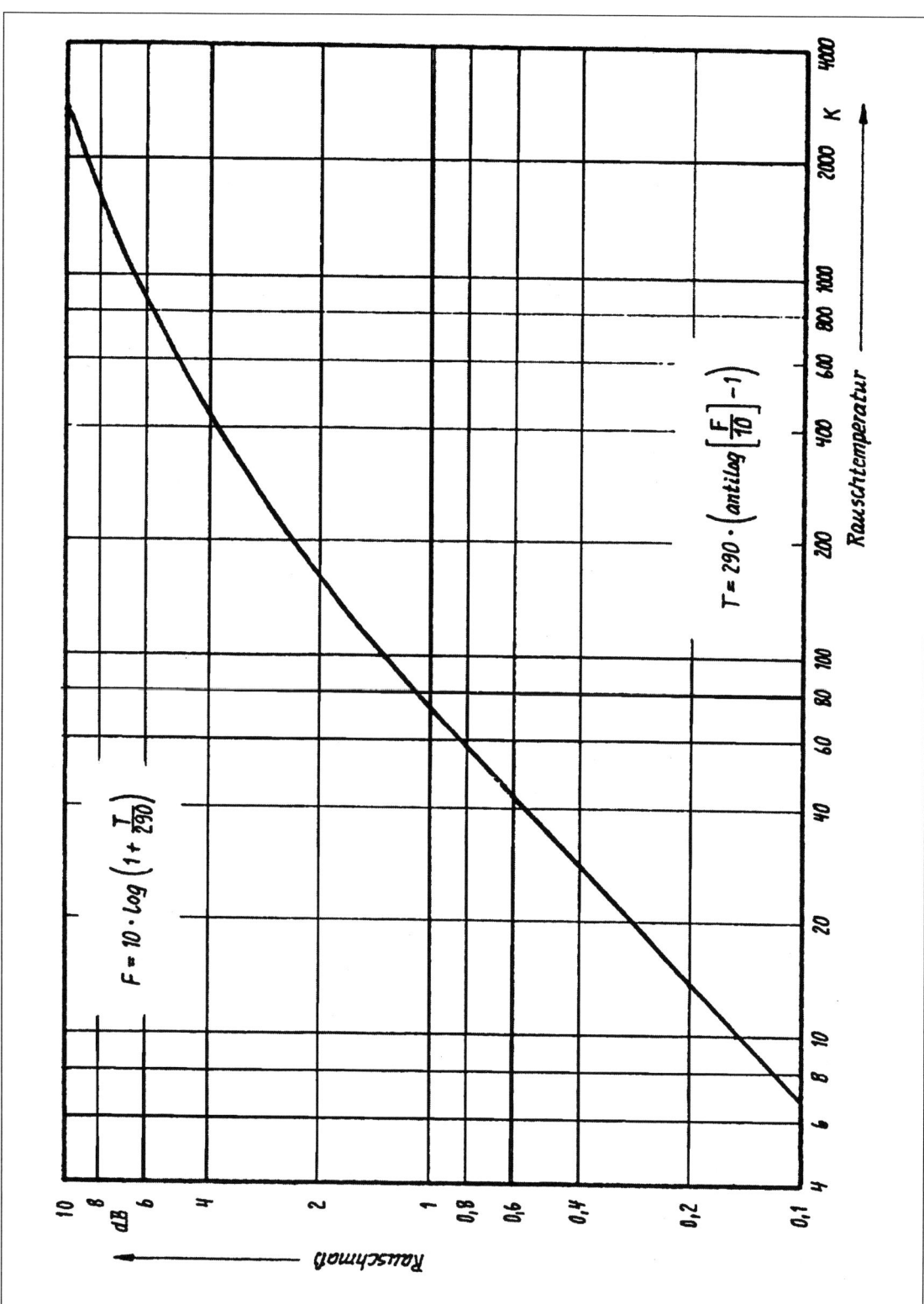

Abb. 6.1-15 Verknüpfung zwischen dem Rauschmaß in dB und der Rauschtemperatur in K

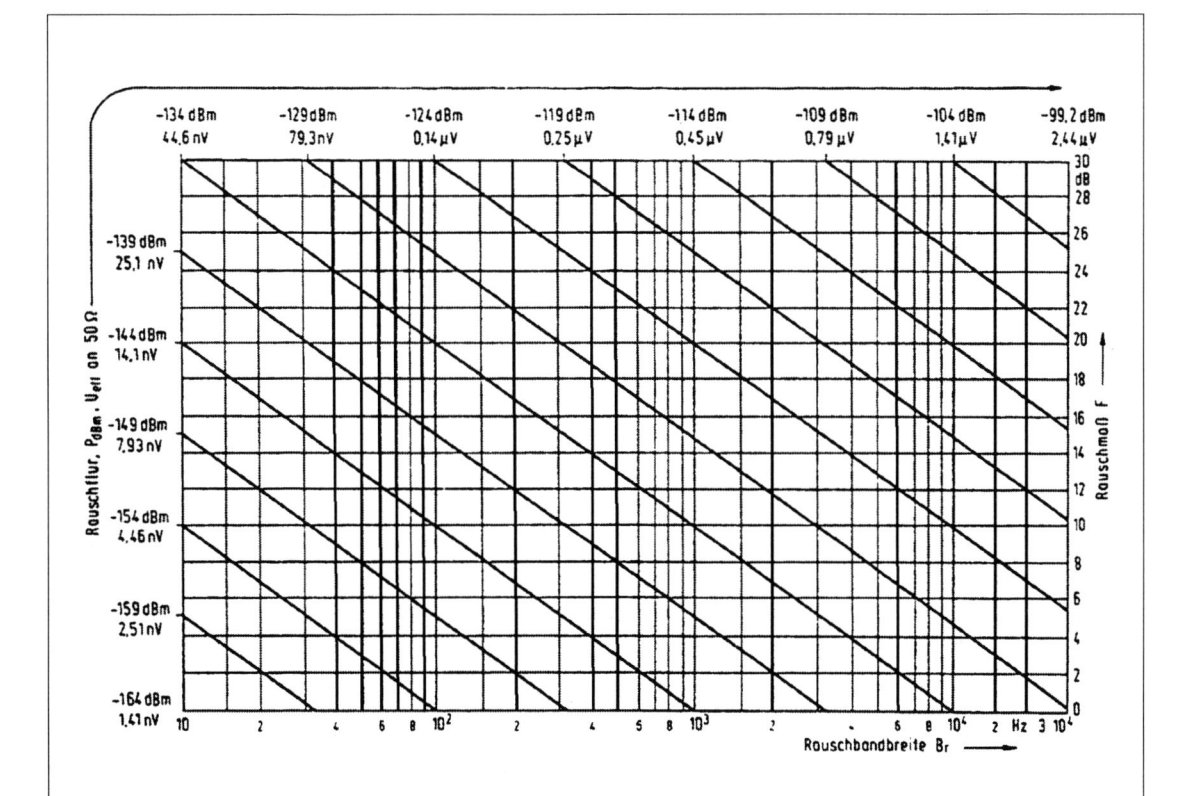

Abb. 6.1-16 Diagramm zur schnellen überschlägigen Verknüpfung von Rauschleistung, Rauschspannung, Rauschmaß und Rauschbandbreite bei Anpassung 50:50 Ω

$$P_{dbm} = 10 \cdot \log \frac{U^2}{R} + 30$$

$$U_{eff} = \sqrt{R \cdot \text{antilog}\left(\frac{P_{dBm} - 30}{10}\right)}$$

$$F = 10 \cdot \log F_z \quad [dB]; \quad F_z = \text{antilog} \frac{F}{10} \quad [\text{Faktor}]$$

$$F_{eff} = 10 \cdot \log \left(F_{z1} + \frac{F_{z2} - 1}{G_{P1}} + \frac{F_{z3} - 1}{G_{P1} \cdot G_{P2}} + \ldots + \frac{F_{zn} - 1}{G_{P1} \cdot G_{P2} \cdot \ldots \cdot G_{Pn}} \right)$$

Abb. 6.1-17 Mathematische Definitionen zu Abb. 3.1-16

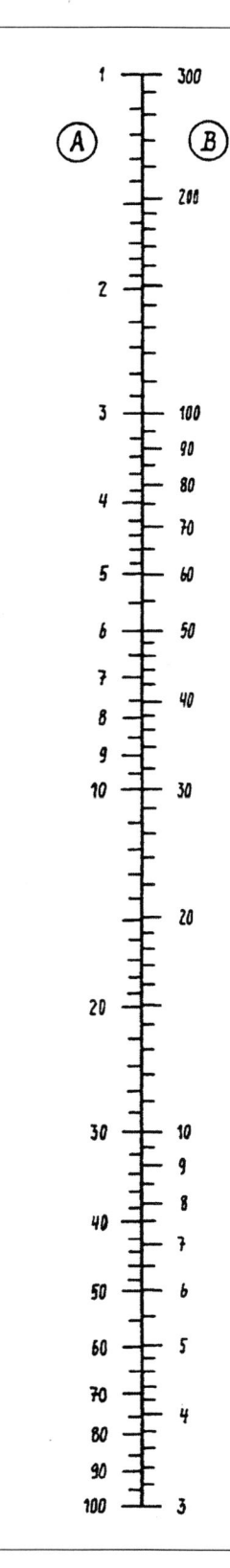

Abb. 6.1-18 Diagramm zur schnellen überschlägigen Verknüpfung von Frequenz und Wellenlänge

$$f = \frac{c}{\lambda} = \frac{2{,}99792458 \cdot 10^8}{\lambda} \approx \frac{3 \cdot 10^8}{\lambda}$$

$$\lambda = \frac{c}{f} = \frac{2{,}99792458 \cdot 10^8}{f} \approx \frac{3 \cdot 10^8}{f}$$

$$c = f \cdot \lambda$$

$$f = \frac{300}{\lambda} \qquad \lambda = \frac{300}{f}$$

[|MHz, m| oder |kHz, km|]

$$f = \frac{300\,000}{\lambda} \qquad \lambda = \frac{300\,000}{f}$$

[|Hz, km| oder |kHz, m| oder |MHz, mm|]

$$f = \frac{983{,}6}{\lambda} \qquad \lambda = \frac{983{,}6}{f}$$

[MHz, feet]

$$T = \frac{1}{f} \qquad f = \frac{1}{T} \qquad T \cdot f = 1$$

[|Hz, s| oder |kHz, ms| oder |MHz, µs|]

Abb. 6.1-19 Mathematische Definition zu Abb. 6.1-18

Ⓐ	Ⓑ
kHz	km
MHz	m
GHz	mm
km	kHz
m	MHz
mm	GHz

6.2 Frequenzbereiche und Funkverkehr

Bereich	DX-Eigenschaften
3...30 kHz 100...10 km CCIR 4 VLF	Verkehr tags und nachts weltweit; stets ohne merkliche Schwundeinflüsse. Empfang unter Wasser möglich (einige Meter tief)
30...300 kHz 10...1 km CCIR 5 LF	Verkehr tags und nachts interkontinental, gelegentlich weltweit; im oberen Frequenzabschnitt jedoch recht häufig Einschränkungen der Tagesreichweiten
300...3000 kHz 1000...100 m CCIR 6 MF	Verkehr tags ≦1500 km, nachts ≦4000 km, nachts in Ausnahmefällen weltweit; im Tagverkehr mit zunehmender Frequenz abnehmende Reichweite. Im oberen Bereichsteil deutlich von der Sonnenaktivität beeinflußt
3...30 MHz 100...10 m CCIR 7 HF	Übertragung typisch vermittels hoher ionosphärischer Medien. Abhängigkeit von der Sonnenaktivität
3...6 MHz 100...50 m	Verkehr tags ≦600 km, nachts ≦3000 km, nachts in Ausnahmefällen weltweit. Geringe Abhängigkeit von der Sonnenaktivität
6...10 MHz 50...30 m	Verkehr tags ≦5000 km, nachts interkontinental und häufig auch weltweit. Deutliche Abhängigkeit von der Sonnenaktivität
10...20 MHz 30...15 m	Verkehr tags und nachts interkontinental, oft weltweit. Erhebliche Abhängigkeit von der Sonnenaktivität
20...30 MHz 15...10 m	Verkehr interkontinental, vor allem tags auch weltweit. Oberes Bereichsteil im Weltraumfunk erfolgreich benutzt. Sehr erhebliche Abhängigkeit von der Sonnenaktivität
30...300 MHz 10...1 m CCIR 8 VHF	Verkehr grundsätzlich nur quasioptisch, gelegentlich aber auch interkontinental; unter besonderen Voraussetzungen weltweit. Für den Weltraumfunk gut geeignet. Im unteren Bereichsteil zeitweise deutlicher Einfluß der Sonnenaktivität
300...3000 MHz 1...0,1 m CCIR 9 UHF	Verkehr grundsätzlich nur quasioptisch oder optisch, im unteren Bereichsteil aber auch interkontinental; unter besonderen Voraussetzungen weltweit. Im Weltraumfunk sind sehr große Distanzen durchmessen worden
3...30 GHz 10...1 cm CCIR 10 SHF	Verkehr grundsätzlich nur optisch, im unteren Bereichsteil aber auch deutlich weitreichender; unter besonderen Voraussetzungen weltweit. Im Weltraumfunk sind sehr große Distanzen durchmessen worden
30...300 GHz 10...1 mm CCIR 11 EHF	Verkehr grundsätzlich optisch, infolge atmosphärischer Absorptionen aber oft erheblich geringer. Bisher keine DX-Erfahrungen. Zwischen Objekten im Weltraum (keine atmosphärischen Einflüsse) sind sehr große Reichweiten realisierbar

DX-Signale von etwa 30 kHz an aufwärts sind fast immer schwundbehaftet

Abb. 6.2-1 Administrative Gliederung des Frequenzspektrums 300 GHz sowie die typischen DX-Eigenschaften dieser Wellen

Sendeart (bisherige Gliederung)			Bisherige Bezeichnung	Neue Bezeichnung
Modulationsart des Hauptträgers	Übertragungsart	Zusätzliche Merkmale		
Amplitudenmodulation	Ohne Modulation	–	A0	NON
	Telegrafie			
	Morsetelegrafie	–	A1	A1A
	Fernschreibtel.	–	A1	A1B
	Morsetel., tonm.	–	A2	A2A
	Fernschreibtel.	–	A2	A2B
	Morsetelegrafie	Einseitenb., unterdr. Träger	A2J	J2A
	Fernschreibtel.	unterdr. Träger	A2J	J2B
	Morsetelegrafie	vermind. Träger	A2A	R2A
	Morsetelegrafie	voller Träger	A2H	H2A
		f. autom. Empfang	A2H	H2B
	Fernsprechen	Zweiseitenband	A3	A3E
		Einseitenb., vermind. Träger	A3A	R3E
		voller Träger	A3H	H3E
		unterdr. Träger	A3J	J3E
		Zwei voneinander unabh. SB	A3B	B8E
	Faksimile (Bildfunk)	–	A4	A3C
		Einseitenb., vermind. Träger	A4A	R3C
		unterdr. Träger	A4J	J3C
	Fernsehen (Bild)	Zweiseitenband	A5	A3F
		Restseitenband	A5C	C3F
		Einseitenb., unterdr. Träger	A5J	J3F
	Tonfrequente Mehrfachtelegr.	Einseitenb., vermind. Träger	A7A	R7B
		unterdr. Träger	A7J	J7B
	Sonstige Fälle	–	A9	AXX
		Zweiseitenb., 1 Kanal, mit quant. oder dig. Inform.		
		ohne mod. Hilfstr.	A9	A1D
		mit mod. Hilfstr.	A9	A2D
		Zwei voneinander unabh. SB	A9B	B9W
	Morsetelegrafie	Einseitenb., unterdr. Träger 1 Kanal, mit quant. oder dig. Inform.		
		mit mod. Hilfstr.	A9J	J2A
	Fernschreibtel.	Wie vor	A9J	J2B
	Fernwirken	Wie vor	A9J	J2D

zu Abb. 6.2-2

Sendeart (bisherige Gliederung)			Bisherige Bezeichnung	Neue Bezeichnung
Modulationsart des Hauptträgers	Übertragungsart	Zusätzliche Merkmale		
Frequenzmodulation (oder Phasenmodulation)	Telegrafie ohne Modulation durch eine hörbare Frequenz (Frequenzumtastung)			
	Morsetelegrafie	–	F1	F1A
	Fernschreibtel.	–	F1	F1B
	Telegrafie durch Ein-Austasten hörbarer Mod.-Frequenzen			
	Morsetelegrafie	–	F2	F2A
	Fernschreibtel.	–	F2	F2B
	Fernsprechen und Hörfunk	–	F3	F3E
		Phasenmod., VHF-UHF-Sprechfunk	F3	G3E
	Faksimile (Bildfunk)	1 Kanal, mit analog. Inform.	F4	F3C
		mit quant. oder dig. Information		
		ohne mod. Hilfstr.	F4	F1C
		mit mod. Hilfsträger	F4	F2C
	Fernsehen (Bild)	–	F5	F3F
	Vierfrequenz-Diplex-Telegrafie	–	F6	F7B
	Sonstige Fälle	–	F9	FXX
	Fernwirken	1 Kanal, mit quant. oder dig. Information		
		ohne mod. Hilfstr.	F9	F1D
		mit mod. Hilfsträger	F9	F2D
Pulsmodulation	Trägerfrequenz-Puls ohne jegliche Modulation (z. B. Radar)	–	P0	P0N
	Telegrafie	–	P1D	K1A
		Modulation der Impulsampl.	P2D	K2A
		Impulsdauer	P2E	L2A
		Impulsphase	P2F	M2A
	Fernsprechen	Modulation der Impulsampl.	P3D	K2E
		Impulsdauer	P3E	L3E
		Impulsphase	P3G	V3E
	Sonstige Fälle mit pulsmoduliertem Hauptträger	–	P9	XXX

Abb. 6.2-2 *Modulationen, Betriebsarten und Betriebs-Codes, letztere in den früher und den derzeit administrativ festgelegten Schreibweisen*

6.3 Bauelemente

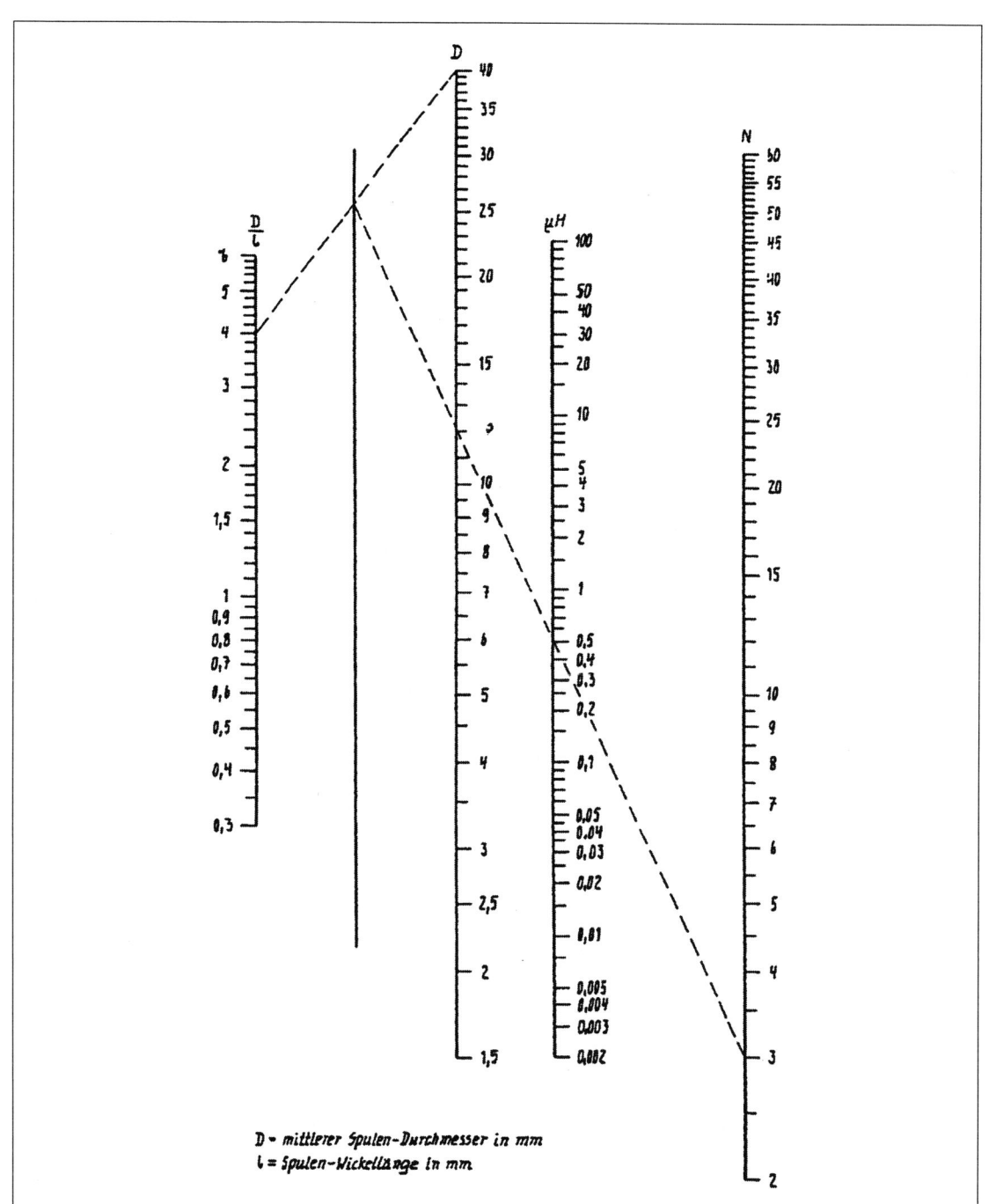

Abb. 6.3-1 Diagramm zur schnellen, überschlägigen Berechnung der Daten von Spulen in freitragender Ausführung sowie mit neutralem Kern. Die Ergebnisse sind gewöhnlich hinreichend praxisgenau, so daß sich die Anwendung genauerer Lösungsmöglichkeiten erübrigt. Für die Induktivität der Anschlusslängen und der assoziierten Beschaltung sollte allgemein 1 nH/mm Länge kalkuliert werden

Daten, Fakten, Definitionen **161**

Für Luftspulen und Spulen mit neutralem Kern

$$N = \sqrt{\frac{L}{D \cdot K}}; \quad L = N^2 \cdot D \cdot K \quad [nH, cm]$$

K gemäß Abb. 3.3-3

Für Spulen mit magnetischem Kern

$$N = \sqrt{\frac{L}{A_L}}; \quad L = N^2 \cdot A_L; \quad A_L = \frac{L}{N^2}$$

Abb. 6.3-2 *Mathematische Definitionen zur Spulen-Berechnung*

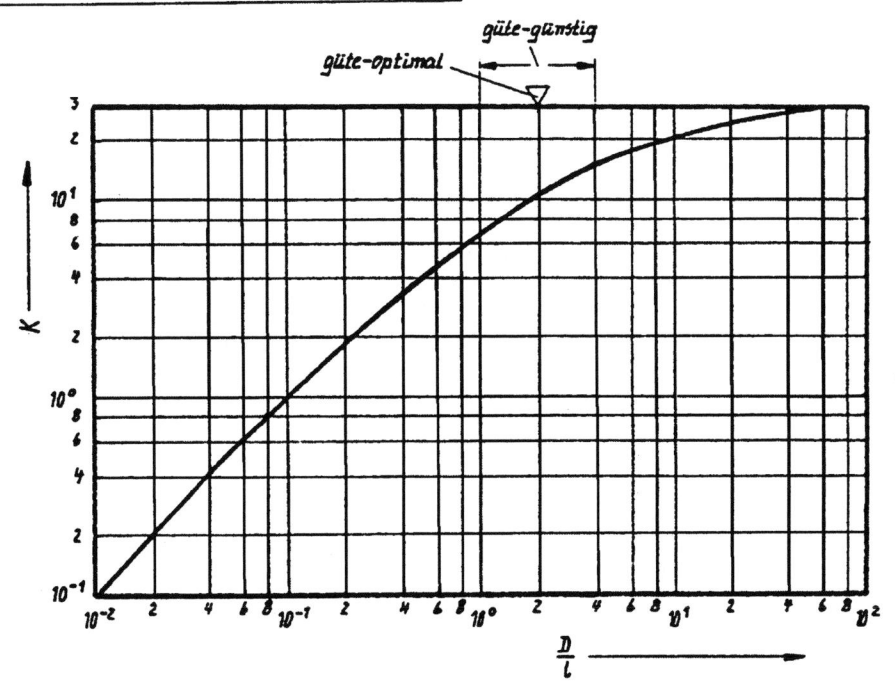

Abb. 6.3-3 *Nomogramm zur Ermittlung des K-Faktors bezüglich Abb. 6.3-2, oben. Als güte-günstig ist jene D/l-Spanne spezifiziert, die mindestens 95% des Güte-Optimalwertes erlaubt*

Material	Kennfarbe	Frequenz* MHz
41	Grün	
3	Grau	0,05…0,5
15	Rot/Weiß	0,1…2,0
1	Blau	0,5…5,0
2	Rot	1…30
6	Gelb	10…90
10	Schwarz	60…150
12	Grün/Weiß	100…200
0	Loh(farben)	150…300

* Optimaler Bereich für Schwingkreise hoher Güte. Farbcodes nach Amidon und Micrometals, USA

Abb. 6.3-4 *Material-Codes, zugehörige Kennfarben und optimale Frequenzbereiche von Karbonyleisen-Ringkernen der bekannten Serien T-xxx-xx (US-Produkte)*

Kern	Außen-Ø mm	Innen-Ø mm	Höhe mm	A_e mm²	l_e mm
T-25	6,5	3,1	2,4	4,2	15,0
T-37	9,5	5,2	3,3	7,0	23,2
T-50	12,7	7,7	4,8	12,1	32,0
T-68	17,5	9,4	4,8	19,6	42,4
T-80	20,2	12,6	6,4	24,4	51,5
T-94	23,9	14,2	7,9	38,5	60,0
T-106	26,9	14,2	11,1	70,6	64,7

Code T-xxx-xx: erster Satz = Kerndurchmesser in Hundertstel eines Zolls (Inch = Zoll, 1 Zoll = 25,4 mm), zweiter Satz = Kernmaterial (gemäß Amidon, USA)
A_e = Effektiver magnetischer Querschnitt
l_e = Effektive magnetische Weglänge

Abb. 6.3-5 Wichtige Kennwerte praktisch favorisierter Karbonyleisen-Ringkerne der T-Serie (siehe auch Abb. 6.3-5 und die folgende Tabelle). Diese Elemente eignen sich vorzüglich zur Realisation hochqualitativer HF-Sektoren. Allgemeine Faustregel: Die erzielbaren Güten nehmen mit den Kernabmessungen zu

Material	0	12	10	6	2	1	15	3
μ_i	1	3	6	8	10	20	25	35
Typ	A_L-Faktor							
T-25	0,45	1,3	1,9	2,7	3,4	7,0	8,5	10,0
T-37	0,49	1,5	2,5	3,0	4,0	8,0	9,0	12,0
T-50	0,64	1,8	3,1	4,0	4,9	10,0	13,5	17,5
T-68	0,75	2,1	3,2	4,7	5,7	11,5	18,0	19,5
T-80	0,85	2,2	3,2	4,5	5,5	11,5	17,0	18,0
T-94	1,06	3,2	5,8	7,0	8,4	16,0	20,0	24,8
T-106	1,90			11,6	13,5	32,5	34,5	40,5
f_{max}*	300	200	150	90	30	5	2	0,5

* Richtwerte in MHz für Schwingkreise hoher Güte. A_L-Faktor in Nano-Henry (nH). A_L-Toleranz $\leq \pm 25\%$

Abb. 6.3-6 A_L-Werte zu den Ringkernen der T-Serie gemäß Abb. 6.3-4 und Abb. 6.3-5

Anfangs-Permeabi-lität* μ_i	10	$\frac{15}{16}$	$\frac{24}{25}$	40	60	80	125	$\frac{650}{750}$	$\frac{900}{950}$	2000	3000	5000
Amidon				63			61		43	72		75
Cofelec		H60	H52	H50		H32				T10	T5	T4
Fair-Rite				63			61					75
Ferroxcube		4H1			4D2	4C6	4C6	3D3	3B3		3E1	3E2
Indiana-General		Q3		Q2			Q1			TC3	TC9	05P	06
Siemens	U17		K12			K1		M33		N27	N41	N30
f_{max}**(MHz)	220	80	40	20	15	12	10	1	1			

* Material-Einordnung bezüglich μ_i teils nur annäherungsweise.
** Für Schwingkreis-Anwendungen; beim Übertrager-Einsatz sind wesentlich höhere Frequenzen möglich. Im konkreten Fall Hersteller-Daten heranziehen

Abb. 6.3-7 Material- und Code-Vergleichsliste für Ferrit-Spulenkerne verschiedener Hersteller. Ferrite werden hauptsächlich für Breitband-Übertrager und HF-Drosseln verwendet; für HF-Selektoren in Empfängern sind sie nur eingeschränkt empfehlenswert (Intermodulations-Risiken bei Breitband-Ansteuerung durch vektorielle Sättigungs-Effekte; die Situation verschärft sich mit dem μ_i-Wert)

Kern	Außen-Ø mm	Innen-Ø mm	Höhe mm	A_e mm²	l_e mm	V_e mm³
FT-23	5,8	3,1	1,5	2,1	13,4	28,5
FT-37	9,5	4,8	3,2	7,1	21,5	163
FT-50	12,7	7,1	4,8	13,3	30,2	402
FT-82	21,0	13,2	6,4	24,6	52,6	1293
FT-114	29,0	19,0	7,5	37,5	74,2	2778

Code FT-xxx-xx: erster Satz = Kerndurchmesser in Hundertstel eines Zolls (Inch = Zoll, 1 Zoll = 25,4 mm), zweiter Satz = Kernmaterial (gemäß Amidon, USA)
A_e = Effektiver magnetischer Querschnitt
l_e = Effektive magnetische Weglänge
V_e = Effektives magnetisches Volumen

Abb. 6.3-8 Wichtige Kennwerte praktisch favorisierte Ferrit-Ringkerne der Serien FT-xxx-xx (US-Produkte; siehe auch Abb. 6.7-7 und die folgende Tabelle). Allgemeine Faustregel: Die erzielbaren Güten nehmen mit den Kernabmessungen zu

Material	63	61	43	72	75
μ_r	40	125	550	2000	5000
Typ	A_L-Faktor				
FT-23	7,9	24,8	189	396	990
FT-37	17,7	55,3	420	884	2210
FT-50	22,0	68,0	523	1100	2750
FT-82	23,4	73,3	557	1172	2930
FT-114	25,4	79,3	603	1268	3170
f_{max}*	100	50	30	8	8

* Richtwerte in MHz, bezogen auf Sender-Leistungsstufen unter Berücksichtigung der Verlustwärme; Kleinsignal-Anwendungen erlauben um den Faktor ≈5 höhere Frequenzen. A_L-Faktor in Nano-Henry (nH). A_L-Toleranz ≦ ±25%

Abb. 6.3-9 A_L-Werte zu den Ringkernen der FT-Serie gemäß Abb. 6.3-8

Kern	Außen-Ø mm	Innen-Ø mm	Höhe mm	A_e mm²	l_e mm	V_e mm³
Ferrox-cube, FCX	6,3	3,7	2,3	2,0	15,5	31,0
	9,4	5,6	3,4	4,5	23,3	105
	14,5	8,5	5,5	12,5	35,5	445
	23,6	13,4	7,6	31,5	57,0	1790
	29,6	18,4	8,1	38,0	75,0	2580

A_e = Effektiver magnetischer Querschnitt
l_e = Effektive magnetische Weglänge
V_e = Effektives magnetisches Volumen

Abb. 6.3-10 Wichtige Kennwerte praktisch favorisierter Ferrit-Ringkerne von Ferroxcube (Valvo; siehe auch Abb. 6.3-7 und die folgende Tabelle)

Material	4C6	3H2	3E1	3E2	3E3
μ_i	100	2380	2700	5000	10000
Typ*	\multicolumn{5}{c|}{A_L-Faktor}				
6,3	26,7	425		891	
9,4	48,4	636		1337	
14,5	76,2	1265		2420	
23,6	147	1815		3806	
29,6			1991		3500
f_{max}**	60	8	8	8	3

* Durchmesser in mm. ** Richtwerte in MHz, bezogen auf Sender-Leistungsstufen unter Berücksichtigung der Verlustwärme; Kleinsignal-Anwendungen erlauben um den Faktor ≈5 höhere Frequenzen. A_L-Faktor in Nano-Henry (nH). A_L-Toleranz ≦ ±25%

Abb. 6.3-11 A_L-Werte zu den Ferroxcube-Ringkernen gemäß Abb. 6.3-10

Draht-⌀ mm	AWG-Nr.	FT-114 T-106	T-94	FT-82 T-80	T-68	FT-50 T-50	FT-37 T-37	FT-23 T-25
2,6	10	12	12	10	6	4	1	
2,1	12	16	16	14	9	6	3	
1,6	14	21	21	18	13	8	5	1
1,3	16	28	28	24	17	13	7	2
1,0	18	37	37	32	23	18	10	4
0,8	20	47	47	41	29	23	14	6
0,63	22	60	60	53	38	30	19	9
0,5	24	77	77	67	49	39	25	13
0,4	26	97	97	85	63	50	33	17
0,32	28	123	123	108	80	64	42	23
0,25	30	154	154	136	101	81	54	29
0,2	32	194	194	171	127	103	68	38
0,16	34	247	247	218	162	132	88	49
0,125	36	304	304	268	199	162	108	62
0,1	38	389	389	344	256	209	140	80
0,08	40	492	492	434	324	264	178	102

Drähte einfach lackisoliert (CuL)

Abb. 6.3-12 maximal mögliche Windungszahlen in Abhängigkeit vom Wickeldraht-Durchmesser bei den Ringkernen der FT- und T-Serien (Richtwerte); diese Daten können auch für andere Fabrikate mit vergleichbaren Abmessungen herangezogen werden

Für Nur-HF-Aussteuerung

$$B_{max} = \frac{H_{HF} \cdot 10^8}{4{,}44 \cdot f_{min} \cdot N \cdot A_e}$$

Für HF-Aussteuerung plus Gleichstrom bei Eintakt- oder Gleichtakt-Betrieb

$$B_{max} = \frac{U_{HF} \cdot 10^8}{4{,}44 \cdot f_{min} \cdot N \cdot A_e} + \frac{N \cdot I_= \cdot A_L}{10 \cdot A_e}$$

U_{HF} = HF-Spitzenspannung primär *oder* sekundär (V_s)
f_{min} = Niedrigste Betriebsfrequenz (Hz)
N = Windungszahl bezüglich verwendeter U_{HF}
A_e = Effektiver magnetischer Querschnitt (cm^2)
$I_=$ = Gleichstrom (A)
A_L = Induktivitäts-Faktor (H)
4,44 = $2 \cdot \pi \cdot (1\sqrt{2})$
B_{max} = Magnetische Induktion (Gauß [G]; 1 G = 0,1 mT, [mT = Milli-Tesla])

Die zulässige Kern-Aussteuerung (G bzw. mT) ergibt sich als Magnetisierung (B) aus den Produkt-Datenblättern; die Aussteuerung muß im linearen Kennbereich liegen

Abb. 6.3-13 Mathematische Definitionen zur Bestimmung der konkret erforderlichen Größen magnetisch wirksamer Spulenkerne im Leistungs-Betrieb als Übertrager und Drosseln

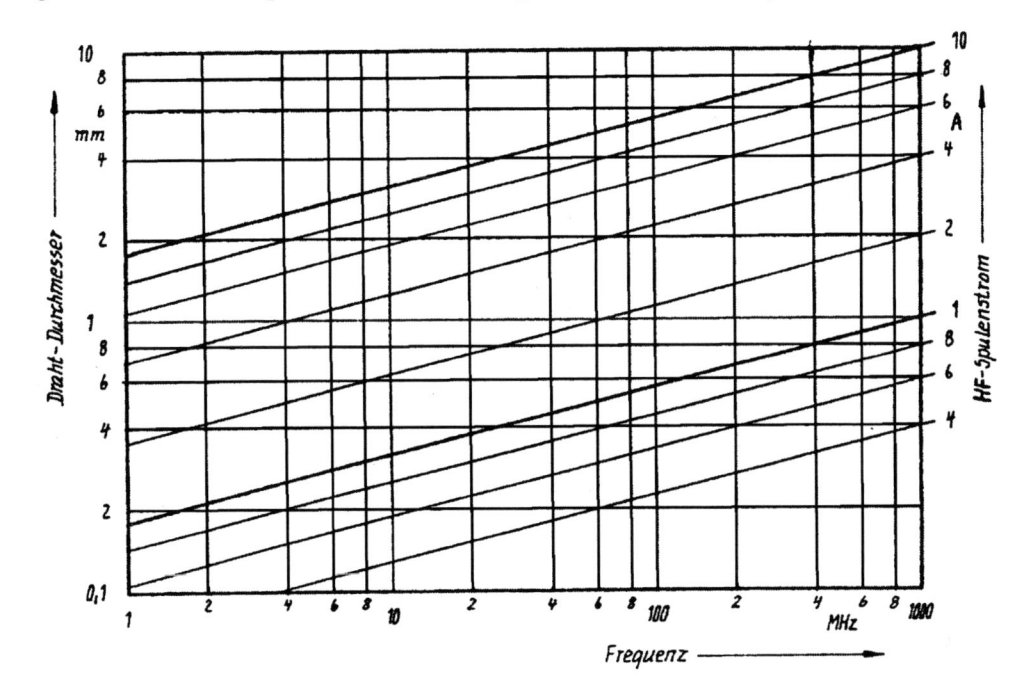

Abb. 6.3-14 Frequenz- und stromspezifische Mindestdurchmesser der Cu-Wickeldrähte von Luftspulen (PA-typisch). Zur hinreichenden Wärmezufuhr muss der Windungszwischenraum mindestens dem halben Drahtdurchmesser entsprechen

AWG	mm	AWG	mm	AWG	mm	AWG	mm
1	7,348	11	2,305	21	0,723	31	0,227
2	6,544	12	2,053	22	0,644	32	0,202
3	5,827	13	1,828	23	0,573	33	0,180
4	5,189	14	1,628	24	0,511	34	0,160
5	4,621	15	1,450	25	0,455	35	0,143
6	4,115	16	1,291	26	0,405	36	0,127
7	3,665	17	1,150	27	0,361	37	0,113
8	3,264	18	1,024	28	0,321	38	0,101
9	2,906	19	0,912	29	0,286	39	0,090
10	2,588	20	0,812	30	0,255	40	0,080

Abb. 6.3-15 Durchmesser-Kennzeichnungen von Drähten; jeweils links die (nicht nur) in den USA gebräuchlichen AWG-Nummern, jeweils rechts die zugehörigen Maße in Millimeter (nackte Drähte)

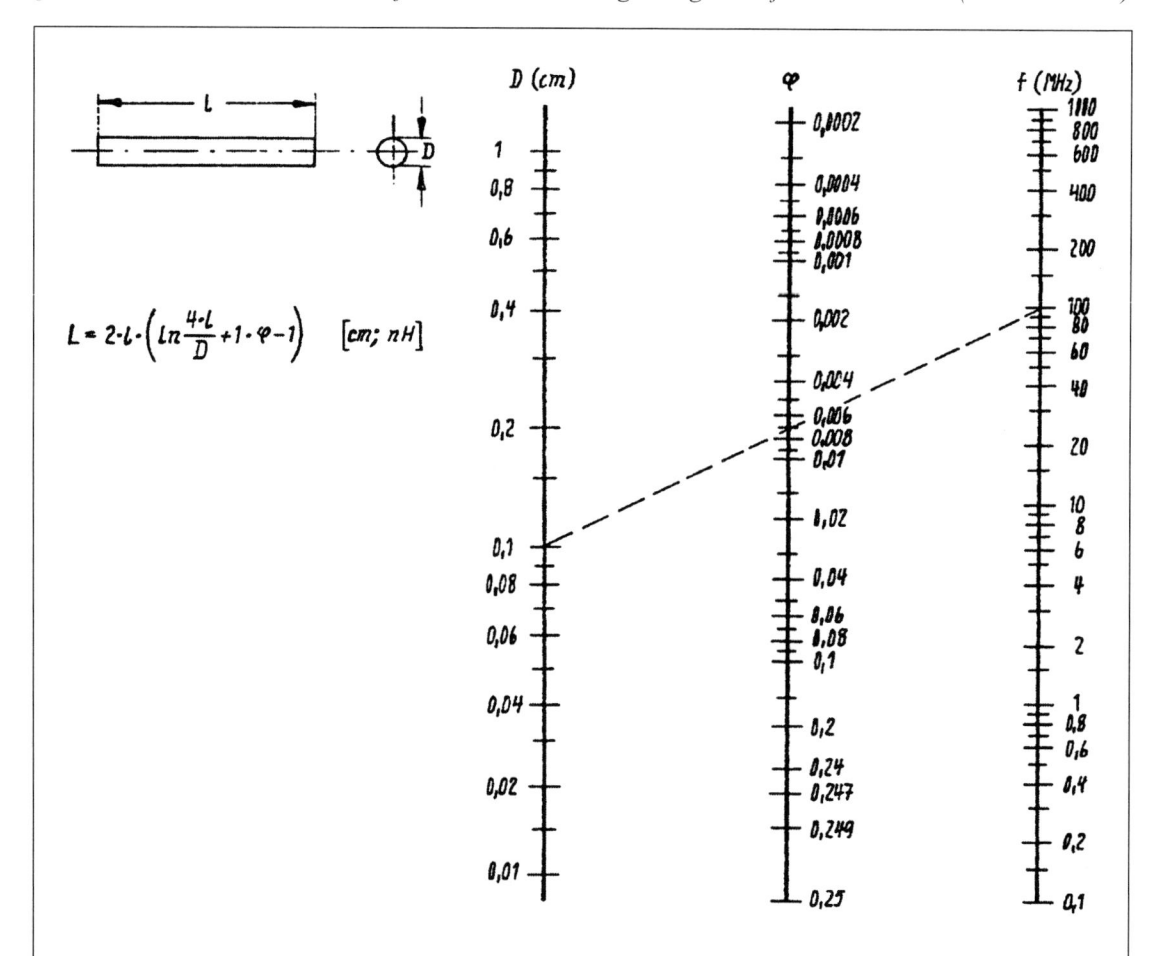

$$L = 2 \cdot l \cdot \left(\ln \frac{4 \cdot l}{D} + 1 \cdot \varphi - 1 \right) \quad [cm; nH]$$

Abb. 6.3-16 Berechnung der Induktivität gestreckter Rundleiter mit Korrektur-Diagramm zur Berücksichtigung des frequenzabhängigen Skin-Effekts. Die Definition setzt >10 x D Abstand des Leiters bezüglich leitender Flächen relativ erheblicher Ausdehnung voraus

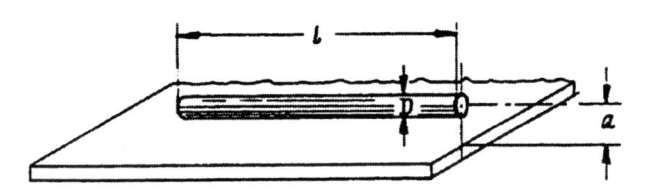

$$\text{für } l \gg a \quad L = l \cdot 1{,}8 \cdot \left(\ln\frac{4 \cdot a}{D} + 1 \cdot \varphi\right) \quad [cm; nH]$$

Abb. 6.3-17 Berechnung der Induktivität gestreckter Rundleiter über einer Fläche relativ erheblicher Ausdehnung. Zur Berücksichtigung des frequenzabhängigen Skin-Effekts ist der Korrektur-Faktor φ gemäß Abb. 6.3-16

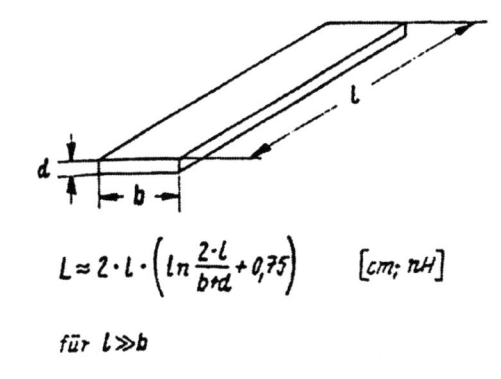

$$L \approx 2 \cdot l \cdot \left(\ln\frac{2 \cdot l}{b+d} + 0{,}75\right) \quad [cm; nH]$$

für $l \gg b$

Abb. 6.3.18 Berechnung der Induktivität gestreckter Bandleiter. Die Definition erlaubt nur Näherungen

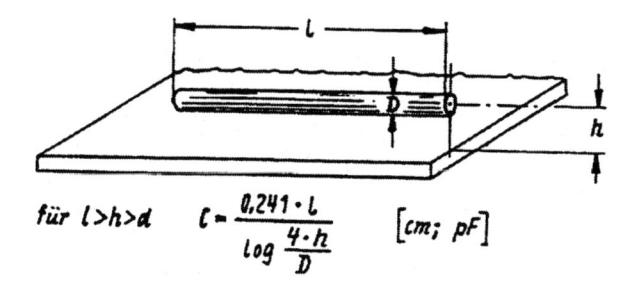

$$\text{für } l > h > d \quad C = \frac{0{,}241 \cdot l}{\log\frac{4 \cdot h}{D}} \quad [cm; pF]$$

Abb. 6.3-19 Berechnung der Kapazität gestreckter Rundleiter über einer leitenden Fläche relativ erheblicher Ausdehnung. Die Definition erlaubt praxisgerechte Näherungen

168 Daten, Fakten, Definitionen

Kurz-zeichen DIN	Abmessungen in mm $d \times l$	NDK-Keramik Typ 1 Anwendungs-klasse	U_N (V)	C_N (pF)	HDK-Keramik Typ 2 Anwendungs-klasse	U_N (V)	C_N (nF)	Bild
Rohrkondensatoren								
RDLL 3 λ	10 bis 30	GPGKR	400	1 bis 560	GPGLR	400	0,47 bis 10	
RDLT 3 λ	10 bis 30	FPFKR	400	1 bis 560	FPFLR	400	0,47 bis 10	
Durchführungs- und Bypasskondensatoren								
DSLK A 3	7	GPG	400	2,5 bis 68	GPG	400	0,082 bis 2,2	
DSLKT A 3	7				HPG	63	22 bis 47	
D*ML 3 λ	14		250	5 bis 120	GPGLR	250	0,6 bis 3,2	
RFZL 4 λ	7,5 bis 9	GPGKK			GPFLR	350	0,25 bis 2,5	
Flach-Kondensatoren								
ZD*U 6	5 bis 19				HPG	63	4,7 bis 220	
ZDGT 6	5 bis 19				HPF	63	4,7 bis 220	
Vielschicht-Kondensatoren								
K*FQ λ	2×1 bis 10×9	FKFKR	100	2,2 bis 22 nF	FKFLR	100	0,068 bis 560	
K*FQ λ	2×1 bis 10×9				LPF	100	0,47 bis 2200	
KDPU λ	5×5 bis 12×12	FKFKR	200	10 bis 27 nF	FKFLR	200	0,33 bis 220	
KDPU λ	5×5 bis 12×12	FKFKR	100	2,2 bis 27 nF	FKFLR	100	0,33 bis 510	
KDPU λ	5×5 bis 12×12				LPF	100	4,7 bis 2200	
Impuls-Rohrkondensatoren								
RDLL 4	20	FPF	3 kV	22 bis 150	GPF	1,5 kV	0,27 bis 1,5	
RDLT 4	20	GPG	7 kV	27 bis 220	FPF	1,5 kV	0,27 bis 1,5	
RDLT 4	20 bis 42							
RDLL	4×35 bis 8×65							
Scheibenkondensatoren	Breite × Höhe							
ED*U	3×4 bis 6×9	GPG	63	1 bis 560	GPG	63 V−	0,18 bis 4,7	
ED*U	3×4 bis 6×9				HSG	40 V−	1 bis 22	
SD**	Durchmesser							
SD**	5 bis 12	GPG	400	0,5 bis 330	GPG	400	0,068 bis 6,8	
SDPT	5 bis 12	FPF	400	0,5 bis 330	FPF	400	0,068 bis 6,8	
KPDT 12	12×12	HPFHR	100	4 bis 390				

Abb. 6.3-20 Eine Übersicht HF-typischer Keramik-Kondensatoren

Keramikart und Klasse	NDK Klasse 1B	HDK	Klasse 2
IEC-Temperaturcharakteristik (Werkstoff) Bezeichnung	CG (NPO)	2C1 (S1400)	2E4 (S6000)
nach EIA-Standard RS-198-B	COG	X7R	Z5U
Anwendungsklasse nach DIN 40040. 2.73	FKF	FKF	HPF
untere Grenztemperatur	F −55°C	F −55°C	H −25°C[1]
obere Grenztemperatur	K +125°C	K +125°C	P +85°C
Feuchtebeanspruchung	F	F	F
relative Feuchte im Jahresmittel	≦75%	≦75%	≦75%
30 Tage im Jahr	95%	95%	95%
an den übrigen Tagen	85%	85%	85%
Klima-Prüfklasse IEC-Publikation 68-1 und nach DIN 40045, 40046	55/125/56	55/125/56	25/085/56
Meßbedingungen für Kapazität C und Verlustfaktor tan δ			
Meßfrequenz $f = 1$ MHz	für $C ≦ 1000$ pF	>50 pF	>50 pF
$f = 1$ kHz	für $C > 1000$ pF		
Effektive Meßspannung	1 V	0,3 V	0,3 V
Verlustfaktor tan δ >50 pF	$<1 \times 10^{-3}$	$<25 \times 10^{-3}$	$<30 \times 10^{-3}$
(Grenzwert) ≦50 pF	$<\left(\frac{15}{C}+0.7\right) \times 10^{-3}$		
Isolation[2] Isolationswiderstand R_{is} bei 25°C	10^5 MΩ	10^4 MΩ	10^4 MΩ
bei 125°C	10^4 MΩ	10^4 MΩ	
Zeitkonstante τ bei 25°C	1000 s	1000 s	500 s
(MΩ × μF) bei 125°C	100 s	100 s	
Alterung Richtwert für Kapazitätsänderung für jede logarithmische Zeitdekade in Stunden	–	−2%	−5%
Lötbedingungen empfohlene Löttemperatur	210°C	\multicolumn{2}{l}{Die Anwendung eines Durchlaufofens mit max. 200°C Löttemperatur wird empfohlen. Lötzinn 60% Sn/36% Pb/4% Ag mit einem Schmelzpunkt von 183°C wird in Verbindung mit einem mittelaktiven organischen Flußmittel empfohlen.}
maximale Löttemperatur	240°C		
Lötzeit	max. 5 Sek.		

[1] Lagertemperatur bis −55 °C zugelassen.   [2] Es gilt der jeweils kleinere Wert.

Abb. 6.3-21 Typische Charakteristika keramischer Vielschicht-Kondensatoren. Derartige Elemente eignen sich gut für hochwertige Schwingkreise

170 Daten, Fakten, Definitionen

C G (NPO)
Kapazitätsänderung in Abhängigkeit von der Temperatur

2 C 1 (S 1400)
Kapazitätsänderung in Abhängigkeit von der Temperatur ϑ

2 E 4 (S 6000)
Kapazitätsänderung in Abhängigkeit von der Temperatur ϑ

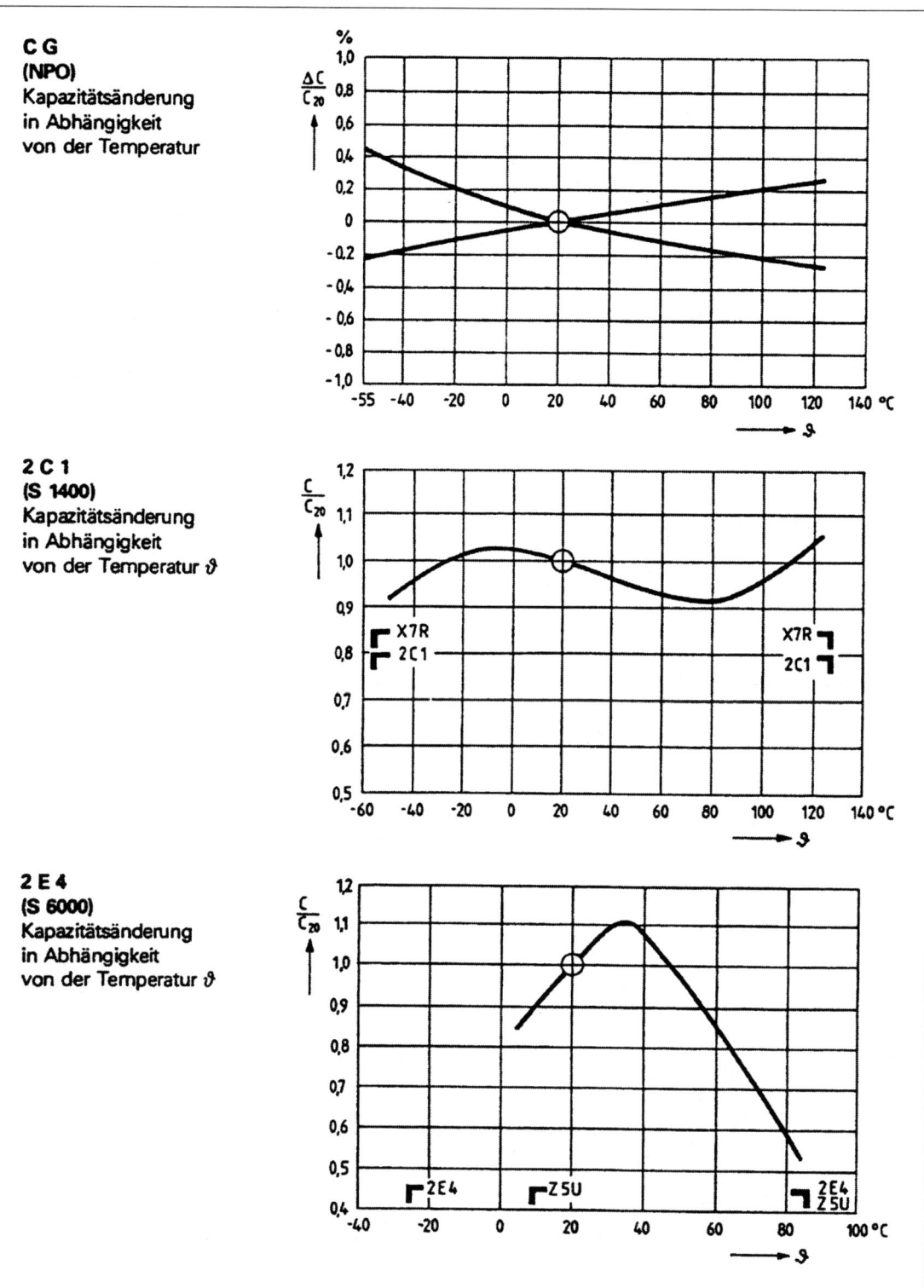

Abb. 6.3-22 Temperaturgänge der Kapazität keramischer Vielschicht-Kondensatoren gemäß Abb. 6.3-20

Abb. 6.3-23 Typische Frequenzen der Eigenresonanz keramischer Kondensatoren in Abhängigkeit von Kapazität und Anschlusslänge

Wert	\multicolumn{4}{c}{MHz bei Anschlußdraht-Länge*}
	30 mm	25 mm	15 mm	10 mm
22 nF	8	9,2	11	13
10 nF	13	15	18	21
4,7 nF	16	18,5	22	25,7
2,2 nF	25	28,5	34	39,5
1 nF	43	52	62	73
470 pF	60	68	72	85
330 pF	62	71	86	100
100 pF	130	150	180	210
56 pF	205	242	290	350

* Länge über Alles

Abb. 6.3-24 Eine Übersicht HF-typischer Folienkondensatoren. Derartige Elemente eignen sich sehr gut für hochwertige Schwingkreise, insbesondere der güteoptimale Typ KS. Intermodulationseffekte sind nicht zu befürchten

Typ	Technologie	Betriebsspannung [V]	Kapazitätsbereich [nF]	Toleranz [%]	tg δ (1 KHz)	Ri [MΩ]
FKP (KP)	Polypropylen/Aluminiumfolie	630/1000/1500	1...68	$\pm 2,5/\pm 5/\pm 10/\pm 20$	$1...3 \cdot 10^{-4}$	$1 \cdot 10^6$
MKP	Polypropylen/Aluminium metallisiert	160/250/400/630/1000	10...4700	$\pm 10/\pm 20$	$1...3 \cdot 10^{-4}$	$6 \cdot 10^4$
MKC	Polycarbonat/Aluminium metallisiert	63/100/160/400/630/1000	10...22000	$\pm 10/\pm 20$	$1...3 \cdot 10^{-3}$	$3 \cdot 10^4$
MKS	Polyester/Aluminium metallisiert	63/100/250/400/630/1000	10...33000	$\pm 10/\pm 20$	$6,5 \cdot 10^{-3}$	$2,5 \cdot 10^4$
FKC	Polycarbonat/Metallfolie	100/160/400/630/1000	0,1...47	$\pm 5/\pm 10/\pm 20$	$1,5 \cdot 10^{-3}$	$1 \cdot 10^6$
FKS	Polyester/Metallfolie	100/160/400	1...100	± 20	$5,5 \cdot 10^{-3}$	$1 \cdot 10^6$
TFM	Polyterephthalsäureester/Aluminium metallisiert	63/100/160	10...10000	± 20	$5...10 \cdot 10^{-3}$	$2 \cdot 10^4$
MKT	Polyester/metallisiert	100/250/400	1...5600	$\pm 10/\pm 20$	$5 \cdot 10^{-3}$	$5 \cdot 10^4$
KT	Polyesterfolie/Metall	160/400	1...330	$\pm 5/\pm 10$	$4 \cdot 10^{-3}$	$2 \cdot 10^5$
KS	Polystyrolfolie/Metall (Styroflex)	63/125/250/500	0,05...160	$\pm 1 \% ... \pm 5 \%$	$0,2...0,3 \cdot 10^{-3}$	$1 \cdot 10^6$
PKP	Papier und Polypropylenfolie/Metall	750/1500	1,5...27	± 5	$1 \cdot 10^{-3}$	$7,5 \cdot 10^4$
PKT	Papier und Polyesterfolie/Metall	250 V 50 Hz	4,7...220	$\pm 10/\pm 20$	$4,5 \cdot 10^{-3}$	$6 \cdot 10^3$

Ausführung	TK [10^{-6}]/°C	tgδ [10^{-3}]/1 MHz	ΔC
Keramik N 750	−750	≈1	50 pF
Schraubtrimmer mit Sonderspritzmasse	−100...+50	<2,5	20 pF
Lufttrimmer (I) Lufttrimmer (II)	+20/±75 +150/±150	≈0,5	50 pF
Polyäthylen-Folie Polypropylen-Folie Polycarbonat-Folie Teflon-Folie	−750/±300 −350/±250 0/±300 −250/±150	≈1 ≈1 ≈5 ≈0,5 (3 bei ≈ 100 MHz)	20 pF 40 pF 70 pF 25 pF

Abb. 6.3-25 *Praktisch bevorzugte Trimmer-Ausführungen und ihre typischen elektrischen Charakteristika*

Keramik-Werkstoff		Internationale Kurzbezeichnung für Keramiktyp			Farbpunkt	Temperatur-Beiwert α_c in 10^{-6}/°C	Permittivität ε	Verlustfaktor tan δ in 10^{-3}
	Kurzzeichen	1 A	1 B	1 F				max.
P 100	0−A	A F	A G		rot/violett	+ 100	≈ 13	≈ 0,4
NP 0	2−A	C F	C G		schwarz	± 0	≈ 39	
N 033	0−J	H F	H G		braun	− 33	≈ 41	
N 075	1−J	L F	L G		rot	− 75	≈ 43	1,5
N 150	2−J	P F	P G		orange	− 150	≈ 45	
N 220	3−J	R G	R H		gelb	− 220	≈ 45	≈ 0,5
N 330	4−J	S G	S H		grün	− 330	≈ 48	
N 470	5−J	T G	T H		blau	− 470	≈ 51	
N 750	6−J	U H	U J		violett	− 750	≈ 85	2,0
N 1500	7−J		V	K	orange/orange	−1500	≈ 130	
N 2200	3−A		K	L	gelb/orange	−2200	≈ 260	3,0
N 4700	6−A		E	M	blau/orange	−4700	≈ 400	≈ 1	4,0
N 5600	9−J		F	M	schwarz/orange	−5600	≈ 470	5,0

Abb. 6.3-26 *Elektrische Charakteristika und Kennzeichnungen von Keramik-Kondensatoren, mit spezifizierten Temperaturgängen ihrer Kapazität, zur Temperatur-Kompensation von Schnwingkreisen*

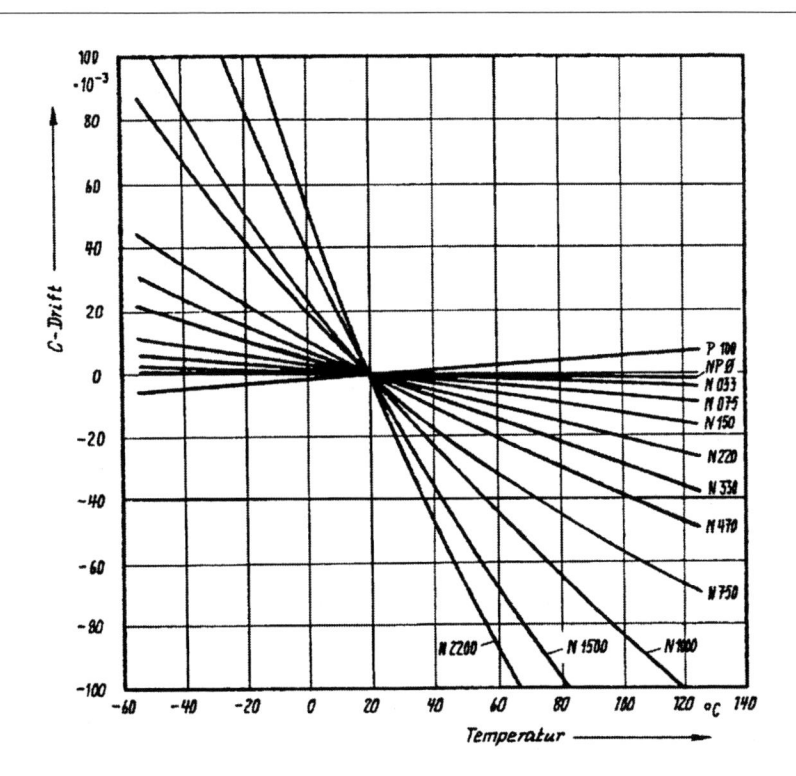

Abb. 6.3-27 Der Temperaturgang der Kapazität bei Kondensatoren gemäß Abb. 6.3-25

Abb. 6.3-28 Für Temperatur-Kompensationen bevorzugte Keramik-Kondensatoren (gemäß Abb. 6.3-25) mit ihren elektrischen Kennwerten. Die genannten Abmessungen beziehen sich auf Scheiben-Elemente; beim Verlangen nach völliger Intermodulations-Sicherheit sollten (die um einiges voluminöseren) Rohr-Ausführungen gewählt werden

Kap.	Werkstoff	Tol.	Abm. mm
1 pF	P 100	± 0,25 pF	3 x 4
1,2 pF	P 100	± 0,25 pF	3 x 4
1,5 pF	P 100	± 0,25 pF	3 x 4
1,8 pF	P 100	± 0,25 pF	3 x 4
2,2 pF	P 100	± 0,25 pF	3 x 4
2,7 pF	P 100	± 0,25 pF	3 x 4
3,3 pF	P 100	± 0,25 pF	3 x 4
3,9 pF	N 150	± 0,25 pF	3 x 4
4,7 pF	N 150	± 0,25 pF	3 x 4
5,6 pF	N 150	± 0,25 pF	3 x 4
6,8 pF	N 150	± 0,25 pF	3 x 4
8,2 pF	N 150	± 0,25 pF	3 x 4
10 pF	N 150	± 2%	3 x 4
12 pF	N 150	± 2%	3 x 4
15 pF	N 150	± 2%	3 x 4
18 pF	N 150	± 2%	3 x 4
22 pF	N 150	± 2%	3 x 4
27 pF	N 150	± 2%	3 x 4
33 pF	N 150	± 2%	3 x 4
39 pF	N 150	± 2%	3 x 4
47 pF	N 150	± 2%	4 x 5
56 pF	N 750	± 2%	4 x 5
68 pF	N 750	± 2%	4 x 5
82 pF	N 750	± 2%	4 x 5
100 pF	N 750	± 2%	4 x 5
150 pF	N 750	± 2%	5 x 6

$$C_{eff} = \frac{C_{nom}}{(\omega^2 \cdot L_{par} \cdot C_{nom}) \cdot 10^{-9} + 1} \quad [MHz, nH, pF]$$

C_{nom} = Nominal-Kapazität (schaltungstechnisch notwendiger C-Wert)
L_{par} = Parasitär-Induktivität (der C-Anschlußdrähte und -Beschaltung)
C_{eff} = frequenzspezifisch zu verwendender C-Wert (aufgedruckter Wert; bei niedrigen Frequenzen wirksam)

Abb. 6.3-29 *Bei hohen Frequenzen fällt die Kapazität von Kondensatoren aufgrund ihrer Anschlussdraht- und Beschaltungs-Induktivitäten (siehe Abb. 6.3-16) größer aus als der ihnen aufgedruckte und für niedrige Frequenzen (≤ 1MHz) gültige Nennwert. Deshalb müssen wir gegebenenfalls, insbesondere bei >50 MHz, Elemente wählen mit geringerem (aufgedruckten) Wert als schaltungstechnisch erforderlich. Die angeführte Definition verschafft Klarheit; sie ist unabhängig von der Technologie des verwendeten Kondensators*

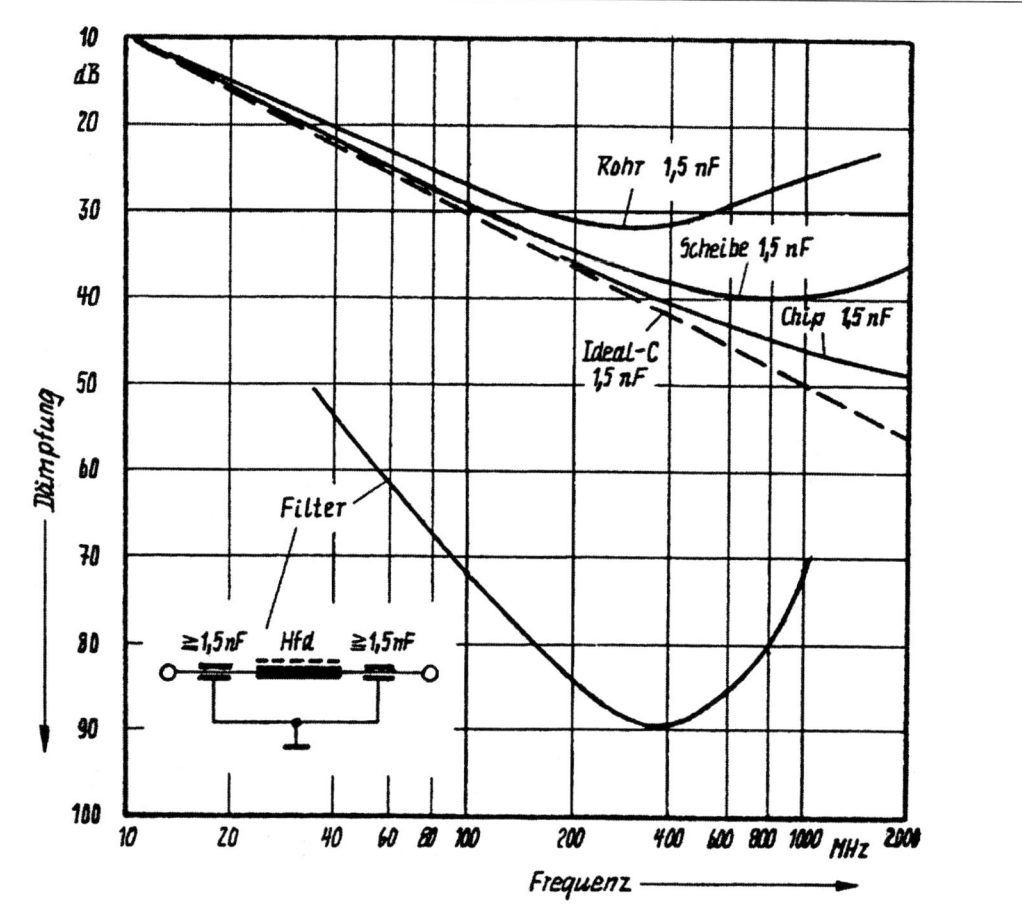

Abb. 6.3-30 *Für hohe Ansprüche an Entkopplung und Entstörung wählt man Durchführungs-C/L-Filter in π-Schaltung, deren Charakteristika hier exemplarisch vorgestellt und in Relation zur Effizienz von C-Elementen gesetzt sind*

Art und Charakteristik	Herstellverfahren	Temperaturkoeffizient	Zulässige Temperatur	Anwendung
Kohleschichtwiderstände (Karbowid) – kleine Drift, kleine Ausfallrate	Thermischer Zerfall von Kohlenwasserstoffen	$(-200 \ldots -800) \cdot 10^{-6}/\mathrm{K}$	$-55° \ldots +125\,°\mathrm{C}$	Vermittlungstechnik, Datentechnik, Weitverkehrstechnik
Metallschichtwiderstände (CrNi) – kleiner TK	Aufdampfen im Hochvakuum	$0 \pm 50 \cdot 10^{-6}/\mathrm{K}$	$-65 \ldots +125\,°\mathrm{C}$	für extreme klimatische und elektr. Beanspruchung. Luft- und Raumfahrt, Meßgeräte, Seekabelverstärker
Edelmetallschichtwiderstände (Au/Pt) – Niederohmig, definierter TK, gutes Feuchteverhalten. Innen- oder außen beschichtet	Reduktion von Edelmetallsalzen durch Einbrennen	$(+250 \ldots +350 \pm 50) \cdot 10^{-6}/\mathrm{K}$	$-65 \ldots +155\,°\mathrm{C}$	Temperaturkompensation in Transistorschaltungen. Hochlastwiderstände mit Sicherungswirkung
Drahtwiderstände Hochbelastbar (0,25…200W); kleine Drift, kleiner TK; kleiner Wertebereich, Induktivität	Wickeltechnik	CrNi: $+140 \cdot 10^{-6}/\mathrm{K}$ Konstantan $\sim \pm 30 \cdot 10^{-6}/\mathrm{K}$	unkritisch	Nachrichten-, Meß- u. Starkstromtechnik, Regelwiderstände

Abb. 6.3-31 Eine Übersicht linearer ohmscher Widerstände. HF-typisch sind ungewendelte Kohleschicht- und Metallschicht-Komponenten, insbesondere letztere

176 Daten, Fakten, Definitionen

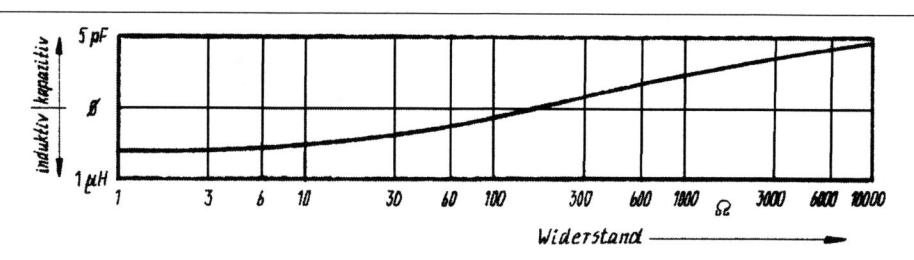

Abb. 6.3-32 Typischer Blindwerte-Gang ungewendelter Schichtwiderstände von ≤ 10 kΩ/≤ 1 W (Tendenzdarstellung). HF-optimal ist die Spanne 50...250 Ω

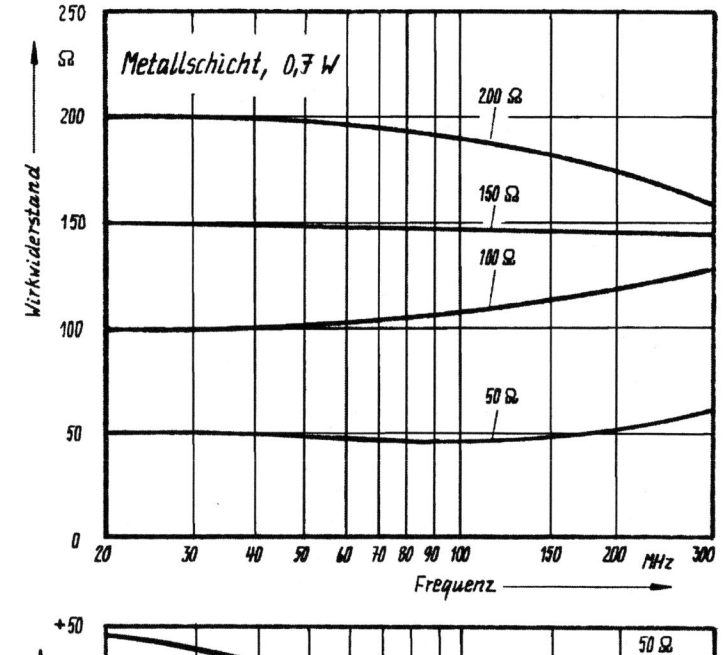

Abb. 6.3-33 Frequenzspezifische Wirkwerte ungewendelter Widerstände (siehe auch das folgende Nomogramm)

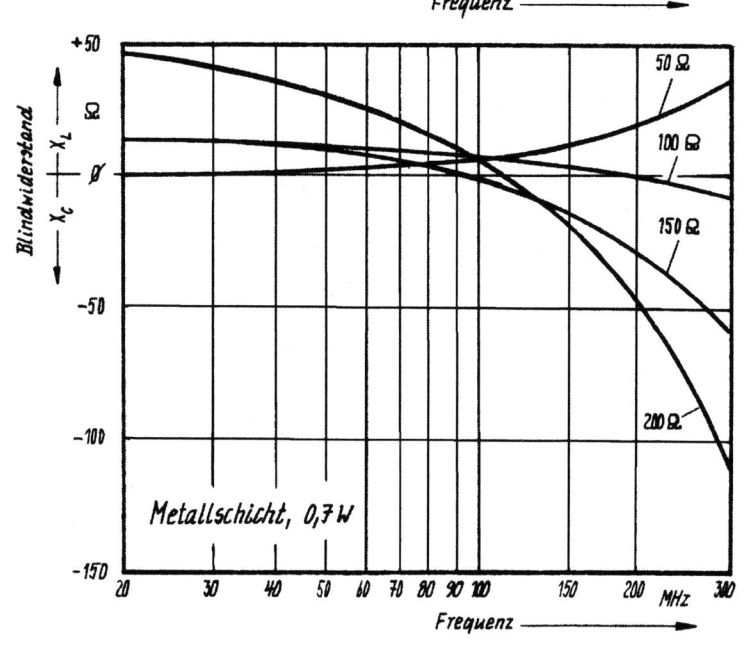

Abb. 6.3-34 Frequenzspezifische Blindwerte ungewendelter Widerstände (siehe auch Abb. 6.3 32)

π-Glied

T-Glied

Abb. 6.3-35 Schaltungen sowie Einfügungs-Dämpfungen und Bemessungen Ohmscher Absorber; die Bemessungen beziehen sich auf beidseitigen 50-Ohm-Abschluß (zwingend; bei hohen Frequenzen Blindwerte beachten)

A_i dB	R 1	R-Werte in Ohm R 2	R 3	R 4
1	870,0	5,8	2,9	433,3
2	436,0	11,6	5,7	215,2
3	292,0	17,6	8,5	132,0
4	221,0	23,8	11,3	104,8
5	178,6	30,4	14,0	82,2
6	150,5	37,3	16,6	66,9
7	130,7	44,8	19,0	55,8
8	116,0	52,8	21,5	47,3
9	105,0	61,6	23,8	40,6
10	96,2	70,7	26,0	35,0
11	89,2	81,6	28,0	30,6
12	83,5	93,2	30,0	26,8
13	78,8	106,0	31,7	23,5
14	74,9	120,3	33,3	20,8
15	71,6	136,1	35,0	18,4
16	68,8	153,8	36,3	16,2
17	66,4	173,4	37,6	14,4
18	64,4	195,4	38,8	12,8
19	62,6	220,0	40,0	11,4
20	61,0	247,5	41,0	10,0
21	59,7	278,2	41,8	9,0
22	58,6	312,7	42,6	7,8
23	57,6	348,0	43,4	7,1
24	56,7	394,6	44,0	6,3
25	56,0	443,1	44,7	5,6
30	53,2	789,7	47,0	3,2
35	51,8	1406,1	48,2	1,8
40	51,0	2500,0	49,0	1,0
50	50,3	7905,6	49,7	0,32
60	50,1	25000	49,9	0,10

Abb. 6.3-36 Mathematische Definitionen zu den Absorber-Schaltungen in Abb. 6.3-34

Π-Glied

$$R1 = R \cdot \frac{A+1}{A-1}; \qquad R2 = \frac{R}{2} \cdot \frac{A^2-1}{A}$$

T-Glied

$$R3 = R \cdot \frac{A-1}{A+1}; \qquad R4 = \frac{2 \cdot R}{A - \frac{1}{A}}$$

R = Abschluß-Widerstände (gleichwertig)

A = Dämpfungsfaktor gemäß $\quad \frac{U_i}{U_o} = \frac{I_i}{I_o} = \sqrt{\frac{P_i}{P_o}}$;

siehe dazu auch Abb. 3.1-4 und 3.1-5

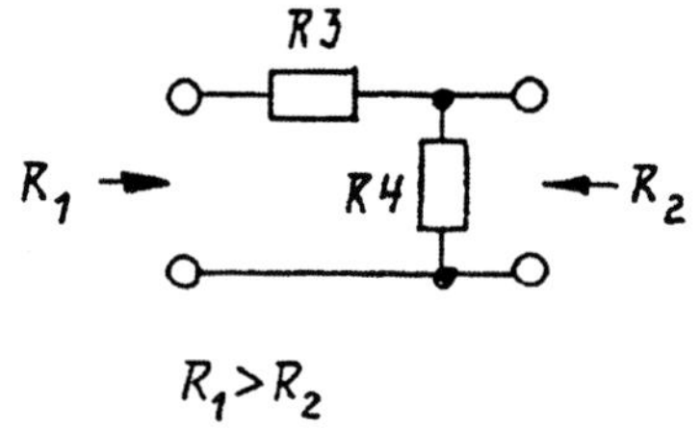

$$R3 = \sqrt{R_1 \cdot (R_1 - R_2)}$$

$$R4 = \frac{R_1 \cdot R_2}{R_1}$$

$R_1 > R_2$

Einfügungs-Dämpfung [dB] $A_i = 20 \cdot \text{Log}\left(\sqrt{\frac{R_1}{R_2}} + \sqrt{\frac{R_1}{R_2} - 1}\right)$

Abb. 6.3-37 Schaltung, Bemessungs-Modi und Einfügungs-Dämpfung ohmscher Z-Tranformatoren (bei hohen Frequenzen Blindwerte beachten)

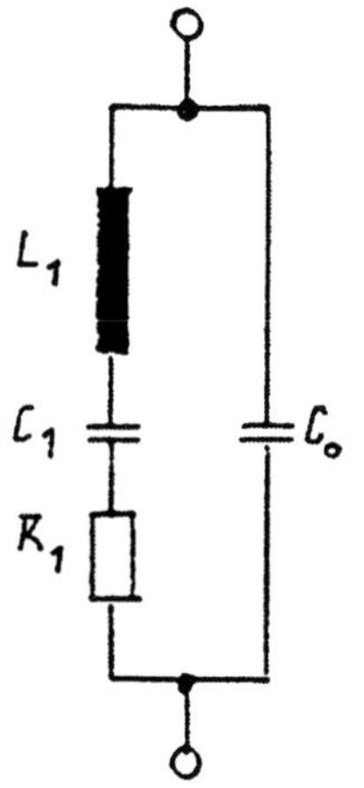

$$f_s = \frac{1}{2 \cdot \pi \cdot \sqrt{L_1 \cdot C_1}}$$

$$f_p = \frac{1}{2 \cdot \pi \cdot \sqrt{L_1 \cdot \frac{C_1 \cdot C_o}{C_1 + C_o}}}$$

L_1 = Dynamische Induktivität
C_1 = Dynamische Kapazität
R_1 = Resonanz-Widerstand (Serien-Verlustwiderstand)
C_o = Statische Kapazität (Halter-Kapazität)
f_s = Serien-Resonanzfrequenz ($<f_p$)
f_p = Parallel-Resonanzfrequenz ($>f_s$)

Abb. 6.3-38 Quarz-Ersatzschaltbild mit den Definitionen zu den Resonanzfrequenzen. Die Komponente L_1 ist fiktiv; Quarze wirken in einigem Abstand von ihrer Kennfrequenz rein kapazitiv

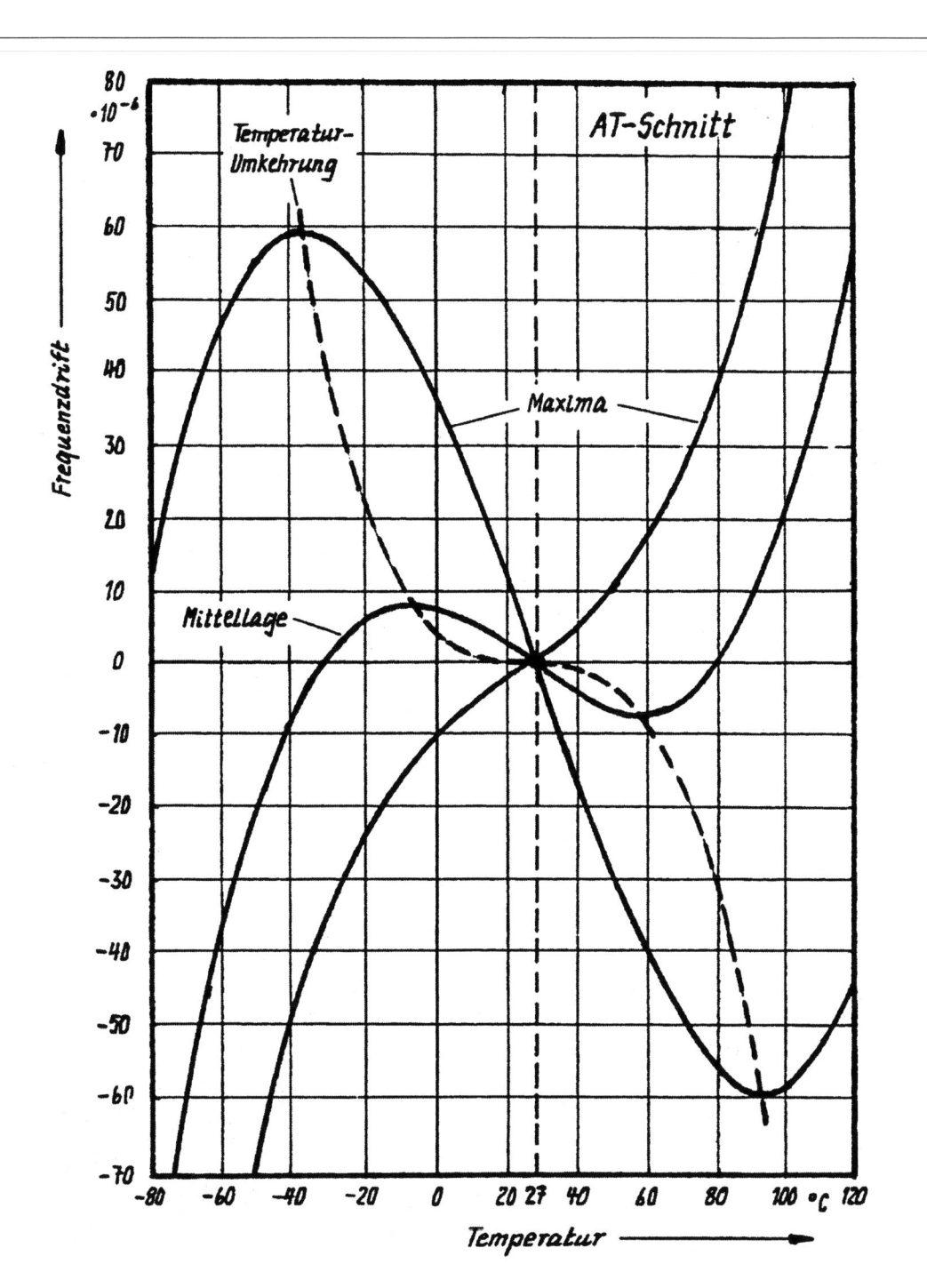

Abb. 6.3-39 Typische Quarz-Frequenzgänge über die Temperatur mit den Herstellungs-Grenzwerten. Beim Betrieb mit einem Thermostaten fixiert man dessen Arbeitstemperatur auf den spezifischen Umkehrpunkt des Quarz-Frequenzganges. Die Darstellung berücksichtigt Schwinger mit sogenanntem AT-Schnitt, wie sie im Spektrum 0,8 MHz allgemein gebräuchlich sind

180 Daten, Fakten, Definitionen

Frequenz-bereich	Kristall-schnitt	Resonanz	Temperaturgang der Frequenz $\Delta f/f_0$	im Bereich	Abgleich-toleranz
10 ... 30 MHz	AT-Schnitt Grund-schwingung	Parallel oder Serie	$\pm 50 \cdot 10^{-6}$	$-55°$ bis $+105°$C	$\pm 10 \cdot 10^{-6}$
			$\pm 25 \cdot 10^{-6}$	$-55°$ bis $+105°$C	$\pm 10 \cdot 10^{-6}$
			$\pm 20 \cdot 10^{-6}$	$-20°$ bis $+70°$C	$\pm 10 \cdot 10^{-6}$
			$\pm 10 \cdot 10^{-6}$	$-20°$ bis $+70°$C	$\pm 10 \cdot 10^{-6}$
			$\pm 7 \cdot 10^{-6}$	$-20°$ bis $+70°$C	$\pm 10 \cdot 10^{-6}$
			$\pm 5 \cdot 10^{-6}$	$\pm 5°$ d. Nenntemp.*	$\pm 10 \cdot 10^{-6}$
25 ... 80 MHz	AT-Schnitt 3. Ober-schwingung	Serie	$\pm 50 \cdot 10^{-6}$	$-55°$ bis $+105°$C	$\pm 10 \cdot 10^{-6}$
			$\pm 25 \cdot 10^{-6}$	$-55°$ bis $+105°$C	$\pm 10 \cdot 10^{-6}$
			$\pm 20 \cdot 10^{-6}$	$-20°$ bis $+70°$C	$\pm 10 \cdot 10^{-6}$
			$\pm 10 \cdot 10^{-6}$	$-20°$ bis $+70°$C	$\pm 10 \cdot 10^{-6}$
			$\pm 7 \cdot 10^{-6}$	$-20°$ bis $+70°$C	$\pm 10 \cdot 10^{-6}$
			$\pm 5 \cdot 10^{-6}$	$\pm 5°$ d. Nenntemp.*	$\pm 10 \cdot 10^{-6}$
60 ... 125 MHz	AT-Schnitt 5. Ober-schwingung	Serie	$\pm 50 \cdot 10^{-6}$	$-55°$ bis $+105°$C	$\pm 10 \cdot 10^{-6}$
			$\pm 25 \cdot 10^{-6}$	$-55°$ bis $+105°$C	$\pm 10 \cdot 10^{-6}$
			$\pm 20 \cdot 10^{-6}$	$-20°$ bis $+70°$C	$\pm 10 \cdot 10^{-6}$
			$\pm 10 \cdot 10^{-6}$	$-20°$ bis $+70°$C	$\pm 10 \cdot 10^{-6}$
			$\pm 7 \cdot 10^{-6}$	$-20°$ bis $+70°$C	$\pm 10 \cdot 10^{-6}$
			$\pm 5 \cdot 10^{-6}$	$\pm 5°$ d. Nenntemp.*	$\pm 10 \cdot 10^{-6}$
110 ... 175 MHz	AT-Schnitt 7. Ober-schwingung	Serie	$\pm 50 \cdot 10^{-6}$	$-55°$ bis $+105°$C	$\pm 10 \cdot 10^{-6}$
			$\pm 25 \cdot 10^{-6}$	$-55°$ bis $+105°$C	$\pm 10 \cdot 10^{-6}$
			$\pm 20 \cdot 10^{-6}$	$-20°$ bis $+70°$C	$\pm 10 \cdot 10^{-6}$
			$\pm 10 \cdot 10^{-6}$	$-20°$ bis $+70°$C	$\pm 10 \cdot 10^{-6}$
			$\pm 7 \cdot 10^{-6}$	$-20°$ bis $+70°$C	$\pm 10 \cdot 10^{-6}$
			$\pm 5 \cdot 10^{-6}$	$\pm 5°$ d. Nenntemp.*	$\pm 10 \cdot 10^{-6}$
150 ... 200 MHz	AT-Schnitt 9. Oberschw.	Serie	$\pm 50 \cdot 10^{-6}$	$-55°$ bis $+105°$C	$\pm 10 \cdot 10^{-6}$
			$\pm 20 \cdot 10^{-6}$	$-20°$ bis $+70°$C	$\pm 10 \cdot 10^{-6}$

* für Thermostatbetrieb, Nenntemperatur bitte angeben

Abb. 6.3-40 Frequenzen und Charakteristika handelsüblicher Subminiatur-Quarze (siehe auch das folgende Nomogramm). Für derartige Schwinger verwendet man die Gehäuse HC-35/U und HC-45/U; sie lassen aufgrund ihres geringen Volumens nur Frequenzen ≥10 MHz zu

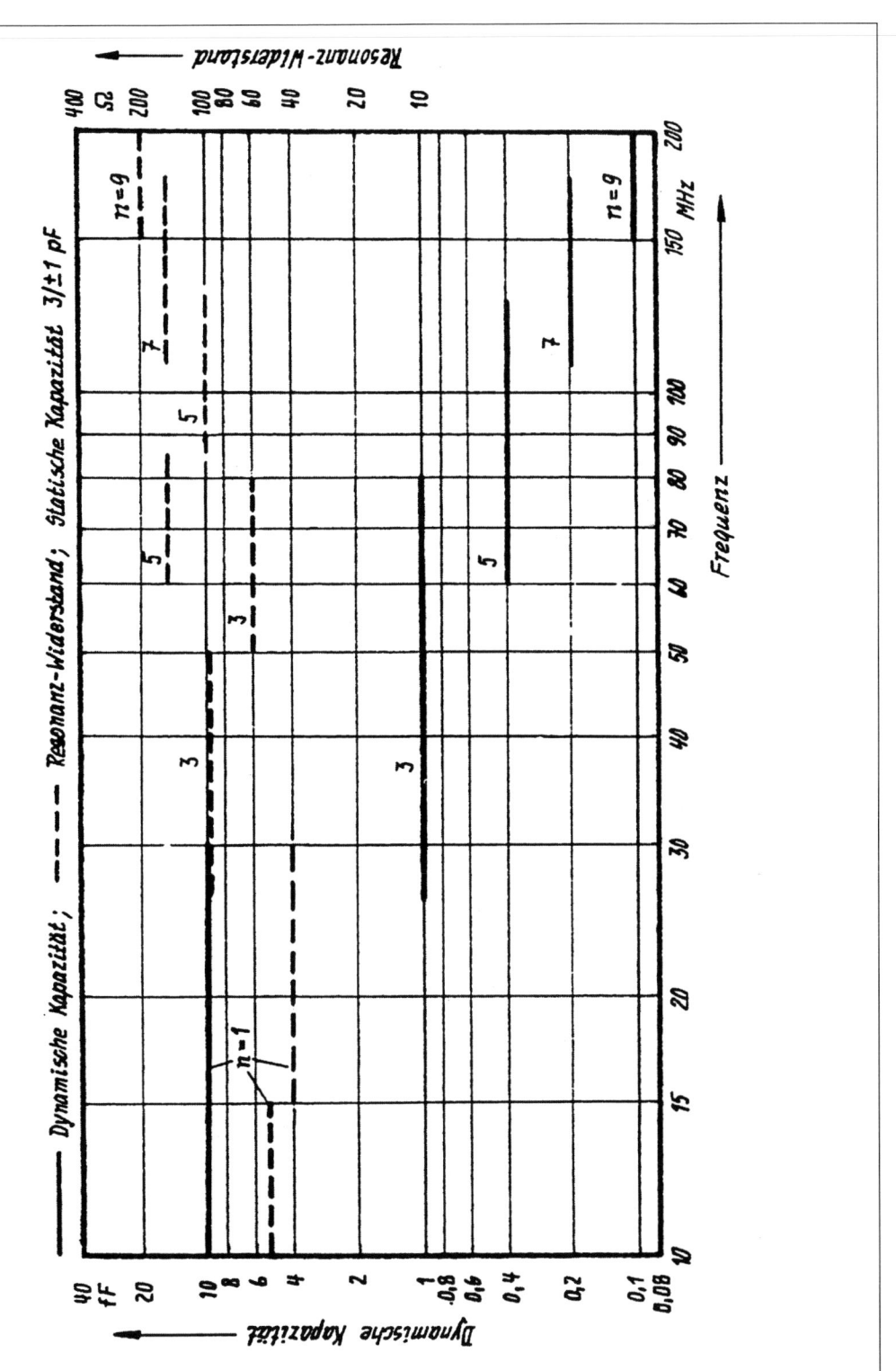

Abb. 6.3-41 Dynamische Kapazität, Resonanz-Widerstand (Serie) und statische Kapazität über die Frequenz der Quarze gemäß Abb. 6.3-39 (Richtwerte)

Frequenzbereich	Kristallschnitt	Resonanz	Temperaturgang der Frequenz $\Delta f/f_0$	im Bereich	Abgleichtoleranz I	Abgleichtoleranz II
3 ... 5,2 MHz	AT-Schnitt Grundschwingung	Parallel oder Serie	$\pm 50 \cdot 10^{-6}$	$-55°$ bis $+105°$C	$\pm 10 \cdot 10^{-6}$	$\pm 5 \cdot 10^{-6}$
			$\pm 20 \cdot 10^{-6}$	$-20°$ bis $+70°$C	$\pm 10 \cdot 10^{-6}$	$\pm 5 \cdot 10^{-6}$
			$\pm 5 \cdot 10^{-6}$	$\pm 5°$ d. Nenntemp.*	$\pm 10 \cdot 10^{-6}$	$\pm 5 \cdot 10^{-6}$
5,2 ... 10 MHz	AT-Schnitt Grundschwingung	Parallel oder Serie	$\pm 50 \cdot 10^{-6}$	$-55°$ bis $+105°$C	$\pm 10 \cdot 10^{-6}$	$\pm 5 \cdot 10^{-6}$
			$\pm 25 \cdot 10^{-6}$	$-55°$ bis $+105°$C	$\pm 10 \cdot 10^{-6}$	$\pm 5 \cdot 10^{-6}$
			$\pm 20 \cdot 10^{-6}$	$-20°$ bis $+70°$C	$\pm 10 \cdot 10^{-6}$	$\pm 5 \cdot 10^{-6}$
			$\pm 10 \cdot 10^{-6}$	$-20°$ bis $+70°$C	$\pm 10 \cdot 10^{-6}$	$\pm 5 \cdot 10^{-6}$
			$\pm 7 \cdot 10^{-6}$	$-20°$ bis $+70°$C	$\pm 10 \cdot 10^{-6}$	$\pm 5 \cdot 10^{-6}$
			$\pm 5 \cdot 10^{-6}$	$\pm 5°$ d. Nenntemp.*	$\pm 10 \cdot 10^{-6}$	$\pm 5 \cdot 10^{-6}$
10 ... 30 MHz	AT-Schnitt Grundschwingung	Parallel oder Serie	$\pm 50 \cdot 10^{-6}$	$-55°$ bis $+105°$C	$\pm 10 \cdot 10^{-6}$	$\pm 5 \cdot 10^{-6}$
			$\pm 25 \cdot 10^{-6}$	$-55°$ bis $+105°$C	$\pm 10 \cdot 10^{-6}$	$\pm 5 \cdot 10^{-6}$
			$\pm 20 \cdot 10^{-6}$	$-20°$ bis $+70°$C	$\pm 10 \cdot 10^{-6}$	$\pm 5 \cdot 10^{-6}$
			$\pm 10 \cdot 10^{-6}$	$-20°$ bis $+70°$C	$\pm 10 \cdot 10^{-6}$	$\pm 5 \cdot 10^{-6}$
			$\pm 7 \cdot 10^{-6}$	$-20°$ bis $+70°$C	$\pm 10 \cdot 10^{-6}$	$\pm 5 \cdot 10^{-6}$
			$\pm 5 \cdot 10^{-6}$	$\pm 5°$ d. Nenntemp.*	$\pm 10 \cdot 10^{-6}$	$\pm 5 \cdot 10^{-6}$
20 ... 80 MHz	AT-Schnitt 3. Oberschwingung	Serie	$\pm 50 \cdot 10^{-6}$	$-55°$ bis $+105°$C	$\pm 10 \cdot 10^{-6}$	$\pm 5 \cdot 10^{-6}$
			$\pm 25 \cdot 10^{-6}$	$-55°$ bis $+105°$C	$\pm 10 \cdot 10^{-6}$	$\pm 5 \cdot 10^{-6}$
			$\pm 20 \cdot 10^{-6}$	$-20°$ bis $+70°$C	$\pm 10 \cdot 10^{-6}$	$\pm 5 \cdot 10^{-6}$
			$\pm 10 \cdot 10^{-6}$	$-20°$ bis $+70°$C	$\pm 10 \cdot 10^{-6}$	$\pm 5 \cdot 10^{-6}$
			$\pm 7 \cdot 10^{-6}$	$-20°$ bis $+70°$C	$\pm 10 \cdot 10^{-6}$	$\pm 5 \cdot 10^{-6}$
			$\pm 5 \cdot 10^{-6}$	$\pm 5°$ d. Nenntemp.*	$\pm 10 \cdot 10^{-6}$	$\pm 5 \cdot 10^{-6}$
50 ... 125 MHz	AT-Schnitt 5. Oberschwingung	Serie	$\pm 50 \cdot 10^{-6}$	$-55°$ bis $+105°$C	$\pm 10 \cdot 10^{-6}$	$\pm 5 \cdot 10^{-6}$
			$\pm 25 \cdot 10^{-6}$	$-55°$ bis $+105°$C	$\pm 10 \cdot 10^{-6}$	$\pm 5 \cdot 10^{-6}$
			$\pm 20 \cdot 10^{-6}$	$-20°$ bis $+70°$C	$\pm 10 \cdot 10^{-6}$	$\pm 5 \cdot 10^{-6}$
			$\pm 10 \cdot 10^{-6}$	$-20°$ bis $+70°$C	$\pm 10 \cdot 10^{-6}$	$\pm 5 \cdot 10^{-6}$
			$\pm 7 \cdot 10^{-6}$	$-20°$ bis $+70°$C	$\pm 10 \cdot 10^{-6}$	$\pm 5 \cdot 10^{-6}$
			$\pm 5 \cdot 10^{-6}$	$\pm 5°$ d. Nenntemp.*	$\pm 10 \cdot 10^{-6}$	$\pm 5 \cdot 10^{-6}$
110 ... 175 MHz	AT-Schnitt 7. Oberschwingung	Serie	$\pm 50 \cdot 10^{-6}$	$-55°$ bis $+105°$C	$\pm 10 \cdot 10^{-6}$	
			$\pm 20 \cdot 10^{-6}$	$-20°$ bis $+70°$C	$\pm 10 \cdot 10^{-6}$	
			$\pm 5 \cdot 10^{-6}$	$\pm 5°$ d. Nenntemp.*	$\pm 10 \cdot 10^{-6}$	
150 ... 200 MHz	AT-Schnitt 9. Oberschw.	Serie	$\pm 50 \cdot 10^{-6}$	$-55°$ bis $+105°$C	$\pm 20 \cdot 10^{-6}$	
			$\pm 20 \cdot 10^{-6}$	$-20°$ bis $+70°$C	$\pm 20 \cdot 10^{-6}$	

* für Thermostatbetrieb, Nenntemperatur bitte angeben

Abb. 6.3-42 Frequenzen und Charakteristika handelsüblicher Subminiatur-Quarze (siehe auch das folgende Nomogramm). Für derartige Schwinger verwendet man die Gehäuse HC-42/U und HC-43/U; sie lassen aufgrund ihres geringen Volumens nur Frequenzen ≥ 3 MHz zu

Daten, Fakten, Definitionen 183

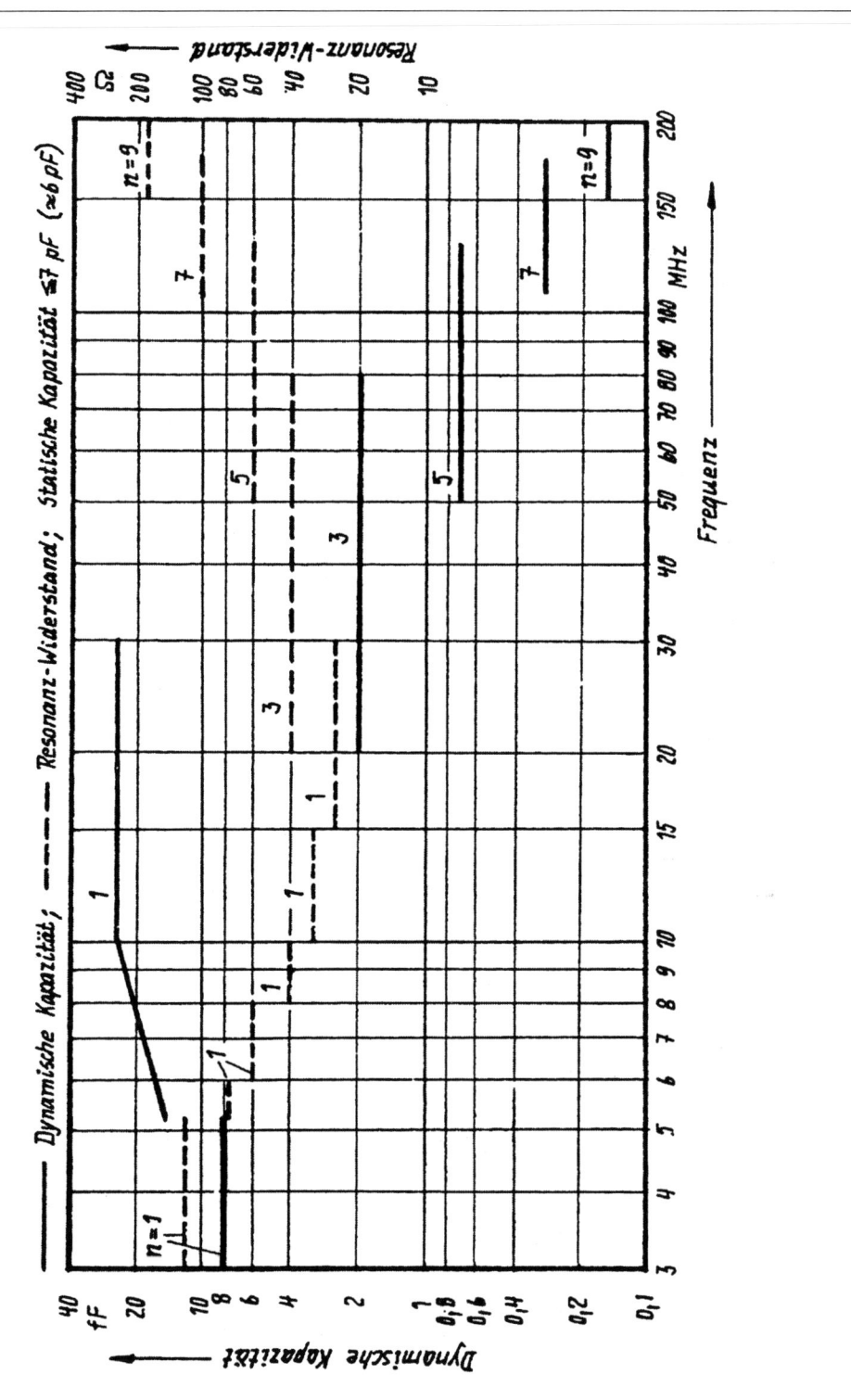

Abb. 6.3-43 Dynamische Kapazität, Resonanz-Widerstand (Serie) und statische Kapazität über die Frequenz der Quarze gemäß Abb. 6.3-42 (Richtwerte)

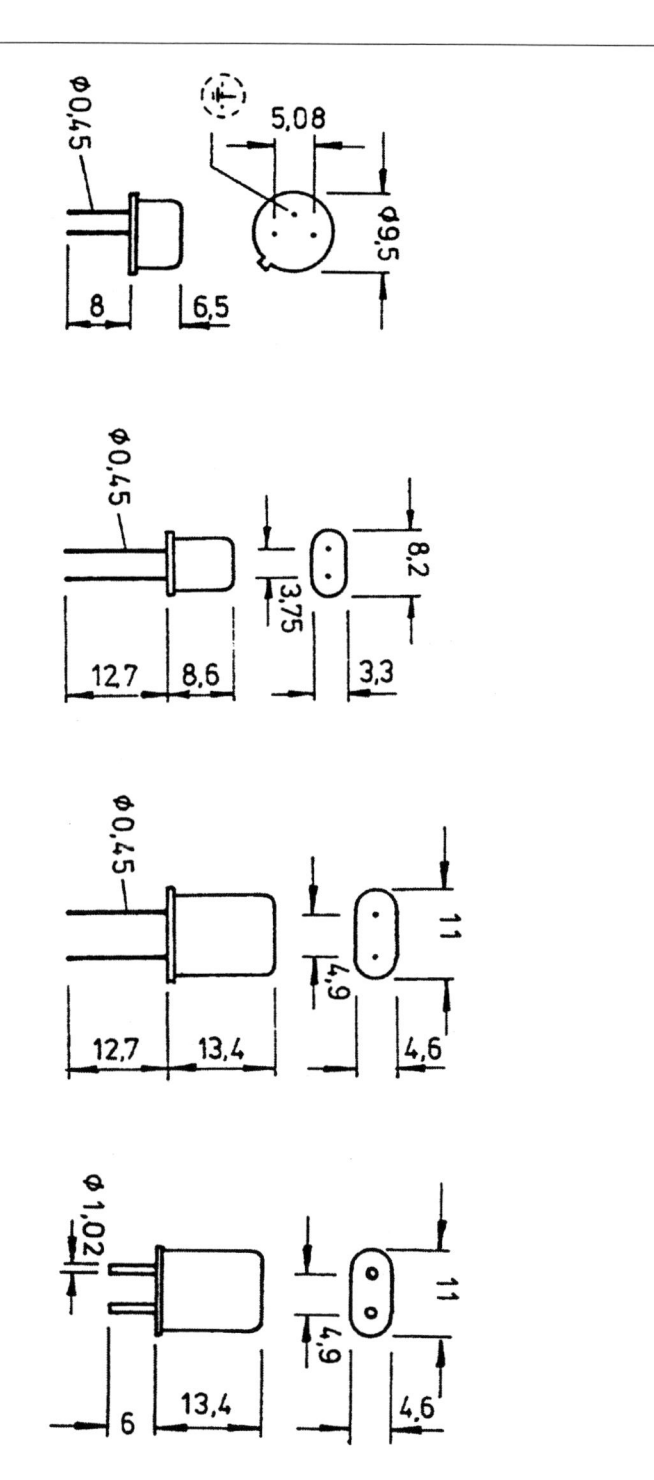

Abb. 6.3.44 Maßbilder moderner Subminiatur- und Miniatur-Quarzgehäuse (Maße in mm). Von oben nach unten: HC-35/U, HC-45/U, HC-43/U und HC-42/U; letzteres ist steckbar. Es handelt sich durchweg um Metall-Ausführungen mit Schutzgas-Füllung; Boden und Kappe sind miteinander verschweißt

Type	XF-9A	XF-9B	XF-9B01	XF-9B02	XF-9B10	XF-9C	XF-9D	XF-9E	XF-9M	XF-9NB	XF-9P
Verwendung	ESB	ESB	USB	OSB	ESB	AM	AM	FM	CW	CW	CW
Polzahl	5	8	8	8	10	8	8	8	4	8	8
Mittenfrequenz	9,0 MHz ± 200 Hz	9,0 MHz ± 200 Hz	8,9985 MHz ± 200 Hz	9,0015 MHz ± 200 Hz	9,0 MHz ± 200 Hz	9,0 MHz ± 200 Hz	9,0 MHz ± 300 Hz	9,0 MHz ± 300 Hz	9,0 MHz ± 200 Hz	9,0 MHz ± 200 Hz	9,0 MHz ± 200 Hz
6 dB-Bandbreite (Toleranz 0...+20%)	2,5 kHz	2,4 kHz	2,4 kHz	2,4 kHz	2,4 kHz	3,75 kHz	5,0 kHz	12 kHz	0,5 kHz	0,5 kHz	0,25 kHz
Welligkeit	<1 dB	<2 dB	<2 dB	<2 dB	<2 dB	<2 dB	<2 dB	<2 dB	<1 dB	<0,5 dB	<0,5 dB
Grunddämpfung	<3 dB	<3,5 dB	<3,5 dB	<3,5 dB	<4 dB	<3,5 dB	<3,5 dB	<3,5 dB	<5 dB	<6,5 dB	<7,5 dB
Flankensteilheit	6:50 dB 1:1,7	6:60 dB 1:1,8 6:80 dB 1:2,2	6:60 dB 1:1,8 6:80 dB 1:2,2		6:60 dB 1:1,5 6:80 dB 1:1,8		6:60 dB 1:1,8 6:80 dB 1:2,2		6:40 dB 1:2,5 6:60 dB 1:4,4	6:60 dB 1:2,2 6:80 dB 1:4,0	
Weitabselektion	>45 dB	>100 dB	>100 dB	>100 dB	>100 dB	>100 dB	>100 dB	>90 dB	>90 dB	>90 dB	>100 dB
Abschluß	500 Ω // 30 pF	500 Ω // 30 pF	500 Ω // 30 pF	500 Ω // 30 pF	500 Ω // 25 pF	500 Ω // 30 pF	500 Ω // 30 pF	1200 Ω // 30 pF	500 Ω // 30 pF	500 Ω // 30 pF	500 Ω // 30 pF
max. zulässiger Eingangspegel						10 mW					
Betriebstemperaturbereich				–40°C...+80°C					–20°C...+70°C		0°C...+50°C
Bauform	1	1	1	1	1	1	1	1	2	1	1

Abb. 6.3-45 Eine Auswahl hochqualifizierter ZF-Quarzfilter, hier für 9 MHz Kennwert in preisgünstigen Ausführungen von KVG (Spectrum International, USA). Die diversen Angebote sind ungemein vielfältig und vielschichtig; zudem teils unmittelbar auf die 50-Ohm-Technik zugeschnitten

186 Daten, Fakten, Definitionen

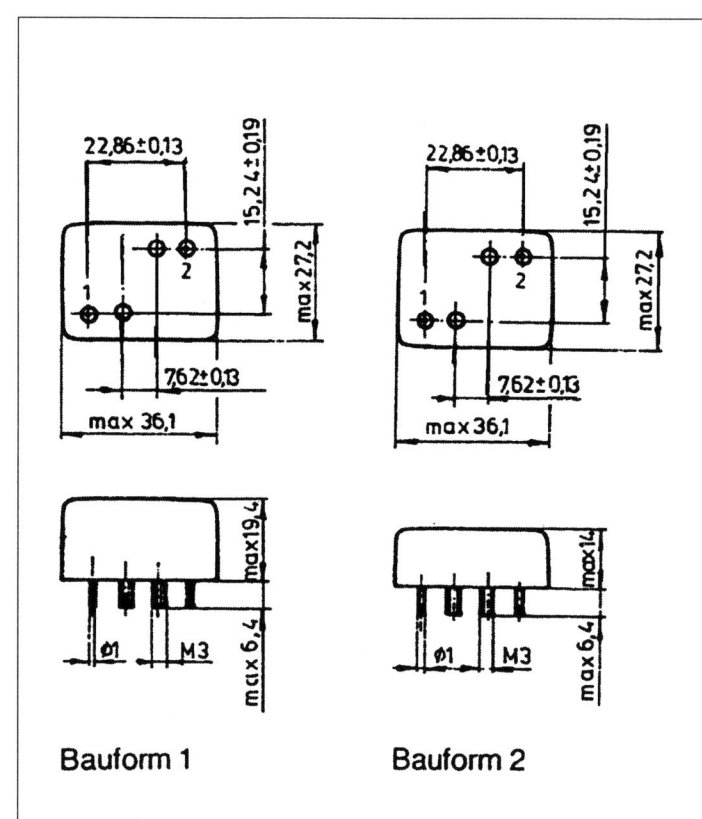

Bauform 1   Bauform 2

Abb. 6.3-46 Maßbilder zu den Quarzfiltern gemäß Abb. 6.3-45 (Maße in mm)

Trägerquarze für	Frequenz	Halter HC–42/U	Halter HC–43/U
XF–9B01, XF–9B02	9000,0 kHz	XF–900	XF–900L
XF–9A, XF–9B, XF–9B10	8998,5 kHz	XF–901	XF–901L
XF–9A, XF–9B, XF–9B10	9001,5 kHz	XF–902	XF–902L
XF–9M, XF–9NB, XF–9P	9001,0 kHz	XF–903	XF–903L
Lastkapazität: 30 pF.			

Abb. 6.3-47 Spezielle Träger-Quarze von KVG (Spectrum International, USA) für die Filter gemäß Abb. 6.3-45. Diese preisgünstigen Elemente sind für Parallel-Resonanz bemessen. Sie eignen sich erfahrungsgemäß auch sehr gut zur Realisation hochqualitativer Ladder-Bandpässe

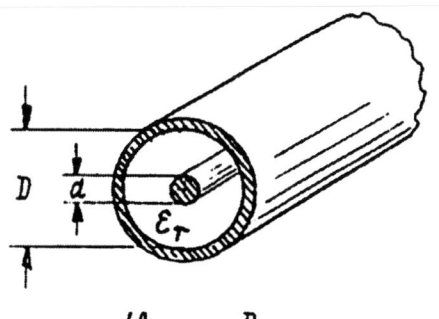

$$Z_w = \frac{60}{\sqrt{\varepsilon_r}} \cdot \ln \frac{D}{d}$$

$$t_d = 0{,}033 \cdot \sqrt{\varepsilon_r} \quad [ns/cm]$$

Abb. 6.3-48 Koaxial-Leitung mit dem Zwischen-Dielektrikum ε_r zudem die Definitionen für den Wellenwiderstand Z_w und die Signal-Laufzeit t_d (siehe dazu auch die folgende Liste)

Typ	Z_w	V[1]	Kapazität (m)	Außen- Ø	Is.[2]	Max. U_{eff}	Verb.[3]
RG-8A/U	52,0 Ω	0,66	88,5 pF	10,3 mm	PE	5,0 kV	UHF, N
RG-8/U Foam	50,0 Ω	0,80	76,2 pF	10,3 mm	S-PE	1,5 kV	UHF, N
RG-11A/U	75,0 Ω	0,66	61,8 pF	10,3 mm	PE	5,0 kV	UHF, N
RG-11/U Foam	75,0 Ω	0,80	50,7 pF	10,3 mm	S-PE	1,6 kV	UHF, N
RG-58A/U	53,5 Ω	0,66	85,5 pF	5,0 mm	PE	1,9 kV	BNC
RG-58B/U	53,5 Ω	0,66	85,5 pF	5,0 mm	PE	1,9 kV	BNC
RG-58C/U	50,0 Ω	0,66	92,4 pF	5,0 mm	PE	1,9 kV	BNC
RG-58/U Foam	53,5 Ω	0,79	85,5 pF	5,0 mm	S-PE	0,6 kV	BNC
RG-59B/U	73,0 Ω	0,66	69,0 pF	6,2 mm	PE	1,9 kV	BNC
RG-59/U Foam	75,0 Ω	0,79	50,7 pF	6,2 mm	S-PE	0,8 kV	BNC
RG-71A/U	93,0 Ω	0,66	46,0 pF	6,2 mm	PE	1,8 kV	BNC
RG-71B/U	93,0 Ω	0,66	46,0 pF	6,2 mm	PE	1,8 kV	BNC
RG-71/U Foam	93,0 Ω	0,84	48,0 pF	6,2 mm	S-PE	0,8 kV	BNC
RG-174A/U	50,0 Ω	0,66	92,0 pF	2,5 mm	PE	1,5 kV	SMA
RG-178B/U	50,0 Ω	0,70	95,0 pF	1,5 mm	PE	1,2 kV	SMA
RG-179B/U	75,0 Ω	0,70	63,0 pF	2,5 mm	PE	1,2 kV	SMA
RG-213/U	50,0 Ω	0,66	92,0 pF	10,3 mm	PE	5,0 kV	UHF, N
RG-216/U	75,0 Ω	0,66	71,8 pF	10,8 mm	PE	5,0 kV	UHF, N

[1] Verkürzungs-Faktor; [2] PE = Polyäthylen, S-PE = geschäumtes Polyäthylen; [3] Verbindung direkt, d. h. ohne Adapter

Abb. 6.3-49 Favorisierte Koaxial-Kabel der international verbreiteten RG-Normreihe mit ihren Charakteristika (nach MIL-Spezifikationen) Die Spalte ganz rechts verweist auf bevorzugt zu verwendende Steckverbinder-Reihen

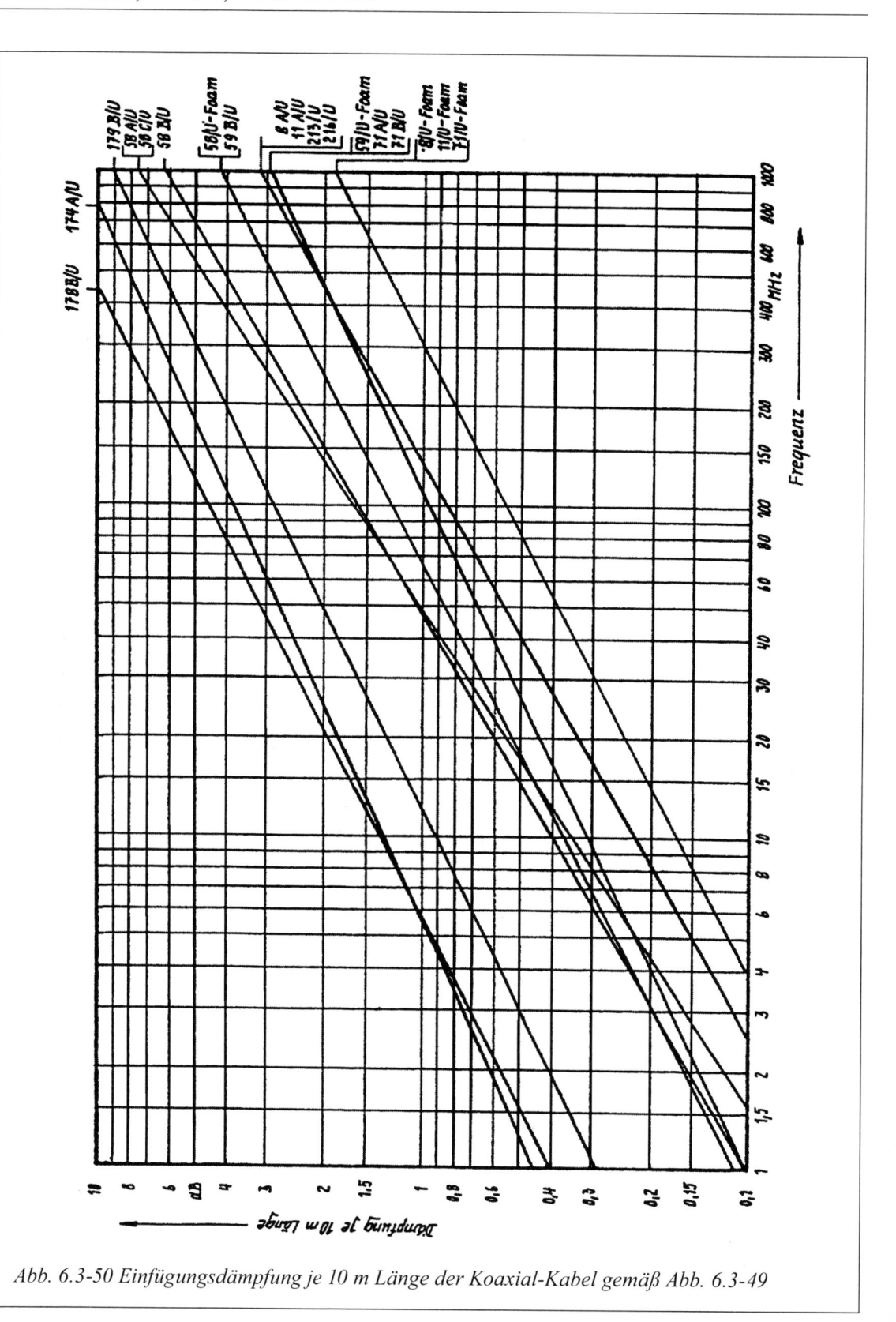

Abb. 6.3-50 Einfügungsdämpfung je 10 m Länge der Koaxial-Kabel gemäß Abb. 6.3-49

Kriterium	Armatur		
	BNC	UHF	N
Wellenwiderstand (Z_w)	50 Ω	50...75 Ω, nicht definiert	50 Ω
Betriebsfrequenz	≦4 GHz	≦50 MHz	≦10 GHz
Max. Betriebsfrequenz	10 GHz	180 MHz	11 GHz
VSWR	≦1:1,4 (3 GHz)	≦1:1,15 (100 MHz)	≦1:1,3 (3 GHz)
Max. Belastbarkeit auf 100 MHz 500 MHz 1 GHz	200 W 120 W 80 W	500 W	1000 W 450 W 300 W
Einfügungs-Dämpfung (dB)	<0,2 (1 GHz)		<0,3 (1 GHz)
Trittfest	ja	nein	ja
Spritzwasserdicht	ja	nein	ja
Verschluß	Bajonett	Schraub	Schraub

Abb. 6.3-51 Norm-Steckverbinder (Armaturen) der international verbreiteten Reihen BNC, UHF und N in 50-Ohm-Technik mit ihren primären Charakteristika (nach MIL-Spezifikationen; siehe auch die folgenden beiden Bilder). Daneben gibt es Spezies mit 75 Ω Wellenwiderstand, teils auch noch mit anderen Werten

190 Daten, Fakten, Definitionen

PL-259 UHF-Stecker für 9 mm-Kabel	**PL-259/6** UHF-Stecker für 6 mm-Kabel	**PL-259/LF** UHF-Stecker für 6 mm-Kabel, lötfreie Montage	**PL-259/ST** UHF-Stecker für 9 mm, Steckhülse o. Gewinde	**2 x PL-259** UHF-Verb.-Stecker, beids. PL-259 (double male)
UG-175 **UG-176** Reduzierhülsen in Verbindung mit PL-259 für 5 mm-bzw. 6 mm-Kabel-Ø	**PL-258** UHF-Verbindungskupplung, beidseitig Buchse	**PL-258/KA** UHF-Kabelkupplung, lötfreie Montage	**M-359** UHF-Winkelstecker	**M-358** UHF-"T"-Stecker
SO-239 UHF-Chassisbuchse mit quadratischem Flansch	**SO-239E** UHF-Chassisbuchse für Einlochbefestigung	**UG-88** BNC-Stecker für 50 Ohm-Koaxkabel RG-58	**UG-290** BNC-Chassisbuchse mit quadratischem Flansch	**UG-1094** BNC-Chassisbuchse für Einlochbefestigung

Abb. 6.3-52 Die gebräuchlichsten Armaturen der Reihen UHF und BNC in 50-Ohm-Ausführungen (siehe auch folgende Tabelle)

Armatur	Funktion
BNC-Reihe	
UG- 88	Stecker zum Löten für RG-58
89	Kabelbuchse für RG-58
274	T-Stück Buchse/Stecker/Buchse
290	Vierkantflansch-Buchse
306	Winkelstück Stecker/Buchse
491	Geradestück Stecker/Stecker
913	Winkelstecker für RG-58
914	Geradestück Buchse/Buchse
959	Stecker zum Löten für RG-213 u. H-100
1094	Einloch-Buchse
1785	Stecker zum Crimpen für RG-58
UHF-Reihe	
PL- 258	Geradestück Stecker/Stecker
259	Stecker zum Löten für RG-213
259/6	Stecker zum Löten für RG-58
259/6W	Winkelstecker zum Löten für RG-58
259/T	Stecker zum Löten für RG-213, Teflon
259/6T	Stecker zum Löten für RG-58, Teflon
259/C	Stecker zum Crimpen für RG-58
SO- 239	Vierkantflansch-Buchse
239/T	Vierkantflansch-Buchse, Teflon
239/SH	Einloch-Buchse
UG- 175	Reduzierhülse für RG-58
M- 358	T-Stück Buchse/Stecker/Buchse
359	Winkelstück Stecker/Buchse
N-Reihe	
UG- 21	Stecker zum Löten für RG-213/214
23	Kabelbuchse für RG-213/214
27	Winkelstück Stecker/Buchse
29	Geradestück Buchse/Buchse
57	Geradestück Stecker/Stecker
58	Vierkantflansch-Buchse
58/SH	Einloch-Buchse
107	T-Stück Buchse/Stecker/Buchse
536	Stecker zum Löten für RG-58
594	Winkelstecker für RG-58/213/214
680	Einloch-Buchse
1187	Kabel-Einbaubuchse m. Vierk.-Flansch für RG-213
M- 913	Hf-dichte Verschlußkappe für Buchsen
Adapter	
UG- 83	UHF-Stecker auf N-Buchse
146	N-Stecker auf UHF-Buchse
201	N-Stecker auf BNC-Buchse
255	BNC-Stecker auf UHF-Buchse
273	UHF-Stecker auf BNC-Buchse
349	BNC-Stecker auf N-Buchse

Abb. 6.3-53 Bezeichnungen und Funktionen bevorzugter Elemente der Armaturen-Reihen BNC, UHF und N in 50-Ohm-Ausführungen (siehe auch Abb. 6.3-51)

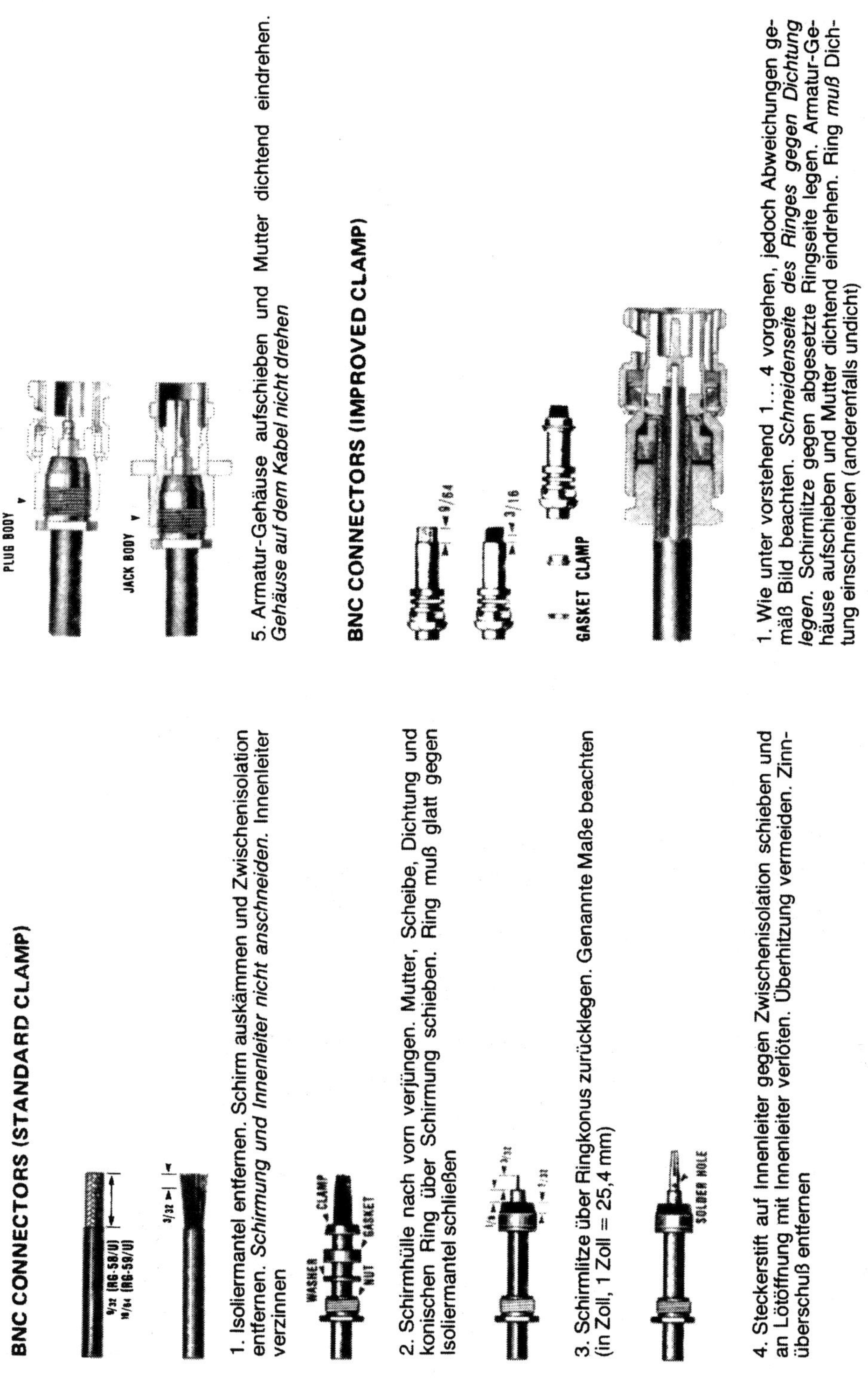

BNC CONNECTORS (STANDARD CLAMP)

1. Isoliermantel entfernen. Schirm auskämmen und Zwischenisolation entfernen. *Schirmung und Innenleiter nicht anschneiden.* Innenleiter verzinnen

2. Schirmhülle nach vorn verjüngen. Mutter, Scheibe, Dichtung und konischen Ring über Schirmung schieben. *Ring muß glatt gegen Isoliermantel schließen*

3. Schirmlitze über Ringkonus zurücklegen. Genannte Maße beachten (in Zoll, 1 Zoll = 25,4 mm)

4. Steckerstift auf Innenleiter gegen Zwischenisolation schieben und an Lötöffnung mit Innenleiter verlöten. Überhitzung vermeiden. Zinnüberschuß entfernen

5. Armatur-Gehäuse aufschieben und Mutter dichtend eindrehen. *Gehäuse auf dem Kabel nicht drehen*

BNC CONNECTORS (IMPROVED CLAMP)

1. Wie unter vorstehend 1...4 vorgehen, jedoch Abweichungen gemäß Bild beachten. *Schneidenseite des Ringes gegen Dichtung legen.* Schirmlitze gegen abgesetzte Ringseite legen. Armatur-Gehäuse aufschieben und Mutter dichtend eindrehen. Ring *muß* Dichtung einschneiden (anderenfalls undicht)

Abb. 6.3-54 Einige Beispiele zur Verbindungsausführung Stecker/Kabel bei Armaturen der BNC-Reihe. Diese Arbeiten erfordern Erfahrung und Sorgfalt

83-58FCP

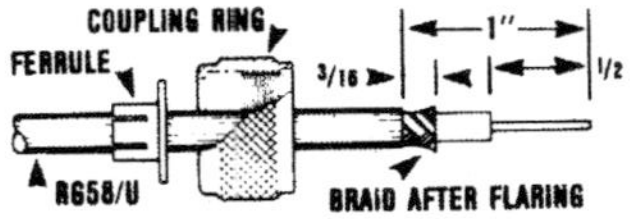

1. Kabel maßgerecht absetzen (Maße in Zoll, 1 Zoll = 25,4 mm). *Schirmung und Innenleiter nicht anschneiden.* Spannscheibe und Überwurfmutter aufschieben. Schirmung weiten durch Drehbewegungen auf der Zwischenisolation

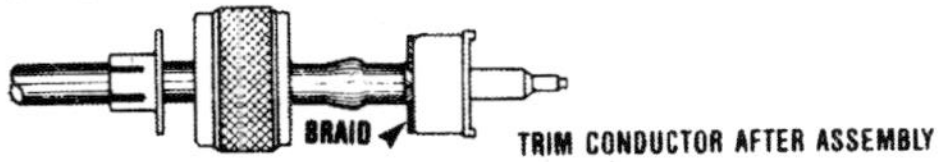

2. Steckerkörper auf Zwischenisolation schieben; gesickte Hülse bis zum Isoliermantel *unter* die Schirmung schieben. Schirmung fächert am Körperflansch auf

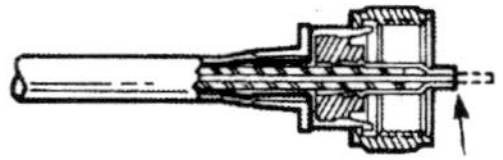

3. Überwurfmutter über Steckerkörper schieben. Spannscheibe über gesickte Hülse bis gegen den Körperflansch schieben. Steckerstift chrimpen oder löten

83-1SP PLUG (PL-259)

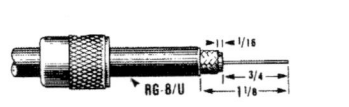

1. Kabel maßgerecht absetzen (Maße in Zoll, 1 Zoll = 25,4 mm). *Schirmung und Innenleiter nicht anschneiden.* Schirmlitze und Innenleiter verzinnen. Überwurfmutter aufschieben

2. Steckerkörper auf Kabel schieben. Schirmlitze und Innenleiter an jeweiliger Lötöffnung mit Steckerkörper verlöten

3. Überwurfmutter auf Steckerkörper schrauben

83-1SP PLUG WITH ADAPTERS

1. Isoliermantel maßgerecht entfernen (Maße in Zoll, 1 Zoll = 25,4 mm). *Schirmung nicht anschneiden.* Überwurfmutter und Adapter (UG-175) auf Kabel schieben

2. Schirmlitze leicht auffächern und über Adapter zurücklegen. Zwischenisolation und Innenleiter maßgerecht absetzen. *Innenleiter nicht anschneiden.* Innenleiter verzinnen

3. Steckerkörper mit Adapter verschrauben. Ansonsten wie bei 2. und 3. gemäß PL-259 vorgehen

Abb. 6.3-55 Einige Beispiele zur Verbindungsaufführung Stecker/Kabel bei Armaturen der UHF-Reihe. Diese Arbeiten erfordern Erfahrung und Sorgfalt

Abb. 6.3-56 Definitionen Ermittlung der effektiven Wellenlänge von Kabeln und Microstrips. Der für Koaxial-Kabel einzusetzende Verkürzungs-Faktor V geht aus Abb. 6.3-48 hervor (RG-Reihe); bezüglich ε_{reff} für Microstrips orientieren wir uns anhand des folgenden Bildes

Kabel

$$\lambda_p = \frac{300}{f} \cdot V; \qquad f = \frac{300 \cdot V}{\lambda_p}$$

Microstrip

$$\lambda_p = \frac{300}{f \cdot \sqrt{\varepsilon_{r/eff}}}; \qquad f = \left(\frac{\frac{300}{\sqrt{\varepsilon_{r/eff}}}}{\lambda_p}\right)$$

λ_p = Physikalische Kabel/Microstrip-Länge in m
f = Betriebsfrequenz (des Kabels/Microstrip) in MHz
V = Verkürzungs-Faktor des Kabels (<1)
$\varepsilon_{r/eff}$ = Effektive Dielektrizitäts-Konstante des Microstrips (>1)

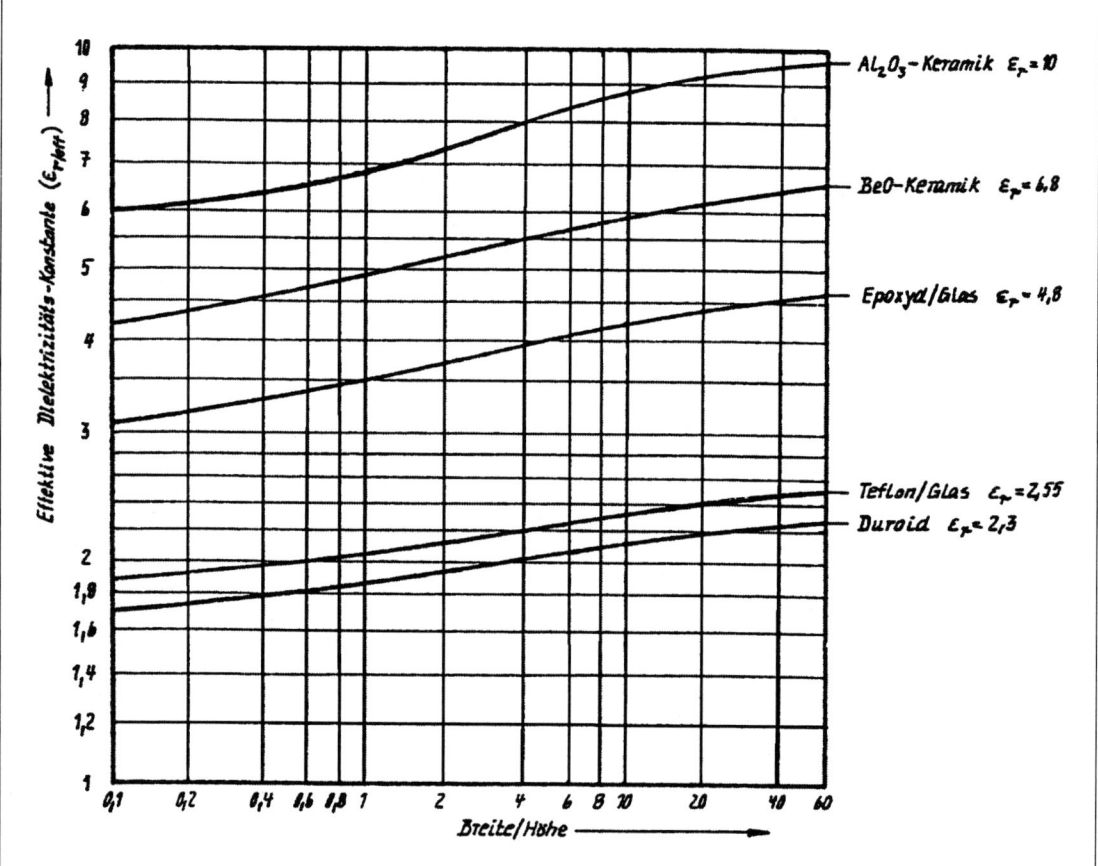

Abb. 6.3-57 Effektive Dielektrika-Werte ε_{reff} für Microstrips in Abhängigkeit von Strip-Breite und Dicke des Dielektrums (nur in Verbindung mit Abb. 6.3-56)

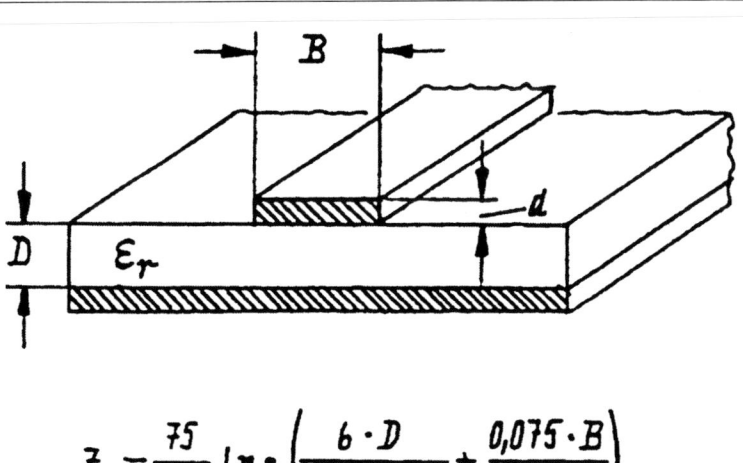

$$Z_w = \frac{75}{\sqrt{\varepsilon_r}} \ln \cdot \left(\frac{6 \cdot D}{0{,}75 \cdot B + d} + \frac{0{,}075 \cdot B}{D} \right)$$

$$t_d = 0{,}033 \cdot \sqrt{0{,}48 \cdot \varepsilon_r + 0{,}7} \quad [ns/cm]$$

Abb. 6.3-58 Microstrip mit Massefläche und Zwischen-Dielektrikum ε_r zudem die Definitionen für den Wellenwiderstand Z_w und die Signal-Laufzeit t_d (siehe dazu auch das folgende Bild)

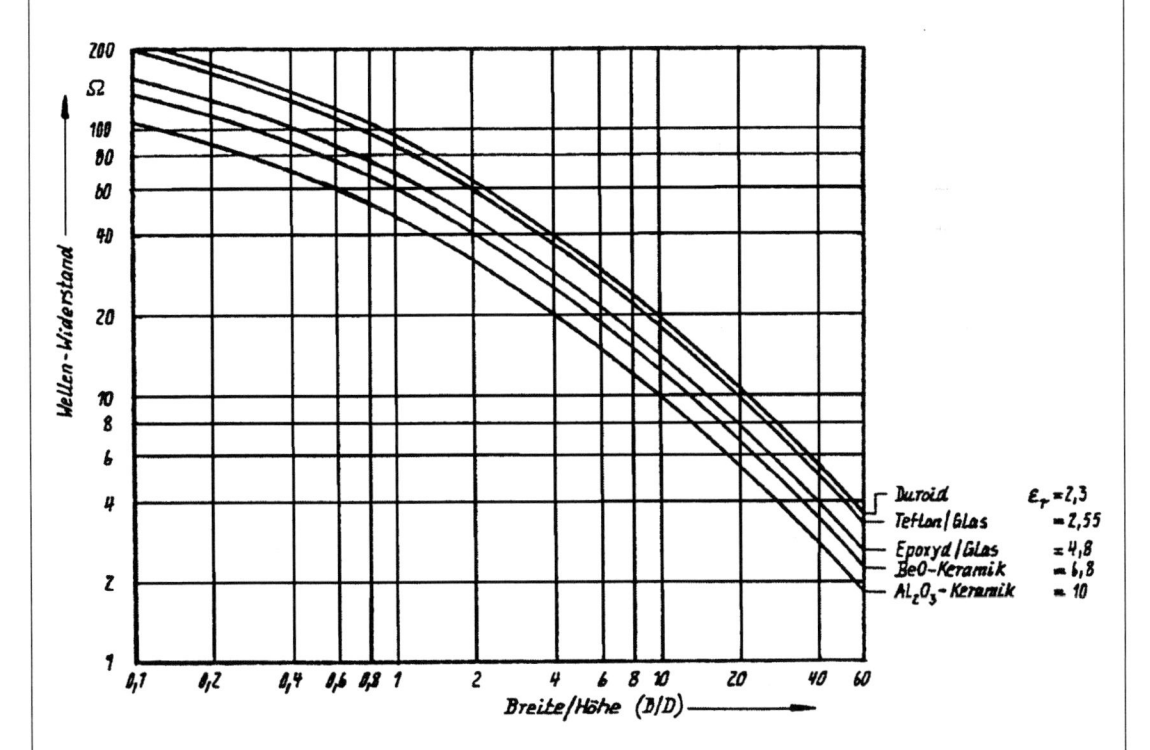

Abb. 6.3-59 Der Wellenwiderstand von Microstrips in Abhängigkeit von Strip-Breite (B), Dielektikum ε_r und Abstand Strip/Massefläche (D)

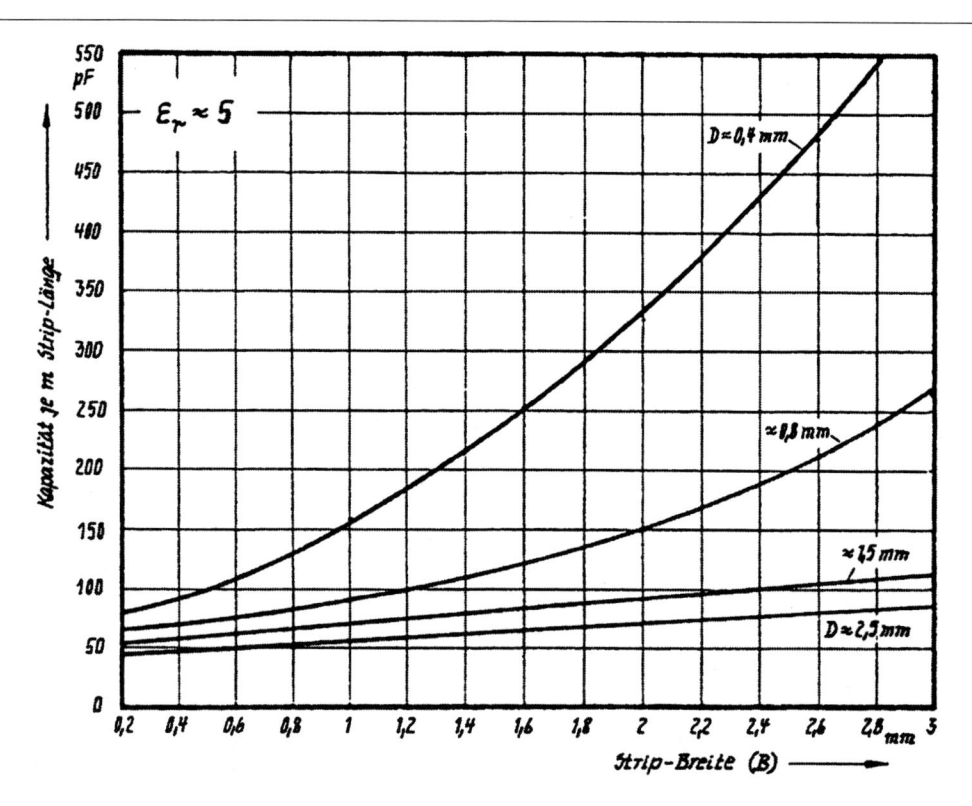

Abb. 6.3-60 Kapazität von Microstrips unterschiedlicher B/D-Werte bezüglich iherer Massefläche bei $\varepsilon_r \approx 5$ (das favorisierte Epoxydharz ohne/mit Glasfaser-Armierung)

Nr.	Typ
	NPN
1	BFR 34 A, BFR 35 A, BFR 90, BFR 90 A, BFQ 53, 2 N 6619, 2 N 6620
2	BFR 91, BFR 91 A, BFG 91 A, BFQ 22 S, MRF 911, MRF 912, MRF 914, 2 N 6604
3	BFR 96, BFR 96 S, BFG 96, MRF 961, MRF 962, MRF 965
4	BFT 66, BFT 97, MRF 901, MRF 902, MRF 904, 2 N 6603
	PNP
5	BFQ 23, BFQ 24
6	BFQ 32, BFQ 32 S
7	BFQ 51, BFQ 52

Abb. 6.3-61 Eine Auswahl favorisierter bipolarer Kleinsignal-Transistoren der Mikrowellen-Kategorie, wie sie insbesondere in der 50-Ohm-Technik Verwendung finden. Die jeweils neben ein und derselben laufenden Nummer zusammengefassten Elemente sind elektrisch vergleichbar, teils sogar chip-identisch. Deutliche Unterschiede bestehen dagegen verschiedentlich bei den Gehäusen. Teils ist deren Pin-Belegung bei ein und demselben Trasistor-Typ unterschiedlicher Hersteller uneinheitlich; beispielsweise beim BFR 96 von Motorola beziehungsweise Siemens (nach Hersteller-Unterlagen). Informieren Sie sich bitte vorsorglich anhand der Werksangaben; allgemeine Datensammlungen gehen auf diese Unterschiede häufig nicht ein. Bei individuell zu lösenden Design-Aufgaben sind allemal die Parametersätze heranzuziehen

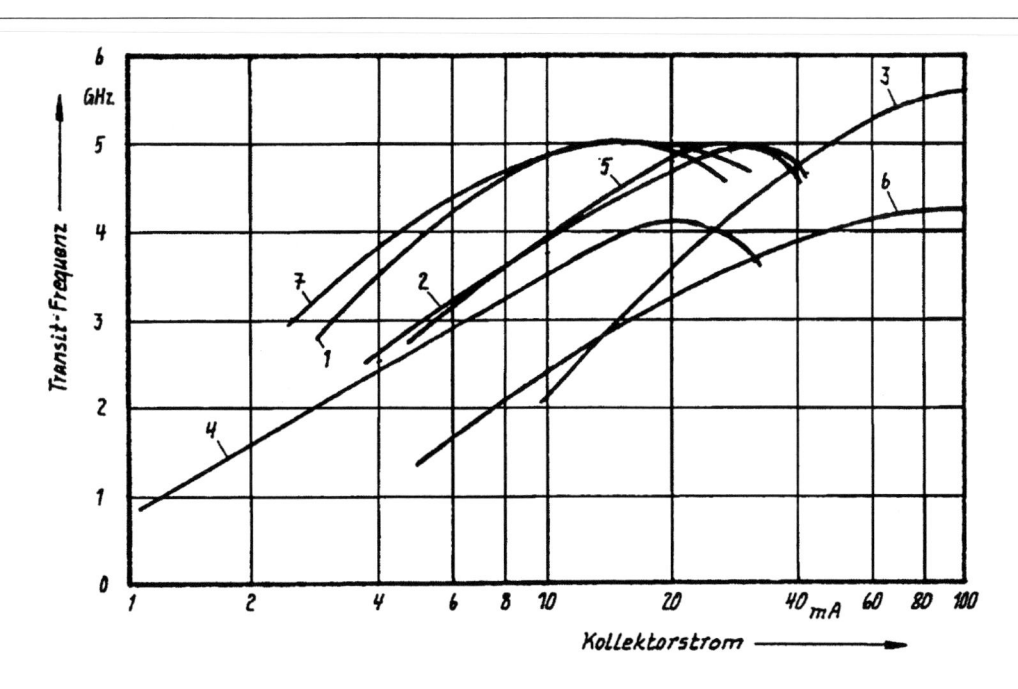

Abb. 6.3-62 Typische Transit-Frequenzen (F_t) über den Kollektorstrom der Transistoren gemäß Abb. 6.3-61. Die Parameter-Numerierung folgt der des vorangestellten Querschnitts

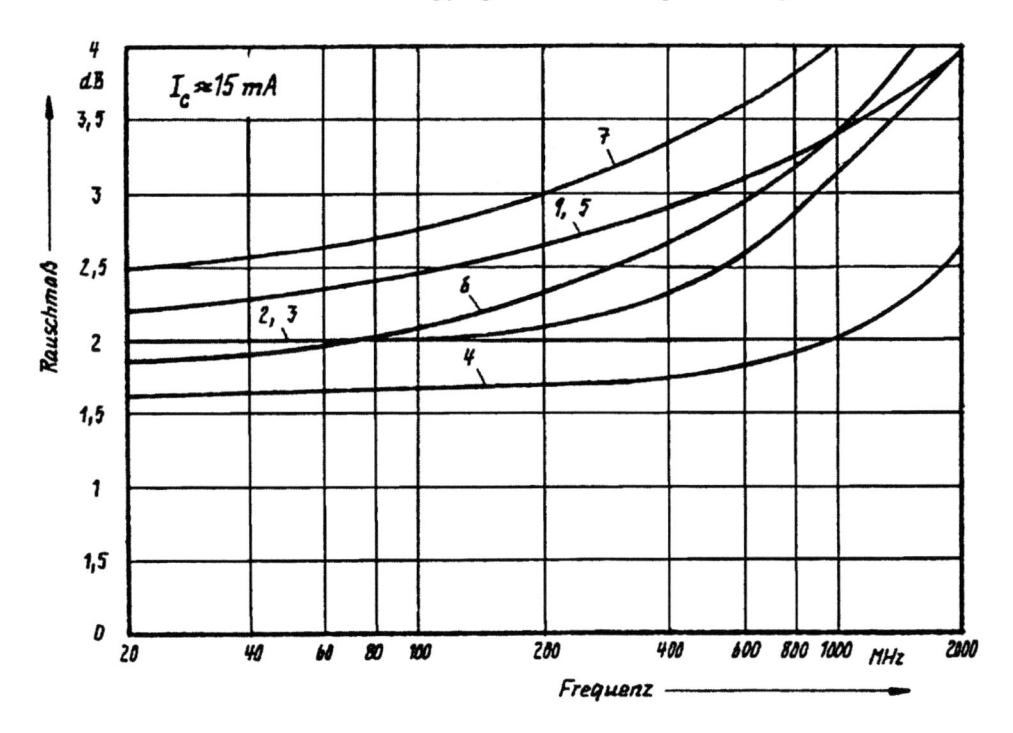

Abb. 6.3-63 Typische Rauschmaße (F) über die Frequenz bei $15 \approx$ mA Kollektorstrom der Transistoren gemäß Abb. 6.3-61. An dieser orientiert sich auch die hier verwendete Parameter-Numerierung

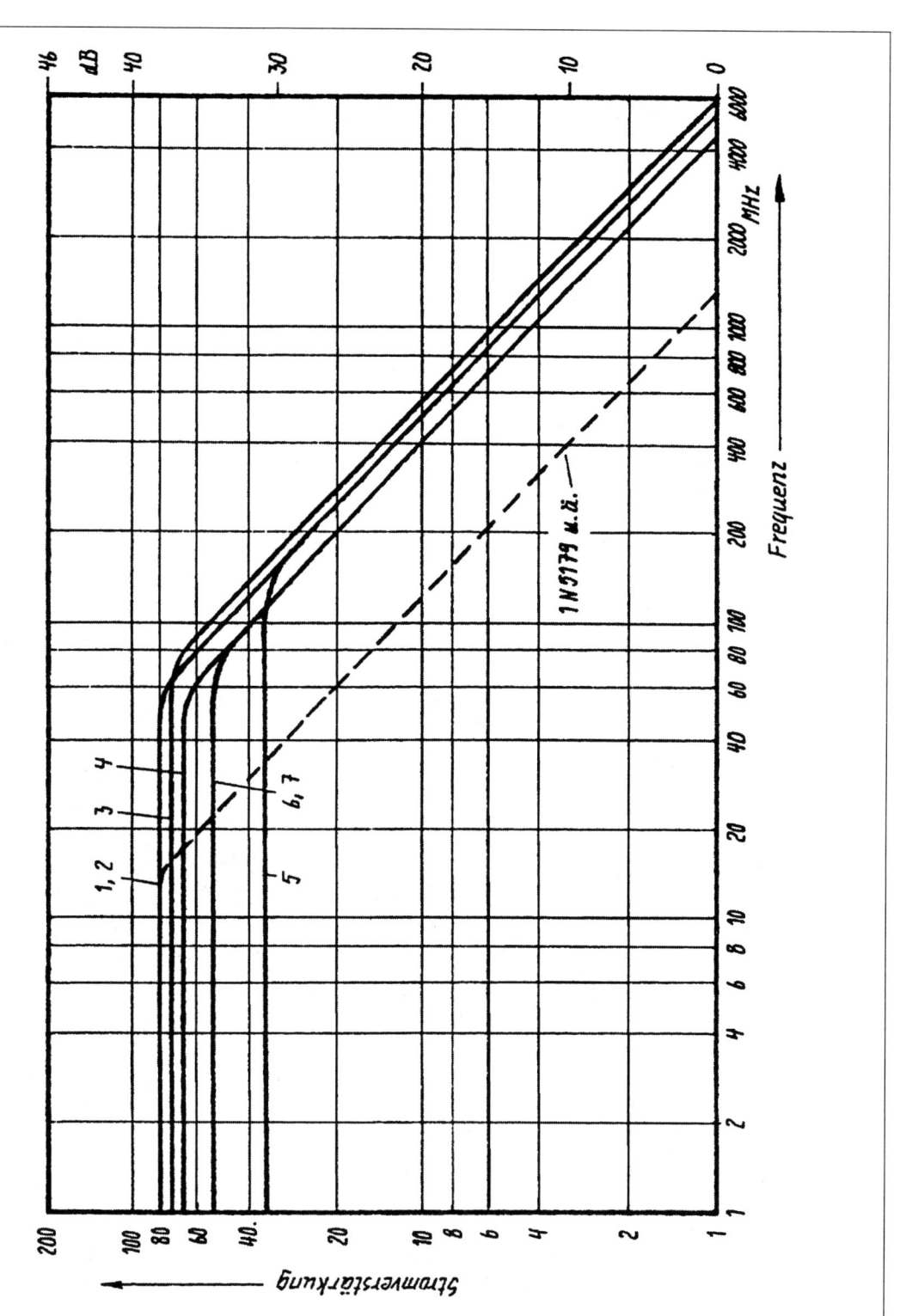

Abb. 6.3-64 Typische Stromverstärkungen (β) über die Frequenz der Transistoren gemäß Abb. 6.3-61. An dieser orientiert sich auch die hier verwendete Parameter-Numerierung

Daten, Fakten, Definitionen **199**

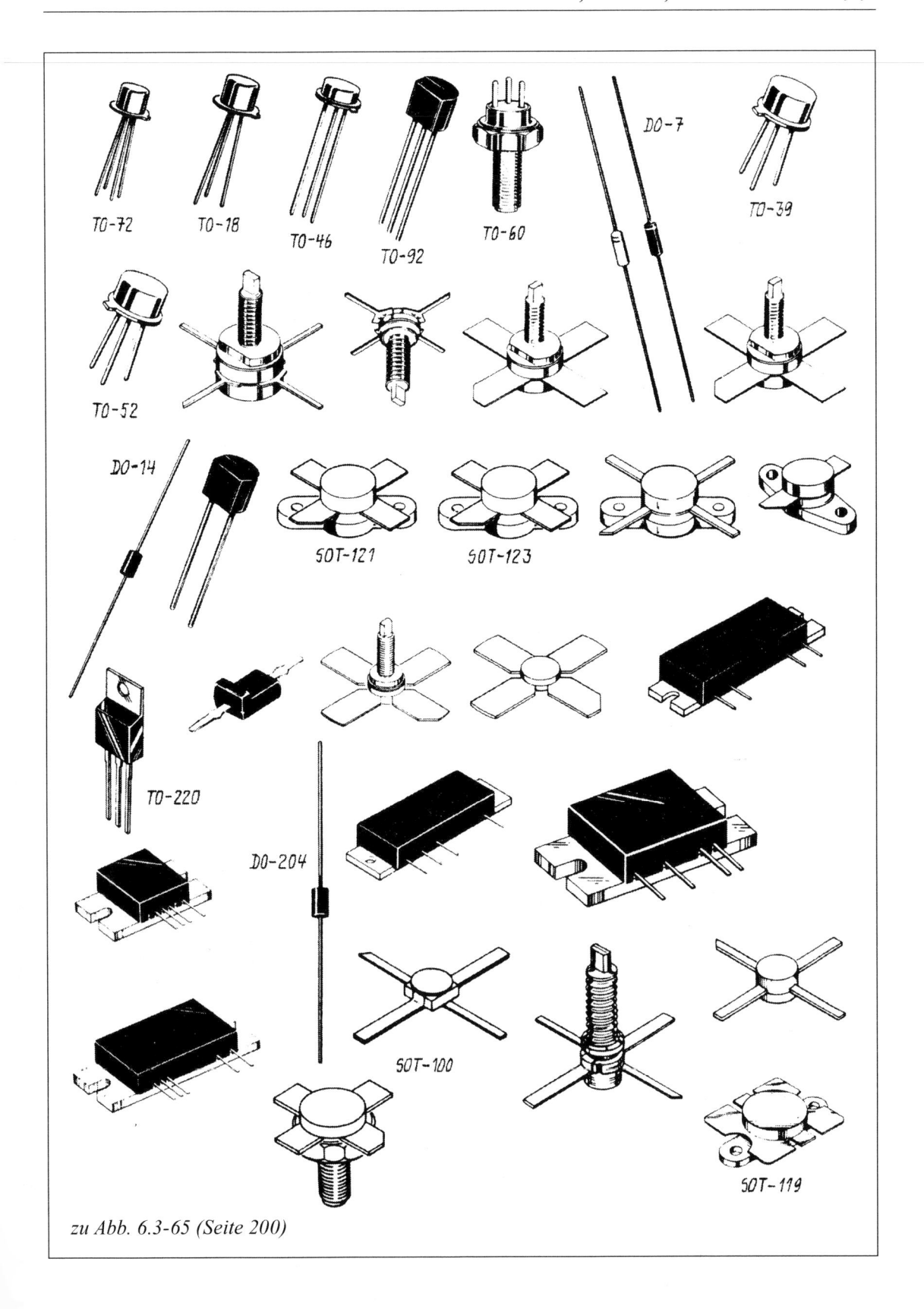

zu Abb. 6.3-65 (Seite 200)

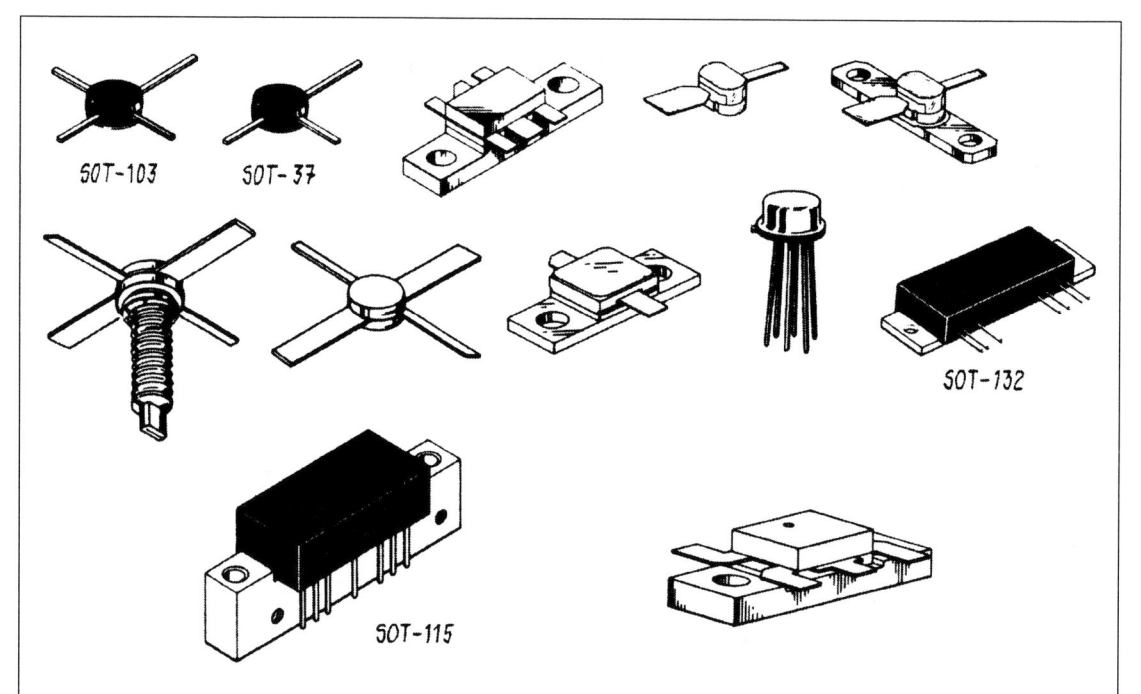

Abb. 6.3-65 Eine Auswahl der für HF-Transistoren und Hybridschaltungen verwendeten Gehäuse. Nur ein Teil hat bislang Normbezeichnungen erhalten; daneben und ansonsten werden zahlreiche firmenspezifische Codes benutzt

6.4 Abkürzungen

A/D	Analog/Digital(-Wandler)
AF	Audio Frequency: Tonfrequenz (NF)
AFC	Automatic Frequency Control: automatische Frequenz-Nachstimmung
AFSK	Audio Frequency Shift Keying: Tonfrequenz-Umtastung
AGC	Automatic Gain Control: automatische Verstärkungsregelung
ALC	Automatic Load Control: automatische Aussteuerungsregelung (eines TX)
AM	Amplituden-Modulation
ANL	Automatic Noise Limiter: automatischer Geräuschbegrenzer (im RX)
APC	Automatic Power Control: automatische Leistungsregelung (eines TX)
AVC	Automatic Volume Control: automatische Lautstärkeregelung (im RX)
AWG	American Wire Gauge: amerikanisches Drahtmaß, die Draht-Dicken werden mittels eines numerischen Codes (1...50) bezeichnet
BC	Broadcast: Rundfunk
BCI	Broadcast Interference: Störungen des Rundfunkempfangs durch externe Ursachen
BFO	Beat Frequency Oscillator: Träger-Oszillator in SSB- und CW-Systemen
CCIR	Comite Consultatif International des Radiocommunications: Internationaler beratender Ausschuss für den Funkdienst; Organ der UIT
COR	Carrier-Operated Relay: trägergesteuertes Relais (für automatische TX/RX Umschaltung)
CW	1. Code Work: allg. für Morse-Telegrafie, aber auch für andere Tastfunk-Verfahren 2. Continuous Wave: allg. für stetig ausgestrahltes Sendersignal ohne Modulation
D/A	Digital/Analog(-Wandler)
DAFC	Digital Automatic Frequency Control: wie AFC, jedoch digitales Verfahren
DM	Down Mixer: Abwärts-Mischer
DMO	Down-Mixer Oszillator: Abwärtsmischer-Oszillator
DP	Desensibilisations-Punkt
DR	Dynamic Range: Dynamik-Bereich (DB)
DSB	Double Side Band: Zweiseitenband, Sendesignal mit zwei (beiden) Modulations-Seitenbändern
DX	Distanz X: Distanz unbekannt, allg. für große Entfernung im Funkverkehr
ECO	Electron-Coupled Oscillator: spezifische Oszillator-Schaltung
EHF	Extremely High Frequency: extrem hohe Frequenz; offiziell das Spektrum 30 ... 300 GHz, Millimeter-Wellen
ERP	Effective Radiated Power: effektive Strahlungsleistung eines TX unter Einbeziehung der Antennen-Effizienz
FAX	Faksimile, Übertragung stehender Bilder, Bildfunk
FM	Frequenz-Modulation
FSK	Frequency Shift Keying: Frequenz-Umtastung (im TTY)
GMT	Greenwich Mean Time: Greenwich-Zeit; Weltzeit, UTC; MEZ minus 1 Stunde
GW	Grenzwellen: inoffizielle Bezeichnung des Spektrums von etwa 1,6 ... 4,5 MHz
HF	High Frequency: hohe Frequenz; offiziell das Spektrum 3 ... 30 MHz, Kurzwellen (KW)
HF	Hochfrequenz: allg. für hohe Frequenzen (ohne Wertangabe)
HFO	High Frequency Oscillator: Hochfrequenz-Oszillator
IF	1. Image Frequency: Spiegelfrequenz 2. Intermediate Frequency: Zwischenfrequenz
IMA	Intermodulations-Abstand
IMD	Inter Modulation Distortion: Intermodulations-Verzerrung
IMP	Intermodulations-Produkt
IP	Intercept-Punkt
ITU	International Telecommunications Union: Internationale Fernmelde Union (UIT)
KP	Kompressions-Punkt
KW	Kurzwellen (3 ... 30 MHz, HF)
LF	Low Frequency: niedrige Frequenz; offiziell das Spektrum 30 ... 300 kHz, Langwellen (LW)
LMO	Linear Master Oscillator: Oszillator

LO	Local Oscillator: allg. für (Hilfs-)Oszillator mit linearem Frequenzgang
LSB	Lower Side Band : Unteres (Modulations-)Seitenband
LUF	Lowest Usable Frequency: niedrigste brauchbare Frequenz im Ionosphären-DX
LW	Langwellen (30 ... 300 kHz, LF)
MEZ	Mitteleuropäische Zeit: GMT und UTC plus 1 Stunde
MF	Medium Frequency: mittlere Frequenz; offiziell das Spektrum 300 ... 3000 kHz, Mittelwellen (MW)
MO	Master Oscillator: Steuer-Oszillator (Mutter-Oszillator)
MOX	Manuelle TX/RX-Umschaltung mittels Sprech- oder CW-Taste wie auch Geräteschalter
MUF	Maximum Usable Frequency: höchste brauchbare Frequenz im Ionosphären-DX
MW	Mittelwellen (300 ... 1800 kHz, MF)
NB	Noise Blanker (im RX)
NF	Noise Figure: Rauschmaß F (in dB)
NF	Niederfrequenz: allg. für niedrige Frequenzen (ohne Wertangabe)
OWF	Optimum working frequency: Optimale Arbeitsfrequenz im Ionosphären-DX
PA	Power Amplifier: Leistungs-Verstärker (im TX)
PEP	Peak Envelope Power: Hüllkurven-Spitzenleistung; Leistungsangabe bei trägerlosen Signalen
PEV	Peak Envelope Voltage: Hüllkurven-Spitzenspannung; Spannung bezüglich PEP
PLL	Phase Locked Loop: Schaltung zur Frequenz-Rastung durch Phasenvergleich mit einer Referenz-Frequenz (in Synthesizern)
PM	Phasen-Modulation
PTO	Permeability-Tuned Oscillator: Oszillator mit induktiver Abstimmung
PTT	Push To Talk: »Drücke für Sprechen!«; PTT-Taste am Mikrofon
RF	Radio Frequency: allg. für Hochfrequenz (HF)
RFI	Radio Frequency Interference: Funkempfangs-Störungen durch externe Ursachen
RIT	Receiver Incremental Tuning: autonome RX-Feinabstimmung der Frequenz in Transceivern
RTTY	Radio Tele Type: Funk-Fernschreiben
RX	Empfänger (Receiver)
SHF	Super High Frequency: superhohe Frequenz; offiziell das Spektrum 3 ... 30 GHz, Zentimeter-Wellen
SNR	Signal to Noise Ratio: Signal/Rausch-Verhältnis
SSB	Single Side Band: Einseitenband; Sendesignal mit nur einem Modulations-Seitenband
SW	Short Wave: Kurzwellen, KW
SWL	Short Wave Listener: Kurzwellen-Hörer
SWR	Standing Wave Ratio: Stehwellen-Verhältnis
TK	Temperatur-Koeffizient
TRCV	Transceiver: Sender/Empfänger als Einheit
TTTY	Teletype: Fernschreiben
TV	Televsion: Fernsehen
TVI	Television Interference: Fernsehempfangs-Störungen durch externe Ursachen
TX	Sender (Transmitter)
UHF	Ultra High Frequency: ultrahohe Frequenz; offiziell das Spektrum 300 ... 3000 MHz, Dezimeter-Wellen
UIT	Union Internationale des Telecommunications: Internationale Fernmelde Union (auch ITU)
UKW	Ultra Kurzwelen (30 ... 300 MHz, VHF)
UM	Upward Mixer: Aufwärts-Mischer
USB	Upper Side Band: Oberes (Modulations-)Seitenband
UTC	Universal Time Coordinated: Universalzeit, GMT, MEZ minus 1 Stunde
VCO	Voltage Controlled Oscillator: Oszillator mit spannungsgesteuerter Frequenz-Abstimmung
VCXO	Voltage Controlled X-tal Oscillator: Quarzoszillator mit spannungsgesteuerter Frequenz-Abstimmung
VFO	Variable Frequency Oscillator: Oszillator mit durchstimmbarer Frequenz

VHF	Very High Frequency: sehr hohe Frequenz; offiziell das Spektrum 30 ... 300 MHz, Meterwellen (UKW)
VLF	Very Low Frequency: sehr niedrige Frequenz; offiziell das Spektrum 3 ... 30 kHz, Längstwellen
VOX	Sprachgesteuerte TX/RX-Umschaltung
VSWR	Voltage Standing Wave Ratio: Spannungs-Stehwellen-Verhältnis
VXO	Variable X-tal Oscillator: in gewissen Grenzen frequenz-kontinuierlich durchstimmbarer Quarzoszillator
WARC	World Administrative Radio Conference: Internationale Konferenz zur Verteilung der Funkfrequenzen
XIT	TX Incremental Tuning: autonome TX-Feinabstimmung der Frequenz in Transceivern
XTAL	auch X-tal, xtal: Schwingquarz
ZF	Zwischenfrequenz

7 Literaturverzeichnis

Blinchikoff H. J. u. Zverev, A. I.:
Filtering in the Time und Frequency Domains
John Wiley and Sons, New York

Carson, A.:
High Frequency Amplifiers
John Wiley and Sons, New York

Gerzelka, G. E.:
Funkfernverkehrssysteme in Design und Schaltungstechnik
Franzis-Verlag, München

Kovacs, Ferenc:
Hochfrequenzanwendungen von Halbleiter-Bauelementen
Franzis-Verlag, München

Lancaster, Don:
Das Aktiv-Filter-Kochbuch
IWT-Verlag, Vaterstetten

Nührmann, Dieter:
Das große Werkbuch Elektronik
Franzis-Verlag, München

Nührmann, Dieter:
Das kleine Werkbuch Elektronik
Franzis-Verlag, München

Orr, William I.:
Radio Handbook
Howard & Sams, Indianapolis

Osinga, Maaskant:
Handbuch der elektronischen Meßgeräte
Franzis-Verlag, München

Red, Eric:
Funkempfänger
Franzis-Verlag, München

Rint, Kurt (Hrsg.):
Handbuch für Hochfrequenz- und Elektro-Techniker; 5 Bände.
Pflaum-Verlag, München

Rohde, Lothar:
Digital PLL Frequency Synthesizers.
Prentice Hall, Englewood Cliffs

Rose, Georg:
Große Elektronik-Formelsammlung
Franzis-Verlag, München

Saal, Rudolf:
Handbook of Filter Design
Dr. Alfred Hüthig-Verlag, Heidelberg

Zverev, A. I.:
Handbook of Filter-Synthesis
John Wiley and Sons, New York

Es sind hier nur einige wenige sehr informative Titel angeführt worden. Über weitere Werke und das einschlägige Marktgeschehen informieren Sie sich bitte beim Fachbuchhandel und anhand aktueller Verlagsverzeichnisse. Ältere Veröffentlichungen, die beim Verlag oder Herausgeber vergriffen sind, können zumeist in Fachbibliotheken, insbesondere denen der Universitäten und Hochschulen, eingesehen werden.

8 Index

0°-Glieder *21*
0°-Hybride *21*
0°-Koppler *21, 132*
0°-Schaltungen *23*
0°/180°-Glieder *26*
50-Ohm-Funktionsglieder *7*
90°-Hybrid-Koppler *144*

A

AGC-Hub *127*
Allpass-Ausgänge *143*
Anfangs-Permeabilität *7*
aperiodische Übertrager *7*
Arbeitsbandbreite *55, 57*
atmosphärisches Wärmerauschen *118*

B

Balun-Übertrager *9*
Bandpass *26*
Bandpass-Diplexer *143*
Betriebs-Codes *159*
Betriebsarten *159*
bipolare Hochstrom-Transistoren *57*
BNC *190*
Breitband-Strukturen *87*
Bürde-Kapazität *80*
Butterworth-Charakteristik *38*
Butterworth-Funktion *26*

D

Dämpfungsanstieg *28*
Dämpfungscharakteristik *26*
Dämpfungsverläufe *44*
Dezi-Bel *148*
Dioden-Abstimmung *78*
Diplexer *42*
doppelt balancierter Mischer *53*
Drehkondensator-Abstimmung *81*
Durchführungs-C/L-Filter *174*
Durchlassbereich *26*
Durchmesser-Kennzeichnung *166*
DX-Eigenschaften *157*
Dynamik-Bereich *118*
dynamische Stromverstärkung *62*

E

Eigenrauschen FM *52*
Eigenresonanz *171*
einfach balancierter (Gegentakt-)Mischer *53*
Einfügungs-Dämpfung *7, 52, 188*
Eingangsleistung *114*
Einschwing-Charakteristika *44*
Elliptic-Pässe *30*
Erregungsmodi *78*
Extern-Rauschen *153*
externe Rauschkomponenten *114*

F

Ferrit-Ringkerne *163*
Ferrit-Spulenkerne *162*
Ferroxcube *163*
Ferroxcube-Ringkerne *164*
Filter-Ports *29*
Filtergrad *28*
Flankensteilheit *28*
Formelzeichen *145*
Frequenz *156*
Frequenzspektrum *157*
Frequenzstabilität *76*
Front-end *114, 119*
FT-Serie *163*

G

GaAs-FET-Verstärker *90*
Gate-Schaltung *70*
Gegenkopplungs-Elemente *57*
Gegenkopplungs-Struktur *57*
gestreckter Bandleiter *167*
gestreckter Rundleiter *167*
Gleichphasen-Übertragung *9*
Grundwellen-Schaltung *80*
Gruppen-Laufzeit *44*

H

HF-Dämpfungsglied *119*
HF-Selektion *26, 122*
HF-Tapete *149*
High-Level-Anordnungen *54*
Hüllkurven-Spitzenleistung *151*

Index

Hybrid-Ballastwiderstand *143*
Hybrid-Koppler *21, 143*

I

Input-Intercept-Punkt *62*
Input-Intercept-Punkt 3. Ordnung *52*
Input-Kompressions-Punkt *54, 62*
Intercept-Punkt *116*
Interport-Entkopplung Ax *52*

K

K-Faktor *161*
Karbonyleisen-Ringkern *162*
Kaskadierung *89*
Keramik-Kondensatoren *168, 172*
Kleinsignal-Transistoren *196*
Kleinsignal-Verstärkung *57*
Koaxial-Kabel *187*
Koaxial-Leitung *187*
Kompressions-Punkt *114*
KW-Breitbandtechnik *11*

L

L/C-Bandpässe *142*
L/C-Oszillatoren *77*
Ladder-BP *50*
Ladder-Strukturen *43*
Lattice-Bandpässe *43*
Leistungsanpassung *78*
Leistungsverstärkung Gp *62*
Leitungs-Übertrager *12*
Log/lin-AGC-Verstärker *132*

M

Material-Codes *161*
Medium-Level-Glieder *54*
Medium-Level-Kategorie *53*
Mehrfach-Überlagerung *119*
Microstrips *194, 195, 196*
Mindestdurchmesser *165*
Monolith-Filter *43*
monolithische ICs *57*

N

Nachbarkanal-Selektion *76*
Nahselektion *51*
Norm-Steckverbinder *189*
normierte Verstimmung *26*

O

Oberwellenstruktur *80*
Oberwellenarmut *77*
ohmscher Absorber *177*
ohmsche Widerstände *175*
Oszillatoren *77*
Oszillatorleistung *55*

P

Phasenrauschabstand *76, 77*
Phasenrauschen *78*
Phasenumkehr-Übertrager *12*

Q

Quarz *43*
Quarz-Bandpässe *43*
Quarz-BP *50*
Quarz-Ersatzschaltbild *178*
Quarz-Frequenzgänge *179*
Quarzfrequenz *80*

R

Rauschbandbreite *155*
Rauschflur *77*
Rauschleistung *155*
Rauschmaß *62, 116, 154, 155*
Rauschspannung *155*
Rauschtemperatur *154*
Reflexion *150*
Ringmischer *55*
RTTY-Empfang *77*
Rückwärts-Entkopplung *62*
Rückwärts-Leistungsverstärkung *64*

S

Schalt-Hysterese *122*
Schmalband-Hf-Verstärker *42*
Schottky-Diode *54*
Schottky-Elemente *89*
Schwingamplitude *78*
Schwingkreis-Berechnung *149*
Seitenbandrauschen *77*
Selbsttest-Rauschgenerator *129*
Signalverträglichkeit *119*
Spannungsverstärkung *64*
Sperrbereich *26*
Split-Zweige *21, 23*
Spulen *160*
Spulen-Berechnung *161*
Spulen-Leerlaufgüte *35*

Standard Level *52*
Suboktave HF-Selektion *116*
Subminiatur-Quarze *180, 182*
Subminiatur- und Miniatur-Quarzgehäuse *184*
System-Rauschmaß *90*

T

Temperatur-Kompensation *173*
Temperaturgang 170, *173*
Temperaturkompensation *78*
Tiefpass *26*
Totem-Pole-Struktur *23*
TP/HP-Kaskade *42*
Träger-Quarze *186*
Transfer-Koeffizienten *30*
Transformations-Rate *7*
Transitfrequenz *57, 197*
Trimmer-Ausführungen *172*
Tschebyscheff *26*
Typische Rauschmaße *197*
Typische Stromverstärkungen *198*
Typ-A-Verstärker *72*
Typ-B-Verstärker *69, 72*
Typ-C-Verstärker *69, 72*
Typ-D-Verstärker *72*

U

Überlagerungsleistung P *52*
UHF *190*

V

Verstärker-Schaltungen *62*
Very-High-Level-Mischer *54, 127*
Vielschicht-Kondensatoren *169*

W

Wellenlänge *156*
Welligkeit *150*
Welligkeitsfaktor *7*
Wicklungen *7*
Windungszahlen *164*

X

X-gegenkoppelndes Funktionsglied *62*

Z

Z-Tranformator *178*
ZF-Quarzfilter *185*

ZF-Selektion *43*
ZF-Vorverstärker *123*

Funkempfänger-Schaltungstechnik praxisorientiert

Eric T. Red
17,5 x 25,5 cm, 114 Seiten, ca. 100 Abbildungen
18,90 €

Aus dem Inhalt:

Modulare 50-Ohm-Schaltungstechnik, Breitband-Übertrager, Überlegungen zum Frontend-Design, Optimierende HF-Selektion, Frontend-Schaltungen: 10 kHz - 30 MHz auf 50 MHz Zf, 80/20 m auf 9 MHz Zf, 1,6...30 MHz auf 42 MHz Zf; Schaltungs-Potpourri: L/C-Oszillatoren, Quarzfilter, Breitband-Treiber, Rauscharmer Vorverstärker, VHF/UHF-Vorverstärker, Doppel-Gegentakt-FET-Mischer u.v.m.

Schaltungstechniken von Funkempfängern werden dem Praktiker hier vorgestellt und aufbereitet. Die Unterlagen dazu stammen aus dem kommerziellen und militärischen Bereich. Um die vielfältigen Schaltungen auch verwirklichen zu können, hat der Autor alle notwendigen Einzelheiten detailliert dargestellt und interpretiert. Die designerischen Hintergrundinformationen sind mit Erläuterungen versehen.
Einen Leckerbissen besonderer Art findet der Anwender im 10. Kapitel. Die hier beschriebenen Schaltungen gehen querbeet durch die Empfängertechnik und sind von unterschiedlichster Komplexität. Sie reichen in der Frequenz vom Tonspektrum bis zum GHz-Bereich, vieles davon in der praktischen 50-Ohm-Technik.

Einseitenbandtechnik für den Funkamateur

Reprint des RPB-Bandes 117/118 aus dem Franzis-Verlag (1966)

Friedhelm Hillebrandt, DJ4ZT
17,5 x 25,5 cm, ca. 110 Seiten, 118 Abbildungen
18,90 €

Die Einseitenbandtechnik erhöht den Wirkungsgrad von Sendern und Empfängern so erheblich, daß sich die im Sprechfunkverkehr erzielbaren Reichweiten wesentlich vergrößert haben. Daher muss heute auch jeder Funkamateur die Grundlagen dieser neuen Technik kennen. Dieses Buch behandelt deshalb die notwendige Theorie, einzelne Bausteine und Geräte und komplette Anlagen. Mit den Einseitenband-Sendern, -Empfängern und Linearverstärkern lernt der Leser die Technik moderner Nachrichtengeräte kennen. Ein Kapitel über die veränderte Funkbetriebstechnik rundet das Buch ab und macht es zu einer Einführung in den Amateurfunk der Gegenwart. Der Amateur, der seine Geräte selbst baut, kann ihm viele nützliche Tips entnehmen. Wer es aber vorzieht, industrielle Geräte zu kaufen, wird sie nach der Lektüre besser verstehen und benutzen können.
Friedhelm Hillebrand betreibt seit 1958 unter dem Rufzeichen DJ4ZT eine Amateurfunkstation. Hauptsächlich beschäftigt er sich mit der Entwicklung, dem Bau und Betrieb von Einseitenband-Sendern und -Empfängern. Durch viele Aufsätze in Fach- und Amateurfunkzeitschriften des In- und Auslandes, die sich hauptsächlich mit Problemen der Einseitenbandtechnik befassten, wurde er bekannt. 1964/65 gehörte er dem Vorstand des Deutschen Amateur-Radio-Clubs an; seit 1964 ist er auch Mitarbeiter im Technischen Referat des DARC.

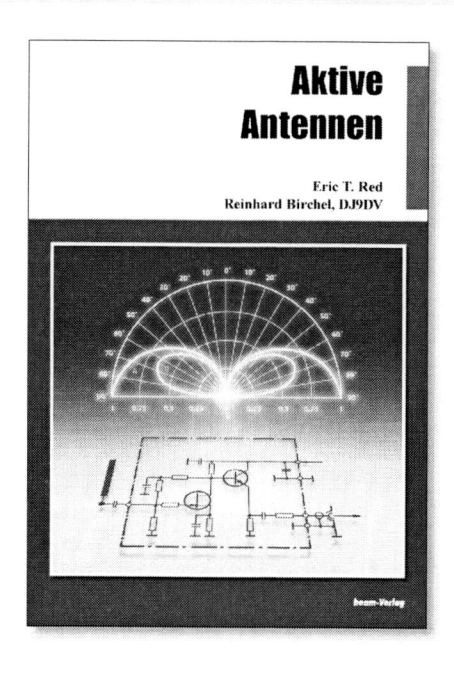

Aktive Antennen

Eric T. Red
Reinhard Birchel, DJ9DV
17,5 x 25,5 cm, 70 Seiten,
49 Abbildungen
9,80 €

Aktive Antennen sind kein Notbehelf - richtig dimensioniert und installiert können sie eine „große" Antenne ersetzen. Kombinationen aus vertikal und horizontal angeordneten Antennenelementen ermöglichen optimalen Empfang auf kurze und lange Distanzen und bieten - im Gegensatz zu einem Dipol - nicht nur in einem schmalen Frequenzbereich sondern im gesamten Kurzwellen-Spektrum gleichbleibend guten Empfang mit konstanter Richtcharakteristik.

Aus dem Inhalt:
Wozu aktive Antennen?, technische Anforderungen an Aktiv-Antennen, Funktionsweise einer Aktiv-Antenne, Schaltungstechnik aktiver Antennen, Rauschen und Großsignalverhalten, einfache Aktiv-Antennen, professionelle Aktiv-Antennen, Bauanleitung: Aktiver Preselector für Kurzwelle, Bausatz: Fernabstimmbare, selektive Aktiv-Antenne, handelsübliche Aktiv-Antennen

Kurzwellen-Drahtantennen
selbst gebaut

Eric T. Red
Reinhard Birchel, DJ9DV
11,0 x 16,5 cm, ca. 134 Seiten
110 Abbildungen
18,90 €

In diesem praxisbezogenen Buch werden vor allem die für Selbstbau besonders geeigneten Drahtantennen behandelt. Wirkungsweise, Strahlungseigenschaften und Bemessung werden anschaulich erläutert.
Die 2. Auflage zeigt außerdem, wie man mit Anpassgeräten auch unter schwierigen Bedingungen Allband-Antennen errichten kann. Hinweise zum Aufbau unauffälliger Stealth- oder Innenantennen fehlen ebensowenig wie eine kurze Vorstellung geeigneter Anpassgeräte.

Aus dem Inhalt:
Antennen-Auswahl, vertikal contra horizontal, Anpassung und Speisung, Halbwellen-Dipole, Inverted-V, Sloper, Monoband-Langdrähte, Multiband-Drähte, Tips zum Selbstbau, Abgleich und Aufbau, Messungen mit Rauschbrücke und Antennen-Analyzer, Nichtresonante Dipole - Doublets als Allband-Antennen, Marconi-Antennen und Vertikal-Dipole, Inverted-L-Antennen, Schleifen- und Stealth-Antennen, Automatische Anpassgeräte

HF-Module in 50-Ohm-Technik

Eric T. Red
Reinhard Birchel, DJ9DV
17,5 x 25,5 cm, 132 Seiten, 140 Abbildungen
18,90 €

In Schaltungen der HF-Technik werden immer wieder gleiche oder weitgehend ähnliche Baugruppen benötigt, wie zum Beispiel Verstärker, Filter, Übertrager usw. In diesem Buch werden für diese Funktionen hochwertige und sicher nachbaubare kleine Module beschrieben, deren Ein und Ausgangsimpedanzen jeweils für 50 Ohm ausgelegt sind. Sie lassen sich daher, ganz nach Bedarf, auch problemlos in Reihe schalten und zu größeren Schaltungen vernetzen.

Aus dem Inhalt:

Breitbandübertrager, Tief-, Hoch- und Bandpassfilter, ZF-Quarzfilter in Ladder- und Lattice-Ausführung, gegengekoppelte Kleinsignal-Breitbandverstärker, rauscharme Vorverstärker, QRP- TX-Endstufen, Breitband-Dioden-Ringmischer, Diplexer, LC- und Quarzoszillatoren, Dimensionierung rauscharmer Oszillatoren, Dämpfungsglieder, Anhang mit nützlichen Tabellen.

HF-Funkempfänger
Grundlagen - Technik - Empfängerportraits

Eric T. Red, Reinhard Birchel, DJ9DV
Großformat 21 x 28 cm, 200 Seiten, über 180 Abbildungen
25.- €

„HF-Funkempfänger" basiert u.a. auf einer von Eric T. Red - einem profunden Kenner der professionellen Empfangstechnik - für die Amateurfunkzeitschrift „beam" verfassten Artikelreihe. Sie stellt die Grundlagen analoger Empfänger in verständlicher Weise dar und zeigt anhand von Schaltungsauszügen, wie die herausragenden technischen Daten dieser Geräte erreicht werden. Portraits der bekanntesten HF-Funkempfänger bilden den zweiten Teil dieses Buches. Hier werden überwiegend professionelle, aber auch einige populäre semiprofessionelle Geräte mit ihren wichtigsten Daten und teilweise mit Blockschaltbildern oder Schaltungsauszügen vorgestellt. Der interessierte Sammler hat damit eine erste Orientierung, wenn einmal eines dieser Geräte auf dem Gebrauchtmarkt erscheint.

Aus dem Inhalt:

Empfangsszenario und Signalverarbeitung, Frontends, Prozessdynamik und Reziprokmischen, RF/IF-Konvertierung, Optimale IF-Eingangsprozeduren, IF-Nahselektion, IF-Regelverstärker und Produktdetektor, RF-Bandpassdesign, Hochdynamische Breitbandverstärker, Schaltungsbeispiele: Frontends, abstimmbarer Eingangsselektor, Filterbank, HF-Vorverstärker, ZF-Verstärker und Nahselektion, Reflexionsarmer Mischer-Abschluss, Kurzwellenempfänger-Portraits: AR7030, HF-2050, 95S-1A, 651S-1, 51S-1, R7/R7-A, EKD 514, R-1530, EE421, EE430, RX 1001, RF-590A, IC-R9000, NRD-301A, NRD-505, NRD-515, NRD-525G, NRD-535G, NRD-545, KWZ-30, HRO-500, PR-2250, RA1217, RA1792, RA3700, RA3791, RA6790/GM, EK07, EK47, EK56, EK070, EK085, EK890, EK895, E311, E863, E-1700 – E-1800 – E-1800A, RX-340, HF-1000

Wellenausbreitung in der Nachrichtentechnik

Grundlagen für die praktische Arbeit am Funkgerät

Prof. Dr. Erich Vogelsang
*17,5 x 25,5 cm, 74 Seiten,
zahlreiche Abbildungen*
9,80 €

Wellenausbreitung - ein Thema, das seit Beginn des Funkverkehrs akut ist und diskutiert wird. Hier in diesem Buch ist der Status der heutigen Erkenntnis. Darauf können Techniker, Praktiker und Amateure aufbauen. Der Autor bescheinigt, daß das Thema vom wissenschaftlichen Standpunkt kompliziert ist. Wenn man aber, wie er es macht, die Theorien vereinfacht, die mathematischen Ableitungen vermeidet, dann tritt das zu Tage, was in der täglichen Praxis gebraucht wird. Nämlich: Die optimale Nutzung der eigenen Station aber auch die Erkenntnis wo ihre Grenzen liegen.

Aus dem Inhalt:

Signale am Empfängereingang, Nutzsignal, Störeinflüsse, Ausbreitung im Kurzwellenbereich, Bodenwelle, Reflexion an ionosphärischen Schichten, Höchste reflektierbare Frequenz, Europa-Verkehr, Weltweiter Verkehr, Ausbreitung bei höheren Frequenzen, Freiraumausbreitung, Normale Bedingungen, Überreichweiten, Weltraumfunk

Datensammlung für Kurzwellenantennen

Willi Nitschke, DJ5DW
*17,5 x 25,5 cm, 140 Seiten,
211 Abbildungen*
18,90 €

Weltweite Funkverbindungen sind heute im VHF- und UHF-Bereich mit Hilfe von Satelliten möglich. Dennoch haben die Kurzwellen ihre Bedeutung nicht verloren. Zuverlässige Verbindungen sind jedoch nur möglich, wenn man die Eigenschaften der benutzten Antennen kennt. Für bekannte und weniger bekannte Drahtantennen, die der Funkamateur selber aufbauen kann, werden die Richtcharakteristiken grafisch dargestellt. Der Höheneinfluss wird dabei berücksichtigt und Angaben zum Strahlungswinkel und Gewinn gemacht. Der Leser kann die Antennen miteinander vergleichen und für seine Bedürfnisse eine geeignete Antenne auswählen oder auch die Eigenschaft seiner vorhandenen Antenne studieren.

Aus dem Inhalt:

Antennen mit einem Aufhängepunkt: Inverted-V, Winkeldipol, Sloper, Diamond Quad, Delta-Loop, Drahtpyramide, Bisquare; Antenne mit zwei Aufhängepunkten: Dipol, Quad-Element, Oblong, M-Antenne; Antenne mit vier Aufhängepunkten: Horizontale Quad, Horizontale Monster Quad